고구려와 백제의 금석문

김창호 지음

주류성

고구려와 백제의 금석문

지은이 김창호
펴낸이 최병식
펴낸날 2022년 6월 15일
펴낸곳 주류성출판사
　　　　서울시 서초구 강남대로 435
　　　　02-3481-1024(전화) / 02-3482-0656(팩스)

책값 20,000원

ISBN 978-89-6246-480-1 93910

고구려와 백제의 금석문

김창호 지음

목차

4

책머리에

고구려와 백제의 금석문은 신라 금석문에 비해 어렵다. 신라의 금석문은 고식 이두로 되어 있는데 대해 고구려와 백제 금석문은 한문으로 되어 있다. 고구려 금석문은 한국 금석문의 최고봉인 광개토태왕비가 있고, 충주고구려비, 집안고구려비도 있다. 광개토태왕비는 그 글자 수가 1,775자나 된다. 아직까지 백제 금석문에서는 국가차원의 금석문이 없다. 그래서 고구려와 신라 금석문에서 모두 나오는 太王이 나오지 않아서 太王制도 실시되었는지 알 수가 없다. 백제 금석문에서 주목되는 것은 4·6변려체로 된 사택지적비이다. 삼국시대 금석문 가운데 4·6변려체로 된 유일한 예이다.

백제 금석문에서는 인명 표기 자료가 거의 없었는데 최근에 들어와 익산 미륵사지 금속기 명문과 목간에서 그 숫자가 늘고 있다. 아직까지 직명+부명+관등명+인명으로 된 자료는 1례밖에 없다. 고구려와 백제의 불상조상기가 7례가 있으나 부명이 나온 예는 1가지뿐이고, 관등명이 나온 예는 단 1례도 없다. 그 이유가 궁금하다. 혹자는 그 이유를 서민이 만들어 사용했다고 보기도 하나 아무래도 휴대용 소형불상을 관등을 가진 귀족의 소유물로 보아야 할 것이다. 왜냐하면 서민이 비싼 금동불을 소유할 수 없기 때문이다.

가장 문화가 발달된 고구려에서조차 4세기 금석문이 없다. 3세기에 고구려는 『삼국지』, 위서. 동이전, 고구려조에 따르면, 主簿, 優台, 丞, 使者, 皁衣, 仙人의 관등이 있어서 앞으로의 자료 증가를 기대한다. 또 한 가지 주목되는 점은 목간이 백제와 신라에서는 출토되나 고구려에서는 단 1점도 나온 바가 없다. 그 이유가 궁금하다. 고구려 국가 차원의 금석문 가운데 가장 빠른 것은 414년에 세워진 광개토태왕비이다. 물론 357년에 작성된 안악3호분의 묵서명과 408년에 작성된 덕흥리 벽화 고분의 묘지명이 있으나 그 중요성이나 글자 수에 있어서 비교가 되지 않는다.

백제 금석문은 시호제가 채택되었을 것이나, 휘호가 나오는 예가 백제창왕명사리감의 昌王, 무령왕릉 묘지명의 斯麻王 등이 있다. 이에 대비되는 자료로 집안고구려비의 明治好太聖王이 있다. 신라에서는 휘호를 사용한 예가 535년 울주 천전리서석 을묘년명에 法興太王, 진흥왕 순수비의 眞興太王 등이 있다. 신라 눌지마립간과 법흥왕은 이름이 4가지나 되나 고구려와 백제의 왕명에서는 사마왕과 무령왕의 두 가지가 고작이다.

고구려나 백제에서는 신라 금관총의 尒斯智王처럼 단편적인 자료가 중요한 예로는 무령왕릉 525년 절대 연대를 가진 묘지석이 있으나 무령왕릉에서는 백제토기가 단 1점도 출토되지 않고, 용봉문환두대도 때문에 칼의 시대인 6세기 일본 고분 편년이 도움을 주고 말았다. 명문이 새겨진 금관총의 3루환두대도 검초 단금구는 세기의 발견으로 尒斯智王이 훈독과 반절로 읽을 때, 넛지왕이 되고, 이는 눌지왕과 음상 사이라서 금관총이 눌지왕릉이 되고, 458년이란 절대 연대를 얻게 된다. 尒斯智王명과 같은 명문은 우리 생애에 다시는 못 볼 자료이다.

고구려나 백제에서는 광개토태왕비나 칠지도 명문은 연구사만 해도 100년을 넘는다. 그래서 나올 만한 학설은 거의 다 나왔다. 지금도 가끔씩 광개토태왕비와 칠지도에 대한 논문이 나오고 있다. 통설에서 얼마나 달리 해석하는지가 관건이다. 은사 허흥식 선생님께서는 많은 논문이 나온 곳, 대가들이 논문을 쓴 곳을 찾아서 논문을 쓰라고 하셨는데 여기에도 통할 수가 있을지가 궁금하다.

고구려와 백제 금석문에 있어서 지금까지 연구된 것을 중심으로 다루어야 할 자료는 모두 다루었다. 아직도 고구려와 백제 금석문의 연구가 끝난 것은 아니다. 백제 목간이 사비성 시대에 많이 나오고 있다. 고구려 금석문도 최근에 나온 집안고구려비는 대단한 수확이다. 그 내용도 대단히 중요하다. 특히 집안의 장군총을 장수왕릉으로 확정하고, 평양성에 있던 한왕묘를 문자왕릉으로 볼 수 있던 것은 대단한 성과였다.

태왕릉 출토 청동방울 명문의 辛卯年/好太王/教造鈴/九十六을 '451년 好太王(광개토태왕)을 위해 (장수왕이) 教로 만든 96번째 청동 방울이다.'로 해석하고, 태왕릉 출토 전에 願太王陵山如山固如岳이란 명문의 태왕을 광개토태왕으로 보게 되었다. 그래서 서봉총 출토 은합 명문의 太王도 광개토태왕으로 보아서 서봉총의 은합 명문을 고구려에서 작성된 451년의 명문으로 보게 되었다.

왕흥사 목탑 사리공에서 출토된 청동사리합 명문에 丁酉年이란 연간지가 나와 577년이란 절대 연대를 갖게 되었다. 왕흥사 목탑은 『삼국사기』권27, 백제본기 5에 무왕 즉위1년(600년)~무왕 35년(634년) 사이에 건립된 것이 되어 있어서 문헌을 믿을 수 없게 한다. 이 점은 중요한 것으로 문헌을 중심으로 한 연구의 한계를 밝혀주는 것이다. 광개토태왕비와 문헌의 차이는 일찍이 알려져 있다. 신라에서도 법흥왕의 사망이 540년이 아닌 539년임을 알려주는 자료가 울주 천전리 서석 추명에 나온다.

고구려 금석문에서는 인명 표기를 복원할 수 있는 자료로 충주고구려비를 들 수가 있다. 백제에서는 1개의 금석문 자료로 인명 표기가 복원되는 국가 차원의 금석문이 단 1개도 나오지 않고 있다. 백제 관등제가 3국 가운데 제일 발달하고, 율령 공포도 그 시기가 고구려나 신라에 앞서고 있다. 그럼에도 불구하고, 태왕제를 실시하지 않고, 연호의 사용도 칠지도의 예밖에 없다.

백제 고고학 자료에 있어서 중요한 예로 무령왕릉에서 출토된 백자를 들 수 있다. 무령왕릉에서 나온 백자는 절대 연대를 가진 세계에서 가장 오래된 것이다. 물론 중국 남조의 수입품이다. 이렇게 무령왕릉에서는 중국과 일본에서 수입된 유물이 많다. 金松으로 만든 관은 일본 九州에서 수입되어 사치품이 많았음을 말해 준다. 무령왕릉이 세기의 발견이 되지 못한 것은 무덤에서 백제토기가 단 1점도 나오지 않아서 고고학적으로 그 중요성을 반감하고 있기 때문이다. 이는 사치와 방종을 말하는 것으로 국가의 멸망을 예언하고 있는 듯하다.

고구려 금석문에서는 隸書體로 쓴 경우로 광개토태왕비를 들 수 있다. 414년 당시 중국에서는 楷書體가 유행하였다. 그래서 광개토태왕비의 글씨를 시대착오적인 것으로 보기도 했다. 광개토태왕비 서체에는 城자가 많이 나오는데 한자도 같은 글씨체가 없어서 秋史體처럼 집자가 되지 않는 서체로 유명하다. 중국의 한자 글씨체를 빌려다가 고구려식으로 소화해 쓴 것으로 해석된다. 그렇게 많은 중국과의 전쟁에도 불구하고 주체성을 지킨 예로 판단된다.

백제 금석문에 있어서 국가 차원의 금석문이 나오지 않아서 백제사 연구에 장애가 되고 있다. 그래서 백제 미륵사지 서탑 사리봉안기에 나오는 己亥年을 639년으로 보고 있으나 공반된 은제관식의 편년이나 『삼국유사』,무왕조의 사료 비판에 따를 때, 579년으로 보인다. 금석문의 가장 큰 장점은 문헌의 사료 비판의 잣대가 되는 점이다. 639년으로 보는 것은 왕흥사 목탑지 출토 청동사리합의 명문이 주는 교훈을 잃어버린 듯하다.

고구려에서는 一光三尊佛 형식은 금석문 자료를 포함하여 21예가 있다. 그래서 이 형식의 불상은 대개 고구려나 그 영향을 받은 불상으로 보고 있다. 중국 山東에서도 출토되어 고구려 문화의 우수성을 엿볼 수 있다. 물론 백제와 일본에도 영향을 미쳤다. 鄭智遠銘金銅三尊佛立像은 1광3존이나 백제 불상으로 보고 있다. 鄭智遠과 함께 趙思敬도 나오는 바, 이들을 낙랑계로 보아 왔으나 근대에 와서 진짜 불상에 글씨를 새겨서 값을 올리려는 의도로 만든 것으로 볼 수도 있다.

10년 전 고구려 유적을 견학하면서 집안 구경과 함께 광개토왕비를 비롯하여 장군총, 태왕릉, 산성하 고분군, 집안박물관 등을 본 적이 있다. 국내성의 입지는 적으로부터의 침입 방지라는 점이 눈에 띄었다. 그리고 집안박물관에서 처음으로 원석정탁본은 정간이 뚜렷하다는 것을 알게 되었다. 10여 년 공부하면서도 모르던 것을 이름 모르는 이방인에게 가르쳐준데 대해 감사할 뿐이다.

이 책을 내는데 금석문을 공부할 수 있게 이끌어 주신 동시에 영원한 롤 모델 역할을 하신 은사 허흥식 선생님께 감사한다. 한문에 밝으셔서 많은 것을 가르쳐주신 은사 문경현 선생님께 감사한다. 고대사를 해박한 지식으로 가르쳐주신 이기동 선생님께 감사한다. 불교사를 가르쳐준 채상식 교수님에게 감사한다. 고고학에 눈을 뜨게 해준 최종규 소장님에게 감사한다. 평소 자료 교환을 서로 한 김수태 교수, 박보현 교수, 한기문 교수, 이영호 교수, 이수훈 교수, 하시모토 시게루 박사, 이경섭 박사, 조성윤 박사, 이동주 박사에게 감사한다. 선진 일본고고학을 알게 해주시고, 책을 많이 보내주신 野上丈助 선생님과 공부를 할 수 있도록 도와준 竹谷俊夫 교수에게 감사하고, 기와를 가르쳐준 高正龍 교수에게 감사한다. 책을 내는데 응원을 해준 아내와 아들과 딸에게 감사한다. 특히 사위는 타자를 쳐주어서 고맙다. 끝으로 주류성출판사의 최병식 사장님께 진심으로 감사 말씀을 드리고, 이 준 이사님을 비롯한 주류성출판사의 관계 직원 여러분들에게도 감사한다.

2022. 5.
이서고국에서 김창호

제1장

고구려의 금석문

제1절. 안악3호분의 묘주 문제

I. 머리말

안악3호분하면[1] 생각나는 것이 왕릉인지[2] 동수묘인지[3] 하는 것이다. 북한 학계에서는 줄기차게 미천왕릉설을[4] 주장해 오다가 1990년부터는 고국원왕릉설을[5] 주장하고 있다. 북한학계에서는 회랑에 그려진 대행열도의 묘주 깃발에 聖上幡이란 말 때문에 왕릉설을 주장하고 있다. 聖上幡의 聖자가 불확실하다고 한다.[6] 동수묘설은 전실 서벽 좌측에 帳下督의[7] 머리 위에 새겨진 묵서 때문이다.

안악3호분의 묵서명이 정말로 안악3호분의 피장자를 밝히는데 결정적인 자료라면 덕흥리 벽화 고분의 묵서명에서와 같이 무덤의 주인공을 크게 표시해서 그리는 곳에 묵서명이 있어야 한다. 안악3호분에서는 그렇지가 못하다. 만약에 안악3호분의 묘주를 그린 서측실이나 회랑에서 묵서명이[8] 나왔다면 안악3호분의 묘주는 두말할 것도 없이 동수이다. 안악3호분의 묵서명은 전실 서벽 좌측의 帳下督 머리 위에 새

---

1) 안악3호분 묵서명은 낙랑 자료를 제외할 때 삼국시대 고고학의 유일한 4세기(357년)의 명문 자료이다.
2) 북한학자들의 견해로 미천왕릉설과 고국원왕릉설로 나뉜다.
3) 북한학자들의 견해로 해당 부분에서 주를 달겠다.
4) 1963년부터 1990년까지의 북한학자들의 학설이다.
5) 1990년부터 현재까지 북한 학계의 대표적인 학설이다.
6) 聖上幡의 聖자가 불확실한데도 이를 확실하다고 하면서, 이를 근거로 북한에서 왕릉설을 주장하는 것은 억지에 가깝다.
7) 동수의 관직은 묵서명에 나오고 있는 바, 이에 대한 연구는 자칭이라고 한다. 동수가 고구려에서 가지고 있던 관직은 장하독으로 보인다.
8) 양쪽의 인물화의 모양이 거의 동일하여 묘주 추정에 하나의 근거가 되고 있다.

겨져 있어서 문제이다.

　안악3호분에서 왕릉도 아니고, 동수묘도 아닌 절충안은 없을 것인가 하는 의문에서 이 논문을 쓰게 되었다. 지금까지 한 번도 고구려의 왕릉설과 동수묘설에서 벗어나지 못하고 있다. 곧 왕릉설이 아니면 동수묘로 보고 있고, 동수묘설이 아니면 왕릉설이다. 다른 가설은 나온 바가 없다. 이러한 점은 안악3호분에 대한 연구의 한계로 보인다. 고구려의 금석문이 광개토태왕비만[9] 있다가 충주고구려비,[10] 집안고구려비[11]로 그 숫자가 늘어났다. 충주고구려비와 모두루총의 묘지명과 덕흥리 벽화 고분의 묵서명을 바탕으로 해서 안악3호분의 묘주에 대해 조사해 보고자 한다.

　여기에서는 먼저 안악3호분의 유적 개요를 살펴보겠다. 다음으로 안악3호분에 대한 지금까지의 연구사를 조명해 보겠다. 마지막으로 안악3호분의 묘주에 대해 고구려의 금석문 자료와 묵서명 등에서 얻은 지식을 중심으로 하여 소견을 밝혀 보고자 한다.

II. 유적 개요

　고구려 벽화 고분에서 묵서명이 묘지로 보이는 고분으로는 안악3호분과[12] 덕흥리 벽화 고분과[13] 모두루총이[14] 있다. 그 가운데 안악3호분은 그 발굴 조사의 결과가 6·25사변과 겹쳐서 늦어졌다. 1950년대만 해도 국학 분야에서 북한의 수준은 높았다.[15] 안악3호분은 黃海道 安岳郡 兪雪里에 위치해 있는데, 종래 조선 초기의 인물인 河演의 무덤으로 알려져 하무덤이라고 일컬어져 왔으나, 1949년 6월에 발굴

---

9) 414년에 건립되었다. 그 연구 성과만 해도 100년을 넘는다.
10) 458년경에 건립되었다.
11) 491~519년에 건립되었다.
12) 357년이란 절대 연대를 가지고 있다.
13) 408년이란 절대 연대를 가지고 있다.
14) 확실한 절대 연대는 후반부에 있는 것으로 추정하고 싶으나 발견 당시부터 훼손되어 전혀 알 수가 없고, 5세기 중엽으로 보인다.
15) 북한의 학문 수준이 높았으나 1970년대부터 한국과 북한의 국학 분야의 학문 수준이 역전 되었다.

조사를 통해 고구려의 벽화고분임이 확인되었다.[16] 무덤은 구릉의 한쪽 면을 따내고 바닥을 파내서 석실을 구축하고 그 위에 흙을 덮은 석실봉토분인데,[17] 외형은 방형이다. 묘실은 남쪽인 앞에서부터 연도·연실·전실 좌우의 2측실·후실·회랑으로 이루어져 있으며, 전실과 후실 사이, 후실 뒷면과 회랑 사이에는 돌기둥들을 세워 서로 투시할 수 있도록 하였다. 그리고 각 묘실의 천장은 抹角藻井 방식으로 구축되어 있다.

천정과 각 벽면에는 인물과 풍속을 주제로 한 다양한 벽화가 있는데, 연도에는 衛兵, 동측실에는 방앗간·우물·부엌·육고·車庫(거고)·외양간·마구간, 서측실에는 주인공 내외의 좌상과 시종자, 전실에는 호위무사들과 舞樂의 장면, 후실에는 舞樂의 장면, 회랑 벽에는 주인공의 출행 장면(대행렬도), 천장에는 일월상과 각종 문양이 그려져 있다.

여기서 주목되는 것은 전실 서벽 좌측 帳下督 그림 위에 晋代의 寫經體로 씌어진 7행 68자의 묵서명이다. 동수의 묘지명을 제시하면 다음과 같다.

⑦	⑥	⑤	④	③	②	①	
△	都	鄉	相	平	癸	永	1
安	鄉	候	昌	東	丑	和	2
年	敬	幽	黎	將	使	十	3
六	上	州	玄	軍	持	三	4
十	里	遼	菟	護	節	秊	5
九	冬	東	帶	撫	都	十	6
薨	壽	平	方	夷	督	月	7
官	字	郭	太	校	諸	戊	8
			守	尉	軍	子	9
			都	樂	事	朔	10
				浪		廿	11
						六	12
						日	13

---

16) 고고학 및 민속학연구소, 『안악 제3호분 발굴보고』, 1958.

17) 고구려 고분은 크게 석총(적석총)과 토총(석실봉토분)으로 나뉜다. 토총에는 벽화 고분이 많고, 석총에서 벽화 고분은 단 1기밖에 없다. 토총과 석총은 무덤의 祭儀에도 차이가 있고, 그 석총에서 토총에로의 변천 시기는 5세기이다.

이 묵서명을 해석하면 다음과 같다.

'永和 13년[18] 초하룻날이 戊子日인 10월 26일 癸丑에 使持節 都督諸軍事 平東將軍 護撫夷校尉이며, 樂浪相이며, 昌黎·玄菟·帶方太守요, 都鄕侯인 幽州 遼東郡 平郭縣의 都鄕 敬上里 출신, 冬壽는 字는 △安인데, 나이 69세에 '官'으로 있다가 사망하였다.'

Ⅲ. 지금까지의 연구

안악3호분에서는 앞에서 제시한 것과 같은 묵서명이[19] 나온다. 이를 중심으로 벽화 고분을 편년해 왔다. 인물도와 풍속도가 그려진 고분이 4신도를[20] 그린 벽화 고분보다 앞선다는 것도 안악3호분의 묵서명 덕분이었다.[21] 안악3호분에는 4신도가 없기 때문이다. 묵서명의 357년이란 절대 연대는 고구려 토총 연구의 이정표가 되었다. 안악3호분에서[22] 묘지명은 冬壽라는 인물의 사망일자·작위·관직·고향·字·향년을 기록해 둔 것으로, 이에 의하면 동수는 357년(고국원왕 27년)에 죽은 것으로 되어 있다. 그러므로 이 묵서를 통해 안악3호분이 4세기 중엽에 축조되었음을 짐작할 수 있다. 이러한 사실은 고구려 벽화고분의 여러 문제를 이해함에 있어 중요한 의미를 지닌다.

첫째 고구려 벽화고분의 발생 시기를 올려볼 수 있게 되었다.[23] 안악3호분이 발견되기 이전에는 고구려 벽화고분의 출현을 평양으로 천

---

18) 이는 서기로 357년으로 正月에 升平元年이라고 개원했다. 따라서 永和13년은 존재하지 않는다. 이렇게 사라진 연호를 사용하는 예는 삼국 시대의 다른 예는 없고, 통일 신라 초의 안압지 출토 전명에 調露二年 등이 있는 바, 조로는 1년밖에 사용하지 않았다. 조로2년은 英隆元年으로 680년이다.
19) 이는 묘지명이나 보통 묘주가 누구인지 몰라서 묵서명이라고 부르고 있다.
20) 4신도는 靑龍(동쪽), 白虎(서쪽), 朱雀(남쪽), 玄武(북쪽)를 가리킨다.
21) 벽화 고분에서 인물도와 풍속도·묘주를 그린 벽화는 인물도와 풍속도·4신도 등이 나오는 것보다 앞서고, 4벽에 4신도만 있는 것이 가장 늦다.
22) 이하의 연구 성과에 대한 연구사는 전적으로 국사편찬위원회 한국사데이터베이스 한국고대금석문 고구려 묵서명 안악3호분의 개관(서영대교수집필)에 의지하였다.
23) 만약에 안악3호분에 묵서명이 없었다면 그 시기를 5~6세기로 보았을 것이다.

도한 5세기 이후라고 보는 설이 유력했다. 그러나 이 묵서는 안악3호분이 357년경에 축조되었음을 알려주고 있어, 고구려 벽화고분의 발생 시기를 5세기 이전으로 소급할 수 있게 하였다.

둘째 고구려 벽화고분의 편년 기준을 제공한다. 안악3호분은 구조형식상으로는 龕·側室墓, 벽화 내용상으로는 인물·풍속도를 주제로 한 고분으로 분류된다. 이와 같은 범주에 속하는 고구려 벽화 고분은 지금까지 확인된 것만 해도 20기 가까이 되지만, 이들 고분에서는 축조시기를 알려주는 결정적인 자료가 발견되지 않았다.24) 그러므로 안악3호분은 이들 고분의 축조시기를 짐작하는데 단서가 될 수 있다.

셋째 위의 두 가지 뿐만 아니라 이 묵서는 문헌에 전하지 않는 고구려사의 일면을 짐작케 해준다는 점에서도 중요한 의미를 지닌다.

묵서의 주인공인 冬壽는 『資治通鑑』에서 336년 前燕의 慕容皝에게 반기를 들었다가 실패하여 고구려로 망명했다고 한 佟壽로 추정된다. 그러나 문헌에는 망명 이후의 동수의 행적에 대한 기록은 일체 보이지 않는다. 그렇지만 이 묵서는 동수가 고구려로 망명한 후에도 다양한 작위와 관직을 칭했음을 보여주고 있다. 또 안악 3호분이 그의 무덤일 가능성을 보여주는 바, 그렇다고 한다면 그는 이처럼 웅장한 분묘를 조영할 수 있을 정도로 안악지방에서 상당한 세력을 누렸음을 짐작케 한다. 나아가서 망명객에 불과한 동수가 이만한 지위를 누릴 수 있었던 기반이 무엇인가라는 문제를 제기하여, 이를 추구하는 과정에서 새로운 사실들이 밝혀질 수도 있다.

이렇듯 안악3호분은 고구려의 역사와 문화를 이해하는 데 많은 시사를 주는 것이지만, 피장자가 누구인가에 대해서는 국내외 학계에서 커다란 논란거리가 되고 있다. 다시 말해서 묵서명의 주인공이 동수라는 설, 고구려의 왕이라는 설로 갈라지고 있으며, 고구려의 왕이라는 설에서도 미천왕이라는 견해와25) 고국원왕이란 견해로26) 다시 갈라지

---

24) 안악3호분보다 늦게 덕흥리 벽화 고분이 나와서 그 시기가 408년인 묵서명이 나왔다.
25) 1963년부터 1990년까지 주류를 이룬 북한학계의 학설로 이에 대해서는 본문과 각 해당 주의 부분에서 언급하기로 한다.
26) 1990년부터 현재까지의 북한학계의 통설로서 이에 대한 상세한 것은 본문과 각 해당 주

고 있다.

한편 벽화의 군데군데 朱書가 보이는데, 이것은 벽화의 내용을 간단하게 설명하기 위한 것인 바, 이를 정리하면 다음과 같다.

西側室	서 벽		記室 小史 省事 門下[拜]
前 室	서 벽	우측	帳下督
		좌측	帳下督
	남 벽	동쪽	戰吏
		서쪽	△吏27)
東側室	서 벽	북쪽	碓
	북 벽		井 阿光
	동 벽		阿婢 [京屋] [犢車]
回 廊			[聖]上幡

그리고 전실 서벽 오른쪽 帳下督 위에도 묵서의 흔적이 있으나, 손상이 심하여 겨우 '興'·'濂' 정도가 확인된다고 한다.28) 그런데 최근에는 '安'·'好'·'遊' 3자밖에 보이지 않지만, 글자의 크기로 미루어 본래는 20여자 있었던 것으로 추정된다는 지적이 있다.29)

안악3호분에 대해서는 지금까지 국내외 학계에서 많은 주목이 있어 왔다. 그 중에서도 논란이 많았던 것은 墓主가 누구인가라는 문제였다. 안악3호분에서 묘주가 특히 문제가 되는 것은 서측실 입구 왼쪽의 帳下督 그림 위에 동수에 관한 묵서명이 있기 때문이다. 다시 말해서 이 묵서명으로 말미암아 동수가 묘주란 설이 나오게 되고, 이에 동수 묘설을 반대하는 왕릉설이 제시되게 되어, 묘주 문제가 논의의 초점으

의 부분에서 언급하기로 한다.

27) 蔡秉瑞,「安岳近傍壁畵古墳發掘手錄」『亞細亞硏究』2-2, 1959, 115쪽에만 언급되어 있다.
28) 주영헌,「안악 제3호무덤의 피장자에 대하여」『고고민속』1963-2, 3쪽.
29) 손영종,「덕흥리벽화무덤의 피장자 망명인설에 대한 비판」『력사과학』1991-2, 1991, 40쪽.

로 부각되었던 것이다. 이러한 상황은 안악3호분이 발견된 지 70여년이 지난 오늘날까지도 계속되고 있다.30) 그러므로 묘주 문제를 놓고 지금까지 어떤 논의들이 어떻게 전개되어 왔던가를 살펴보는 것은 안악3호분의 이해를 위해 필요한 일이라 할 수 있다.

안악3호분이 발견된 것은 1949년이며, 이를 원로 고고학자가 그 해에 처음으로 소개하였다.31) 그러나 그의 글에는 묘주에 대한 언급이 없다. 그렇지만 묵서명이 있음으로 해서, 안악3호분의 묘주는 동수이며, 동수는 前燕으로부터의 망명자라는 추정은 일찍부터 있어 왔던 것 같다. 이러한 견해를 북한에서 처음 피력한 것은 문헌에 밝은 경제사학자로32) 알려지고 있다.33)

그런데 1955년에는 복식사전문가에 의해 동수묘설을 반대하면서, 안악3호분은 고국원왕의 릉이며, 동수는 배장자란 견해를34) 제시되었다. 이렇듯 안악3호분의 묘주에 대한 이견이 있게 되자, 1956년 북한의 고고학 및 민속학연구소에서는 '안악3호분의 년대와 피장자에 대한 학술토론회'를 개최하여 이 문제를 논의하였다. 그러나 여기서도 묘주가 중국인 망명자란 설과 고구려왕이란 설이 견해차를 좁히지 못하였다. 뿐만 아니라 고고학자에 의해35) 미천왕이 묘주란 설이 새롭게 제시되기도 했다.

이와 같이 묘주 문제가 논란거리가 되고 있는 상황에서, 고고학자는 지금까지 단편적으로 논의되어 오던 묘주 문제를 처음 본격적으로 다룬 논문 「안악 제3호분(하무덤)의 년대와 그 주인공에 대하여」를 발표하였다.36) 여기에서는 우선 안악3호분이 고국원왕릉이란 설에 대해

---

30) 북한학계에서는 고국원왕설을 주장하고 있고, 한국, 중국, 일본에서는 동수묘설을 주장하고 있다.

31) 도유호,「안악에서 발견된 고구려 고분」,『문화유물』창간호, 1949;『文物參考資料』1952-1에 譯載.

32) 『정다산의 경제 사상』등을 집필하여 한국사의 시대 구분을 나름대로 정리했던 사회주의 경제사학자 김광진이다.

33) 전주농,「안악 하무덤(3호분)에 대하여」,『문화유산』1959-5, 1959, 15쪽.

34) 리여성,「최근 안악에서 발견된 고구려고분의 벽화의 년대에 대하여」,『력사제문제』1949-9, 1949.

35) 박윤원,「안악 제3호분은 고구려 미천왕릉이다」,『고고민속』1963-2, 1963.

18

① 故國原王이란 이름으로 미루어 왕의 무덤은 故國原에 있으며 고국원은 通溝에 있는 지명이라는 점,

② 고국원왕보다 15년이나 먼저 죽은 동수가 고국원왕릉에 배장될 수 없다는 점 등을 들어 이를 부인하였다. 그래서 묘주를 중국인 망명객 동수로 보았으니, 그 근거로 다음과 같은 점들을 제시하고 있다.

① 동수에 대한 묵서명이 있으며, 이것은 곧 동수의 묘지명이라는 점.

② 동수는 태수를 칭하고 있는데, 묘주를 시종하는 인물들의 職名 (記室, 省事 등)은 『晉書』, 職官志에 의하면 태수급의 屬官名이라는 점.

③ 무덤의 구조형식이 고구려 원래의 묘제인 적석총의 발전형태가 아니라, 遼陽지역의 石槨墓를 비롯한 북중국의 묘제와 유사하다는 점.

④ 벽화에 등장하는 인물의 복식이 고구려의 것이 아니라는 점.

그런데 동수묘설에 대해서는 기왕에 ① 묵서가 墓主圖 근처에 있지 않고 서측실 입구 帳下督 그림 위에 있는 점, ② 망명객의 것으로 보기에는 무덤의 규모가 너무 크고 벽화 내용이 풍부한 점, ③ 회랑에 그려진 행렬도에 '聖上幡'이란 글자가 보인다는 점 등이 문제점으로 지적되고 있었다. 그러나 그는[37] ① 중국의 벽화고분 중에서도 서측실 입구에 銘贊이 써진 경우가 있으므로 묘지명이 서측실 입구에 있는 것은 이상한 일이 아니며, ② 무덤의 규모가 큰 것은 동수가 봉건영주와 같은 지위를 누렸기 때문일 것이며, ③ 성상번의 '聖'자는 불확실하다는 점을 들어, 이러한 지적들이 동수묘설을 부인하는 근거가 될 수 없다고 하였다.

안악3호분의 주인공이 동수묘설을 주장하던[38] 이듬해인 1958년에 고고학 및 민속학연구소에 의해 『안악 제3호분 발굴보고』가 출간된다. 이것은 안악3호분에 대한 정식 발굴보고서이지만, 묘주에 대해서는 논란이 분분함을 의식해서인지 '이 분묘의 주인공을 밝히는 것은 속단을 피하고 앞으로의 연구에 기대할 수밖에 없다'라고[39] 하여 유보적인

---

36) 김용준, 「안악 제3호분(하무덤)의 년대와 그 주인공에 대하여」 『문화유산』, 1957.
37) 김용준, 앞의 논문, 1957.
38) 김용준, 앞의 논문, 1957.

입장을 취하고 있다.

한편 안악3호분은 벽화에다 축조연대를 짐작케 하는 묵서까지 있음으로 해서, 중국이나 일본에서도 상당한 관심의 대상이 되었다. 그래서 중국에서는 1952년에 안악3호분을 처음 소개한 북한의 원로 고고학자의 글이[40] 중국학자에 의해 번역되었고,[41] 번역문에서 이를 부연설명하면서 묘주가 前燕으로부터의 망명자인 동수임을 언급하였다. 이후 중국에서는 안악 3호분의 묘주를 동수로 보는 것이 통설화되어 이를 冬壽墓라 지칭했고, 묘주 비정을 둘러싸고 북한에서 논란이 있다는 사실이 알려진 이후에도 동수설을 재확인하는 연구가 발표되기도 했다.[42]

일본에서는 1956년에 재일사학자에 의해 처음 소개하였지만,[43] 묵서의 존재조차 알지 못하여 안악3호분의 축조시기를 5세기 중엽으로 보는 정도였다. 그리고 1958년에는 일본의 미술사가에 의해 묵서명의 존재를 언급하면서 묘주를 冬壽라고 했지만, 그 역시 묵서명의 全文은 알지 못하고 있었다.[44]

한국에는 일본을 통하여 안악3호분 발견 소식이 전해졌고, 1959년에 한국에서는 발굴에 참여했다고 하는 고고학도에 의해 묵서명을 비롯한 안악3호분의 전모를 소개하면서 동수를 묘주로 보았다.[45] 또 1960년에는 한국의 고고학자가 고구려 벽화고분의 기원을 논하면서 이를 언급한 바 있는데, 여기서도 안악3호분을 동수묘로 보고 있다.[46] 그런데 여기에서는 북한에서 고국원왕릉설과 미천왕릉설이 제시되고 있다는 사실과 함께 이에 대한 비판이 시도되고 있는데, 동수가 고국원왕 보다 먼저 죽었으므로 고국원왕릉에 동수에 관한 묵서가 있을 수

---

39) 고고학 및 민속학연구소, 앞의 책, 1958, 18쪽.
40) 도유호, 앞의 논문, 1958.
41) 宿白,「朝鮮安岳發現的冬壽墓」『文物參考資料』1, 1952.
42) 楊泓,「高句麗壁畵石墓」『文物參考資料』4、1958.
    洪晴玉,「關于冬壽墓的發現和硏究」『考古』1, 1959-1, 1959.
43) 李進熙,「黃海南道發見の高句麗壁畵古墳」『駿台史學』6, 1956.
44) 熊谷宣夫,「冬壽墓(安岳第3號墳の紹介)」『佛敎藝術』37, 1958.
45) 蔡秉瑞, 앞의 논문, 1959.
46) 金元龍,「高句麗 古墳壁畵의 起源에 대한 硏究」『震檀學報』21, 1960.

없고, 미천왕의 시신을 전연에서 찾아온 것은 343년이며 이 무덤이 축조된 것은 동수가 죽은 357년경인 만큼 미천왕릉일 수도 없다는 비판이 그것이다.

이렇듯 안악3호분을 동수의 무덤으로 보려는 쪽으로 견해가 기울어져 가고 있는 상황에서, 북한의 고고학자가 왕릉설을 다시 주장하였다.[47] 여기에서는 1957년 고분벽화를 통해 고구려의 악기 문제를 다룰 때까지만 하더라도 안악3호분의 피장자에 대해서는 결론을 유보하는 입장을 취하고 있었다. 그러나 1959년에 발표된 논문에서는[48] 안악3호분이 고구려 왕릉임을 여러 가지 근거를 토대로 주장하였다. 물론 이중에는 기왕에 왕릉설의 근거로 제시되었던 것들도 있지만, 이를 종합하고 또 자신의 새로운 근거를 첨가하여 왕릉설을 가장 체계적으로 주장했다는 점에서 일정한 의미가 있다. 여기서 그는 왕릉설의 타당성을 입증하기 위해, 먼저 동수묘설의 잘못을 지적한다.

즉 묵서명이 동수묘설에 주요한 근거가 되고 있으나, 묵서명은 위치도 서측실 입구 帳下督 그림 위라는 군색한 자리이며, 또 글씨도 격식과 성의를 다한 것이 아니므로 (글씨의 크기도 고르지 않을 뿐만 아니라 또 잘못 쓴 글씨를 지우지도 않고 그 위에 바른 글자를 덧씌운 것 등), 묘주의 묘지명일 수는 없다는 것이다. 그래서 그는 이 묵서명을 장하독인 동수에 관한 것이라 하였고, 또 낙서의 일종으로 보았다.

또 묘주를 시종하는 인물들의 직명이 태수급의 屬官名이란 점에서 동수묘설이 주장되고 있으나, 『晉書』 職官志에 의하면 記室·省事 등은 州郡 장관보다 고위직인 諸王·三公 등의 속관이라는 것이다. 이러한 사실은 안악3호분이 동수묘가 아니라 오히려 왕릉임을 뒷받침하는 것인바, 왜냐하면 고구려왕의 內侍府가 중국의 諸王·三公의 屬官 조직을 참조하여 조직되었을 가능성이 많기 때문이라는 것이다.

나아가 북한의 한 고고학자는 안악3호분이 왕릉인 근거로서 다음과 같은 사실들을 제시하였다.[49]

47) 전주농, 「고구려 고분벽화에 나타난 악기에 대한 연구(2)」 『문화유산』1957-3, 1957.
48) 전주농, 「안악 하무덤(3호분)에 대하여」 『문화유산』1959-5, 1959.
49) 전주농, 「다시 한번 안악의 왕릉을 론함」 『고고민속』1963-2, 1963.

① 묘실의 구조형식이 다른 고구려 벽화고분과 공통점을 가지면서도, 그 중에서는 가장 복잡 웅대한데, 이렇듯 거대한 무덤은 왕릉이 아니면 만들 수 없다는 점.

② 회랑 벽화의 대행렬도는 등장인물이 250명이 넘는 바, 왕의 鹵簿行列을 형상화한 것이라는 점.

③ 鹵簿行列圖의 깃발에 '聖上幡'이란 글자가 확실히 보이며, 聖上이란 글자가 보인다는 것은 묘주가 곧 왕이기 때문이라는 점.

④ 행렬도에 보이는 亞旗나 旌節(정절은 서측실 묘주 帳房 옆에도 있음)은 모두 왕의 儀仗이라는 점.

⑤ 서측실의 묘주도에서 묘주가 착용한 관은 『隋書』에서 왕만이 쓸 수 있다고 한 白羅冠이며, 의복 역시 왕의 의복인 大袖紫袍라는 점.

⑥ 서측실 묘주도에서 묘주를 侍立하고 있는 인물들이 笏을 들고 있는데, 홀의 성질로 미루어 시립하고 있는 인물들은 왕의 신하라는 점.

⑦ 서측실의 여주인공과 기타 여인들의 結髮 모양이 궁중의 머리 모양이라는 점.

그렇지만 그는 안악3호분의 묘주가 고구려의 어느 왕인가에 대해서는 결론을 유보하였다. 뿐만 아니라 고구려의 왕릉이 왜 안악지방에 있으며, 그 속에 왜 동수에 대한 낙서가 있는지에 대해서도 설명하지 않았다. 그리고 동수묘설의 중요한 근거인 안악3호분의 구조형식이 遼陽地域 석곽묘를 비롯한 중국의 묘제와 상통한다는 점과, 인물들의 복식이 고구려의 것과 다르다는 점에 대해서도 적극적인 반론을 제시하지 못하였다. 그러므로 그의 왕릉설은 아직 미해결의 과제를 많이 내포한 것이었다고 하겠다.

그런데 안악3호분의 벽화를 모사하는 과정에서, 서측실 입구 오른쪽 帳下督 그림 위에서도 묵서의 존재가 확인되었다. 비록 판독 가능한 글자는 2자 정도에 불과했지만, 이러한 사실은 동수묘설에 불리한 증거가 되는 동시에 왕릉설의 입지를 크게 강화하는 것이었다. 왜냐하면 기왕에 알려진 묵서도 묘주의 묘지명이 아니라, 서측실 입구 왼쪽 장하독에 관한 기록일 가능성이 많기 때문이며, 나아가 묘주는 동수와 별개의 존재일 가능성이 높아지기 때문이다.

 이러한 사실에 힘입어, 1963년 북한의 3명의 고고학자에 의해 왕릉설을 보강하여 미천왕이 묘주임을 다시 거론하고 나온다. 이들의 글은 모두 『고고민속』1963년 2호에 수록되어 있는데,50) 이 중 미천왕릉설을 처음 주장한 것으로 알려진 견해부터51) 살펴보기로 하자. 그는 먼저 다음과 같은 점들을 토대로 동수묘설의 부당성을 지적한다.

 ① 동수의 묵서는 그 아래 장하독과 관련된 것이며, 묘주의 묘지명이 아닌 점.

 ② 記室·장하독 등은 태수급 소속의 직명이 아니라, 고구려 정부의 중요 관직명인 점.

 ③ 태수나 都鄕侯급의 무덤으로 이처럼 규모가 큰 실례가 없는 점.

 ④ 의장 행렬도의 규모가 크고, '聖上幡'이 있는 점.

 ⑤ 서측실 입구 오른쪽 帳下督 위에도 묵서가 존재하는 점.

 ⑥ 무덤의 구조형식에 외래적 요소가 보인다는 것은 문화 교류상 얼마든지 있을 수 있다는 점.

 ⑦ 동수가 '樂浪相'이었던 점이 강조되고 있으나, 이는 대단한 관직이 아니라는 점.

 ⑧ 고구려가 남진책을 강화하는 상황에서 망명객인 동수가 안악에서 군림할 수는 없다는 점.

 그래서 안악3호분을 왕릉이라고 할 때, 다음으로 묘주가 어느 왕인가라는 점이 문제가 된다. 이에 대해 그는 안악 3호분에 永和 13년(357)이란 절대 연대가 있으므로, 묘주를 고국원왕(331~371)과 그 전왕인 미천왕(300~331)으로 좁힐 수 있다고 하였다. 그런데 고국원왕은 왕의 이름으로 미루어 능이 국내성 고국원에 있었을 것이므로 묘주가 될 수 없으며, 따라서 '미천왕릉으로 생각할 수밖에 없다.'고 하였다. 그렇다면 미천왕릉이 안악에 있는 것이 문제가 되는데, 이 점에

---

50) 박윤원, 앞의 논문, 1963.
　주영헌,「안악 제3호무덤의 피장자에 대하여」『고고민속』1963-2, 1963.
　전주농, 앞의 논문, 1963.
51) 박윤원, 앞의 논문, 1963.

대해서는 다음과 같이 설명하였다. 즉 미천왕의 무덤도 원래는 국내성에 있었지만, 342년(고국원왕12년) 미천왕의 유해가 前燕의 침입군에 의해 탈취되었다가 이듬해 2월에 고구려의 노력으로 반환된다. 그리고 그 해 7월 고구려는 平壤東黃城으로 천도한다. 이에 고국원왕은 부왕을 再葬할 곳을 평양 이남에서 찾았고, 그래서 안악 지방에 미천왕릉을 축조했다는 것이다.

마지막으로 그는 왜 동수의 묵서가 미천왕릉에 있게 되었는가에 대해서는 동수가 미천왕 시신의 반환 문제, 전연의 포로가 된 고국원왕의 어머니 周氏의 귀국 문제, 미천왕릉의 구축 문제 등에 일정하게 관계했기 때문에, 후일 周氏를 미천왕릉에 합장할 때 그의 공적을 기려 왕실에서 써 주었다는 것이다.

한편 그 다음 고고학자의 견해는[52] 그때까지 알려진 고구려 벽화고분들과의 비교를 통하여 피장자의 해명을 시도했다는 점에서 특징이 있다. 그는 안악3호분이 이질적이며 특수한 무덤이 아니라, 다른 고구려 벽화고분들과 공통한 특징을 가진 고구려 벽화무덤의 한 유형이라는 것이다. 다시 말해서 안악3호분은 구조 형식에 있어서는 '龕 또는 곁간(側室)이 있는 무덤 유형'이며, 벽화 내용에 있어서는 '인물·풍속도를 그린 무덤 유형'이라는 것이다. 그렇지만 같은 벽화고분이라도 묘실의 규모와 벽화의 풍부함이 무덤에 따라 다른 것은 묘주의 신분이 다르기 때문인데, 안악3호분은 같은 유형의 무덤들에 비해 묘실의 크기가 2~4배나 될 뿐 아니라 벽화 내용도 가장 풍부한 바, 이는 안악3호분이 왕릉임을 반영한다는 것이다. 이러한 주장을 뒷받침하기 위해 그는 기왕에 왕릉설의 논거로 제시되어 왔던 '聖上幡'의 존재, 묘주의 白羅冠 착용 등을 되풀이 언급하고 있지만, 행렬도의 규모가 마멸된 부분까지 계산하면 500명에 달할 것이라고 한 점과 행렬도는 고구려 5부의 군사가 독립된 단위로서 행렬에 참여했음을 보여준다고 한 점은 새로운 것이다. 이와 같이 안악3호분이 왕릉이라면 다음으로 어느 왕릉인가가 문제인데, 이에 대해 그는 미천왕릉으로 보았다. 그러나

---

52) 주영헌, 앞의 논문, 1963.

그 논거는 위에서 설명한 앞의 고고학자의 견해를 답습한 것이므로 설명을 생략한다.

또 3명 가운데 마지막 고고학자의 글은[53] 前稿에서[54] 설명이 되지 못했거나 미진했던 점들을 논한 것인데, 여기서는 먼저 전고에서 결론을 유보했던 묘주 비정을 시도한다. 그래서 그는 안악3호분을 미천왕릉으로 보았고, 또 안악 지방에 미천왕릉이 축조된 것을 이곳이 미천왕에 의해 개척된 곳으로서, 고국원왕의 입장에서는 부왕의 공덕을 찬양할 수 있는 곳이기 때문이라고 하였다. 다음으로 안악3호분의 축조 연대를 추정하였는데, 343년 동황성으로 천도한 직후부터 348년 사이로 보았다. 그렇다고 할 때 안악3호분은 동수가 죽기 10년 전에 이미 완성되었던 것이[55] 된다.

마지막으로는 동수묘설이 부당함을 지적하는 새로운 논거 제시와 왕릉설 비판에 대한 반대 비판을 시도하는데, 그 첫 번째로 永和九年(353)銘 塼築墳의 피장자를 통해 고구려에서의 동수의 위치를 생각해 보고 있다. 永和九年銘 塼築墳은 1932년 평양역 구내에서 발견된 것인데, 有銘塼이 있음으로 해서 피장자가 遼東韓玄菟太守인 佟利이며, 축조시기가 353년 경임이 알려진 무덤이다. 그는[56] 이 동리 역시 중국인 망명객으로 보고 있다. 그리고 동리의 무덤은 규모도 작고 부장품도 고구려식이라는 점에서, 고구려에서의 동리의 권세는 대단한 것이 아니었던 것으로 본다. 그런데 동리는 동씨라는 점에서, 태수급이라는 점에서, 중국인 망명객이란 점에서, 4세기 전반에 활약한 인물이라는 점에서 동수와 비슷한 점이 많은 인물이다. 그러므로 고구려에서의 동수의 처지도 안악3호분과 같은 대규모 벽화고분을 축조할 정도는 아

---

53) 전주농, 앞의 논문, 1963.
54) 전주농, 앞의 논문, 1957.
   전주농, 앞의 논문, 1959.
55) 안악3호분의 묘주가 살아서 미리 무덤을 만드는 壽陵說은 인정해야 될 것이다. 수릉은 한 꺼번에 전 무덤의 공사 과정을 다하는 것이 아니라, 1/4, 1/3, 1/2 등의 공사를 하는 것도 있다는 점을 강조해 두고 싶다. 우리나라는 아직까지 삼국 시대 고분에서 수릉조차 찾지 못하고 있고, 더구나 1/4 등의 수릉은 발굴에서 찾는 것을 엄두조차도 내지 못하고 있다.
56) 전주농, 앞의 논문, 1963.

25

니었다는 것이다.

두 번째로 안악3호분에 보이는 외래적 요소를 생각해 보고 있다. 그도[57] 구조 형식과 벽화 내용에 있어 외래적 요소가 있음을 인정한다. 그러나 그것은 부분적인 것이고 그것도 국한된 구조적 측면에서만 그런 것이며, 안악3호분은 어디까지나 중국의 것과는 다른 특징을 지닌 고구려 벽화고분의 한 유형이라고 했다. 그리고 이러한 외래적 요소가 보이는 것은 중국인 망명객인 동수가 무덤 축조에 관계했기 때문으로 설명하였다. 동수에 관한 묵서가 안악3호분에 있는 것도 왕모 주씨를 장사할 때 바로 이러한 그의 공적을 추모해서 써넣었기 때문이라고 했다.

이상과 같은 3사람의 고고학자 견해가 발표되면서, 안악3호분의 묘주에 대한 북한 학계의 논쟁은 일단락되어 미천왕을 묘주로 보는 것이 정설로서 굳어지게 되는 것 같다. 그래서 1966년에는 미천왕릉이란 전제 위에서 안악3호분을 여러 각도에서 검토한 『미천왕 무덤』을 간행한다.[58] 여기서도 안악3호분의 '구조 형식과 벽화 내용'·'벽화를 통하여 본 고구려인의 생활'·'무덤의 건축구성과 벽화의 예술형상성'과 함께, 피장자가 미천왕이라는 점이 큰 비중으로 다루어지고 있다. 이 부분은 3명의 고고학자의 견해를[59] 종합한 것이며 새로운 것은 없지만, 안악3호분의 묘주에 대한 기왕의 성과를 일단 결산한 것이란 점에서 일정한 의미를 지닐 수 있다.

안악3호분을 미천왕릉으로 보는 견해는 이후 1990년까지 북한 학계의 통설로서 자리 잡고 있었다. 그래서 이 시기에 간행된 개설서류들을 보면, 안악3호분을 미천왕무덤으로 부르고 있다. 그리고 80년대에 들어와서도 안악3호분에 대한 연구는 이것이 왕릉이란 전제 위에서, 또는 이를 뒷받침하는 방향에서 전개된다. 예컨대 고분의 규모 등

---

57) 전주농, 앞의 논문, 1963.
58) 사회과학원 고고학연구실,『미천왕무덤』, 1966.
59) 박윤원, 앞의 논문, 1963.
　　주영헌, 앞의 논문, 1963.
　　전주농, 앞의 논문, 1963.

을 토대로 고구려 벽화고분의 묘주의 신분등급을 나누면서 안악3호분을 왕릉급으로 분류한다든지,[60] 안악3호분 벽화에 등장하는 인물들의 복식이 여타 고구려 벽화고분들과 다른 것은 '결코 다른 나라의 옷이거나 그 영향의 반영인 것이 아니라 4세기 중엽 고구려 왕궁 복식 자체의 다양한 양상을 반영'하기 때문이라고 한 것[61] 등이 그것이다.

그러나 80년대에 발표된 글에서는 묘주가 미천왕이라는 단정을 유보하고 있다. 심지어 60년대 미천왕릉설의 주장자였던 벽화 고분의 전문가조차도,[62] 안악3호분의 주인공이 고구려왕이라고 하면서도 미천왕에 대해서는 일체 언급하지 않았다.[63] 그러다가 90년대로 접어들면서 한 고고학자가[64] 고국원왕설을 다시 들고 나오는데, 그의 근거는 다음과 같다.

① 묵서의 주인공인 동수는 미천왕 사후에 고구려로 망명한 자이므로, 미천왕과는 아무런 관련이 없다. 그러므로 동수에 대한 묵서와 그림이 있는 안악3호분이 미천왕릉일 수는 없다.

② 고국원왕이 부왕의 무덤을 다시 조영했다면, 그것은 미천왕의 유해를 찾아온 직후일 것인데, 이때는 아직 고구려가 평양 동황성으로 천도하지 않았다. 그러므로 미천왕릉도 국내성이나 환도성 부근에 있었을 것이다.

③ 고국원왕 말기의 고구려 수도는 평양 동황성이며, 그가 전사한 곳은 황해도 신원군 下星으로 비정되는 남평양이다. 따라서 고국원왕의 무덤이 국내성이나 환도성 부근에 조영되지는 않았을 것이다. 그렇다고 할 때 문제가 되는 것은 고국원이란 지명이지만, 삼국시대에는 충주를 國原이라고도 한 바, 안악 지방이 고구려시대에는 고국원이라고[65] 불리어졌을 가능성도 있다.

---

60) 최택선, 「고구려 인물풍속도 무덤과 인물풍속도 및 사신도무덤 주인공들의 벼슬등급에 대하여」 『력사과학』1, 1988, 33~34쪽.
61) 천석근, 「안악 3호무덤의 복식에 대하여」 『조선고고연구』3, 1986, 27쪽.
62) 주영헌을 가리킨다.
63) 주영헌, 「주요 고구려 벽화무덤의 주인공문제에 대하여」 『高句麗壁畵古墳』, 1985.
64) 박진욱, 「안악 3호무덤의 주인공에 대하여」 『조선고고연구』1990-2, 1990.
65) 안악 지방을 고국원이라고 불렀다는 근거는 어느 사서에도 없는 독창적인 학설로 일고의

고국원왕설은 그 뒤에 문헌사학자에 의해서도 지지되고 있다.[66) 고국원왕설은 과거에도 주장된 바 있었지만, 이러한 고국원왕설이 북한 학계의 새로운 통설로 자리 잡고 있음을 보여주는 것이 아닐까 생각된다.

이상에서 언급한 바와 같이 북한 학계에서는, 묘주가 구체적으로 어느 왕인가에 대해서는 견해의 전환이 있는 것 같지만, 안악3호분을 왕릉으로 보는 것이 정설로 되어 있다. 그리고 일본에서도 안악3호분을 왕릉, 구체적으로는 미천왕릉으로 보는 견해가 있다.[67) 다시 말해서 서측실의 묘주 부인도는 생기가 넘치는 데 반해 묘주의 초상화는 얼굴에 생기가 없고 여러 번 덧그린 것인 바, 미술사의 시각에서 볼 때 이는 화가가 주인공을 실제로 보지 못했기 때문이라는 것이다. 그렇다고 할 때 이것은 묘주가 죽은 지 오랜 미천왕이어서 안악3호분의 벽화를 그린 화가는 생전의 미천왕을 보지 못했기 때문에 생겨난 현상이라는 것이다.

그러나 북한을 제외한 한국·중국·일본 학계에서는 안악3호분이 소개된 이래 지금까지 동수묘설이 여전히 타당성을 인정받고 있다. 일본의 경우, 안악3호분의 묵서의 전문을 처음 소개한 것은 1959년에 재일사학자이었으며, 그는 이것을 묘지명으로 보아 묘주를 동수라고 언급하였다.[68) 그리고 동수묘설을 가장 체계적으로 논한 것은 1964년 문헌에도 밝은 고고학자이었다.[69) 그는 구조 형식과 벽화의 주제·수법에서 遼陽 石槨墓와 가깝고, 묵서명의 내용이 묘지명이기 때문에, 안악3호분을 前燕으로부터의 망명자인 동수의 무덤으로 보아도 어떤 모순을 발견할 수 없다고 하였다. 이러한 전제 위에서 그는 고구려에서의 동수의 위치를 살폈는데, 결론은 동수가 낙랑·대방의 유민에다 요동군에서 내려온 한족들까지 규합하여 유력자로 군림하면서 고구려에 대해서

가치도 없는 것으로 보인다.

66) 손영종,「덕흥리벽화무덤의 피장자 망명인설에 대한 비판」,『력사과학』1991-2, 1991, 40~41쪽.
67) 上原和,「壁畵古墳調査の旅」『高句麗と日本古代文化』, 1986, 158~159쪽.
68) 李進熙,「解放後 朝鮮考古學の發展(續)」,『考古學雜誌』45-3, 1959.
69) 岡崎敬,「安岳3號墳(佟壽墓)の硏究」『史淵』93, 1964.

는 의식적으로 반독립의 태도를 취하고 있었다는 것이다. 이후 일본에서도 안악3호분에 대한 연구가 계속되나,[70] 이들은 대부분 동수묘설에 입각하여 논의를 전개하고 있다.

한편 한국에서는 두 고고학자가 동수묘설을 제시한 이래,[71] 안악3호분의 묘주에 대한 논의는 거의 이루어지지 않고 있었으며, 있다면 1978년에 고고학자가 50년대 말·60년대 초에 이루어진 북한의 묘주 논쟁을 소개하는 정도였다.[72] 그러다가 1989년에 고구려를 전문으로 하는 고고학자에 의해 이 문제를 처음 본격적으로 거론하고 나왔다.[73] 그의 연구는 안악3호분에 보이는 문자 자료들을 가장 치밀하게 분석했다는 데 특징이 있는데, 그의 주장은 다음과 같다.

① 동수 묵서명은 중국이나 한반도에서 발견된 당시의 墓誌들과 비교해 볼 때, 문장의 체제나 형식(예컨대 출신지 표기 방법) 등이 유사하므로 묘주의 묘지명으로 볼 수 있다.

② 왕릉설에서는 동수를 묘주의 帳下督으로 보고 있으나, 장하독은 문헌에 태수의 屬官으로 나오는 바, 태수급인 동수와 장하독이 동일 인물일 수는 없다. 오히려 장하독이 있음으로 해서 이 무덤의 주인공은 태수급이 될 수 있다.

③ 묘주를 시위하고 있는 인물들의 관직을 검토한 결과, 동수는 이들을 속료로 거느릴 수 있는 官階上의 위치에 있다.

④ 영화란 연호는 12년으로 끝나며 이듬해 정월 升平으로 改元하는데, 왕릉이라면 개원한 지 10개월이 지나도록 이를 모르고 영화 13년이라 했다는 것은 납득하기 어렵다.

⑤ 미천왕을 전후한 시기 고구려 왕릉은 당시 국도였던 通溝 주변에 있었던 점을 생각할 때, 미천왕릉만이 안악에 있다는 것은 납득하

70) 土居淑子,「漢代畫象と高句麗壁畫の馬車行列圖における墓主表現」『美術史研究』6, 1968.
　　中村潤子,「高句麗壁畫古墳と樂浪の故地」『考古學と地域文化』-同志社大學考古學シリーズ-3, 1987.
71) 김원룡, 앞의 논문, 1960.
　　蔡秉瑞,「安岳地方의 壁畫古墳」『白山學報』2, 1967.
72) 金貞培,「安岳 3號墳 被葬者 論爭에 대하여」『古文化』16, 1978.
73) 孔錫龜,「安岳 3號墳의 墨書銘에 대한 考察」『歷史學報』121, 1989.

기 어렵다.

⑥ 왕릉설에서는 고구려에서 동수에게 묵서명에 보이는 관직들을 주었다고 하는데, 묵서명에 열거된 관직이나 관등명은 당시 고구려의 것이 아니다.

⑦ 그렇다고 해서 東晉에서 수여한 것으로 볼 수도 없다. 왜냐하면

a) 중국의 都督諸軍事는 군사를 도독하는 구역이 직명 속에 명시되어 있으나, 동수의 경우는 都督區가 명시되어 있지 않은 점, b) 중국의 경우, 平東將軍이 使持節都督을 겸하는 것은 예외적인 것이라는 점, c) 중국의 경우 군의 장관은 태수, 군과 같은 규모인 왕국의 장관은 289년 이전에는 相, 289년 이후에는 內史이다. 그런데 낙랑군은 왕국이 된 적이 없었는데도 묵서명에서는 樂浪相이라 했을 뿐만 아니라, 당시의 직명대로라면 相이 아니라 內史여야 하기 때문이다. 따라서 동수의 관직과 작위는 고구려나 동진으로부터 받은 것이 아니고, 동수가 자칭한 것으로 보아야 한다.

지금까지 안악3호분의 주인공에 대한 기왕의 견해들을 일별하였다. 이를 통해 짐작할 수 있는 바와 같이, 안악3호분의 묘주에 대해서는 북한 학계의 왕릉설과 한·중·일 학계의 동수묘설이 팽팽히 맞서고 있는 실정이다. 이러한 현상은 양쪽 논거 모두에 일리가 있기 때문이다. 그러나 양쪽 견해 모두에 문제점이 있는 것도 사실이다.

동수묘설의 경우, '聖上幡'의 존재가 문제이다. 後漢代 畵像石墓의 행렬도를 보면, 묘주가 행렬도의 주인공인 것이 대부분이지만, 경우에 따라서는 묘주가 天子의 大駕에 참여한 것을 형상화한 기념사진적인 것도 있다.[74] 그렇지만 안악3호분의 경우는 서측실의 묘주와 행렬도의 중심인물은 동일인임이 확실하므로, 그렇게 볼 수도 없다. 그러므로 '聖上幡'에 대한 합리적 설명이 없는 한, 동수묘설을 그대로 따르기는 어렵다. 다만 '聖上幡'의 '聖'자를 논자에 따라서는 확인할 수 없다고 하는가 하면, 분명하다고 하는 것이 문제가 될 수 있다. 또 『미천왕 무덤』 도판에는 '聖'자 같은 것이 보이는데, 이것이 과연 '聖'인가

---

74) 林巳奈夫,「後漢時代の車馬行列」『東方學報』37, 1965, 189쪽.

도 문제이다.

동수묘설에 비해 왕릉설은 더 많은 문제점을 내포하고 있다.

① 묘주인 왕에 대해서는 어떤 기록도 없는데, 동수에 관한 묵서가 있다는 점에 대한 설명이 아무래도 부족하다.

② 묵서명이 말하는 357년과 미천왕의 유해를 찾아온 343년, 고국원왕이 죽은 371년과는 각각 14년씩 거리가 있다는 점에 대한 설명이 부족하다.

③ 고구려의 왕릉이 왜 안악에 조영되었는지에 대한 설명이 부족하다. 미천왕릉설에서는 343년 고구려가 평양 동황성으로 천도했으므로 미천왕릉이 안악에 있을 수 있다고 하나, 평양 동황성이 과연 지금의 평양 일대에 있었는지도 문제이다. 또 설사 현 평양 일대라고 하더라도, 평양을 두고 하필이면 백제가 新溪 방면까지 진공해 오는 마당에 안악에 왕릉을 조영했다는 것도 이해하기 어렵다.

④ 무덤의 규모가 절대적인 기준이 될 수는 없다. 안악 3호분의 총 면적은 약 46㎡라고 한다.[75] 그런데 漢末·魏晉代의 多室墓 중에는 100㎡가 넘는 것도 7기나 있으며, 50㎡가 넘는 것은 많다.[76] 그러므로 안악3호분의 묘주가 중국으로부터의 망명자라면, 이 정도 규모의 분묘를 조영했다고 해서 이상할 것은 없다.[77]

⑤ 왕릉설에서는 망명객인 동수가 이만한 규모를 가진 무덤을 조영할 수 없었다는 점을 밝히기 위해 永和九年銘 塼築墳의 피장자인 동리와 비교를 시도한다. 그리고 안악3호분이 고구려 벽화고분임을 밝히기 위해 같은 유형의 고구려 벽화고분과 비교한다.

그러면서도 集安에 있는 將軍塚이나 太王陵과의 비교는 하지 않고 있다. 장군총이나 태왕릉 중의 하나는 광개토왕릉일 가능성이 크다.[78] 그렇다면 고구려의 왕은 5세기까지도[79] 벽화가 있는 石室封土墳이 아

75) 박황식,「미천왕 무덤(안악제3호)의 전축 구성에 대하여」『고고민속』1, 1965, 21쪽.

76) 加藤修,「漢末~魏晉代の多室墓の性格」『小林行雄記念考古學論考』,1982.

77) 앞에서 제시한 100㎡가 넘는 고분의 숫자가 7기나 되고, 50㎡가 넘는 것은 많다는 것은 벽화 고분을 가리키는 것이 아니고 遼陽 지방의 석곽묘를 가리킨다.

78) 집안고구려비의 발견으로 태왕릉은 광개토왕의 무덤이고, 장군총은 장수왕의 무덤이고, 평양성의 한왕묘는 문자왕릉인 것으로 볼 수가 있다.

니라, 積石塚에 묻힌 셈이 된다. 그럼에도 불구하고 4세기 고구려왕이 안악3호분과 같은 벽화가 있는 석실봉토분에 묻힌 이유가 무엇인지에 대한 설명이 없다.

이렇듯 안악3호분의 묘주에 대한 기왕의 견해는 양쪽 모두 문제를 내포하고 있으므로, 현재로서는 어느 쪽을 따를 것인지를 결정하기 어렵다. 따라서 이 문제의 해결을 위해서는 앞으로의 연구를 기대할 수밖에 없다.

마지막으로 한 가지 언급해 둘 것은 안악3호분에서 서쪽으로 4m 떨어진 곳에서 안악 4호분이 발견되었다는 점이다.[80] 이것은 동서로 긴 전실과 남북이 긴 후실로 이루어진 2실분인데, 발굴자는 안악 3호분의 묘주를 임시로 묻어두었던 假墓로[81] 추정하고 있다.

Ⅳ. 묘주 문제

주지하는 바와 같이 안악3호분의 묘주에 대해서는 북한에서는 현재 고국원왕설을 주장하고 있고, 한국·중국·일본에서는 동수묘설을 채택하고 있다. 고국왕릉설은 회랑에 그려진 대행열도의 묘주 깃발에 聖上幡이란 말과 묘주가 쓴 白羅冠[82] 등을 그 전거로 제시하고 있고, 동수묘설에서는 묵서명을 그 증거로 내세우고 있다. 고국왕릉설은 고국왕릉을 5세기 중엽의 모두루총의 묘지에서는 國罡上聖太王라고 부르고 있

---

79) 문자왕때인 491년 이후에 처음으로 시조 동명왕릉을 국내성에서 평양성으로 옮긴 때부터 고구려의 왕이 벽화 고분에 국왕을 묻기 시작했다. 동명왕릉은 5세기 고분이므로 그 시기는 491~500년으로 보인다.

80) 리순진, 「새로 발굴된 오국리무덤에 대하여」『조선고고연구』1986-1, 1986, 30~33쪽.

81) 그렇다면 안악3호분의 묘주는 殯葬을 했다는 증거이다. 고구려에서는 백제처럼 27개월의 3년상이 아닌 2년상으로 412년에 죽은 광개토태왕이 414년에 장례를 치르고 있어서 2년의 殯葬이 있었다. 이는 석총의 경우이고, 토총인 벽화 고분에서는 3년의 빈장을 했다. 신라의 문무왕은 681년 7월 1일에 죽어서 682년 7월 25일에 立碑하여 장사지냈으나 무덤은 없고 동해 대왕암에 산골했고, 『三國史記』, 金仁問傳에 따르면 김인문은 694년에 죽어서 695년에 京西原에 장사지냈다고 한다. 신라는 1년의 殯葬을 한 듯하다. 525년의 백제 무령왕릉의 묘지에서는 27개월의 3년상인 殯葬을 했다.

82) 遼陽 지방의 벽화 고분에서도 백라관을 착용하고 있어서 『수서』기사처럼 왕만이 백라관을 착용하는 것은 아니다.

고, 491~519년 사이에 작성된 집안고구려비에서는 國罡上太王이라고 부르고 있다. 고국원왕의 시호명에는 414년에 작성된 광개토태왕비에서는 國罡上廣開土境好太王이라고, 5세기 중엽의[83] 모두총 묘지명에서는 國罡上廣開土地好太聖王이라고[84] 각각 부르고 있다. 고국원왕과 광개토태왕의 시호에는 國罡上이란 말이 공통으로 들어간다. 이 단어는 무덤의 위치를 나타내는 말로 고국원왕 무덤이 광개토태왕의 무덤인 태왕릉과 같은 데에 곧 국내성 우산하 고분군에 고국원왕릉이 있었음을 말해 준다. 따라서 안악3호분은 고국원왕릉일 수가 없다.

동수묘설은 전실 서벽 좌측의 帳下督 머리 위에 새겨져 있는 묘지명에 근거하고 있다. 지금까지 발견된 고구려 벽화[85] 중에서 묘지명이 있는 예는 357년의 안악3호분, 408년의 덕흥리 벽화 고분, 5세기 중엽의 모두루총의 3기가 있다. 덕흥리 묘지명에서는 小大兄이란 관등명이 나오고, 모두루의 묘지명에서는[86] 大使者와 大兄이란 관등명이 나오고 있다. 그런데 안악3호분에서 관등명이 없는 이유를 357년에는 관등제가 마련되지 않아서 그렇다고 할 수 있다. 『삼국지』, 위서, 동이전, 고구려조에 분명히 3세기의 고구려에서는 主簿, 優台, 丞, 使者, 皁衣, 仙人 등의 관등명이 나오고 있어서 357년의 안악3호분 묘지명에 관등명이 없는 이유가 궁금하다. 동수묘지명의 관직은 自稱이란 가설이 유력하며,[87] 관등명도 갖지 못한 동수가 대행렬도를[88] 가지

---

83) 435년의 농오리 마애석각에서 小大使者가 나와서 모두루총의 묵서명에서는 大使者가 나와서 435년보다 늦게 보아야 한다. 모두루총과 같은 國罡上廣開土地好太聖王이 나온 호우총의 호우 연대도 乙卯年은 415년이 아닌 475년이 된다.
84) 이렇게 적힌 예로는 호우총의 호우가 있다.
85) 고구려 벽화 고분에 있어서 최초로 왕이 묻힌 예는 동명성왕릉으로 환도성에서 평양성에 이장하고 있고, 그 시기는 491년에서 500년 사이이다. 그렇다면 안악3호분 시기인 357년에 이 고분을 제외하고, 왕릉이 벽화 고분에서 나와야 안악3호분의 왕릉설이 힘을 얻는다. 357년에 다른 벽화 고분에 있어서 왕릉인 무덤이 없이 단독으로 존재하는 안악3호분은 왕릉이 아닐 가능성이 크다.
86) 모두루총에서는 벽화는 없고, 고구려 무덤 가운데 가장 긴 묵서의 묘지명만 있다. 아깝게도 묵서명은 800여 자 가운데 뒷부분 10행이 발견당시부터 파실되었다. 여기에 연호나 연간지가 있었을 것으로 추정된다.
87) 공석구, 앞의 논문, 1989.
88) 대행렬도의 聖上幡이란 명문의 聖자가 잘 보이지 않는다고 한다. 이 글자는 聖자가 아니라 加자인지도 알 수가 없다. 加자는 古鄒加, 大加의 뒷글자인 加자이다.

고,[89] 덕흥리 벽화 고분이나 모두루총의 묘주보다[90] 크고 화려한 벽화 고분에 묻힐 수는 없다. 동수는 안악3호분 묘주의 배장자일[91] 뿐이다.

그렇다면 안악3호분의 묘주는 누구일까? 삼국 시대 고분에 있어서 왕릉은 반드시 수도에 조영되었다.[92] 그렇지 않는 예는 삼국 시대에 단 1예도 없다. 안악3호분을 미천왕릉이나 고국원왕릉으로 보는 것 자체가 하나의 상황 판단이다. 안악3호분의 동수묘설도 문자 자료에 대한 검토도 없이 나온 것으로 그 자체가 안악3호분의 연구를 후퇴시켰다. 안악3호분의 묘주 해결의 열쇠는 충주고구려비가 가지고 있어서[93] 우선 전문을 제시하면 다음과 같다.[94]

		⑦	⑥	⑤	④	③	②	①		⑩	⑨	⑧	⑦	⑥	⑤	④	③	②	①	
제①	1	伐							1	△	△	夷	大	夷	用	佰	奴	上	五	1
행	2	城							2	△	△	寐	位	寐	者	△	主	下	月	2
중	3								3	奴	△	錦	諸	錦	賜	上	簿	相	中	3
	4								4	△	境	上	位	遷	之	共	△	和	高	4
하	5								5	△	△	下	上	還	隨	看	德	守	麗	5
단	6	古							6	△	募	至	下	來	者	卽	△	天	太	6
부	7	牟	方						7	△	人	于	衣	節	△	賜	△	東	王	7
	8	婁							8	盖	三	伐	服	教	△	太	△	相		8

---

89) 안악3호분의 경우에 있어서 서측실의 묘주와 행렬도의 중심인물은 동일인임이 확실하므로 동수를 중심인물 곧 묘주로 볼 수가 없다.

90) 이들 고분은 모두 단면 呂자형 고분이다. 이러한 형식의 고분은 5세기 고구려에서 유행했다.

91) 회랑의 대행렬도를 보면 胡籙를 허리에 찬 병사가 나오는데, 이는 북중국의 화살통은 등에 매는데 대해 고구려식으로 허리에 차고 있는 점이 주목된다. 화살통을 매는 경우에는 화살촉의 깃끝 부분을 쥐고 빼서 화살에 대고 화살을 쏘지만, 허리에 화살을 차는 경우에는 화살촉의 화살 부분을 쥐고 화살을 살짝 들어서 화살통에서 나오게 해서 진짜로 화살에다가 대고 나서 다시 화살의 깃 부분으로 손을 옮겨서 화살을 쏜다.

92) 가령 익산 쌍릉을 백제 무왕으로 보는 가설도 있으나, 그 근거는 없다. 곧 익산 천도설과 맞물려 있는바 익산에 백제가 무왕 때 천도했다면 조방제가 있어야 한다. 무왕릉은 부여 능산리 고분군 가운데 하나로 보인다.

93) 충주고구려비는 4면비이다. 그 동안 논란이 되었던 題額은 없다고 해석할 수밖에 없다. 五月中이란 서두와 좌측면의 6자 공백을 해결할 수가 없다. 현재의 후면을 Ⅰ면, 현재의 우측면을 Ⅱ면, 현재의 전면을 Ⅲ면, 현재의 좌측면을 Ⅳ면으로 본다. 그래야 문제점 서두의 시작과 좌측면의 6자 공백 문제를 해결할 수가 있다.

94) 2019~2020년 한국고대사학회와 동북아역사재단이 공동 주관한 공동 판독 결과를 기본으로 삼았다.(양인호·고태진,「충주고구려비 공동판독안」,『한국고대사연구』98, 2020, 6~8쪽.).

		⑦	⑥	⑤	④	③	②	①		⑩	⑨	⑧	⑦	⑥	⑤	④	③	②	①	
	9	城				年		城	9	盧	百	城	兼	賜	△	翟	△	△	王	9
	10	守		上			功	不	10	共	新	教	受	寐	奴	鄒	△	寐	公	10
	11	事	沙	有					11	△	羅	來	教	錦	客	△	△	錦	△	11
	12	下						村	12	募	土	前	跪	土	人	△	去	忌	新	12
에	13	部	斯		十			舍	13	人	內	部	營	內	△	△	△	太	羅	13
	14	大	色						14	新	幢	太	之	諸	教	△	△	子	寐	14
前	15	兄							15	羅	主	使	十	衆	諸	賜	到	共	錦	15
部	16	耶							16	土	下	者	二	人	位	寐	至	前	世	16
	17	△	古						17	內	部	多	月	△	賜	錦	跪	部	世	17
	18		鄒						18	衆	拔	于	卅	△	上	之	營	太	爲	18
	19		加	東	太	節			19	人	位	桓	三	△	下	衣	△	使	願	19
	20		共	夷	王				20	△	使	奴	日	△	衣	服	太	者	如	20
	21		軍	寐	國			沙	21	動	者	主	甲	△	服	建	子	多	兄	21
	22		至	錦	土				22	△	補	簿	寅	國	教	立	共	于	如	22
	23		于	土					23	△	奴	△	東	土	東	處	△	桓	苐	23
右側面			左側面											前面						

후면 마지막행 중앙부에 巡이 있음.

충주비에 있어서 寐錦은 신라의 마립간으로 7번 나오는데, 인명 표기는 寐錦忌로 한 번밖에 나오지 않는다. 매금기는 訥祗麻立干으로 그의 사망시인 458년경으로 건립 연대를 볼 수가 있다.[95] 전면의 太子共과 좌측면의 古鄒加共은 동일인으로 『삼국사기』에 나오는 장수왕의 아들인 古雛大加助多를[96] 가리킨다. 太子라해도 높은데 고추가로 나와서 고추가가 태자보다 높은 벼슬임을 알 수가 있다. 『삼국지』, 위서, 동이전, 고구려조에 다음과 같은 고추가에 대한 언급이 있다.

> 王之宗族, 其大加皆稱古雛加. 涓奴部本國主, 今雖不爲王, 適統大人, 得稱古雛加, 亦得立宗廟, 祠靈星·社稷. 絶奴部世與王婚, 加古雛之號[97]

95) 충주고구려비의 성격은 충주 지방에 맹활약하고 있던 고추가공이 전투에서 피살되어, 그의 일대기를 기록함과 동시에 세운 추모비로 보인다.

96) 古鄒加共과 古雛大加助多는 동일인이 틀림없으나 두 인명을 언어학적으로 풀 수 없다.

97) 이를 해석하면 다음과 같다.
'王이 宗族으로서 大加인 자는 모두 古雛加로 불리워진다. 涓奴部는 본래의 國主였으므로 고추가는 계루부의 대가들, 연노부의 적통대인, 절노부의 대인이 되었다고 한다. 이들은 그 지위가 태자보다도 높았다고 생각된다. 이들 고추가야말로 고구려의 왕에 버금가는 준왕이다. 그래서 죽을 때에 대행렬도을 가질 수 있고, 백라관을 쓸 수 있었을 것이다. 고추가말로 그들은 지배 지역의 부족 나름의 수도였던 안악에 무덤을 조영했을 것이다. 고구려 관등도 가지지 못했던 동수는 고추가의 소속으로 그 신분상 주인이던 고추가에게 陪葬되기를 소원해서 그 원이 이루어져서, 안악3호분에 존경하던 주인의 옆에 배장으로 묻힌 것으로 본다. 그래서 동수의 묘지명을 전실 서벽 좌측실에 자기 자신의 내세우기 싫은 벼슬인 帳下督의 머리 위에 썼던 것으로 판단된다.98) 이렇게 해야 왕릉이99) 환도성, 국내성, 평양성에 있지 않는 것은 없다는100) 왕릉에 대한 기본적인 인식과 일치한다.

V. 맺음말

안악3호분의 묘주에 대해서는 북한의 고국원왕설이 있고, 한국·중국·일본의 동수묘설이 있다. 고국원왕설은 고국원왕의 다른 시호가 國罡上聖太王이므로, 이는 광개토태왕비의 시호인 國罡上廣開土境平安好

지금은 비록 王이 되지 못하지만 그 適統을 이은 大人은 古雛加의 칭호를 얻었으며, (자체의) 宗廟를 세우고 靈星과 社稷에게 따로 제사지낸다. 絶奴部는 대대로 왕실과 혼인을 하였으므로 (그 大人은) 古雛[加]의 칭호를 더하였다.'

98) 동수는 부족장인 古鄒加가 줄 수 있는 使者, 皁衣, 仙人은 너무 낮아서 할 수가 없고, 고구려라는 국가의 소속이 아니라서 더 높은 관등인 主簿, 優台, 丞은 나라에서 주어서 할 수가 없었다. 그래서 관등이 없이 帳下督이라는 관직을 가진 것으로 보인다. 그래서 동수의 묘지명이 전실 서벽 좌측의 帳下督 머리 위에 새겨진 것으로 짐작된다. 장하독이라는 말은 '예전에, 임금이나 장군 아래에 있는 군사 지휘관을 이르던 말'이라고 한다. 동수가 장하독이라고 본다. 왜냐하면 고추가의 아래에 있던 군사 지휘관으로 동수를 볼 수가 있기 때문이다.

99) 북한학계에서는 평양동황성을 국내성 시대에 천도한 것으로 보고 있으나, 그 천도 자체가 불분명하고, 왕릉이 동황성에서 멀리 떨어진 안악에 조영되었는지에 대한 설명이 뒤따라야 할 것이다.

100) 나라가 망한 마지막 임금인 고구려의 보장왕과 백제의 의자왕의 경우 나라가 망하고 나서 붙잡혀가서 중국에 묻혔다.

太王으로 무덤의 위치를 나타내는 國罡上이 같다. 이는 국내성 우산하 고분군을 가리켜서 고국원왕의 안악3호분 묘주설과 모순된다. 동수묘 설은 묘지명이 있는 덕흥리 벽화 고분의 小大兄, 모두루총의 大使者와 大兄이 나오는데 대해, 안악3호분에서는 관등명도 없어서 덕흥리 벽화 고분이나 모두루총보다도 더 큰 무덤의 주인공이 될 수 없고, 곧 동수 는 안악3호분의 묘주가 될 수가 없다.

안악3호분의 묘주로 다른 사람은 찾지 않으면 안 된다. 그 대상으 로 고추가가 있다. 고추가는 충주고구려비에 태자가 승진해서 고추가 가 되고 있다. 『삼국지』, 위서, 동이전, 고구려조에 고추가는 계루부의 대가들, 연노부의 적통대인, 절노부의 대인이 되었다고 한다. 그렇다면 안악3호분은 고추가의 무덤으로 대행렬도와 백라관 등을 가질 수가 있고, 동수는 고추가와의 친분을 이용해 전실에 배장으로 묻히고, 안 악3호분 전실 서벽 좌측에 자기 자신의 내세우긴 싫은 벼슬인 帳下督 의 머리 위에 묘지명을 붓으로 썼다고 판단된다.

제2절. 고구려 국내성의 무덤 출토 와전 명문

I. 머리말

고구려 국내성 시대는 3년(유리왕22년)부터 427년(장수왕15년)까지이다. 이 시기의 무덤에서 출토되는 와전의 문자 자료를 정리하여 무슨 뜻이 있는가를 조사해 보는 것은 상당한 의의가 있다. 고고학에서 문자 자료의 중요성은 새삼 말할 필요가 없다. 年干支나 年號가 나오면 연대 설정에 중요하지만 연호나 연간지가 나오지 않은 천추총과 태왕릉의 양각으로 찍은 유명전도 그 해석 여부에 따라서는 역사적인 중요성을 나타내줄지도 모른다. 유적에서 유리된 유물의 절대 연대는 아무리 중요해도 1급 자료가 되지 못할 때도 있다. 그래서 국내성 무덤 출토의 와전 명문으로 그 범위를 축소하였다.

국내성 출토 와전 명문은 그 예가 대단히 많고, 그 연구 성과는 적다. 천추총과 태왕릉의 유명전은 그 연구 성과가 나온지 100년이 넘어서 태왕릉은 그 주인공을 광개토태왕으로 보고 있지만, 천추총의 주인공에 대해서는 뚜렷한 결론이 없다. 천추총의 千秋萬歲永固/保固乾坤相畢전명과 태왕릉의 願太王陵安如山固如岳전명이 나오고 있어서 두 무덤이 千秋萬歲토록 굳건하거나 원컨대 태왕릉이여 山과 같이 安하고岳과 같이 固하기를 빌고 있다. 무덤의 크기로 보나 두 무덤에서만 유명전이 출토된 점이나, 연화문수막새가 태왕릉, 천추총, 장군총에서만 나온 점에서 볼 때, 이들 3고분들은 왕릉으로 보여 이에 대한 정확한 왕릉 비정이 요망된다.

여기에서는 먼저 무덤에서 나오는 기와 명문을 살펴보고자 한다. 무덤에서 나오는 기와 명문을 다시 수막새 명문과 평기와 명문으로 나누어서 검토하겠다. 다음으로 두 자료밖에 없는 전명을 검토하겠다.

II. 기와 명문

1. 수막새 명문

고구려의 4세기 수막새기와로 卷雲文기와가 있다. 5~6세기의 연화문수막새와는 그 문양상 차이가 있다. 누가 보아도 卷雲文과 蓮花文의 차이는 쉽게 발견할 수 있다. 5~6세기의 연화문수막새기와에는 명문이 없는데 대해 4세기의 권운문수막새기와에는 명문이 많이 나온다. 이 권운문수막새에 나오는 명문이야말로 年干支등이 포함되어 있어서 기와 편년에 중요하다. 그러면 국내성 분묘 출토 권운문 암막새의 문자를 제시하면 다음의 〈표 1〉과 같다.

〈표 1〉 국내성 분묘 출토 권운문 암막새 명문

名 稱	무덤 이름	直 徑(cm)	銘 文
己丑명[1]	西大墓	14.5	己丑年△△于利作
己丑명[2]	禹山下992호분		己丑年造瓦△△八
(戊)戌명[3]	禹山下992호분	14~14.4	泰/歲(戊)戌年造瓦故記
△歲명[4]	西大墓	14	△歲在△△年造△
丁巳명[5]	禹山下3319호분	15.5~16	太歲在丁巳五月廿日爲中郎及夫人造盖墓瓦, 又作民四千, 餟盒△用盈時興詣, 得享萬世
十谷民造명[6]	禹山下3319호분	15	十谷民造/大一(吉로도 판독)
乙卯명[7]	禹山下3319호분	15.5~16	乙卯年癸酉

---

1) 吉林省文物考古研究所·集安市博物館, 『集安高句麗皇陵』, 2004.
2) 耿鐵華, 「高句麗文物古迹四題」『文物春秋』, 1989-4, 1989.
3) 林至德·耿鐵華, 「集安出土的高句丽瓦当及其年代」『考古』, 1985~7, 1985.
4) 吉林省文物考古研究所·集安市博物館, 앞의 책, 2004.
5) 李殿福, 「1962年春季吉林輯安考古調査簡報」『考古』1962-11, 1962
6) 吉林省文物考古研究所·集安市博物館, 「洞溝古墓群禹山墓區JYM3319號墓發掘報告」『東北史地』

이 권운문수막새의 연대를 알 수 있는 자료로 太寧四年명와당이 있다.[8] 集安의 대중목욕탕, 영화관 공사장에 발견된 太寧四年명와당의 명문은 전부 인용해 보고자 한다. 太寧四年太歲△△潤月六日己巳造吉保子宜孫이다. 권운문 가운데 가장 연대가 확실한 太寧四年명와당은 太寧四年명은 종래 太寧 연호가 3년까지만 있고, 太寧3년 윤8월6일의 간지가 己巳라는 사실에 착안하여 이를 태녕3년의 오기 곧 325년에 제작된 것으로 파악하였다.[9] 이에 대해 태녕4년 윤월은 태녕3년13월로서 『二十史朔閏表』에 의해 태녕3년 13월6일의 간지는 己巳에 해당하므로 태녕4년 윤월은 오기가 아니라고 하면서 326년으로 보는 견해가 나왔다.[10]

어느 쪽을 취하든지 그 연대 차이는 1년의 차이가 있을 뿐이다. 태녕4년의 연대는 325년이 아니면 326년이 된다. 또한 태녕4년명 권운문와당은 집안에서 출토되는 다른 와당과 비교할 때, 운문부를 4등분하여 양뿔형 권운문 1조를 대칭으로 배치하고, 운문부와 주연부 사이에 連弧가 없다는 점에서 중국 대륙의 권운문와당과 가장 가까운 형태이다.[11] 태녕2년을 325년으로 설정함 다음 戊戌명권운문와당을 338년으로, 丁巳명권운문와당을 357년으로 각각 보았다.[12] 그 뒤에 태녕2년을 326년으로 설정함 다음 己丑명권운문와당을 329년으로, 戊戌명권운명와당을 338년으로, 丁巳명권운문와당을 357년으로, 禹山下3319호분의 乙卯銘권운명와당을 355년으로 각각 보았다.[13]

禹山下3319호분에서는 권운문와당에 다음과 같은 명문이 있다.

2005-6, 2005
7) 吉林省文物考古研究所·集安市博物館, 앞의 논문, 2005.
8) 集安縣文物保管所, 「集安高句麗國內城址的調查與試掘」『文物』1984-1, 1984, 49쪽.
9) 林至德·耿鐵華, 「集安出土的高句麗瓦當及其年代」『考古』1985-7, 1985, 644쪽.
10) 耿鐵華, 「集安出土卷雲文瓦當研究」『東北地理』2007-4, 2007, 20쪽.
11) 여호규, 「집안지역 고구려 초대형적석묘의 전개과정과 피장자 문제」『한국고대사연구』41, 2006, 103쪽.
12) 李殿福, 「集安卷雲銘文瓦當考辨」『社會科學戰線』1984-4, 1984.
13) 여호규, 「1990년대 이후 고구려 문자자료의 출토현황과 연구동향」『한국고대사연구』57, 2010, 86쪽.

太歲在丁巳五月廿日爲中郎及夫人造盖墓瓦, 又作民四千, 餟盦(禮)用盈時興
詣, 得享萬世

　이는 '太歲丁巳(357년) 5월 20일에 中郎과 夫人을 위하여 墓를 덮
는 기와를 만들었다. 또 백성 4000이 짓고, 餟盦(禮)를 다다른 때에
일으킴을 이르게 썼다. 享樂을 얻음이 萬世토록!'으로 해석된다.
　禹山下3319호분은 357년으로 소수림왕릉이나[14] 고국원왕릉으로[15]
비정하기도 하지만 爲中郎及夫人造盖墓瓦라는 명문으로 보아서 중국
망명객의 무덤으로 보고 있다.[16] 355년과 357년에 제작된 와당이 동
시에 출토되었다는 점에서 피장자가 355년에 죽어서 357년에 장사가
지내진[17] 고구려의 3년상 모습으로[18] 보기가 쉽다. 광개토태왕비에
광개토태왕이 昊天不弔卅有九宴駕棄國이라고 해서 412년에(『삼국사기』
에 따르면 10월임) 사망했고, 甲寅年九月廿九日乙酉遷就山陵이라고 나
와서 414년에 장사를 지낸 것으로 되어 있어서 2년상이다. 355년에
죽고 357년에 장사를 지냈다면 만 2년상이지 만 3년상은 아니다.
　2000년 이후 초대형적석묘를 발굴 조사한 다음 己丑(329년)명권운
문와당이 나오는 서대묘를 미천왕릉으로, 戊戌(338년)명권운문와당이
나오는 우산하992호분을 고국원왕릉으로, 이들보다 늦은 형식의 권운
명와당이 나오는 마선구2100호분을 소수림왕릉으로, 천추총을 고국양
왕릉으로 각각 비정하였다.[19]
　중국학자들의 왕릉 비정에는 壽陵制가 전제되어 있다. 수릉제가
100%를 의미하는 것은 아니므로 50% 등의 수릉제도 전제되어야 할
것이다. 초대형적석묘의 수릉제와 관련되는 문자 자료로 태왕릉 출토
銅鈴 명문이 있다. 이 동령은 태왕릉 남쪽 2.9m거리의 SG1트렌치에

---

14) 耿鐵華, 앞의 논문, 2007, 22쪽.
15) 李樹林, 「吉林集安高句麗3319號日月神闕考釋及相關重大課題研究」『社會科學戰線』2002-3,
　　2002, 192쪽.
16) 여호규, 앞의 논문, 2010, 89쪽.
17) 張福有, 「集安禹山3319號墓卷雲文瓦當銘文識讀」『東北史地』2004-1, 2004, 44쪽.
18) 공석구, 「집안지역 고구려 왕릉의 조영」『고구려발해연구』31, 133쪽. 이는 광개토태왕과
　　마찬가지로 2년상이다.
19) 吉林省文物考古研究所·集安市博物館, 『集安高句麗王陵』, 2004.

서 출토되었는데, 높이 5.2cm, 구경 2.5~2.9cm이다. 동령을 주조한 다음 날카로운 도구로 표면을 돌아가면서 명문을 음각했다. 모두 ④행에 3자씩 전부 12자이다. 명문부터 제시하면 다음과 같다.

④	③	②	①	
九	(敎)	好	辛	1
十	造	太	卯	2
六	鈴	王	年	3

이 靑銅鈴명문을 391년으로 보기도 하고, 451년으로 보기도 한다. 제③행의 1번째 글자를 巫자로 읽기도 하나 敎자로 보인다. 이 글자를 峻자로 읽어서 陵자로 읽기도 한다. 왜 수릉제가 문제가 되느냐하면 신묘년을 391년으로 보면 당연히 태왕릉의 주인공인 광개토태왕의 즉위년이므로 수릉이다. 451년일 때에는 광개토태왕이 죽은지 39년이나 흘렀으므로 수릉과 동령 명문과는 관계가 없다. 好太王은 시호인 國罡上廣開土地好太王이나 國罡上廣開土境好太王의 뒷글자를 따서 부른 것이 틀림없어서 시호로 본다.[20] 그렇다면 신묘년은 391년이 아닌 451년이 옳다.

이 동령 명문은 ‘辛卯年(451년)에 好太王을 위해 (장수왕이) 敎로 만든 96번째 鈴이다.’가 된다. 이렇게 해석하면 태왕릉의 수릉제와 관련이 없다. 광개토태왕은 二九登祚라고[21] 해서 18세에 왕위에 올랐다. 18세인 왕의 무덤을 미리 만드는 것 곧 壽陵은 언 듯 납득이 되지 않는다. 고구려에서도 수릉에는 그 일정한 나이가 있었을 것이다.

2. 평기와 명문

2000년 이후 집안지역 초대형적석묘와 환도산성에서 평기와명문이 다수 출토되었다. 무덤 출토품만을 제시하면 다음과 같다.[22]

---

20) 청동령의 명문으로 태왕릉이 광개토태왕릉임이 분명하게 되었다.
21) 二九는 구구단이다.
22) 吉林省文物考古硏究所·集安市博物館, 앞의 책, 2004.

<표 2> 집안지역 초대형적석묘 출토 평기와 명문

고분 이름	명 문	기와 종류	위치	새김 방법
서대묘	了(丁)	회색 암키와	겉면	?
	爵	회색 암키와	안면	새김?
	音	회색 암키와	안면	타날?
	瓦	회색 수키와	겉면	?
우산하 992	富(?)	회색 암키와	겉면	새김?
천추총	△浪趙將軍~△未在永樂 (총3행)	회색 수키와	겉면	새김?(소성 이전)
	年~胡將軍~△(총3행)	회색 수키와	겉면	새김?(소성 이전)
	長安(行書體)	회색 수키와	겉면	새김?
	口美口美△	회색 수키와	겉면	새김?(소성 이전)
	△固卒	회색 기와	겉면	새김?(소성 이전)
	王:2건	회색 수키와	겉면	새김
	一王	회색 수키와	겉면	새김?
	前:10건	회색 수키와/기와	겉면	새김?(소성 이전)
	後:2건	회색 기와	겉면	새김?(소성 이전)
	上:6건	회색 기와	겉면	새김
	上△	회색 수키와	겉면	새김
	下:10여건	회색 기와	겉면	새김
태왕릉	五:3건	암키와		새김(소성 이전)
	四:3건	암키와		새김(소성 이전)
	三:2건	암키와	승문상 포흔상	새김(소성 이전)
	十	암키와		새김(소성 이전)
	卅	암키와		새김(소성 이전)
	西人	암키와		새김(소성 이전)
	田	암키와	겉면	타날(소성 이전)
장군총 1호 배총	小	회색 기와	겉면	새김
	魚(?)	회색 기와	겉면	새김
	十	회색 기와	겉면	새김
	申	회색 기와	겉면	새김
	大	회색 기와	겉면	새김

국내성 초대형 분묘 출토의 명문은 크게 세 가지로 나눌 수가 있다. 하나는 吉祥語가 있고, 다른 하나는 기와의 사용처를 나타내는 것이고, 마지막으로 將軍 직명이다. 길상어로는 서대묘의 爵, 音, 우산하992호분의 富, 천추총의 長安, □美□美, △固卒, 一王, 태왕릉의 西人, 장군총 1호 배총의 魚(?) 등이 있다. 기와의 사용처를 나타내는 것으로는 서대묘의 瓦, 천추총의 前, 後, 上, 下, 태왕릉의 十, 卅, 장군총 1호 배총의 十, 申 등이 있다. 천추총의 장군 직명에 대한 것으로는 △浪趙將軍~△未在永樂(총3행)이 있는데 이는 △浪趙將軍인 ~△未이 永樂에 있다로 해석된다. 천추총의 장군 직명은 年~胡將軍~△(총3행)가 있다. 年~胡將軍이 ~△했다로 해석되며, 모두 제와감독자일 가능성이 있다.

Ⅲ. 전 명문

태왕릉은 중국 길림성 집안시 태왕향 통구 분지의 우산 남쪽 기슭에 위치하고 있으며, 방형 평면을 가진 계단식 돌무지무덤이다. 이 능은 흙 담으로 쌓은 능원 내에 자리한다. 무덤의 동편으로 제대로 불리는 시설이 있고 동북편으로는 건물지 등이 확인되었으며, 남쪽으로 陪塚이 있었다고 하나 확실하지는 않다. 1913년 조사 시 출토된 양각으로 찍어서 만든 "願太王陵安如山固如岳"이라는 명문이 있는 벽돌에 근거하여 태왕릉이라고 불리게 되었으며, 1966년 중국 측에서 우산묘구 제541호묘(JYM 0541)로 편호하였다. 이 능에서 동북쪽으로 300m 거리에 광개토태왕비가 있다.

태왕릉은 잘 다듬은 돌로 축조한 계단식 돌무지무덤으로서 현재 11단이 남아 있다. 잔존하는 무덤의 정상부는 한 변이 24m 정도의 평평한 면을 유지하고 있으며, 여기에 매장주체부가 노출되어 있다. 매장주체부는 돌로 쌓은 石室과 石室 내에 맞배지붕 형태의 石槨이 있고, 石槨 내에는 棺臺가 남북 방향으로 두 개 놓여 있으며, 주검은 木棺에 안치되었을 것이다. 石室은 한 변 길이 3.24m, 2.96m의 장방형에 가까운 방형이고, 서벽 중앙에 길이 5.4m, 폭 1.96m의 羨道가 있다.

　분구 위에서는 기와와 연화문 와당, 벽돌이 출토되어서 분구 정상부에 목조 구조물이 있었을 것으로 추정되며, 이러한 구조물이 왕릉의 상징으로 보고 있다.

　무덤의 남쪽으로 3m 거리에 石棺형태의 陪塚이 있었다고 하나 확실하지 않다. 또한 중국에서는 무덤의 동쪽을 50~68m 거리에 1.5m 높이로 쌓아 올린 석단 시설을 제대로 보고 있으나, 그 용도는 확실하지 않다. 무덤의 동북쪽 120m 지점에도 건물지가 있으며, 능원의 동쪽 담장과 9m 정도 간격이 있어 초소시설로 추정된다.

　무덤에서는 여러 유물이 출토되었는데, 특히 Y자형으로 부조된 연화문 와당은 태왕릉형 와당이라고 할 만한 특징적인 것이다. 이외에도 금·금동·청동·철기와 토기 등 1,000여 종의 유물이 출토되었다. 금동제 장막걸이 장식, 상 다리 등과 鐙子, 杏葉, 띠 연결고리 장식 등의 마구와 "辛卯年好太王△造鈴九十六"이라는 명문이 새겨진 청동방울이 출토되어 주목을 끌었다.

　천추총은 훼손이 심하여 원상을 잃었지만 원래는 10층 정도의 계단식 돌무지무덤이었을 것으로 추정된다. 무덤 평면은 한변 길이 63m 정도의 네모난 형태이며 높이는 가장 많이 남아 있는 곳이 10.9m, 파괴가 심한 동쪽은 7.9m 정도이다.

　무덤은 먼저 지표면을 단단하게 다진 후 커다란 돌로 기단을 만든 후 기단 내부를 돌로 채우고 같은 방식으로 층단을 지면서 쌓아올렸다. 계단을 쌓는데 사용되는 돌은 다듬은 흔적이 보이지 않도록 잘 가공하였으며 둘레에 홈을 만들어서 위쪽에 얹은 돌이 튕겨나가지 않도록 고려하였다.

　무덤의 윗부분은 편편하며 정상부에서 太王陵의 집모양 石槨과 같은 석재가 남아 있어서 태왕릉과 같은 石室 내에 家形 石槨이 있고 石槨 내에 부부를 합장하였던 것으로 추정할 수 있다. 무덤 둘레를 돌아가면서 거대한 화강암을 버텨 놓았는데 한 변에 5매씩 총 20매가 있었을 것이다.

玄室은[23] 기단 상부에 축조되었으며 무덤의 전체 외형은 방추형이다. 무덤의 주변에서 상당수의 銘文塼이 출토되었다. 무덤의 주위에서 격자무늬·노끈무늬·卷雲文 등의 기와편이 다량 수습된 것으로 보아, 將軍塚이나 太王陵과 함께 묘역에 향당이나 관계시설이 세워졌던 듯하다.

그밖에 2003년도 조사에서 금실과 금제장신구, 금동못과 갑옷편, 청동방울, 철제칼과 고리, 철제갑옷, 꺾쇠 등이 수습되었다.

태왕릉과 천추총에서는 다음과 같은 전명이 출토되었다.

願太王陵安如山固如岳 '원컨대 太王陵이여 안전하기는 山과 같고, 굳건하기는 岳과 같으소서' (태왕릉)
千秋萬歲永固 '千秋萬歲동안 영원히 굳건하기를'
保固乾坤相畢 '보호되고 굳건함이 하늘과 땅이 서로 다하도록'
(무덤이) 千秋 萬歲토록 영구히 튼튼하소서.[24]
(무덤이) 하늘과 땅처럼 튼튼히 보존되소서. (천추총)

두 무덤인 태왕릉과 천추총말고는 전명이 출토된 고구려의 무덤은 없다. 특히 태왕릉은 고구려 제19대 광개토태왕의 무덤으로 보고 있다. 태왕릉은 무덤의 享堂에 유명전을 벽에 붙인 두 고분 가운데 한 무덤이다. 願太王陵安如山固如岳 '원컨대 太王陵이여 안전하기는 山과 같고, 굳건하기는 岳과 같으소서'이다. 이 太王陵을 문헌사학자들은 광개토태왕릉으로 보아 왔다.[25] 고고학자도 처음에는 태왕릉이 장군총에 앞서고, 태왕릉은 광개토태왕릉으로, 장군총은 장수왕릉으로 각각 보았다.[26] 평양에 소재한 傳東明王陵을 장수왕의 壽陵으로 본 견해가 나왔다.[27] 여기에서는 태왕릉과 장군총을 묘실의 방향, 현지 입지 상황

---

23) 널방을 玄室로 바꾸었다.
24) 국사편찬위원회 한국사데이터베이스의 노태돈의 번역문.
25) 현재까지 한국학계나 일본사학계의 통설이다.
26) 緒方泉, 「高句麗古墳群に關する一試考(下)-中國集安縣における發掘調査を中心として-」 『古代文化』37-3, 1985, 16쪽.
27) 永島暉臣愼, 「高句麗の壁畵古墳」 『日韓古代文化文化の流れ』, 1982.

에서 볼 때 태왕릉이 오래되었고, 장군총은 고구려 고분의 편년으로
볼 때 광개토태왕릉이고, 태왕릉은 광개토태왕 이전의 고국양왕 또는
소수림왕 또는 고국원왕의 분묘라고 결론지었다.

고고학 쪽에서 태왕릉을 광개토태왕릉으로 보지 않는 학설이 나오
면서, 천추총·태왕릉·장군총에서 출토된 와당의 형식 분류에 근거하여
그 주인공을 추정한 견해가 나왔다.[28] 여기에서는 와당의 형식 분류
에 근거할 때, 그 시대적인 순서는 태왕릉→천추총→장군총으로 보았
다. 태왕릉 출토의 연화문 와당는 蓮花文의 蓮弁이 연꽃봉오리 모양으
로 되어있는 바, 이와 유사한 예는 안악3호분, 무용총, 삼실총, 쌍영총
등의 고구려 고분 벽화에도 보인다. 그 연대를 357년에 작성된 안악3
호분의 묵서명에 근거하여 4세기 중엽으로 보았다. 태왕릉의 와당 연
대는 4세기 후엽에서 말경,[29] 장군총의 와당 연대는 5세기 초두에서
전엽으로 각각 추정하였다. 따라서 광개토태왕릉은 태왕릉이 아니고
장군총이라고 주장하였다. 그래서 개설서에서도 이러한 가설이 반영되
어 있다.[30] 곧 太王陵(371년, 故國原王陵)[31]→千秋塚(392년, 故國壤王
陵)→將軍塚(414년, 廣開土太王)으로 결론지웠다. 千秋塚에서 4세기
의 권운문와당이 나온 점과[32] 491년 이후의 집안고구려비에 의할
때[33] 千秋塚(384년, 小獸林王陵)→太王陵(414년, 廣開土太王陵)→將軍
塚(491년, 長壽王陵)→平壤의 漢王墓(519년, 文咨王陵)으로 편년된다.

여기에서 고고학의 형식론의 문제점을 하나 짚고 넘어가야 될 것이
다. 5각형 매미의 도교 도상은 415년의 풍소불묘의 금동관→402년의
황남대총 남분의 은제관→山자형금동관의 순서이나 357년의 안악3호
분의 호록에서 山자형금구가 그려져 있어서 5각형매미도상의 편년을

---

28) 田村晃一, 「高句麗の積石塚の年代と被葬者をめぐる問題について」『青山史學』8, 1984.
29) 태왕릉의 묘주는 고국양왕, 고국원왕, 소수림왕 등으로 보았다.
30) 東潮·田中俊明編著, 『高句麗の歷史と遺蹟』, 1995, 191쪽.
31) 太王陵을 廣開土太王陵으로 보는 가설은 김창호, 「고구려 太王陵 출토 연화문수막새의 제
    작 시기」『백산학보』76, 2006 ;『한국 고대 불교고고학의 연구』, 2007재수록에서도 주
    장한 바 있다.
32) 吉林省文物考古研究所·集安市博物館, 앞의 책, 2004.
33) 김창호, 「집안고구려비를 통해 본 麗濟 王陵의 비정 문제」『考古學探究』17, 2015.

믿을 수 없게 만든다. 이 안악3호분의 山자형금구는 5~6세기의 적석
목곽묘 출토의 금동제관의 山자형과 꼭 같다. 금속기에 의한 교차연대
의 한계를 보여주는 좋은 예이다.

그런데 2004년에 들어와 고구려의 왕릉 발굴 결과가 발표되었
다.34) 여기에서는 천추총에서 연화문수막새뿐만 아니라 권운문와당이
발굴되었다. 그래서 연화문와당이 나오는 무덤의 편년이 천추총→태왕
릉→장군총의 순서가 되고, 천추총이 4세기 후반이므로 태왕릉의 연대
가 5세기 초로, 장군총이 5세기 말로 보게 되어 태왕릉이 광개토태왕
릉으로, 장군총이 장수왕릉으로 각각 보게 되었다.

천추총의 명문전은 태왕릉과 함께 양각되어 있으며, 태왕릉과 달리
유명전이 나오는 두 가지이다. 태왕릉은 주지하는 바와 같이 광개토태
왕릉이다. 4세기 후반에 광개토태왕과 비견될 수 있는 고구려의 왕으
로 누가 있을까? 故國原王(331~371년)은 371년 평양성 전투에서 백
제 근초고왕과의 싸움에서 전사했으므로 그 가능성은 없다. 故國壤王
(384~391년)과 小獸林王(371~384년)이 있다. 이들 2명의 왕 중에
서는 그 업적이 뚜렷한 임금은 소수림왕이다. 그의 중요한 업적을 나
열하면 다음과 같다.

小獸林王은 체격이 건장했고 머리가 좋았다. 355년에 아버지 고국
원왕에 의해 태자로 책봉된 후, 능력을 인정받아 鮮卑族이 세운 나라
인 前燕에 사절로 파견되기도 했다. 전연에 인질로 잡혀있다가 370년
에 전연이 망한 후 귀국했고 371년 고국원왕이 백제군과의 평양성 전
투에서 사망하자 왕위에 올랐다.

소수림왕이 즉위한 4세기 후반은 樂浪郡을 멸망시킴으로써 백제와
국경을 접했던 고구려가 남하정책을 활발히 전개하여 백제와 첨예한
대립을 하던 시기였다. 고구려가 남진해오자 백제의 근초고왕이 3만
명의 군사를 보내 평양성을 공격하여 고국원왕을 전사시키는 등 오히
려 백제의 기세가 상승해 있었기 때문에 고구려로서는 안팎으로 위기
를 맞은 시기였다.

---

34) 吉林省文物考古研究所·集安市博物館, 앞의 책, 2004.

소수림왕은 부왕의 전사에 따른 국내외적인 위기를 극복하면서 새롭게 지배체제를 정비해야 하는 시기에 즉위하여, 즉각적으로 국가 체제 정비에 나섰다. 372년 前秦에서 승려인 順道가 외교사절과 함께 불상과 경전을 가지고 왔으며, 374년에는 阿道가 들어와 불교를 전래했다. 왕은 肖門寺와35) 伊弗蘭寺를 창건해 각각 순도와 아도를 머물게 했다. 『삼국사기』에는 이때부터 고구려에 불교가 전래되었다고 기록하고 있다.

그는 372년에 유교 교육기관인 太學을 설치해 귀족자제들에게 유학을 가르쳤고, 다음해에는 율령을 반포했다. 율령의 반포는 이전의 여러 관습법 체계를 재구성하고 성문화했음을 의미한다. 고구려는 이를 통해 왕을 중심으로 하는 중앙집권적인 국가체제를 보다 공고히 정비할 수 있었으며, 이러한 바탕 위에서 광개토왕대에 대외팽창을 활발히 전개하여 최대의 전성기를 맞이할 수 있었다.

소수림왕의 치세 하에, 고구려는 대외적으로 백제에 대한 견제를 계속했다. 375년 7월에 백제의 水谷城(지금의 황북 신계군)을 침공했고, 다음해에는 백제의 북쪽 국경을 공격했으나 3만 명의 백제군에게 평양성을 역습당했지만 역습으로 이를 격퇴하고 백제를 정벌했다. 한편 남쪽의 백제에 전력을 기울이던 틈을 타서 378년에는 거란이 북쪽의 변방을 기습하여 8개 부락을 함락하기도 했다.

대체로 소수림왕의 재위시기에는 북중국의 전진과 우호관계를 유지함으로써 북방의 경비에 따른 국력의 분산을 막을 수 있었기 때문에 고구려는 국가의 지배체제를 정비하는 것이 가능했다

소수림왕의 업적은 율령 공포, 태학 설치, 불교 전래, 전진과 외교 등 왕권 강화로 요약된다. 이러한 소수림왕의 업적은 고국원왕의 평양성 전투에서 사망한 국가적인 위기를 안전한 위치에 올린 것으로 파악된다. 그래서 고구려 최초로 왕릉에 양각한 전명을 무덤의 享堂이 세워서 두었다. 그 전명을 다시 한 번 제시하면 다음과 같다.

---

35) 省門寺라고 부르기도 한다.

千秋萬歲永固 '(무덤이) 千秋萬歲동안 영원히 굳건하기를'
保固乾坤相畢 '(무덤이) 보호되고 굳건함이 하늘땅이 서로 다하도록'

이 명문은 태왕릉의 명문과 함께 塼의 모서리 긴쪽에 양각으로 주조된 예이다. 그렇다면 태왕릉의 전이나 천추총의 전은 바닥에 까는 것은 아니고, 모서리 긴 쪽을 세워서 사용했다. 왜 이런 전돌이 태왕릉과 천추총에만 있고, 다른 초대형적석묘에는 없을까? 지금까지 조사 결과로는 없다. 그렇다면 태왕릉은 고구려 최고의 정복군주인 광개토태왕의 무덤이다. 천추총은 누구의 무덤일까? 아무래도 국가의 크나큰 위기에서 국가의 안전을 마련한 소수림왕의 무덤으로 보인다.

고구려의 고국천왕, 고국원왕, 고국양왕의 무덤은 전부 우산하고분에 있는 것으로 보인다. 고국원왕의 시호가 모두루묘지명에서 國罡上聖太王이라고 나왔기 때문에 고국천왕과 고국양왕의 무덤도 광개토태왕의 시호인 國罡上廣開土地平安好太王와 관련이 있을 것으로 보인다. 그렇다면 고국천왕과 고국양왕의 무덤도 우산하고분군에 있었을 것으로 보인다. 마선구고분군에 있는 천추총은 왕의 시호가 전혀 다른 소수림왕릉으로 보인다. 소수림왕은 광개토태왕 이전에 전왕인 고국원왕이 평양성 전투에서 죽은 유일하게 국가가 累卵의 위기를 맞은 것을 수습하고 국가의 왕권 강화책을 실시하여 고구려의 고대국가를 완성한 임금이다. 그래서 고구려 최초로 享堂의 전에 명문을 찍어서 만들었다. 소수림왕 때까지의 임금가운데 고구려인들이 생각한 가장 훌륭한 왕은 소수림왕이다. 광개토태왕이 나와서 그 업적이 대단해서 願太王陵安如山固如岳이란 명문전을 새겨져 享堂이 두었다. 이 두 분의 왕만이 고구려를 빛낸 진정한 임금이라고 고구려인들은 생각하고 존중했다고 판단된다.

연화문수막새가 나오는 고분으로는 그 순서대로 나열하면 태왕릉→천추총→장군총(장수왕릉)의 순서로 그 예가 3예밖에 없다. 천추총에서는 4세기의 권운문와당이 나와서 가장 빠르다. 국내성시대 고구려 임금 가운데 가장 훌륭한 왕은 소수림왕, 광개토태왕, 장수왕을 들 수가 있다. 이들의 왕릉에서는 연화문수막새가 출토되어 享堂에 이를 지붕에 사용했음을 의미하고, 연화문수막새가 이 3고분이외에서는 향당에 사용했을 정도의 기와가 나오지 않고 있다. 더구나 천추총(소수림왕릉)과 태왕릉(광개토태왕릉)에서는 유명전이 있어서 보다 더 훌륭한 임금의 무덤이었음은 더 이상 말할 필요가 없다.

IV. 맺음말

먼저 기와 명문 부분에서 수막새 銘文에 대해 조사하였다. 太寧四年太歲△△潤月六日己巳造吉保子宜孫의 太寧四年을 325년 또는 326년으로 보았다. 이에 힘입어 태녕4년을 325년으로 설정한 다음 禹山下992호분의 戊戌명권운명와당을 338년으로, 禹山下3319호분의 丁巳명권운문와당을 357년으로 각각 보았다. 그 뒤에 태녕4년을 326년으로 설정함 다음 西大墓와 禹山下992호분의 己丑명권운문와당을 329년으로, 禹山下992호분의 戊戌명권운명와당을 338년으로, 禹山下3319호분의 丁巳명권운문와당을 357년으로, 禹山下3319호분의 乙卯銘권운명와당을 355년으로 각각 보았다.

국내성 초대형 분묘 출토의 명문은 크게 세 가지로 나눌 수가 있다. 하나는 吉祥語가 있고, 다른 하나는 기와의 사용처를 나타내는 것이고, 마지막으로 將軍 직명이다. 길상어로는 서대묘의 爵, 音, 우산하992호분의 富, 천추총의 長安, 口美口美, △固卒, 一王, 태왕릉의 西人, 장군총 1호 배총의 魚(?) 등이 있다. 기와의 사용처를 나타내는 것으로는 서대묘의 瓦, 천추총의 前, 後, 上, 下, 태왕릉의 十, 卅, 장군총 1호 배총의 十, 申 등이 있다. 천추총의 장군 직명에 대한 것으로는 △浪趙將軍~△未在永樂(총3행)이 있는데 이는 △浪趙將軍인 ~△未이 永樂에 있다로 해석된다. 천추총의 장군 직명은 年~胡將軍~△(총3행)가 있다. 年~胡將軍이 ~△했다로 해석되며, 모두 제와감독자일 가능성이 있다.

국내성 출토 전명은 2개의 무덤밖에 없다. 전 고구려를 통해서도 무덤에서 전명이 나오는 곳은 천추총과 태왕릉의 두 무덤이 있을 뿐이다. 전명을 소개하면 다음과 같다.

願太王陵安如山固如岳 '원컨대 太王陵이여 안전하기는 山과 같고, 굳건
하기는 岳과 같으소서'(太王陵)
千秋萬歲永固 '千秋萬歲동안 영원히 굳건하기를'
保固乾坤相畢 '보호되고 굳건함이 하늘땅이 서로 다하도록'(千秋塚)

　두 무덤의 명문 모두 무덤이 영원히 굳건하기를 빌고 있다. 태왕릉
은 대개 광개토태왕으로 보아 왔다. 천추총은 고국원왕, 소수림왕, 고
국양왕 등으로 보아 왔다. 이 가운데 고국원왕은 모두루묘지에 國罡上
聖太王이라고 나온다. 고국양왕과 고국천왕의 무덤은 우산하 고분군에
있을 것이다. 왜냐하면 國罡上廣開土地平安好太王의 시호를 가진 광개
토태왕의 무덤도 태왕릉으로 우산하 고분군에 있기 때문이다. 소수림
왕만이 前秦과 외교 관계를 맺고, 불교 전래(성문사, 이불란사 창건),
율령 공포, 태학 설치 등으로 나라를 안정시켜 고대국가를 완성했다.
그래서 광개토태왕과 마찬가지로 무덤의 享堂에 유명전을 장식했으며,
천추총은 소수림왕릉일 수밖에 없다.

제3절. 광개토태왕비의 몇 가지 문제

Ⅰ. 머리말

광개토태왕비 연구는 100년을 훨씬 넘었기 때문에 나올 수 있는 가설들은 거의 다 나왔다. 그 가운데 이른바 辛卯年條를 둘러싼 한일 양국 간의 논쟁은 대단히 치밀하였다. 광개토태왕비에 대한 연구사를 쓴 단행본도 나와 있다.[1] 대개 이른바 辛卯年條를 중심으로 다양한 견해가 나와 있다. 이 신묘년조는 이른바 임나일본부설의 가장 중요한 근거가 되었다. 고구려 최고의 정복 군주인 광개토태왕의 훈적이 나오는 왜가 한반도 식민지의 근거가 될 수 있을까? 그래서 나온 것이 고구려라는 주어가 생략되었다는 가설이다.[2] 이 가설도 전치문설의 등장으로[3] 빛을 잃게 되었다. 왜가 백제, 신라, 가야를 공격해 신민으로 삼을 만큼의 국력은 400년 전후에는 없었다. 철제무기인 갑주와 원양 항해를 위한 배가 그 만큼 발달되지 못했다. 광개토태왕비는 집안고구려비가 나와서 守墓人烟戶 부분에 많은 연구의 진전이 있었다. 그럼에도 불구하고 광개토태왕비의 연구는 답보 상태를 면하지 못하고 있다.

광개토태왕비의 연구는 초심으로 돌아가 비문을 세밀하게 살피는 도리밖에 없다. 그러다가 보면 종래의 연구에서 놓친 것을 바라볼 수 있게 될 것이다. 광개토태왕비 연구에 있어서 가장 중요한 것은 원래 판독문의 제시이다. 이를 보통 原石精拓本의 연구라 한다. 우리는 이

---

1) 佐白有淸,『硏究史 廣開土王碑』, 1974.
2) 정인보,「廣開土境平安好太王陵碑文釋略」『庸齊白樂濬博士還甲紀念論叢』, 1955.
3) 浜田耕策, 「高句麗廣開土王陵碑文の硏究-碑文の構造と史臣の筆法の中心として-」『古代朝鮮と日本』, 1974.

자료를 접하기가 어렵다. 남의 연구에 힘입어 하는 연구는 한계가 있다. 여기에서는 원석정탁본을 볼 수 없기 때문에 그 판독문을 중심으로 조사해 보고자 한다. 거듭 이야기하지만 광개토태왕비 연구는 거의 끝난 상태이다. 조그마한 문제들을 검토해 보고자 한다.

여기에서는 먼저 광개토태왕비 건립 목적에 대해 살펴보고, 다음으로 광개토태왕비의 건립 시점에 대해 조사해 보고, 그 다음으로 광개토태왕비의 왜에 대해 조사해 보고, 마지막으로 수묘인연호에 대해 조사해 보고자 한다.

II. 광개토태왕비의 건립 목적

광개토태왕 건립 목적을 보통 비문에 따라 勳績碑라고 부른다. 이는 비문에 정복 기사를 勳績이라고 명기되어 있기 때문이다. 頌德碑, 顯彰碑라고 부르기도 하나 훈적비와 별 차이가 없다.[4] 광개토태왕비 연구에 있어서 가장 중요한 쟁점은 그 성격을 神道碑 또는 陵碑라고 부르는 점이다. 신도비는 死者의 墓路 즉 신령의 길[神道]인 무덤 동남쪽을 향하여 묘 앞에 사람의 삶을 기록하여 세운 비를 말하는 것으로 金方慶(1212~1300년)이 처음이라고 하나 상세한 것은 알 수 없고, 고려 말에 李成桂의 아버지인 李子春(1315~1361년)의 것이 있다고 하지만 실물 자료는 없다. 조선 시대에는 많은 신도비가 남아 있다. 광개토태왕비는 1면이 남동쪽으로 향해 있고, 광개토태왕릉인 태왕릉은 무덤이 서쪽을 향해 있어서 차이가 있다. 414년부터 신도비가 처음 나온 1,300년까지의 시기적인 차이도 문제지만 방향도 맞지 않아서 신도비라 볼 수가 없다.

다음은 광개토태왕릉비설에 대해 조사해 보자. 祖父王인 故國原王과 父王인 故國壤王의 계보가 없는 점과 死亡 年月日이 없는 점과 銘이 없는 점 등이 문제이다. 더구나 우리나라에 남아있는 최고의 陵碑인 文武王陵碑에서는 분명히 文武王陵碑라고 명기되어 있고, 추상적인

---

4) 이성시, 「광개토왕비의 건립목적에 관한 시론」, 『한국고대사연구』50, 2008.

내용이 주류를 이루고 있다. 광개토태왕비에서는 世系가 나오는 서론 부분, 정복 기가 부분, 수묘인연호의 3부분이 모두 구체적인 내용으로 되어 있다. 우리나라에서 고대의 능비는 무열왕릉비, 문무왕릉비, 성덕왕릉비, 흥덕왕릉비가 전부이다. 그 가운데에서 비문의 내용을 단편적으로나마 알 수 있는 것은 문무왕릉비밖에 없다. 여기에는 비문의 撰者와 書者의 이름이 나오고 있다. 광개토태왕비에서는 이들의 이름이 빠져 있다.

광개토태왕비 건립 목적에 있어서 수묘인연호 설정이 중요하다. 장수왕은 394년에 태어나 광개토태왕이 죽은 412년에 18세의 나이로 왕위에 올랐다. 帝國의 국정을 담당할 능력이 없어서 태후의 섭정이나 원로대신의 도움을 받았을 것이다. 또 광개토태왕의 유언을 지키기 위해 수묘인연호를 설정하고, 광개토태왕비를 건립했다. 광개토태왕비는 그 서체가 한 대에 유행한 八分인 隸書體로 집자가 되지 않는 특징이 있다.[5] 414년 당시 집자가 되는 왕희지의 해서체, 초서체, 예서체가 유행했다. 비의 내용도 전 중국에 걸쳐서 그러한 유례가 없다. 그래서 비의 성격 규정에 어려움이 있다. 비의 35%이상을 차지하는 수묘인연호조는 광개토태왕의 훈적을 기록한 8년 8개조와 연결되어 있다. 따라서 광개토태왕비는 형식적으로는 훈적비, 실질적으로는 수묘인연호 부분이 가장 핵심적인 내용으로 보아야 하며, 광개토태왕비의 건립 목적은 왕권강화임은 재언을 요하지 않는다.[6]

國罡上廣開土境好太王이 살아 계실 때에 敎를 내려 말씀하시기를, '先祖王들이 다만 敎取로 遠近에 사는 舊民들만을 데려다가 무덤을 지키며, 소제를 맡게 하였는데, 나는 이들 구민들이 점점 몰락하게 될 것이 염려된다. 만일 내가 죽은 뒤, 나의 무덤을 편안히 수묘하는 일에는 다만 吾躬(率) 略取해 온 韓人과 穢人만을 데려다가 무덤을 수호·소제하게 하라.'고 하셨다. 왕의 말씀이 이와 같았으므로 그에 따라 韓과 穢의 220家를 데려다가 수묘케 하였다. 그런데 그 한인과 예인들

---

5) 집자는 王羲之부터 시작된 중국 서체의 한 특징이다.
6) 이성시. 앞의 논문, 2008에서는 광개토태왕비 건립 목적을 훈적비 등으로 보고 있다.

이 수묘의 禮法을 잘 모를 것이 염려되어, 다시 舊民 110家를 더 데려왔다.[7] 新·舊 수묘호를 합쳐, 國烟이 30家이고, 看烟이 300家이며, 都合 330家이다.

'先祖王들 이래로 능묘에 石碑를 세우지 않았기 때문에 수묘인연호들이 섞갈리게 되었다. 오직 國罡上廣開土境好太王께서 先祖王들을 위해 墓上에 碑을 세우고, 그 烟戶를 새겨 기록하여 착오가 없게 하라.'고 명하였다. 또한 왕께서 규정을 제정하시어, '수묘인을 이제부터 다시 서로 팔아넘기지 못하며, 비록 부유한 자가 있을 지라도 또한 함부로 사들이지 못할 것이니, 만약 이 법령을 위배하는 자가 있으면, 판자는 형벌을 받을 것이고, 산자는 자신이 수묘하도록 하라.'고 하였다.

이상이 광개토태왕의 유언과 관련된 내용이다. 수묘인연호의 설정은 전적으로 광개토태왕의 뜻과 관련이 있다. 광개토태왕의 훈적들인 8개조 8년조는 王躬率과 敎遣으로 나누어진다.[8] 왕궁솔은 永樂5년(을미년, 395년), 永樂5년(병신년, 396년), 永樂14년(갑진년, 404년), 永樂20년(갑술년, 410년)이고, 敎遣은 永樂8년(무술년, 398년), 永樂10년(경자년, 400년), 永樂17년(정미년, 407년)이다. 永樂9년(기해년, 399년)은 왕궁솔인지 교견인지 알 수가 없다. 왕궁솔과 교견은 수묘인연호의 但敎取遠近舊民의 但敎取와 但取吾躬(率)所略來韓穢의 但取吾躬(率)과 대비된다. 8개년 8개조의 훈적 기사는 수묘인연호 설정과 연결되어 있다. 이들을 전쟁 규모와 관련지우는 것은 상황 판단이다. 가령 永樂14년(갑진년, 404년)은 왕궁솔형이나 구체적인 戰果는 없다.

광개토태왕비는 훈적을 밑받침으로 수묘인연호를 설정하여 왕권 강화를 그 목적으로 한 것으로 판단된다. 수묘인연호가 역대 왕릉을 지키기에 있어서 왕권 강화이외에 다른 목적은 있을 수 없다.

---

7) 舊民 110家를 데려온 것은 불가사의하다. 國烟 30家는 분명히 舊民 110家에서 뽑았을 것이다. 舊民 80家는 왜 더 뽑았을까? 후고를 기다린다.
8) 浜田耕策, 앞의 논문, 1974.

III. 광개토태왕비의 건립 시점

광개토태왕비 제 I 면에는 광개토태왕이 39세에 죽었다는 사실과 甲寅年九月卄九日乙酉遷就山陵於是立碑란 구절이 나온다. 그래서 광개토태왕은 412년에 죽었고, 山陵에 묻힌 연대를 414년 9월 29일로 보았다. 이때에 立碑한 것으로 해석된다. 이에 대해 山陵에 묻힌 연대를 殯葬과 관련시켜서 415년에 장사한 것으로 보고, 그 구체적인 증거로 乙卯年國罡上廣開土地好太王(개행)이란 명문이 적힌 호우를 들고 있다.9) 호우총의 호우 명문은 발굴보고서에서 광개토태왕비의 글씨체와 비슷해 415년으로 보아 왔다. 好자의 경우에 있어서 광개토태왕비와 호우 사이에 글씨체가 다르다. 호우총의 호우와 같이 광개토태왕의 시호에 土境이 아닌 土地로 된 예는 모두루총 묵서명의 예가 있다. 모두루총의 묵서명에서는 大使者란 관등명이 나오는데 435년 태천 농오리산성 마애석각에서는 小大使者란 관등명이 나와서 모두루총의 묵서명은 435년을 소급할 수 없다. 또 모두루총은 단면 呂자형 2실묘로 5세기 초로 편년되는 각저총, 무용총에 후행한다. 따라서 모루총의 연대는 5세기 중엽이다. 土地를 매개로 할 때,10) 호우총의 호우 명문은 415년이 아니고, 1갑자 내려서 475년으로 보아야 된다.11)

415년을 장례한 해로 본 가장 큰 이유는 甲寅年九月卄九日乙酉遷就山陵於是立碑를 잘못 해석한데에서 비롯되었다. 비문에는 분명히 414

---

9) 주보돈,「광개토왕비와 장수왕」,『목간과 문자』16, 2006.
10) 광개토태왕비에 國罡上廣開土境好太王이라고 平安이 생략된 시호가 3번이나 나와서 중요하지 아니한 줄 알았는데 집안고구려비(492~519년)에서 國平安太王이란 광개토태왕의 시호가 나와서 모두루총과 호우총의 호우에서 平安이 없는 점도 주목된다. 이는 광개토태왕비의 國罡上廣開土境好太王란 시호의 축약과는 다르다고 판단된다. 왜냐하면 모두루총의 묘지명 연대가 435년을 소급할 수 없기 때문에 모두루총의 묵서명과 호우총의 호우에서 모두 國罡上廣開土地好太王로 적혀 있는 점이 주목된다.
11) 호우총의 호우에 모두루총의 묘지와 같은 광개토태왕의 시호에 똑 같이 토지가 있다. 모두루총 묘지는 435년을 소급할 수 없고, 호우총의 호우도 이에 준하여 435년경을 소급할 수 없다. 모두루총 묘지와 호우총의 호우에서 土境을 土地라고 잘못 쓴 것은 414년 광개토태왕을 장사지내고, 1년만의 일이 아니라 상당한 시간이 지내야 가능할 것이다. 그래서 호우총의 호우에 나오는 乙卯年을 415년이 아닌 475년으로 보고, 모두루총의 묘지 연대를 5세기 중엽으로 본다.

년 9월 29일에 山陵인 임금의 무덤에 옮기고, 이에 비를 세웠다고 했다. 비석에는 분명히 414년 9월 29일에 (殯葬에서) 무덤을 옮기고, 이에 비를 세웠다고 했으므로 415년에 무덤을 쓴 것은 아니다. 이렇게 보는 가장 큰 이유는 광개토왕이 39세에 죽어서 그의 사망이 412년이고, 『삼국사기』에 따르면, 10월에 사망한 기사가 나와서 412년 10월에서 414년 9월 29일까지 2년 남짓이고, 백제 무령왕의 3년상이 27개월에도 미치지 못하기 때문이다.12) 고구려 3년상 기사는 『수서』, 고구려전 뿐만 아니라 『북사』, 고구려전에도 나온다. 이 문제를 해결하기 위해서 광개토태왕의 장례일을 1년 늘리지 않고, 입비 시점을 늘려서 해결했다. 이렇게 억지로 입비 시점을 1년 늘려서 해결하는 방법 이외에 다른 방법은 없을까?

주지하는 바와 같이 고구려 무덤은 석총(적석총)과 토총(석실봉토분)으로 크게 2분된다. 석총은 고구려의 본래 무덤이나 토총은 외래계 무덤이다. 석총은 환도성과 국내성에 집중적으로 분포되어 있고, 토총은 평양성에 집중적으로 분포하고 있다. 집안에 있는 석총은 천추총(소수림왕릉), 태왕릉(광개토태왕릉), 장군총(장수왕릉) 등의 예가 있고, 집안에 있는 토총은 각저총(5세기 초), 무용총(5세기 초), 모두루총(5세기 중엽) 등이 있다. 평양성에 있는 토총은 많지만 안악3호분(357년, 일명 고추가 무덤), 전동명왕릉(491~499년), 한왕묘(문자왕릉) 등이 있다.

석총과 토총의 제의는 달랐을 것이다. 석총은 2년상을 했을 가능성이 있다. 그렇지 않고서는 광개토태왕비에서처럼 甲寅年九月卅九日乙酉遷就山陵於是立碑라고 표기했을 까닭이 없다. 더구나 甲寅年九月卅九日乙酉遷就山陵於是立碑란 뜻은 414년 9월 29일에 임금의 능인 山陵에 옮겼다고 해석되기 때문이다. 於是立碑는 이에 비를 세웠다고 해석된다.13) 山陵에 장사를 지내고 나서 立碑를 했음을 알 수 있다. 고구려 본래의 묘제인 석총을 축조할 때에는 고구려 본래의 장제가 사용되었

---

12) 신라 문무왕의 경우 681년 7월 1일에 죽어서 682년 7월 25일에 장사지냈고, 김인문의 경우는 『삼국사기』, 김인문전에 따르면 694년에 죽어 695년 京西原에 장사지냈다고 한다.
13) 장례를 치루지 않고, 비를 세우지는 않았을 것이다.

다. 그래서 광개토태왕의 장례 기간이 2년으로 광개토태왕비에 명기하고 있다.

이렇게 되면 광개토태왕은 2년의 殯葬을 거쳐서 山陵에 옮겨 묻힌 것이 된다. 묘에 모신 시기와 입비 시점은 甲寅年九月卄九日乙酉遷就山陵於是立碑으로 볼 수가 있다. 그래야 광개토태왕은 고구려 고유한 방식으로 2년상을 치루고, 그 앞에 立碑했다고 보인다. 이는 고구려 고유한 장제로 어떻게 장제를 했는지는 후일에 자료가 나와야 하겠지만 지금까지의 자료로는 석총과 토총의 장제가 달랐을 가능성이 크다. 비를 415년에 세웠다고 3년상이 되는 것은 아니다. 장례를 415년에 실시했어야 3년상이 될 수가 있다.

IV. 광개토태왕비의 倭

광개토태왕비에는 다른 고구려나 백제나 신라 비와는 달리 倭가 나온다. 광개토태왕비에는 유독 왜가 많이 나온다. 이를 야마도(大和) 조정과 관련시켜서 일본 사학계는 연결시켜 왔다.[14] 과연 왜가 야마도 조정인지를 살펴보기 위해 광개토태왕비의 관련 구절을 적기해 제시하면 다음과 같다.

百殘新羅 舊是屬民 由來朝貢 而倭以辛卯年來△△破 百殘△△新羅 以爲臣民 以六年丙申 王躬率△軍 討伐殘國軍………… (六年丙申條)

九年己亥 百殘違誓 與倭和通 王巡下平穰 而新羅遣使白王云 倭人滿其國境 潰破城池 以奴客爲民 歸王請命 太王恩慈 矜其忠誠 △遣使還 告以△計 (九年己亥條)

十年庚子 敎遣步騎五萬 往救新羅 從男居城 至新羅城 倭滿其中 官軍方至 倭賊退 △△背急追 至任那加羅從拔城 城卽歸服 安羅人戍兵 △新羅城△城 倭寇大潰………… (十年庚子條)

十四年甲辰 而倭不軌 侵入帶方界 △△△△△石城△連船△△△ 王躬率

---

14) 『삼국사기』 신라본기에는 倭가 71번이나 나오고, 백제본기에는 왜가 16번이 나오고, 고구려본기에는 왜가 1예도 나오지 않는다.

△△ 從平穰△△△鋒相遇 王幢要截盪刺 倭寇潰敗 斬煞無數 (十四年甲辰條)

왜와 관련된 기사는 8개의 훈적 기사 가운데 반인 4개 기사에 나오고 있다. 위의 기사 가운데 가장 문제시되는 것은 이른바 신묘년조의 기사이다. 이를 百殘新羅 舊是屬民 由來朝貢 而倭以辛卯年來(渡海)破百殘(加羅)新羅 以爲臣民으로 복원해 읽고서 '백제와 신라는 예부터 속민이다. 왜가 신묘년이래로 계속해서 바다를 건너 와서 백제, 가야, 신라를 臣民으로 삼았다.'로 해석하였다. 이렇게 되면 6년병신년조에 정벌 대상이 왜가 되어야 하는 데에도 불구하고 왜는 나오지 않고, 백제만을 공격하고 있다. 이는 이른바 신묘년조 해석에 문제가 있음을 암시하고 있다.[15]

왜가 『삼국사기』 초기 기록에 많이 나와서 무시할 수 없는 세력이다. 391~404년에 나오는 왜를 일본학계에서는 대개 야마도 정권으로 해석해 왔다.[16] 이 시기의 제철 기술이나 항해술로는 한반도 침입이 불가능하다. 일본의 고분은 4세기가 거울의 시대이고, 5세기는 갑주의 시대이고, 6세기는 환두대도의 시대이다. 391~404년은 아직까지 갑주의 시대가 되기 전이다. 따라서 갑주에 따르는 전술을 하지 못해서 안악3호분(고추가묘, 357년)으로 대표되는 중장기병에 상대가 되지 않는다. 任那日本府를 의식해 이를 강변하려고 하면, 충주고구려비(458년경)에 왜가 나와야 된다. 충주고구려비는 충주를 거점으로 태자공=고추가공=고추대가조다가 맹활약하던 곳이기 때문이다. 실제로 충주고구려비에는 왜가 나오지 않고 있다.

光州, 咸平, 靈光, 靈巖, 海南 등의 전남 지역에서는 전방후원형 고분이 있다.[17] 이들 지역을 포함해서 전남 지역을 마한이라고 부르고 있다. 이들 전방후원분형 고분 정치체 선조가 왜일 가능성이 있다. 미륵사지 서탑 사리봉안기의 己亥年은 579년으로[18] 이 당시에 백제가 아직 전남 지역을 손에 넣지 못해서 사비성(부여)의 국찰인 정림사 보

---

15) 金昌鎬(竹谷俊夫譯),「高句麗廣開土太王碑辛卯年條の再檢討」『天理參考館報』5, 1992 참조.
16) 王健群은 九州의 해적으로 보았다.
17) 반남 신촌리 고분에서도 일본제의 直弧文 칼이 출토된 바 있다.
18) 김창호,『고신라 금석문과 목간』,2018, 291쪽.

다 몇 배나 큰 절을 지어서 백제 정부가 '너희는 이런 절을 지을 수 있느냐?'하면서 던진 정치적인 승부수로 판단된다. 익산에는 미륵사지 이외에도, 제석사지, 왕궁리사지 등 백제 사찰이 있지만 전남 지역에는 백제 사찰이 없다. 따라서 전남 마한이 왜로, 일본의 大和 조정과는 관련이 없다.

V. 수묘인연호

수묘인연호는 광개토태왕비(414년)과 집안고구려비(491~519년)에 나온다. 전자에는 국연과 간연이 나오고, 후자에는 연호두와 국연이 나온다. 이 두 비를 종합하면 수묘인연호에 있어서 연호두가 가장 높고, 국인이 그 다음이고, 간연은 직접 수묘하는 자로 보인다.

광개토태왕비의 간연 300호, 국연 30호는 보통 국연 1호와 간연 10호로 나누어서 역을 지는 것으로 보았다. 이를 국연 3호, 간연 30호로 나누어서 이를 이이모의 山上王과 연결시키는 견해가 있다. 왜냐하면 산상왕에서 광개토태왕까지가 10대라는 것이다.[19] 집안고구려비에서는 시조 추모왕부터 장수왕까지 20왕릉을 수묘하고 있다. 환인성에는 4기의 왕릉이 있고,[20] 국내성에는 15기의 왕릉이 있다.[21] 평양성으로 491~500년 사이에 이장한 시조 동명성왕릉을 더하면 환인에 5기, 국내성에 15기가 되어 집안고구려비의 연호두 20과 일치한다. 집안고구려비에서 수묘인연호를 산상왕이전과 이후로 구별하지 않고, 국내성에 묻힌 첫째 왕은 제6대 태조왕이므로 이이모설화는 믿을 수

---

19) 이성시, 앞의 논문, 2008, 184쪽에서는 330연을 10개조로 나누어 33명이 1조라고 보고 있다. 이는 국내성으로의 천도를 산상왕 때로 보기 위한 고육책이다. 이 산상왕 때가 伊夷模의 왕실 계보가 소노부에서 계루부로 바뀌는 시기인지는 몰라도 수도를 옮긴 때는 아니다. 부를 통한 왕족의 교체 시기도 광개토태왕비의 세계로 볼 때, 신빙할 수가 없다. 광개토태왕비의 국연 30호, 간연 300호는 국연 1호와 간연 10호가 짝을 이루어 그 때까지 죽은 19명 중 18명의 왕들을 수묘했는데, 16명의 왕들에게는 각 왕릉에 국연 1호와 간연 10호가 각각 배치되고, 나머지는 모두 광개토태왕릉에 66호, 고국양왕릉에 44호, 고국원왕릉에 44호를 각각 배치한 것으로 보인다. 집안고구려비(492~519년)에서는 연호두를 20명을 두어서 모두 똑같이 수묘하고 있다.
20) 孫仁杰·遙勇,『集安高句麗墓葬』, 2007.
21) 吉林省考古文物研究所·集安市博物館,『集安高句麗王陵』, 2004.

없다. 따라서 국연 1호와 간연 10호가 짝을 이루어 시조추모왕부터 제17대 소수림왕까지는 각 11연호씩 16왕릉에 필요하고, 직계인 제16대 고국원왕(祖父)과 고국양왕(父)은 각각 44연호씩을 배치하였고, 광개토태왕릉에는 66연호를 배치하였다. 아니면 시조추모왕부터 제17대 소수림왕까지는 각각 11연호를 16왕릉에 배치하고, 직계인 제16대 고국원왕(祖父)과 고국양왕(父)에게는 각각 33씩을 배치하고, 광개토태왕릉에는 88연호를 배치하였을 것이다.

VI. 맺음말

먼저 광개토태왕비의 건립 목적에 대해서는 훈적비설 등이 있으나 수묘인연호를 통한 왕권 강화를 위해 세운 비로 보았다.

다음으로 광개토태왕비의 건립 시점은 甲寅年九月卅九日乙酉遷就山陵於是立碑에 근거하여 통설대로 414년 9월 29일로 보았다. 물론 이때에 빈장에서 산릉으로 모셨다.

그 다음으로 광개토태왕비에 나오는 왜는 야마도 조정이라면 400년경에는 무기의 미발달과 항해술의 미발달로 올 수가 없어서 전남 지방에 있던 마한 세력으로 보았다.

마지막으로 수묘인연호에 대해 조사하였다. 국연과 간연으로 나누어지는 수묘인연호는 집안고구려비에 연호두가 나와서 연호두가 가장 높은 위치에, 다음에 국연, 그 다음에 간연이 있는 것으로 보았다.

제4절. 고구려 太王陵의 주인공

I. 머리말

삼국 시대 유적 가운데 쉽게 눈에 많이 띄는 것은 고분이다. 당시의 지배층 무덤으로 추정되는 무덤은 통구, 평양, 서울, 공주, 부여, 경주에 집중적으로 분포되어 있다. 이들 가운데에는 왕들의 무덤도 포함되어 있었을 것이다. 삼국 시대의 무덤 가운데 어느 정도의 부장품이 나와도 왕릉인지는 잘 모르고 있다.[1] 그 까닭은 역사고고학이 발달하지 못했기 때문인지 아니면 왕과 지배 계층간에 무덤 조성에 있어서 뚜렷한 규제 등이 없기 때문인지 알 수가 없다. 백제의 왕릉은 買地券에 의해 무령왕릉이 밝혀졌고, 신라의 왕릉은 螭首에 기록된 太宗武烈大王之碑란 명문에 근거해 무열왕릉임이 밝혀졌다. 고구려의 왕릉은 아직까지 1예도 왕릉의 주인공이 밝혀진 바 없다.

고구려에서 태왕릉에 대한 주인공 추정은 광개토태왕비의 발견과 함께 시작되었다.[2] 광개토태왕릉은 광개토태왕비 근처에서 찾아야 될 것이다. 광개토태왕비 근처에 소재한 태왕릉과 장군총 가운데 하나가 늘 광개토태왕릉으로 비정되어 왔다.[3] 태왕릉 출토의 塼銘을 중시하는 문자 자료의 입장에서는 태왕릉을 광개토태왕릉으로 추정하였다. 최근에 들어와 괄목할만한 발전을 이룩한 고고학적인 입장에서는 태왕릉이

---

1) 경주 황남대총의 북분에서 夫人帶명 대금구가 나와서 이를 울주 천전리서석 원명과 추명에 비교해 황남대총의 주인공을 왕릉이나 갈문왕릉도 아니라고 했으나 이는 잘못된 것이다. 황남대총 남분은 내물왕릉으로 보인다.
2) 浜田耕策, 「高句麗廣開土王陵比定論の再檢討」『朝鮮學報』119·120, 1986, 65~67쪽.
3) 浜田耕策, 앞의 논문, 1986 참조.

5세기 초를 소급하기 때문에 광개토태왕릉으로 볼 수 없다고 주장하고 있다.4) 문자 자료의 입장과 고고학적인 입장에서 서로 자기 주장만을 되풀이할 때 태왕릉의 주인공 문제는 앞으로도 해결할 수가 없다.

여기에서는 문자 자료의 입장과 고고학적인 입장에서의 근거가 된 점들을 검토하여 태왕릉의 주인공 문제에 대한 접근을 시도해 보고자 한다.

II. 고고학적인 접근

태왕릉의 주인공 문제는 광개토태왕비의 탁본이 전래되면서 시작되었다. 광개토태왕비를 왕릉비로 규정하지는 않았지만, 비의 근처에서 광개토태왕릉을 찾으려는 의도에서 태왕릉을 주목하였다.5) 장군총도 석총 가운데에서는 큰 무덤이고, 4면비인 광개토태왕비와 그 방향이 일치하여 광개토태왕릉으로 추정하기도 했다.6) 이들 유적의 현지 조사와 함께 제시된 관계 전문가들의 견해에서는 태왕릉을 광개토태왕릉으로 비정하는 경우가 많았다.7)

이렇게 광개토태왕릉을 태왕릉 또는 장군총으로 보는 가운데 본격적으로 고고학적인 입장에 근거한 견해가 나왔다.8) 여기에서는 태왕릉과 장군총에서 유구 자체인 무덤의 구조를 비교해 장군총이 태왕릉보다 늦은 형식이라는 점에서 태왕릉을 광개토태왕릉, 장군총을 장수왕릉으로 보았다.9) 사실 현재 북한의 고고학계나 일본의 고고학계에 있어서 고구려 고분의 편년에 비추어 볼 때, 장군총의 축조 연대는 5세기 초이므로 장군총이 광개토태왕릉이 되어야 하겠지만, 태왕릉과

---

4) 田村晃一,「高句麗の積石塚の年代と被葬者をめぐる問題について」『青山史學』8, 1984.
5) 浜田耕策, 앞의 논문, 1986, 61~64쪽.
6) 鳥居龍藏『南滿洲調査報告』,1910.
7) 浜田耕策, 앞의 논문, 1986, 61~64쪽.
8) 三上次男,「古代朝鮮の歷史的推移と墳墓の變遷」『日本の考古學』6, 1966.
9)緒方泉,「高句麗古墳群に關する一試考(下)-中國集安縣における發掘調査を中心にして」『古代文化』 37-3, 1985, 16쪽에서도 같은 견해를 밝히고 있다.

장군총의 선후 관계는 지금도 설득력이 있는 듯하다.

평양에 소재한 傳東明王陵을 장수왕릉으로 본 견해가 나왔다.[10] 여기에서는 태왕릉과 장군총을 묘실의 방향, 현지 입지 상황에서 볼 때 태왕릉이 오래되었고, 장군총은 고구려 고분 편년으로 볼 때 광개토태왕릉이고, 태왕릉은 광개토태왕 이전의 소수림왕릉 또는 고국원왕릉이라고 결론지웠다.

고고학쪽에서 태왕릉을 광개토태왕릉으로 보지 않는 학설이 나오면서, 태왕릉·천추총·장군총에서 출토된 와당의 형식 분류에 근거하여 그 주인공을 추정한 견해가 나왔다.[11] 여기에서는 와당의 형식 분류에 근거할 때, 그 발전 순서는 태왕릉→천추총→장군총으로 보았다. 태왕릉 출토의 연화문 와당의 연대는 蓮花文의 蓮弁이 연꽃봉오리 모양으로 되어있는 바, 이와 유사한 예는 안악3호분·무용총·삼실총·쌍영총 등의 고구려 고분의 벽화에도 보인다. 그 연대를 357년에 작성된 안악3호분의 묵서명에 근거하여 4세기 중엽으로 보았다. 천추총의 와당 연대는 4세기 후반에서 말경, 장군총의 와당 연대는 5세기 초두에서 전엽으로 각각 추정하였다. 따라서 광개토태왕릉은 태왕릉이 아니고 장군총이라고 하였다.

여기에서는 다음과 같은 두 가지 점에 의해 연화문 와당을 편년하고 있다.

첫째로 와당에 있는 蓮弁 사이의 幅線이 내외의 圈線이 합쳐지는 형태는 고구려의 평양 지역에서 유행한 수법이므로 태왕릉·천추총·장군총 출토의 와당은 평양 천도의 시점인 427년 이전이라는 전제이다.

둘째로 태왕릉 출토 와당의 蓮弁이 연꽃봉오리 모양이라 357년의 안악3호분 벽화와 연결시켜서 연대를 잡은 점이다.

먼저 와당에서 幅線이 내외의 圈線과 합치느냐 떨어지느냐하는 문제는 5세기 중엽으로 편년되는 집안 장천2호분에서 떨어진 연화문 와당이 출토되어[12] 재고의 여지가 있는 듯하다. 곧 幅線이 떨어진 점에

---

10) 永島暉臣慎,「高句麗の壁畵古墳」『日韓古代文化の流れ』, 1982.
11) 田村晃一, 앞의 논문, 1984.
12) 東潮,「高句麗文物に關する一考察」『橿原考古學研究所論文集』10, 1988, 293쪽. 또 林至德·耿

근거해 태왕릉, 천추총, 장군총의 모든 연화문 와당이 427년 이전이라고 단정할 수만은 없게 된다.

다음으로 태왕릉 출토 와당의 연꽃봉오리 모양과 안악3호분의 벽화에 나타난 연꽃봉오리 모양이 비슷한 점에 근거하여 태왕릉을 4세기 중엽으로 편년한 점도 문제가 있는 듯하다. 5세기 후반에서 6세기로 편년되는 삼실총과 쌍영총에서도[13) 태왕릉 출토 와당의 연꽃봉오리와 비슷한 모양의 벽화가 있다. 모양이 비슷하다고 조형 작품인 와당과 회화 작품인 벽화의 그림을 같은 시기에 편년하는 것이 가능한가하는 점이다. 가령 신라 고분의 상한 문제의 절대적인 열쇠를 쥔 것처럼 간주되었던 등자가[14) 袁台子 무덤에서는 실물 등자는 출토되었지만 말을 타고 있는 기마인물도의 벽화에는 등자가 없었다.[15) 나아가서 안악3호분의 山字形盛矢具가 벽화에 그려져 있지만 胡籙이 고구려, 백제, 신라, 가야 유적에서 출토되어도 5세기를 소급하지 못하고 있다.[16) 따라서 태왕릉의 와당 연대를 안악3호분에 의해 잡는 것은 재고되어야 한다.

와당 분류에 근거해 태왕릉→천추총→장군총의 순서로 편년한 결론이[17) 제시된 데에도 불구하고, 태왕릉 출토의 와당을 5세기 초로 보고 태왕릉을 광개토태왕릉이라고 주장한 중국학자의 견해도 나오고 있다.[18) 집안 근처의 고구려 무덤에서 출토된 와당의 편년에 있어서 견해의 차이가 생기는 것은 아직까지도 와당 편년 자체가 확실히 마련되지 못한 까닭이라고 판단된다.

鐵華,「集安出土の高句麗瓦當とその年代」『古代文化』40-3, 25쪽에서는 그 연대를 5세기 말로 보고 있다.

13) 삼실총과 쌍영총에 대해 주영헌,『고구려벽화무덤의 편년에 관한 연구』,1961에서는 전자를 4세기말~5세기 초로, 후자를 5세기 말엽으로 편년하고 있다. 東潮,「集安の壁畵墳とその變遷」『好太王碑と集安の壁畵古墳』,1988에서는 5세기 후반으로 편년하고 있다.

14) 穴澤和光·馬目順一,「北燕馮素弗墓の提起する問題」『考古學ジャ-ナル』85, 1973.

15) 遼寧省博物館文物隊 등,「朝陽袁台子東晉墓」『文物』1984-6, 1984.

16) 한반도에 가장 이른 시기의 胡籙으로 편년되는 창원 도계동2호의 것도 5세기를 소급하지 못하고 있다.

17) 田村晃一, 앞의 논문, 1984

18) 方起東,「千秋塚, 太王陵, 將軍塚」『好太王碑と高句麗遺跡』,1988, 284쪽.

태왕릉과 장군총의 주인공 문제에 대한 고고학적인 접근에서는 문자 자료에 대한 검토가 없는 점도 하나의 약점이다. 유물과 유적 분석에서 얻은 결론을 일방적으로 제시하여 광개토태왕릉과 장수왕릉을 비정하고 있지만, 고고학자들 사이에도 의견의 차이가 있다. 가령 전동명왕릉을 장수왕릉으로 주장한 견해가 있다.[19] 전동명왕릉이 장수왕릉인지 여부는 별문제로 하고서라도 장수왕의 무덤이 평양에 소재한다는 점에 동의할 수 있는 고고학자가 얼마나 될지도 의문이다.

태왕릉의 太王 문제에 대해 충주고구려비의 高麗太王이 장수왕을 가리키는 점을 근거로 고구려 때 太王은 광개토태왕 한 사람만이 아니라 여럿이라고 주장하였다.[20] 사실 모두루총의 묘지·광개토태왕비·충주고구려비·집안고구려비에 근거할 때 太王이라고 표기되었던 고구려의 왕은 美川王·故國原王·廣開土王·長壽王이다. 위의 문자 자료로 볼 때도 太王이라고 표기되었던 고구려의 왕은 4명이나 되어 고고학측의 반론은 설득력이 있는 것처럼 보인다. 여기에서 가장 큰 문제가 되는 것은 미천왕, 고국원왕, 광개토태왕의 경우는 죽은 뒤의 시호제에 의한 표기이고, 장수왕을 高麗太王이라고 표기한 것은 재위 중의 왕이기 때문이다. 그렇다면 시호제에 의한 표기가 아니고, 생존시의 고구려의 왕이라고 단정할 수 없는 太王陵이란 표기가 문제이다. 이 점에서 대해서는 문자 자료를 통한 접근으로 검토해 보기로 하자.

III. 문자 자료를 통한 접근

태왕릉의 주인공을 광개토태왕으로 보는 것은 몇 가지 타당성이 있다. 1977년 이전까지는 문자 자료에서 太王이라고 불리웠던 고구려의 왕은 광개토태왕밖에 없었다. 모두루묘지에 國罡上聖太王을 고국원왕을 가리키고 있음이 비로소 밝혀졌다.[21] 충주고구려비의 高麗太王이 장수왕을 가리킴도 충주고구려비에서의 太子共=古鄒加共=長壽王子인

19) 永島暉臣愼, 앞의 논문, 1982.
20) 永島暉臣愼,「集安の高句麗遺跡」『好太王碑と集安の壁畵古墳』,1988, 202쪽.
21) 佐伯有淸,「高句麗牟頭婁塚墓誌の再檢討」『史朋』7, 1977.

古雛大加助多임이 밝혀진 이후이다.[22] 또 광개토태왕비 근처에서 가장 가까이에 있는 대형분을 찾는다면 태왕릉이 그 대상이 된다. 위와 같은 점에서 보면 태왕릉의 주인공을 광개토태왕으로 추정하는 것은 설득력이 있는 듯하다.

태왕릉 출토의 유명전은 여러 개가 출토되었지만 한결같이 그 전문은 한결같이 願太王陵安如山固如岳이다.[23] 유명전에 나타난 太王陵이란 命名이 무덤 주인공의 생존시인가 아니면 사후인가가 문제이다. 유명전은 전의 용도로 볼 때 무덤의 표면에 까는 것이 궁금하다. 무덤의 표면에 장식하는 유명전은 왕의 생존시에 이미 제작된 것이라기보다는 왕의 사후에 제작된 것으로 판단된다. 전면에 나오는 願, 願太王陵, 願太王陵安如山固如岳으로 보면 왕의 생존시에 제작되었다고 보기는 어려울 듯하다.

유명전이 왕의 사후에 제작되었다면 願太王陵安如山固如岳이란 명문 중에서 태왕릉이라고만 표기되어 있고, 시호명이 없는지가 궁금하다. 광개토태왕비의 내용이나 『삼국사기』,고구려본기의 내용에 근거할 때, 이 시기 고구려에서는 시호제가 시행되었던 것은 분명하다. 광개토태왕비와 호우총 호우의 乙卯年國罡上廣開土地平安好太王壺杆十이란 명문에 근거할 때, 태왕릉의 칭호도 廣開土太王陵이라고 기록해야 될 것이다. 유명전에는 그냥 太王陵이라고 기록되어 있어서 광개토태왕릉이 아닐 가능성도 있게 된다. 극단적으로 가정을 하여 태왕릉의 유명전을 광개토태왕 재위시에 만들었다고 보아도 그 칭호는 태왕릉이 아니라 永樂太王陵이라고 해야 될 것이다.

그런데 광개토태왕의 경우는 생존시의 왕호를 광개토태왕비에 근거해 永樂太王(영호+태왕)이라고 불렀다고 주장할 수가 있지만 그 다음의 장수왕의 경우만하여도 연호+태왕이 아니고 충주고구려비에 高麗太王이라고 지칭하고 있다. 이렇게 되면 광개토태왕 전후의 고구려 왕은 연호+太王으로 표기했다고 단정할 수 없다. 태왕릉에서는 태왕의 앞에

---

22) 김영하·한상준,「중원 고구려비의 건비 연대」,『교육연구지』25, 1983.
23) 浜田耕策,「高句麗の故都集安出土の有銘塼」,『日本古代中世史論考』,1987.

年號, 王名, 高麗 등이 없이 그냥 태왕으로 기록되어 있다. 이렇게 태왕의 앞에 아무 것도 붙지 않고 태왕이라고 기록한 까닭을 우선 고구려에서는 왕의 재위시에는 그냥 태왕이라고 지칭했다고 해석해 보자. 현재까지의 문자 자료에 근거하고 태왕릉의 편년을 고려할 때, 태왕릉의 주인공이 될 수 있는 왕은 美川王, 故國原王, 小獸林王, 故國壤王이 된다. 이때의 문제점은 太王陵 출토의 유명전에 새겨진 전문이 願太王陵安如山固如岳이라서 전 자체는 생존시에 제작 되었다기보다는 왕의 사후에 제작되었을 가능성이 크다는 점이다. 고구려의 무덤이 壽陵일지라도 무덤의 표면을 장식하는 전에 발원 형식의 문자까지 새길 수 있을지가 의문이다.

태왕릉의 太王이 어느 왕을 가리키는 문제와 함께 주목되어야 할 자료로 서봉총의 은합 명문이 있다.[24] 이에 대한 상세한 검토를 위해 우선 은합 명문을 제시하면 다음과 같다.

	銀盒 蓋內		銀盒 外底			
	②	①	③	②	①	
1	太	延	三	三	△	1
2	王	壽	斤	月	壽	2
3	敎	元		△	元	3
4	造	年		太	年	4
5	合	太		王	太	5
6	杅	歲		敎	歲	6
7	用	在		造	在	7
8	三	卯		合	辛	8
9	斤	三		杅		9
10	六	月				10
11	兩	中				11

이 명문에 대해서는 많은 성과가 나와 있다.[25] 신라의 서봉총에서

---

24) 太王陵의 문자 자료를 다루면서 한 번도 서봉총의 은합 명문을 검토한 적이 없다.
25) 浜田耕作,「新羅の寶冠」『寶雲』2, 1932;『考古學硏究』,1935 재수록.

출토된 은합의 제작지가 문제이다. 고구려에서 제작되었다면 명문의 太王은 고구려의 왕을 가리키게 되고, 신라에서 제작되었다면 명문의 太王은 신라의 왕을 가리키게 된다. 명문 자체의 내용으로는 제작지 문제를 해결할 수 없다. 延壽元年辛卯란 연대와 王號를 비교해서 제작지를 추정해 보기로 하자. 524년에 작성된 蔚珍鳳坪新羅碑에서는 신라의 法興王을 喙部牟卽智寐錦王이라고 표기하고 있어서 391년, 451년, 511년의 신라왕을 太王이라고 표기했다고 보기가 어렵다. 그렇다면 은합의 太王은 고구려의 왕을 가리키게 되고, 은합의 제작지도 고구려로 보는 것이 타당하다고 판단된다.

은합의 太王이 고구려의 왕을 가리킬 때 延壽元年辛卯의 연대가 문제이다. 391년은 故國壤王末年이고, 451년은 長壽王39년이고, 511년은 文咨王20년이다. 이 가운데 문자왕20년(511년)설은 학계에서 한 번도 제기된 바 없다. 서봉총의 연대가 5세기 중엽인 점과 은합이 고구려에서 제작된 점에서 보면 511년설은 성립되기 어렵다.

이제 남은 것은 391년설과 451년설이다. 391년설은 은합 명문에 은합 명문에 延壽元年辛卯三月中~이라고 기록되어 있고, 『삼국사기』, 고구려본기, 고국양왕9년조에 九年夏五月 王薨 葬於故國壤 號爲故國壤王이라고 되어있는 점에 근거하고 있다.[26] 곧 은합의 명문대로 391년 3월에 고구양왕이 延壽란 연호를 처음으로 사용하였고, 그 뒤에 광개토태왕의 즉위로 永樂이란 연호가 사용되어 延壽가 逸年號가 되었다는 주장이다. 이 견해 자체는 신라 적석목곽묘의 연대를 끌어올리려는 의욕적인 노력의 일환일 뿐, 다른 구체적인 증거는 없다.

391년설에 따라 태왕릉의 주인공 문제를 검토해 보자. 은합의 연대를 391년으로 보면 태왕릉의 주인공이 고국양왕이 된다. 태왕릉의 주인공이 고국양왕일 때 광개토태왕릉이 어디인지가 문제가 된다. 지금

이홍직,「延壽在銘新羅合杆에 대한 1·2의 고찰」『최현배박사환갑기념논문집』,1954.
손영종,「금석문에 보이는 삼국시기의 몇 개 연호에 대하여」,『역사과학』1966-4, 1966.
小田富士雄,「集安高句麗積石遺物と百濟·古新羅遺物」『古文化談叢』6, 1979.
김창호,「고신라 서봉총의 연대 문제(I)」『가야통신』13·14, 1985.
26) 최병현,「신라고분연구」,숭실대학교 박사학위논문, 1990, 365~366쪽.

까지는 태왕릉을 대개 광개토태왕릉으로 보아 왔다. 『삼국사기』에 따르면 고국양왕의 재위 기간은 9년밖에 되지 않고, 광개토태왕비에 따르면 광개토태왕이 왕위에 즉위할 때 나이는 18세이다. 이러한 상황에서 볼 때, 고국양왕의 무덤을 391년 3월 이전에 壽陵으로 만들었을 가능성이 거의 없기 때문에 태왕릉의 주인공을 고국양왕으로 보기도 어렵다.

451년설에 대해 검토해 보자. 서봉총의 延壽元年을 451년으로 보면, 태왕릉의 주인공은 장수왕이 된다. 이때에도 문제점은 있다. 먼저 태왕릉의 太王이 延壽太王이라고 표기되어 있지 않은 점이다. 태왕릉 자체가 壽陵으로 장수왕의 재위 기간 중에 만들어졌을 경우에도 광개토태왕비의 예로 볼 때 延壽太王이나 아니면 충주고구려비에서와 같이 高麗太王이 되어야 할 것이다. 다음으로 太王陵은 와당 편년에 따라면 4세기 중엽에 축조된 무덤이고 태왕릉을 장수왕의 무덤으로 볼 때에는 壽陵으로 가정해도 5세기 중엽을 소급할 수가 없다. 이렇게 되면 100년 가까운 연대 차이가 문제이다. 태왕릉의 주인공을 장수왕으로 보기도 어렵다.

태왕릉의 太王과 서봉총 은합 명문의 太王이 동일인이란 전제 아래 은합의 延壽元年辛卯에 의거하여 고구려의 왕을 검토해 보아도 뚜렷한 결론이 없다. 이제 남은 방법은 고구려 문자 자료에 나타난 太王과 王의 용례를 검토하는 것밖에 없을 것 같다. 우선 설명의 편의를 위해 太王과 王의 용례를 제시하면 다음의 〈표 1〉과 같다.

〈표 1〉高句麗의 太王과 王의 用例

廣開土太王碑(414년)	太王	國罡上廣開土境平安好太王
		永樂太王
		國罡上廣開土境好太王
		太王
	王	鄒牟王
		王(鄒牟王)
		儒留王
		大朱留王

		王(廣開土太王)
		王幢
		祖王先王
		祖先王
太王陵 출토 塼 銘文(414년)	願太王陵安如山固如岳	
牟頭婁塚 墓誌(5세기 중엽)	鄒牟聖王	
	聖王(鄒牟聖王)	
	國罡上聖太王(故國原王)	
	國罡上廣開土地好太聖王	
忠州高句麗碑(458년경)	高麗太王	
瑞鳳塚 銀盒 명문(451년)	太王	
太王陵 靑銅鈴 명문(451년)	辛卯年好太王(敎)造鈴九十六	
壺杅塚 壺杅 명문(475년)	國罡上廣開土地好太王	
集安高句麗碑(491~519년)	鄒牟王	
	美川太王	
	國罡上太王	
	國平安太王	
	明治好太聖王	

광개토태왕비는 제1면에 나오는 以甲寅年九月卄九日乙酉遷取山陵於是 立碑銘記勳績以示後世焉이란 구절에 근거할 때 414년에 건립되었고, 王名과 太王名이 공존하고 있다. 태왕릉 출토의 유명전은 414년을 하 한으로 하고, 유명전에 나오는 太王은 그 뒤에 발견된 451년의 靑銅鈴 의 명문에 나오는 好太王이 광개토태왕이므로 광개토태왕이 된다.27) 서봉총의 은합은 451년에 제작되었고, 그 명문의 태왕도 장수왕이 아 닌 광개토태왕일 가능성이 있다.

모두루총의 묘지는 遝至國罡上廣開土地好太聖王緣祖父△介恩敎奴客牟 頭婁△△牟敎遣令北夫餘守事~란 구절을 근거로 모두루가 광개토태왕 때 사람임이 밝혀졌다.28) 이를 근거로 모두루가 5세기 전반에 죽은

---

27) 결국 태왕릉의 주인공은 광개토태왕이다.

것으로 보고 있다.[29]

모두루총 묘지의 광개토태왕의 왕명은 國罡上廣開土地好太聖王로 광개토태왕비의 왕명인 國罡上廣開土境平安好太王와 土地와 土境으로 차이가 있고, 土地가 나오는 호우총의 호우 명문의 乙卯年이 # 때문에 415년이 아닌 475년이 되어야 하므로 모두루총의 묘지를 5세기 중엽으로 보아야 한다.[30] 충주고구려비의 건립 연대는 여러 가지 견해가 있지만[31] 장수왕자인 古雛大加助多의 죽은 직후인 458년경이 될 것이다.[32] 충주고구려비에 나오는 高麗太王은 五月中高麗太王相王公△新羅寐錦世世爲願如兄如弟上下相和守天東△△이라는 구절로 볼 때, 광개토태왕과 장수왕 모두를 가리킨다.

집안고구려비의 연대는 광개토태왕대설과[33] 장수왕대설로[34] 양분되고 있으나 491~519년 사이인 문자왕대로 본다. 시조동명성왕을 鄒牟王으로 부른 것은 광개토태왕비, 모두루총의 묘지와 꼭 같다. 美川太王, 國罡上太王(故國原王), 國平安太王(廣開土王), 明治好太聖王(文咨王의 諡號) 등이 나온다.

지금까지 고구려 금석문에서는 美川太王, 國罡上聖太王(故國原王), 國罡上廣開土境平安好太王, 高麗太王, 明治好太聖王(文咨王의 諡號) 등이 있다. 광개토태왕비에서는 추모왕을 왕이라고 한 것이 3예, 광개토태왕을 왕이라 칭한 것이 8예, 광개토태왕을 그냥 태왕이라고 칭한 예가 3예가 나온다. 太王陵의 太王이 광개토태왕을 가리키는 확실한 예로 451년 작성의 태왕릉 출토 청동령 명문인 辛卯年/好太王/(敎)造鈴/九十

---

28) 佐伯有淸,「高句麗牟頭婁塚墓誌の再檢討」,『史朗』7, 1977.
29) 武田幸男,「牟頭婁一族と高句麗王權」,『朝鮮學報』99·100.
30) 모두루총의 묘지는 435년을 소급할 수 없다.
31) 김영하·한상준, 앞의 논문, 1983 참조.
32) 김창호,「충주고구려비의 재검토」,『한국학보』47, 1987.
33) 이용현,「신발견 고구려비와 광개토왕비의 비교」,『고구려발해학회 59차 발표논문집』,2013.
    조법종,「집안고구려비의 특성과 수묘제」,『고구려발해학회 59차 발표논문집』,2013.
    김현숙,「집안고구려비의 건립시기와 성격」,『한국고대사연구』92, 2013.
    공석구,「집안고구려비 고찰과 내용에 관한 고찰」,『고구려발해연구』45, 2013.
    단 집안고구려비의 광개토태왕대설은 國平安太王이란 광개토태왕 시호가 나와서 성립되기 어렵다.
34) 서영수,「지안 고구려비 발견의 의의와 문제점」,『고구려발해연구』45, 2013.

六을 들 수가 있다. 이는 '451년에 호태왕인 광개토태왕을 위해 (장수왕이) 敎로 鈴을 96번째로 만들었다.'로 해석되기 때문이다. 그러면 와당 편년이나[35] 집안고구려비에서 얻은 환도성과 국내성의 왕릉이 20기라는 사실에 의해[36] 태왕릉을 광개토태왕릉으로 볼 수가 있다.

Ⅳ. 맺음말

고구려 수도였던 集安에는 많은 고구려인들의 무덤이 있다. 이 가운데 확실한 왕릉으로 태왕릉을 들 수 있다. 이곳에서는 願太王陵安如山固如岳이란 명문이 있는 塼이 나왔다. 이 태왕릉이 고구려의 왕임에는 모든 학자가 의견의 일치를 보고 있다. 왕릉 가운데 어느 왕의 무덤인지에는 두 가지 시각이 있다. 광개토태왕비 등 문자 자료를 중요시하는 입장에서는 태왕릉의 주인공을 광개토태왕으로 보고 있고, 고분의 구조나 와당 편년을 중요시하는 입장에선 태왕릉이 4세기 무덤이므로 그 주인공은 광개토태왕보다 앞서는 고구려의 왕이라고 보고 있다.

太王陵의 太王이 광개토태왕을 가리키는 확실한 예로 451년 작성의 태왕릉 출토 청동령 명문인 辛卯年/好太王/(敎)造鈴/九十六을 들 수가 있다. 이는 '451년에 호태왕인 광개토태왕을 위해 (장수왕이) 敎로 鈴을 96번째로 만들었다.'로 해석되기 때문이다. 그러면 와당 편년이나 집안고구려비에서 얻은 환도성과 국내성의 왕릉이 20기라는 사실에 의해 태왕릉을 광개토태왕릉으로 볼 수가 있다. 따라서 태왕릉의 주인공은 고고학적으로나 문자 자료로나 모두 광개토태왕이다.

---

35) 김창호,「고구려 태왕릉 출토 연화문수막새의 제작 시기」,『백산학보』76, 2006.
36) 孫仁杰·遼勇,『集安高句麗墓葬』,2007에서는 4기의 왕릉이 소개되어 있고, 吉林省考古文物研究所·集安市博物館,『集安高句麗王陵』,2004에서는 15기의 왕릉이 있다. 남은 하나는 환도성에서 평양성으로 491~500년 사이에 옮긴 동명성왕릉이다. 그러면 왕릉이 20기가 된다.

제5절. 서봉총 은합 명문

Ⅰ. 머리말

신라 적석목곽묘의 편년 설정에 있어서 중요한 고분의 하나로 경주의 瑞鳳塚을 들 수가 있다.[1] 서봉총이란 명칭은 1926년 이 고분을 발굴 조사할 당시에 Sweden[瑞典]의 Gustav皇太子가 참관하였기에 瑞典에서 瑞자를 취하고, 다시 이 고분에서 출토된 유물 가운데 가장 대표적인 금관의 정상에 세 마리의 鳳凰이 있어서, 鳳凰의 鳳자를 따서 붙였다.

서봉총에서도 다른 고신라의 적석목곽묘에서와 같이 많은 유물이 출토되었으나 아직까지 학계에 보고되지 않고 있다. 서봉총 유물 가운데 학계에 알려진 것으로 금관, 十字鈕附銀盒 등이 있다. 이 가운데 은합에는 盒蓋 內側과 盒身의 外底에 각각 절대 연대를 알 수 있는 延壽란 年號와 辛卯란 年干支 등이 새겨져 있다. 延壽란 연호가 정확히 파악되어질 수 있다면 서봉총의 절대 연대는 물론 신라 적석목곽묘 편년에 한 기준이 될 것이다. 신라 고분의 연구자들은 대개 서봉총의 명문에 대해 언급해 왔으나 절대 연대의 비정에는 의견의 일치를 보지 못하고 있다. 그 연대에 대해서는 451년설을 대부분 지지하고 있으나 391년설도 제기되고 있다.[2] 서봉총의 은합 명문이 391년에 제작된

---

1) 小泉顯夫,「慶州瑞鳳塚の發掘」『考古學雜誌』38-1, 1927.
2) 崔秉鉉,「新羅古墳研究」, 숭실대학교 대학원 박사학위 청구논문, 1990, 365~366쪽. 이 견해와 같이 신라 적석목곽묘의 편년에 있어서 중요한 근거로 삼지는 않았지만 391년설은 박진욱·손영종·伊藤秋男 등에 의해 조심스럽게 제기된 적이 있었다. 또 古江亮仁,「慶州瑞鳳塚出土合杆の銘文についての二·三問題」『朝鮮學報』130, 1989, 77~81에서도 故國壤王 8년설을 주장하고 있다. 여기에서는 『三國史記』,故國壤王 9년조의 「三月 下敎 崇信佛法求福 命有司

것이라면 지금까지 확립되었던 신라 적석목곽묘의 편년은 전면 재검토
되어야 할 것이다.

서봉총의 은합 명문에 대한 절대 연대의 설정은 신라 적석목곽묘의
편년과 직결되어 있다. 이러한 중요성에 비추어 여기에서는 먼저 은합
명문에 대한 선학들의 견해부터 일별해 보기로 하겠다. 다음으로 서봉
총의 은합 명문을 고구려와 신라의 금석문과 비교 검토하고, 마지막으
로 서봉총의 조성시기에 대해 검토하겠다.

II. 지금까지의 연구

우선 설명의 편의를 위해 서봉총의 十字鈕附銀盒에 새겨진 명문 전
체부터 제시하면 다음과 같다.3)

	銀盒 蓋內		銀盒 外底			
	②	①	③	②	①	
1	太	延	三	三	△	1
2	王	壽	斤	月	壽	2
3	教	元		△	元	3
4	造	年		太	年	4
5	合	太		王	太	5
6	杅	歲		教	歲	6
7	用	在		造	在	7
8	三	卯		合	辛	8
9	斤	三		杅		9
10	六	月				10
11	兩	中				11

서봉총의 은합에 새겨진 명문이 발견된 것은 고분이 발굴 조사된
훨씬 뒤의 일이다.4) 이 延壽元年辛卯에 대해서는 1932년에 신라 고분

立國社修宗廟」란 구절에 주목하여 延壽란 연호가 延命壽福을 기원하여 시행된 것으로 보고
있다. 이 견해 자체는 내용의 해석에서 충분한 검토가 미흡한 듯하다.
3) 이 명문의 판독에는 기왕의 선학들의 판독과 국립중앙박물관에 전시된 유물을 직접 보고
판독한 것이다.

金冠을 논하면서 최초로 언급되었다.5) 여기에서는 金冠塚·金鈴塚·瑞鳳塚의 세 고분과 일본의 近江水尾 고분의 연대를 논하면서 서봉총의 延壽元年을 訥祗王 35년(451)·智證王 12년(511) 가운데 511년으로 추정하였다. 이 견해에서는 뚜렷한 언급은 없으나 은합 신라의 수도였던 경주에서 점에 의해 延壽元年의 延壽를 신라 연호로 본 것 같다. 511년이란 절대 연대는 5세기와 6세기의 분기점에 해당될 수 있기 때문에, 신라 적석목곽묘의 연대를 5~6세기로 보는 일인학자의 가장 강력한 근거가 되었다.6)

1946년 壺杅塚의 학술적인 발굴 조사가 국립중앙박물관 관계자에 의해 실시되었다.7) 이 고분에서 출토된 靑銅壺杅의 器底에 乙卯年國罡上廣開土地好太王壺杅十(개행)이란 명문이 새겨져 있음이 학계에 알려지게 되었다. 이 명문에서 보면 호우총의 호우는 고구려제이고, 乙卯年은 475년이 된다. 이렇게 고구려 제품이 신라 고분에서 출토되는 점을 참고하면, 서봉총의 은합도 고구려제일 가능성도 있게 된다. 나아가서 서봉총 은합의 延壽元年辛卯의 연대도 신라 지증왕 12년(511)으로 한정지을 수 없게 된다.

그 뒤에 서봉총 은합 명문에 대한 체계적인 조사가 실시되었다.8) 호우총의 乙卯年을 415년으로 해석하고, 서봉총 은합의 延壽元年辛卯의 연대를 눌지왕 35년(451)일 가능성이 있다는 시안이 제시되었다. 451년 당시에는 마립간이란 왕호를 사용할 때이므로 太王이란 왕호를 사용하지 않을 때이다. 524년에 건립된 봉평비에서는 法興王을 牟卽智寐錦王라고 기록되어 있어서 문제가 된다.

1966년에 서봉총에 나오는 은합 명문에 있어서 延壽元年의 延壽를 고구려 연호로 본 견해가 나왔다.9) 여기에서는 먼저 『三國史記』新羅

4) 梅原末治,「1924年度 古蹟調查報告」,金鈴塚·飾履塚 發掘調查報告, 1932, 263~264쪽.
  浜田耕作,「新羅の寶冠」『寶雲』2; 1932,『考古學研究』재수록, 1935, 354~355쪽.
5) 浜田耕作, 앞의 책, 1935, 354~355쪽.
6) 지금도 한국에서는 이 가설의 영향으로 적석목곽묘하면 5~6세기로 보고 있다.
7) 金載元,『壺杅塚과 銀鈴塚』,1948.
8) 李弘植,「延壽在銘新羅銀合杅에 대한 一·二의 考察」『崔鉉培博士環甲紀念論文集』,1954;『韓國古代史의 研究』,1973 재수록, 464쪽.

本紀, 法興王 23년(536)조에 始稱年號 云建元元年이라고 한 것에 근거하여, 신라에 있어서 536년 이전에는 연호가 없었다고 전제하였다. 다음으로 백제는 4세기 말에서 5세기 중엽까지는 신라와 적대국이었고, 511년에는 백제·신라가 대등한 입장이었으므로 신라가 백제의 연호를 사용치 않았다고 보았다. 결국 서봉총의 延壽는 고구려의 연호로 볼 수밖에 없다고 주장하였다. 391년은 광개토태왕의 永樂元年이고, 511년은 신라의 국력이 상당히 강성하여 고구려와 신라 관계가 악화되었다는 전제 아래 451년인 장수왕 39년으로 延壽元年辛卯를 추정하였다. 또 서봉총의 은합 명문은 주조후에 쓴 글씨로 명문의 고졸한 점으로 볼 때, 신라 제품일 가능성이 있으며, 명문의 太王이 신라의 눌지왕일 가능성에 대해서도 언급하였다.[10] 서봉총의 명문이 주조한 후에 쓴 고졸한 글씨만으로 신라 제품으로 추정할 수는 없을 것이다. 가령 延嘉七年金銅如來立像은 5세기(479년)의 고구려에서 제작되었으나,[11] 주조한 후에 고졸한 글씨로 새기고 있다. 은합 명문의 太王이 눌지왕일 가능성에 대한 언급은 이 시기의 고구려나 신라 금석문에서는 王이나 寐錦이란 왕호가 사용되고 있어서 따르기 어렵다.

　1968년 고구려·백제·신라·왜에서 太王의 성립을 논하면서 은합 명문의 延壽를 고구려 연호로 본 견해가 나왔다.[12] 451년에는 신라가 고구려의 지배하에 있었고, 『三國史記』, 新羅本紀, 眞德王 2년조에 太宗勅御使 問新羅臣事大廟 何以別稱年號 帙許言 會是天朝未頒正朔 是故 先朝法興王以來 私有紀年……이라 한 것과 太王이 고구려에서는 4세기 말기, 백제에서는 5세기 전기, 신라에서는 6세기 중엽에 각각 형성되었다는 결론과 함께 서봉총의 延壽元年을 고구려 장수왕 39년(451)으로

9) 손영종,「금석문에 보이는 삼국 시기의 몇 개 연호에 대하여」,『역사과학』1966-4, 1966. 물론 이보다 앞서서 延壽를 고구려 연호로 본 견해는 1963년에 나왔다.(姜銓燮,「吏讀의 新研究」,충남대학교 석사학위논문, 1963, 25쪽.)
10) 이 경우에 있어서도 延壽를 고구려 연호로 보았다.
11) 고구려에서 만들어진 유명불상명문들에는 관등명이 없다. 신분이 낮은 자만이 호신불을 가지고 있다고 보기는 어렵다. 그 이유가 궁금하다.
12) 坂元義種,「古代東アジアの日本と朝鮮」-太王の成立をぐって-『史林』51-4, 1968;『古代東アジアの日本と朝鮮』,1978, 재수록, 189쪽.

보았다. 백제의 경우는 금석문 자료로는 太王이 나온 예가 없고, 고구려의 경우 모두루묘지에 國罡上聖太王(331~371년)의 복원으로 태왕제 성립에 문제가 된다.

신라 고분을 연구하면서 고고학 쪽에서도 延壽元年에 대한 여러 각도에서의 접근이 시도되었다. 곧 1964년 신라 적석목곽묘의 편년을 가족묘→부곽이 있는 부부무덤→부곽이 없는 부부무덤→단곽묘의 순서로 정하면서 延壽元年을 391년으로 비정한 견해가 나왔다.13) 그 뒤의 1970년대 신라 고분 연구자들은 대개 延壽元年을 호우총의 乙卯年을 415년으로 해석하고 나서 451년인 눌지왕 35년으로 보았다.14) 서봉총 출토의 유물들을 금관총과 비교하여 형식화된 점의 지적과 함께 은령총에서도 서봉총의 은합과 모양이 같은 十字鈕附靑銅盒이 출토된 점 등에 근거하여 延壽元年을 지증왕 12년(511)으로 본 견해도 있었다.15)

1973년 中國 遼寧 馮素弗墓에서 414년 또는 415년이란 절대 연대가 확실한 고식 등자의 출토가 알려지게 되었다.16) 지금까지 신라 적석목곽묘의 상대 편년에서 가장 이른 시기로 편년되어 온 황남동 109호 3·4곽에서도 馮素弗墓와 같은 등자가 출토되었기 때문에 신라 적석목곽묘의 상한이 400년을 소급하지 못한다는 견해가 나왔다.17) 이 견해는 당시의 신라·가야 지역에서 3세기 고총 고분의 존재를 근거도 없이 주장하던 일부 성급한 고분 연구자에게 하나의 경종이 되었고, 서봉총의 명문 연대를 451년 이전으로 볼 수가 없게 되었다.

13) 박진욱,「신라 무덤의 편년에 대하여」『고고민속』1964-4, 1964, 58쪽.
14) 金基雄,「新羅古墳의 編年에 관하여-積石木槨墳의 內部構造를 中心으로-」『漢坡李相玉博士回甲紀念論文集』, 1969, 108쪽.
   伊藤秋男,「耳飾の型式學的研究に基づく韓國古新羅時代古墳の關する試案」『朝鮮學報』64, 61쪽.
   尹世英,「古新羅·伽耶 古墳의 編年에 關하여-古墳 出土 冠帽를 中心으로-」『白山學報』17, 102쪽.
   由水常雄,「古新羅古墳出土のローマングラスについて」『朝鮮學報』80, 66쪽.
15) 穴澤和光,「慶州 金鈴塚考-古新羅王族墓の編年 序列-」『古代文化』24-12, 1972, 358쪽.
16) 黎瑤渤,「遼寧北票縣西官營子 北燕馮素弗墓」『文物』1973-3, 1973.
17) 穴澤和光·馬目順一,「北燕·馮素弗墓の提起する問題-日本·朝鮮考古學との關聯性-」『考古學ジャーナル』85.

그 뒤에 신라 토기의 형식 분류에 근거하여 적석목곽묘의 상대 편년을 제시하면서 서봉총의 명문에 대해서도 언급하였다.[18] 여기에서는 延壽元年을 451년과 511년 가운데에서 어느 것인지를 단정하지 않고, 451년에 은합이 제조되었다면 전세품이라고 주장하였다.

또 고구려와 백제·신라의 문물을 비교하면서 서봉총의 은합 연대에 대해 언급한 견해가 있다.[19] 여기에서는 黃海道 信川郡 干城里塼(345년)과 黃海道 鳳山郡 昭封里 1호분(348년)의 帶方太守張撫夷墓塼에서 年干支를 나눈 예가 서봉총 명문과 같은 점, 고구려 무덤인 七星山 96호분에서 十字鈕附銅盒이 출토된 점에 근거하여 延壽元年을 장수왕 39년(451)으로 보았다.

신라 적석목곽묘의 자료 정리와 함께 서봉총의 은합 명문을 전혀 다른 각도에서 해석한 견해가 나왔다.[20] 여기에서는 十字鈕銀板製鍛造盒은 그 축조 연대가 앞서는 황남대총 남분에서도 출토된 점, 황남대총 북분 출토 은제 과대 단금구의 夫人帶명 刻銘手法과 字體 등이 꼭 같은 점에 의해 서봉총 출토의 은합을 신라 제품으로 추정하였다. 또 延壽란 연호가 고구려의 연호일지라도 신라에 이 고구려 연호를 사용했다고 보았다. 그래서 서봉총의 延壽元年을 451년으로 보고, 서봉총 자체를 5세기 중엽으로 편년하였다.

신라 고분 연구자들의 서봉총 명문에 근거한 연대 설정은 자신의 고분에 대한 편년관과 직결되는 경향이 강하다. 곧 적석목곽묘의 상한을 4세기로 보기 위해서는 서봉총의 연대를 올려다 잡아야 되고, 적석목곽묘의 상한을 400년으로 볼 때에는 서봉총의 延壽元年의 연대를 낮추어 잡거나 은합 자체를 전세품으로 보아야 된다. 고분 연구자에 있어서 은합 연구자들의 은합 연대에 대한 연대 설정은 고고학적 방법에 근거하기 보다는 다분히 상황 판단에 의존하는 경우가 많은 것 같다.

서봉총 은합 명문 가운데 太王이란 용어에 주목하여 고구려·신라의

---

18) 藤井和夫,「慶州古新羅古墳編年試案-出土新羅土器を中心として-」『神奈川考古』6, 1979, 6쪽.
19) 小田富士雄,「集安高句麗積石墓遺物と百濟·古新羅遺物」『古文化談叢』6, 1979, 209쪽.
20) 최병현,「고신라 적석목곽분의 변천과 편년」『한국고고학보』10·11, 1981, 210~213쪽.

금석문 예와 비교한 견해가 나왔다.[21] 여기에서는 고구려에서는 太王이란 용어가 보편화된 때가 장수왕 때이고, 신라의 경우는 太王이란 용어의 사용이 보편화된 때가 진흥왕대임을 근거로 延壽元年을 장수왕 39년(451)으로 보았다.

신라 적석목곽묘에 대한 새로운 편년과 함께 서봉총 은합 명문의 延壽元年辛卯를 391년으로 해석한 새로운 가설이 나왔다.[22] 이에 대해서는 장을 달리하여 검토하고자 한다.

Ⅲ. 은합 명문의 검토

서봉총에 새겨진 延壽元年辛卯에 대해서는 이미 앞에서 대강 살펴본 것처럼 다음의 〈표 1〉과 같은 여러 가지 견해가 있다.

〈표 1〉 延壽元年辛卯에 대한 여러 가설

	고구려	신라
391년	고국양왕 9년	내물마립간 36년
451년	장수왕 39년	눌지마립간 35년
511년	문자왕 20년	지증왕 12년

위의 〈표 1〉에서 내물왕 36년설과 문자왕 20년설은 한 번도 거론된 적이 없다. 장수왕 39년설(451), 눌지왕 35년설(451), 지증왕 12년설(511) 가운데 장수왕 39년설(451)이 가장 유력하고, 서봉총의 은합 자체도 고구려에서 제작되어 신라에 유입된 것으로 이해되고 있다.

〈표 1〉에서 보는 바와 같이 은합의 연대를 391년으로 보는 새로운 가설이 나왔다.[23] 여기에서는 먼저 그 자신이 세운 신라 적석목곽묘에 근거할 때, 511년은 고려의 대상이 될 수가 없고, 391년과 451년만이 그 대상이 될 수 있다고 전제하였다. 七星山 96호분, 황남대총

---

21) 김창호,「고신라 서봉총의 연대 문제(1)」『伽倻通信』10·11, 1985.
22) 최병현, 앞의 논문, 1990, 365~366쪽.
23) 최병현, 앞의 논문, 1990, 365~366쪽.

남분의 연대와, 나아가서는 자신의 적석목곽묘 편년(제3기)와[24) 모순이 없이 자연스럽다고 주장하였다. 391년이 고구려 광개토태왕 1년 즉 永樂元年이므로 延壽元年이 391년에 해당될 수 없다는 주장에[25) 대한에 반론을 제시하였다. 391년은 고구려 故國壤王의 末年이고, 廣開土太王의 元年인 바, 고국양왕은 391년 5월에 죽었고, 서봉총의 명문에서는 延壽元年三月中이므로 延壽元年의 延壽가 고국양왕의 연호라고 추정하였다. 곧 延壽란 연호는 고국원왕 末年인 391년 三月에 고구려의 연호 가운데 처음으로 제정되어 고국양왕이 죽고, 그 해 5월에 永樂으로 연호가 바뀌면서 逸年號가 되었다고 주장하였다. 서봉총의 축조 연대도 5세기 전반으로 훨씬 올려다 잡았다.

延壽元年辛卯의 연대를 『三國史記』,高句麗本紀, 故國壤王 九年조의 夏五月 王薨 葬於故國壤 號爲故國壤王이란 구절과 은합 명문의 延壽元年辛卯三月中……이란 구절의 대비만으로 延壽元年을 391년으로 추정한 점은 은합 명문 연구의 시야를 넓힌 것으로 보인다.[26) 고국양왕 9년에 와서 최초로 연호가 사용되었고, 그것이 일연호가 되는 것은 너무나도 공교롭다. 고국양왕 9년 국양이 죽기 몇 개월 전에 연호를 고구려에서 최초로 만들어 사용한 점에서 더욱 그러하다.

延壽元年辛卯에 대한 절대 연대 설정을 신라 적석목곽묘의 편년과 관련하여 상황 판단을 근거로 그것이 들어갈 틈만 있으면 비집고 들어

---

24) 황남대총 북분, 황남동 82호분 서총 등이 소속된 제3기는 4세기 말~5세기 초로 편년하고 있다.
25) 小田富士雄, 앞의 논문, 1979.
　　김창호,「新羅 積石木槨墳의 400年 上限說에 대한 의문」,『영남고고학』4, 1987, 4~5쪽.
26) 서봉총의 은합 명문에 나오는 太王이 장수왕이 아니라 광개토태왕으로 보아야 된다는 것은 최근의 자료인 태왕릉 출토 청동령 명문으로 분명하게 되었다.

④	③	②	①	
九	(敎)	好	辛	1
十	造	太	卯	2
六	鈴	王	年	3

이를 해석하면 '391년에 好太王을 위해 (장수왕이) 敎로써 鈴을 만들었는데 96번째 것이다.'가 된다. 이와 꼭 같은 방법으로 서봉총의 은합 명문을 해석하면, '451년 3월에 태왕(광개토태왕)을 위해 (장수왕이) 敎로써 合杆를 만들었는데, (銀을) 3근 6량을 썼다.'가 된다. 따라서 延壽元年辛卯의 延壽는 장수왕의 연호이다.

가 391년 등으로 잡는 것은 적석목곽묘의 올바른 실체 규명에 조금도 도움이 되지 않는다. 한국 고고학계 일부에서는 1970년 전후하여 신라, 가야 지역에서 3세기의 고총 고분의 존재를 아무런 근거 없이 주장했던 적이 있었다. 그 당시 고분에 대한 연대 설정은 유물이나 유적에 대한 고고학적인 방법에 따른 것이 아니라 고분 연구자들의 상황 판단에 따른 것이다. 이와 같은 과거의 잘못을 되풀이하지 않기 위해서는 지금까지 알려진 자료를 이용 가능한 자료와의 비교 검토로 延壽元年의 연대 설정을 시도하여야 할 것이다.

서봉총 출토 은합 명문의 연대를 조사하기 위해서는 한 가지의 선행 작업이 필요할 것 같다. 곧 은합 명문이 고구려에서 새겨졌느냐? 아니면 신라에서 새겨졌느냐? 하는 점이다. 고구려에서 글씨가 새겨졌다면 명문의 太王은 고구려의 왕을 가리키게 되고, 신라에서 글씨가 새겨졌다면 명문의 太王은 신라의 왕을 가리키게 된다. 신라에서 글자가 새겨졌을 가능성 여부부터 검토키 위해 신라 금석문 가운데 太王이 나온 예를 제시하면 다음과 같다.

> ① 乙卯年八月四日聖法興太王節
>
> (울주 천전리서석 을묘명)
>
> ⑤ ……己未年七月三日其王与妹共見書石
> ⑥ 叱見來谷 此時共三來 另卽知太王妃夫乞
> ⑦ 支妃 徙夫知王子郞△△夫知共來……
>
> (울주 천전리서석 추명)27)
>
> ① ……△興太王及衆臣等巡狩管境之時記
> ③ ……相戰之時新羅太王…………
>
> (北漢山碑)
>
> ① ………眞興太王巡狩管境刊石銘記也

---

27) 이 명문은 '己未年 7월 3일(법흥왕의 제삿날이나 사망한 연대)에 其王(徙夫知葛文王)과 妹(另卽知太王妃인 夫乞支妃)가 함께 書石을 보러 谷에 왔다. 이때에 함께 3명이 왔다. 另卽知太王妃인 夫乞支妃, 徙夫知(葛文)王, 子인 郞△△夫知가 함께 왔다.'로 해석되어 법흥왕의 사망 시에 徙夫知葛文王이 살아 있는 점이 문제이다.

① 太昌元年歲次戊子………△興太王巡狩△△刊石銘

천전리서석 乙卯銘에는 법흥왕 22년(535)에 만들어졌고, 천전리서석 추명은 법흥왕 26년(539)에 만들어졌다. 북한산비는 561~568년 사이에 만들어졌다.[28] 황초령비와 마운령비는 아마도 568년 8월 21일에 똑같이 만들어졌다. 위의 금석문 자료들에서 보면, 법흥왕 22년(535)에 처음으로 太王이란 용어가 신라에서 사용되었다. 근자에 발견된 울진봉평비에서는 另卽智寐錦王이라고 기록되어 있어서 봉평비의 건립 연대인 524년 이전에는 太王이란 용어가 사용되었다고 보기가 어렵다. 위의 자료들에서 보면, 391년은 물론 451년이나 511년에도 신라에서 太王이란 용어가 사용되었다고 보기가 어렵다. 그렇다면 서봉총의 은합에 새겨진 글자는 호우총 출토의 호우와 마찬가지로 고구려에서 작성한 것으로 추정된다. 은합의 글자가 고구려에서 새겨졌다면 은합 자체의 제작지도 고구려임이 분명하다.

이렇게 서봉총의 은합이 고구려에서 제작되었고, 글자도 고구려에서 써졌을 때, 은합에 새겨진 太王은 고구려의 왕을 가리키게 된다. 은합의 太王을 고구려의 왕으로 한정할 때에도, 太王이 고구려의 어느 왕인지가 궁금하다. 이 문제는 延壽元年辛卯는 391년, 451년, 511년 가운데 어느 해에 해당될 것이다. 延壽元年을 511년으로 보면, 은합의 太王은 문자왕을 가리키게 되지만 511년의 문자왕설은 한번도 학계에 제기된 적이 없다. 은합이 511년에 고구려에서 만들어졌다면 서봉총의 연대가 511년을 소급할 수 없게 된다. 511년 고구려 제작설은 적석목곽묘의 편년으로 볼 때, 너무 늦어서 성립될 수가 없다.

이제 남은 것은 451년설과 391년설이다. 이들 가운데 어느 것이 타당한지 여부를 가리기 위해 고구려 금석문에 나타난 太王과 王의 사

---

28) 북한산비의 정확한 건립 연대는 알 수가 없지만, 마운령비·황초령비의 인명과 동일한 인명이 갖는 관등명과 직명으로 볼 때, 568년이나 그 이전인 창녕비보다는 늦을 것으로 보인다.

용 예를 제시하면 〈표 2〉와 같다.

〈표 2〉 고구려 금석문의 太王과 王의 사용 예

資料名		用字例		備考
廣開土太王碑	太王	國罡上廣開土境平安好太王	(1회)	
		永樂太王	(1회)	廣開土太王 지칭
		國罡上廣開土境好太王	(3회)	
		太王	(3회)	廣開土太王 지칭
	王	鄒牟王	(3회)	
		王	(3회)	鄒牟王 지칭
		儒留王	(1회)	
		大朱留王	(1회)	
		王	(8회)	
		王幢	(1회)	
		祖王先王	(1회)	
		祖先王	(2회)	
牟頭婁墓誌		鄒牟聖王	(1회)	
		聖王	(2회)	鄒牟聖王 지칭
		國罡上聖太王	(1회)	故國原王 지칭
		國罡上廣開土地好太聖王	(1회)	
太王陵 출토 塼銘		願太王陵安如山固如岳	(1회)	廣開土太王 지칭
太王陵 銅鈴 명문		好太王	(1회)	廣開土太王 지칭
壺杅塚 壺杅 명문		國罡上廣開土地好太王	(1회)	
忠州高句麗碑		高麗太王	(1회)	長壽王 지칭
集安高句麗碑		元王	(1회)	
		鄒牟王	(1회)	
		美川太王	(1회)	
		國罡上太王	(1회)	故國原王 지칭
		國平安太王	(1회)	廣開土太王 지칭
		明治好太聖王	(1회)	文咨王의 휘호

광개토태왕비의 건립 연대는 414년이다. 太王과 王이 공존하고 있다. 414년경으로 보이는 太王陵명전은 414년경에 만들어진 것으로 太王이 무덤을 조성한 왕명이 아니라 죽은 父王의 왕명임을 가르쳐주는 최초의 예이다. 모두루묘지는 문자왕대에 작성된 것으로 보아 왔으

나,29) 여기에서는 이보다 형식상으로 앞서는 무용총과 각저총의 연대가 5세기 초이므로 5세기 중엽으로 편년한다. 모두루묘지명의 광개토태왕의 시호가 國罡上廣開土地好太聖王로 475년인 호우총의 시호와 함께 土地가 들어 있다. 따라서 모두루총의 연대는 5세기 중엽으로 편년되어야 한다.

太王陵 출토의 동령 명문은 好太王이 분명히 광개토태왕을 가리키는 중요한 자료이다. 壺杆塚의 壺杆 명문은 乙卯年의 연대 비정이 문제이다. 종래에는 광개토태왕비와 호우총의 壺杆 명문에서 그 글씨가 거의 똑같아서 동일인이 쓴 것으로 해석하고, 명문이 乙卯年國罡上廣開土地好太王壺杆十에서 광개토태왕의 시호가 나와서 415년으로 보았다. 그러나 먼저 광개토태왕비와 호우총의 壺杆에서 好자를 비교하면 동일인 아니라고 판단할 수밖에 없다. 다음으로 명문의 위쪽에 있는 #마크는 도교의 벽사 마크로 신라에서는 횡혈식석실분에서 많이 나오고, 횡혈식석실분의 시작 연대는 520년으로 너무 시기 차이가 크다. 그 다음으로 모두루묘지에 광개토태왕의 시호에 5세기 중엽으로 편년되고 있으며, 모두루묘지와 호우 명문에는 土地란 단어가 시호에 똑같이 들어 있다. 마지막으로 호우총은 510년경으로 편년되어 乙卯年을 415년으로 보면, 전세 기간이 한세대를 뛰어넘어 95년경이나 되어 너무 길게 된다. 따라서 호우총의 乙卯年을 475년으로 볼 수밖에 없다.30)

忠州高句麗碑의 연대는 여러 가지 견해가 있으나 7번이나 나오는 寐錦의 인명 표기가 단 한 번인 寐錦忌로 나온다. 이는 訥祇痲立干이므로 눌지왕의 사후인 458년경으로 본다. 이 충주비에 나오는 高麗太王은 광개토태왕과 장수왕이다.

集安高句麗碑의 연대는 491~519년 사이로 여기에서는 왕명이 나온다. 가장 먼저 나오는 元王은 누구인지 불확실하나 광개토태왕비에서 그 시조가 추모왕이나 그의 출자로 북부여를 들고 있다. 이 북부여가

---

29) 池內 宏,「高句麗人牟頭婁の墓と墨書の墓誌」『書苑』1-8(田中俊明,「高句麗の金石文」『朝鮮史硏究會論文集』18, 138쪽에서 재인용.)

30) 모두루총에서는 大使者가 나오고, 535년의 농오리산성 마애석각에서는 小大使者가 나와서 모두루총은 535년을 소급할 수가 없어서 모두루총의 묵서명 연대는 5세기 중엽으로 본다.

원왕을 해결할 수 있는 단초로 보인다. 鄒牟王은 고려의 始祖이고, 그 다음의 美川太王은 미천왕이고, 國罡上太王은 고국원왕이고, 國平安太王은 광개토태왕이고, 明治好太聖王은 문자왕의 휘호이다. 이렇게 휘호가 금석문에 나타나는 예로는 百濟昌王銘舍利龕의 昌王이 있다.

이제 서봉총 은합 명문의 太王이 누구인지를 살펴볼 차례가 되었다. 같은 해인 辛卯年에 만들어진 태왕릉 출토 동령 명문은 辛卯年/好太王/(敎)造鈴/九十六이다. 이는 '451년에 好太王을 위해 (장수왕이) 敎를 내려 鈴을 만들었는데, 그 96번째이다.'가 된다. 먼저 서봉총 명문 전체를 해석해 보자. '451년 3월에 太王(광개토태왕)을 위해 (長壽王이) 敎로써 合杅를 만들었는데 (銀) 三斤 六兩을[31] 사용했다.'가 된다. 서봉총 은합 명문의 太王은 광개토태왕이고, 延壽元年辛卯는 장수왕 39년(451)이다.

IV. 瑞鳳塚의 조성 시기

이제 서봉총의 은합 연대가 장수왕 39년(451)으로 확정되고 나서의 할 일은[32] 이 고분의 조성 시기를 조사해야 된다. 이 문제와 직결되는 자료로 금관총 출토 환두대도 검초 단금구의 尒斯智王이란 명문이 있다. 금관총에서 尒斯智王라고 나온 칼은 모두 2자루로, 한 자루에서는 尒斯智王으로, 다른 한 자루에서는 尒斯智王刀라고 나왔다. 후자인 尒斯智王刀는 '斯智王의 칼'이란 뜻으로 칼의 주인이 尒斯智王임을 나타내주고 있다. 금관총을 봉황대의 배총으로 보고서, 칼 4자루 가운데 2자루를 봉황대의 주인공인 尒斯智王으로부터 받았다고 볼 수는 없다. 왜냐하면 '尒斯智王의 칼'이란 뜻으로 칼의 원래 주인이 尒斯智王임을 나타내주고 있기 때문이다. 과연 尒斯智王이 마립간인지 여부를 조사키 위해 냉수리비의 관련 구절을 제시하면 다음과 같다.

---

31) 이 三斤六兩을 은합의 器身은 三斤, 器蓋는 三斤六兩을 각각 사용한 것으로 보는 가설도 있으나 기신과 기개 모두를 만드는데 三斤六兩을 사용한 것으로 본다. 따라서 은합 外底에는 六兩이란 글자가 탈락한 것으로 해석하고자 한다.

32) 김창호, 앞의 논문, 1985에서 김창호,「고신라 서봉총의 연대 문제(2)」를 쓰기로 약속했으나 이를 지키지 못했다. 이 논문으로써 대신하고자 한다.

① 斯羅喙斯夫智王乃智王此二王敎用⋯⋯

斯夫智王과 乃智王은 마립간 시기의 왕들이다. 왜냐하면 냉수리비의 건립 연대가 443년이기 때문이다. 냉수리비에서 王을 인명 표기에 기록한 예는 斯夫智王(실성마립간)과 乃智王(눌지마립간)과 至都盧葛文王 뿐이다. 이는 이 시기의 麻立干이 王으로 표기되었음을 알려주는 중요한 단서이다. 냉수리비의 七王等에 대해 알아보기 위해 인명을 분석해 제시하면 다음과 같다.

〈표 3〉 七王等의 人名 分析表

出身部名	人名	官等名
沙喙	至都盧	葛文王
위와 같음	斯德智	阿干支
위와 같음	子宿智	居伐干支
喙	尒夫智	壹干支
위와 같음	只心智	居伐干支
本彼	頭腹智	干支
위와 같음	斯彼暮斯智	干支

관등명에 王을 칭한 것은 葛文王뿐으로 斯德智 阿干支이하 6명은 干支로 끝나고 있을 뿐, 왕을 칭하고 있지 않다. 고신라 금석문에 있어서 왕을 칭하는 것은 마립간과 갈문왕뿐일 뿐, 다른 인명은 5~6세기 금석문과 마찬가지로 ~干(支)로 끝날 뿐이다. 간지는 『光州千字文』에 나오는 임금 王의 訓인 긔ᄎ와 통하고, 『송서』, 백제전에 나오는 腱吉支의 吉支나 신라 왕호 居西干의 居西와 통한다.33) 따라서 干支는 王을 의미하고 있으나 곧바로 王은 아니다. 그래서 고신라 어느 금석문에서도 麻立干과 葛文王이 아닌 사람을 왕으로 표기한 예는 없다. 이 점은 尒斯智王의 인명 분석에 중요한 단서가 된다.

---

33) 안병희,「어학편」, 『한국학기초자료선집』-고대편-, 1990, 1001쪽.

그러면 냉수리비의 七王等이란 구절에 근거해 尒斯智王도 고급 귀족으로 보는 가설은 성립될 수 없다. 七王等은 7명의 귀족을 함께 칭할 때 쓴 고육책으로 사용했지 그 자체가 尒斯智王처럼 왕을 칭하지 않고 있다. 尒斯智王은 거듭 이야기하지만 斯夫智王(실성왕)과 乃智王(눌지왕)과 동일한 麻立干의 왕명이다. 마립간을 ~王으로 칭한 예는 441년에 건립된 중성리비의 (喙部)折盧(智王)의 예가 있다.

그렇다면 어느 왕의 왕명과 동일할까? 奈勿王, 實聖王, 訥祇王, 慈悲王, 炤知王(毗處王), 智證王 가운데 누구일까? 尒斯智王의 尒자를 훈독해 너로 읽고, 斯자를 반절로 보면 ㅅ으로 되어 넛지왕이 된다. 이렇게 斯자를 반절 ㅅ으로 본 다른 예가 있는지 궁금하다. 568년 마운령비의 及伐斬典喙部夫法知吉之가 568년 황초령비에 及伐斬典喙部分知吉之로 나오는 바, 이는 동일인이다. 곧 부법지(붑지)=분지가 된다. 그렇다면 尒斯智王=넛지왕=눌지왕이[34] 된다. 이렇게 되면 금관총은 눌지왕(넛지왕)의 무덤이 되어 금관총은 458년이란 절대 연대를 갖게 된다. 금관총에서 발견된 尒斯智王은 세기의 발견으로 우리 생애에 다시볼 수없는, 815광복 후 처음 나온 귀중한 고고학적인 자료이다.

신라 적석목곽묘에서 애타게 기다려왔던 절대 연대를 갖게 되었다. 금관총의 연대는 대체로 5세기 4/4분기로 보아 왔다. 5세기 4/4분기는 475~500년이다. 이를 눌지왕릉이라고 보면 17~42년의 간격이 생긴다. 종래 적석목곽묘와 횡혈식석실분의 경계가 550년으로 서로 겹치지 않는다. 그렇다면 550년에서 얼마를 소급시켜야 될까? 17~42년 사이로 볼 수는 없다. 여기에서 주목되는 것은 법흥왕 때인 520年 春正月에 律令을 頒布한 것이다. 적석목곽묘에서 횡혈식석실분으로의 전환을 520년이라고 볼 수가 있다. 그렇다면 서봉총의 매장 연대는 언제가 좋을까? 서봉총을 금관총과 같은 시기로 편년하고 있기 때문에

---

34) 이렇게 발달된 훈독과 반절의 방법은 고구려나 백제 금석문에서는 없고, 568년의 마운령비와 황초령비에 반절이 나올 뿐이고, 훈독의 예는 고신라 금석문에는 그 예가 없다. 발달된 훈독과 반절 방법은 尒斯智王명의 하한인 458년은 소급할 수가 있어서 4세기 금석문출현이 기대되고, 458년의 확실한 발달된 국어학적인 자료 때문에 포항 중성리비와 포항 냉수리비의 연대가 5세기일 가능성이 크게 된다.

서봉총의 조성 시기를 5세기 중엽으로 본다.[35]

V. 맺음말

먼저 延壽元年辛卯에 관한 선학들의 견해부터 일별하였다. 이 延壽元年辛卯는 적석목곽묘의 편년에 중요한 절대 연대이다. 신라 고분 연구자들은 신라 고분 연대를 설정할 때, 반드시 이를 검토해야만 했다. 지금까지는 지증왕 12년설(511)과 장수왕 39년설(451) 등이 있어 왔다. 최근에 들어와 延壽元年辛卯를 고구려 고국양왕 말년(391년)으로 추정한 신설이 나왔다. 여기에서의 391년이란 연대 추정은 고구려·신라 금석문과 비교도 없이, 은합 명문에서는 延壽元年三月中이고, 『三國史記』에서는 고국양왕이 391년 5월에 죽은 점에 근거하였다. 그러나 이러한 가설은 금석문 연구의 폭을 넓혔다.

다음으로 은합 명문의 검토에서는 신라·고구려에서 지금까지 나온 太王과 王을 검토하였다. 신라에서는 535년에 法興太王이 최초로 나와서 延壽元年辛卯를 신라와는 관계가 없게 된다. 고구려의 491~519년에 작성된 集安高句麗碑에 美川太王이 나와서 300~330년 사이에 太王制가 실시되었음을 알 수가 있다. 은합 명문의 전문을 제시하면 다음과 같다. 명문은 延壽元年太歲在辛卯三月中太王教造合杅用三斤六兩(개행)이다. 이를 태왕릉 출토 방울 명문인 辛卯年好太王(教)造鈴九十六(개행)와 비교하여 해석해 보자. 방울 명문은 '451년에 好太王을 위해 (장수왕이) 教로써 방울을 만들었는데 96번째 것이다.'가 된다. 은합 명문은 '451년 3월에 광개토태왕을 위해 (장수왕이) 教로써 合杅를 만들었는데 (銀을) 三斤六兩을 사용했다.'가 된다. 그토록 애타게 찾아 왔던 太王은 광개토태왕이다. 따라서 延壽元年辛卯은 451년이고, 延壽는 장수왕의 연호가 된다.

마지막으로 瑞鳳塚의 조성 시기에 대해 검토하였다. 서봉총은 5세기 4/4분기로 편년되고 있다. 이와 비슷한 시기로 편년되는 금관총에서

---

35) 451년을 상한으로 하고, 451년에서 멀지않은 시기로 보인다.

尒斯智王이란 명문이 나왔다. 尒斯智王은 尒자를 훈독하면 너자가 되고, 斯자를 반절로 읽으면 ㅅ이 된다. 이렇게 읽으면 尒斯智王은 넛지왕이 된다. 넛지왕은 신라의 왕 가운데 訥祇王과 가장 가깝다. 그렇다면 금관총은 눌지왕릉이 되고 그 시기는 눌지왕이 죽은 458년이란 연대를 얻게 된다. 신라 적석목곽묘에서 애타게 기다려왔던 절대 연대를 갖게 되었다. 금관총의 연대는 대체로 5세기 4/4분기로 보아 왔다. 5세기 4/4분기는 475~500년이다. 이를 눌지왕릉이라고 보면 17~42년의 간격이 생긴다. 종래 적석목곽묘와 횡혈식석실분의 경계가 550년으로 서로 겹치지 않는다. 그렇다면 550년에서 얼마를 소급시켜야 될까? 17~42년 사이로 볼 수는 없다. 여기에서 주목되는 것은 법흥왕 때인 520年 春正月에 律令을 頒布한 것이다. 신라 적석목곽묘의 소멸을 519년으로 볼 수가 있고, 30년을 소급시키면 520년부터는 횡혈식석실분의 시대가 되었다. 금관총이 458년이란 절대 연대를 가지면 서봉총의 연대를 5세기 중엽으로 볼 수가 있고, 이 5세기 중엽이 서봉총의 조성 연대이다.

제6절. 모두루총 묘지명의 작성 시기

I. 머리말

모두루총에 적혀 있는 묘지명은 800여 자나 된다.1) 한국 삼국 시대 무덤에서 나온 가장 많은 글자수이다. 그럼에도 불구하고 별로 연구가 되어오지 않았다. 연대를 알려주는 연호나 연간지가 없어서 그렇다. 고구려에서 연호나 연간지가 나오는 고분으로는 357년의 안악3호분, 408년의 덕흥리 벽화 고분 등이 있다. 이들 고분이 고구려 벽화 고분 편년과 고구려 고분 편년에 있어서 중요한 근거가 되었다. 곧 벽화 고분에 있어서 풍속·인물도→인물·풍속도와 4신도→4신도라는 등식이나2) 단면 呂자형 고분을 5세기로 본 것3) 등이 그것이다.

최초로 모두루총을 발견하고 나서 보고자는4) 고분의 시기를 6세기로 보았다. 5세기에로 전환은 일본에서 國罡上聖太王를 복원하여 읽고서 이를 고국원왕으로 보면서5) 그 시기를 5세기로 보았다.6) 북한의 벽화 고분 전문가는7) 國罡上聖太王를 읽은 가설이 나오기 전에 모두루총을 5세기로 보았다. 문헌사학자에 의해8) 이를 광개토태왕 사후

---

1) 국사편찬위원회 한국사데이터베이스 한국고대금석문 모두루총 묘지항 참조.
2) 주영헌(永島暉臣愼 譯),『高句麗の壁畵古墳』,1972.
3) 주영헌(永島暉臣愼 譯), 앞의 책, 1972.
4) 池內宏,『通溝』上·下, 1938.
5) 이는 최초의 발견에서 39년만의 개가였다. 그래서 모두루총의 묘지의 5세기설은 지금도 학계에서 인정하고 있다.
6) 佐伯有淸,「高句麗牟頭婁塚墓誌の再檢討」『史朋』7, 1977.
7) 주영헌, 앞의 책, 1972. 이는 고고학적인 자료에 의한 것으로 그 업적을 높이 평가해야 될 것이다. 모두루총을 5세기로 본 점은 고고학적인 자료에 의한 것으로 높이 평가되어야 할 것이다. 곧 단면 呂자형 2실묘를 5세기로 보지 않으면 안 된다는 결론과 일치한다.

가까운 시기인 5세기 초로 본 가설이 나왔다.

확실한 모두루총의 묘지명 작성 시기는 앞으로 고구려 고분은 물론 고구려사 연구에도 조그마한 도움이 될 것이다. 그래서 여기에서는 먼저 유적 개요를 소개하겠다. 다음으로 묘지의 작성 시기를 검토하겠다. 마지막으로 모두총 묵서명의 편년과 직결되는 호우총 호우의 연대를 검토해 보고자 한다.

Ⅱ. 유적 개요

모두루의 묘지는 中國 吉林省 集安縣 太王鄕 下解放村(舊名 下羊魚頭)에 있다. 이곳은 집안현 평야의 東北端으로서 龍山과 압록강 사이에 비교적 좁은 들이 강기슭을 따라 놓여 있고, 압록강을 사이에 두고 만포시와 마주보고 있다. 이 지역에는 30여 기의 고구려 고분이 龍山 남쪽 강기슭의 대지상에 분포해 있다. 모두루총은 강변 대지상에 있는데, 바로 옆에 비슷한 크기의 봉토분 한 기가 나란히 있다. 무덤의 주변은 현재 논과 밭으로 개간되어 있다.

모두루묘는 연도가 있는 전실과 후실인 현실로 구성되어 있다.[9] 主室(玄室)은 方形이며, 天井은 抹角藻井 천정이고, 내부에 2개의 棺臺가 놓여져 있다.[10] 前室은 장방형이며 천정은 네 벽을 안으로 기울여 상단에 蓋石을 얹은 형태로 주실과는 다르다. 양실의 벽면 모두에 회칠을 하였으나 벽화는 없다. 전실 正面의 윗벽에 두루마리로 된 경전을 펼쳐놓은 듯 묘지가 먹으로 써져 있다. 묘지가 써진 부분은 회칠한 벽면 위에 다시 진한 누른색의 塗料가 덧칠되어 있다. 이 부분은 전실 정면 윗벽의 오른쪽 모서리로부터 36cm 가량 띈 곳에서 시작되어 왼쪽 끝까지 이어지고, 다시 왼편 벽면에 3행이 더 계속된다고 보고되었다. 묘지의 첫 제①·②행은 글자의 옆에 縱線을 치지 않았는데, 일종의

---

8) 武田幸男,「牟頭婁一族と高句麗王權」『朝鮮學報』99·100, 1981.
9) 단면 몸자형 고분으로 4세기 말~5세기 초의 고분인 덕흥리 벽화 고분, 각저총, 무용총 등이 있다. 이러한 벽화 고분의 유형에서는 4신도가 없이 생활풍속도와 인물도만 나오고 있다.
10) 전실에 딸린 연도, 현실에 관대가 2개인 점으로 볼 때, 추가장이 가능한 고분이다.

題記와 같은 것이다.

제③행 이후 부분에는 먹으로 縱線이 每行 그어져 있고, 그리고 송곳과 같은 것에 먹을 묻혀 그은 것 같은 橫線이 차례로 그어져 있다. 이 縱·橫線으로 구획된 세로 3~3.6cm, 가로 2.7cm의 네모 칸에 글자가 쓰여 있다. 전체 묘지의 行數는 題記를 포함해 보고자는 83행이라고 했는데, 현재 사진 도판상으로는 正面에서 77행이 파악되고 왼편 벽면에 있다고 하는 3행을 포함하면 80행이 확인된다. 제①행 첫머리에 여섯 자가 써진 부분은 제③행에선 5자가 써진 공간과 같은 너비이다. 이로 미루어 볼 때 제①행에는 12자가 써졌을 수 있으며, 제②행은 몇 자가 써졌는지 알 수 없다. 제①·②행은 題記에11) 해당되어, 제③행 이하와는 그 글자수가 달랐던 것으로 여겨진다. 아무튼 제③행 이하의 각 행에는 10자가 써져 있으므로 전체 묘지는 800여 자로 구성된다. 현재까지 묘지의 일부만이 판독되고 있는데, 미판독된 글자의 상당수는 묵흔이 남아있어 과학기재를 이용하여 보다 정밀한 검토를 할 경우 더 많은 자가 판독될 가능성의 여지를 남겨두고 있다.

묘지를 통해서 볼 때 이 무덤의 주인공은 冉牟라고 여기는 견해도 제기된 바 있으나,12) 牟頭婁임이 확실하다.13) 모두루는 광개토태왕대에 북부여방면에서 지방관으로 활약하였던 이였으며, 그는 광개토태왕의 사후 장수왕대에14) 죽었던 것으로 여겨진다.

모두루총은 1935년 첫 조사가 행해졌는데, 그 당시는 이미 도굴된 뒤로서 유물로는 연도 바닥에서 철기 파편 4개와 棺에 써졌던 것으로 여겨지는 금동 못대가리 1개가 발견되었을15) 뿐이었다.16) 이 무덤에

---

11) 연간지가 없어서 제기는 묘지명의 맨 끝에도 있었던 것으로 보인다.
12) 勞幹,「跋高句麗大兄冉牟墓誌兼論高句麗都城之位置」『歷史言語研究集刊』11, 1944.
13) 武田幸男, 앞의 논문, 1981.
   국사편찬위원회 한국사데이터베이스 한국고대금석문 모두루총 묘지항 참조.
14) 장수왕의 휘호와 연호(연간지)는 보이지 않는 제일 마지막의 10행에 있었을 가능성이 크다. 800여 자의 묵서명에도 연호가 있었을 가능성이 크다. 왜냐하면 안악3호분(357년)이나 덕흥리 벽화 고분의 묵서명(408년)에서처럼 모두 연호가 있기 때문이다. 800여 자나 되는 장문의 묵서명에 연호나 연간지가 없는 것은 상상할 수도 없는 일이다.
15) 이 못은 木棺이나 木槨에 사용했으므로 鋲이 아니고, 釘이다.
16) 池內宏,『通溝』下, 1938, 39쪽.

대해선 1938년 『通溝』에 정식 보고된 이후 현재의 상황은 알 수 없다. 1938년 이후 모두루묘지에 대한 연구는 『通溝』上·下에 수록된 사진판에 의거해 이루어지고 있다.

Ⅲ. 묘지의 작성 시기

여기에서는 800여 자나 되는 문자 자료를 전부 소개할 수 없어서 인명 표기가 집중되어 있는 부분만을 적기해 제시하면 다음과 같다.

㊻	㊶	㊵	㊴	㉖	㉕	㉔	①	
尒	△	△	△	牟	之	河	大	1
恩	△	△	△	△	地	伯	使	2
教	△	於	△	△	來	之	者	3
奴	兄	彼	祖	△	△	孫	牟	4
客	△	喪	大	△	北	日	頭	5
牟	△	亡	兄	△	夫	月	婁	6
頭	大	△	舟	彡	餘	之		7
婁	兄	△	牟	△	大	子	所	8
△	△	祖	壽	△	兄		生	9
△	△	父	盡	△	舟			10

모두루총 묵서명인 묘지의 작성 시기에 대한 뚜렷한 결론이 없다. 묘지명의 끝부분 10여 행이 판독 불능이라 여기에 연간지나 연호, 장수왕의 휘호가 있었다고 판단된다. 그래서 묘지명의 작성 시기를 5세기경으로 보아 왔다. 문헌사에서는 모두루 묘지의 작성 시기를 광개토태왕이 죽은 직후인 5세기 초로 보아 왔다.[17]

먼저 모두루총 묘지명의 연대를 알아보기 위해 덕흥리 벽화 고분의 묵서명과 비교해 보기로 하자.

주지하는 바와 같이 덕흥리 벽화 고분은 408년이란 절대 연대를 갖

---

17) 武田幸男, 앞의 논문, 1981.
　　모두루총 묘지에서는 광개토태왕의 시호인 國罡上廣開土地好太聖王이 나와서 414년의 광개토태왕비의 건립 시기를 소급할 수 없다.

고 있다. 이에 대해서는 덕흥리 벽화고분 1976년 12월 8일 평안남도 **南浦市 江西區域 德興里(舊 江西邑) 舞鶴山 西麓**에서 관개공사 중 발견된 고구려시대 석실봉토분이다. 무덤은 구릉 위를 조금 파내어 구축한 반지하식이며, 묘실은 남쪽인 앞에서부터 연도·장방형의 전실·통로·정방형의 후실로 이루어져 있다. 전실과 후실의 천장은 궁륭식으로 쌓아 올라가다가 다음에는 고임식, 마지막에는 蓋石을 덮었으며, 연도와 통로의 천장은 平天井이다.

연도와 통로의 천장을 제외한 전 벽면에 회칠을 하고 벽화를 그렸는데, 벽면에는 주로 묘주의 생전 생활 모습, 천장에는 주로 천상세계가 그려져 있다. 덕흥리 벽화 고분은 고구려 벽화고분 중 인물풍속도를 주제로 한 二室墓 유형에 속한다고 볼 수 있다.

덕흥리 벽화 고분에서 특히 주목되는 것은 56개소 600여 자(판독가능한 글자는 560여 자)에 달하는 墨書의 존재이다. 묵서는 묘주의 墓誌銘과 벽화 설명문으로 나누어 볼 수 있는데, 묘지명은 전실에서 후실로 들어가는 통로 입구(전실 북벽) 위에 가로 49.7~50.5cm, 세로 21.5~22.8cm 정도의 공간을 마련하여 14행 154자를 縱書해 둔 것이다. 글씨체는 안악 3호분의 묵서명에 비해 六朝寫經體에 더 가까우며,[18] 내용은 묘주의 고향·성명·역임한 관직·향년·안장일과 후손의 번영을 기원하는 것이다. 여기에서 묵서의 전문을 제시하면 다음과 같다.

⑭	⑬	⑫	⑪	⑩	⑨	⑧	⑦	⑥	⑤	④	③	②	①	
之	不	造	番	良	孔	乙	太	年	節	龍	位	釋	△	1
後	可	△	昌	葬	子	酉	歲	七	東	驤	建	加	△	2
世	盡	萬	仕	送	擇	成	在	十	夷	將	文	郡		3
寅	掃	功	宦	之	日	遷	戊	七	校	軍	將	佛	信	4
寄	旦	日	日	後	武	移	申	蒙	威	遼	軍	苐	都	5
無	食	煞	遷	富	王	玉	十	焉	幽	東	△	子	縣	6

18) 塚全康信·和田圭壯,「高句麗壁畵古墳の墓誌について」『廣島文教女子大學紀要』25, 人文社會科學編, 26쪽.

疆	鹽	牛	位	及	選	柩	二	以	州	太	小	△	都	7
攺	羊	至	七	時	周	月	永	刺	守	大	△	△	鄉	8
食	酒	庆	世	歲	公	辛	樂	史	使	兄	氏	△		9
一	宍	王	子	使	相	酉	十	鎭	持	左	鎭	甘		10
椋	米		孫	一	地	朔	八		將	仕	里			11
記	粲					年			軍					12
							五							13
							日							14

이 묵서명의 전문을 해석하여 제시하면 다음과 같다.

'△△郡 信都縣 都鄉 (中)甘里 사람이며, 釋加文佛의 第子인 △△氏 鎭은 역임한 관직이 建威將軍·國의 小大兄[19]·左將軍·龍驤將軍·遼東太守·使持節·東夷校尉·幽州刺史이었다. 鎭은 77세로 죽어, 永樂 18年 戊申年 초하루가 辛酉日인 12月 25日 乙酉日에 (무덤을) 완성해서 靈柩를 옮겼다. 周公이 땅을 相하고 孔子가 날을 擇했으며 武王이 시간을 선택했다. 날짜와 시간을 택한 것이 한 결 같이 좋으므로 장례 후 富는 七世에 미쳐 子孫은 번창하고 관직도 날마다 올라 位는 侯王에 이르도록 하라. 무덤을 만드는 데 만 명의 공력이 들었고, 날마다 소와 양을 잡아서 술과 고기, 쌀은 먹지 못할 정도였다. 아침 식사로 먹을 간장을 한 창고 분이나[20] 보관해 두었다. 기록해서 후세에 전하며, 이 무덤을 방문하는 자가 끊어지지 않기를.'

모두루총 묘지명에서는 大兄이라는 관등명이 2회 이상이 나온다. 덕흥리 벽화 고분 묵서명에서는 관등이 아직 미분화한 小大兄이라고 단 1번만 나온다. 小大兄은 어느 사서에도 나오지 않는 관등명이나 大兄

---

19) 小大兄은 國小大兄으로 합쳐서 고구려의 관직이나 작호가 아니라 관등명이다. 곧 國小大兄은 '나라의 小大兄'이란 뜻이다.

20) 창고를 나타내는 椋자는 고구려, 백제, 신라 모두 사용되어 온 것으로 추정되며, 8~9세기 통일 신라 금석문을 끝으로 종언을 고해서 후삼국 시대의 예는 없고(김창호,『한국 고대 목간』,2020, 290쪽에서 官城椋명기와를 9세기 후반 후백제 기와로 보았으나 9세기 통일 신라 기와로 바로 잡는다.), 고려 시대에는 나오지 않아서 연대 결정에 중요하다. 고구려에서 이 글자가 나온 유일한 예이다.

보다는 그 시기가 빠르다는 것을 알 수가 있다. 결국 모두루묘지는 408년을 소급할 수 없다.

또 1957년 가을 태천 고급중학교에서 향토사 연구를 목적으로 농오리산성을 조사하던 중 자연 암벽에서 글자를 발견하고, 신의주 역사박물관에 보고하였다. 이에 동 박물관에서는 1958년 초에 마애석각을 조사하여 학계에 알려지게 되었다. 우선 설명의 편의를 위해 전문을 제시하면 다음과 같다.

③	②	①	
城	小	乙	1
六	大	亥	2
百	使	年	3
八	者	八	4
十	於	月	5
四	九	前	6
間	婁	部	7
	治		8

전문을 해석하면 다음과 같다.

'乙亥年(435년) 8월에 前部 小大使者인 於九婁가 성 684間을 治하였다(쌓았다).'

乙亥年을 555년으로 보기도 하나,[21] 두 甲子나 올린 435년으로 보인다. 왜냐하면 小大使者란 관등명은 어느 사서에도 나오지 않는 오래된 관등명으로 408년의 덕흥리 벽화 고분의 묵서명에 나오는 小大兄이 참고된다. 농오리산성 마애석각의 연대는 4세기의 고구려 관등명이 나온 예가 단 1예도 없어서 5세기로 보인다. 그렇다면 이 관등명은 14관등으로 정비되어 가는 과정의 것으로 보여서 435년으로 판단된다.

---

21) 민덕식,「고구려 농오리산성 마애석각의 乙亥年에 대하여」『한국상고사학보』3, 1990, 110쪽.
한국사편찬위원회 한국사데이터베이스 한국고대금석문 석각항 참조.
이 태천 농오리산성 마애석각을 서기 34년으로 본 가설이 나왔는데, 이는 손량구,「태천군 농오리산성을 쌓은 련대에 대하여」『조선고고연구』,1987, 20쪽 참조.

모두루총 묘지의 서두에 大使者牟頭婁의 大使者가 나온다. 이 大使者
를 태천 농오리산성 마애석각의 小大使者와 비교하면 농오리산성 마애
석각이 선행한다. 그렇게 되면 모두루총의 묘지명은 태천 농오리산성
마애석각의 새긴 연대인 435년을 소급할 수가 없다.

Ⅳ. 호우총 호우의 연대

광복한 뒤 최초로 우리 손에 의해 공식적으로 발굴된 유적으로 호
우총과 은령총을 들 수가 있다.[22] 이들 고분에 대한 정확한 이해야말
로 적석목곽묘의 연구에 한 이정표가 될 수가 있다고 판단된다.[23] 왜
냐하면 정식으로 발굴 조사를 했을 뿐만 아니라 절대 연대인 乙卯年이
새기어져 있는 호우가 출토했기 때문이다.[24] 이러한 중요성에 비추어
보아도 많은 연구를 해야 될 고분임에도 불구하고 거의 연구 성과가
없었다. 명문을 통한 몇몇 연구 성과가 있었으나 고분 자체의 연구와
는 동떨어진 것이다.

그러면 이 호우총에 대한 개요를 소개해 보기로 하자.

호우총은 경주 노서동 140호분으로 1946년 광복 직후에 우리 손에
의하여 발굴된 최초의 고분이다. 당시 국립중앙박물관에서는 이 고분
의 발굴을 위하여 일본인학자 有光敎一의 자문을 받았다. 호우총이란

---

22) 표형분으로 보통 부부 무덤으로 보고 있고, 황남대총(98호분)이 이러한 유형의 표형분이
다. 표형분 가운데 가장 큰 98호 남분은 내물왕릉(402년)으로 추정된다.(김창호,「신라 금
관총의 尒斯智王과 적석목곽묘의 편년」,『新羅史學報』32, 2014 참조.)
23) 절대 연대를 가지고 있는 고분으로 금관총, 서봉총, 호우총의 중요성은 재언을 요하지 않
는다. 서봉총에 대해서는 다음의 논문이 참고가 된다.
김창호,「고신라 서봉총의 연대 문제(Ⅰ)」,『가야통신』13·14, 1985.
김창호,「고신라 서봉총 출토 은합 명문의 검토」,『역사교육논집』16, 1991.
24) 한국과 일본에서 출토된 문자 자료는 의외로 적어서 여러 가지 가설이 난무하고 있다. 고
분 출토의 문자 자료는 의예로 적다. 서봉총의 은합 명문과 호우총의 호우가 고작이었다.
서봉총의 은합 명문은 451년 고구려제, 호우총의 호우 명문은 415년의 고구려제로 보았
다. 그런데 2013년 그토록 기다리던 신라에서 만든 절대 연대를 알 수 있는 자료가 나왔
다. 금관총 3루환두대도 검초 단금구의 尒斯智王이 그것이다. 이를 훈독과 반절로 풀이하
면 넛지왕이 되고, 넛지왕은 눌지왕과 동일인이므로 458년이란 절대 연대를 가지게 된다.
이는 세기의 발견으로 3국 고분 시대의 고분 연구에 있어서 驚天動地할 일이다. 이 尒斯
智王명문 자료는 우리 세대에는 다시 못 볼 자료이다.

고분 명칭은 출토된 부장품 가운데 紀年銘이 있는 고구려산 青銅壺杅 1점이 들어있기 때문에 붙여졌다. 이 고분에서 출토된 청동합은 높이 19.4cm에 뚜껑이 있는 그릇으로 그 바닥에 양각으로 주조된 다음과 같은 명문이 있다.

④	③	②	①	
王	土	罡	乙	1
壺	地	上	卯	2
杅	好	廣	年	3
十	太	開	國	4

이 명문은 16자의 명문과[25] 옆으로 누운 #자형[26] 표시가 陽鑄되어 있다. 이 명문은 상한 연대를 알려주는 절대 연대 자료가 될 뿐만 아니라, 신라 고분에서 광개토태왕의 시호가 명시된 고구려 제품이 나와서 중요하고, 당시의 고구려와 신라의 대외 관계 등의 중요한 문제에 관하여 여러 가지 시사하는 점이 많아서 주목된다. 부장품 중에는 漆製胡籙도 있었다.[27]

호우총의 호우와 광개토태왕비의 글씨체가 동일하다는 것이 乙卯年을 415년으로 본 가장 큰 근거였다. 好자에 대해 호우총의 호우와 광개토태왕비의 글씨를 비교하면, 동일인의 글씨가 아님을 알 수가 있다.

이제 광개토태왕의 諡號 예를 고구려 금석문과 묵서명 자료에서 전

---

25) 마지막 글자인 十자는 숫자로 이때에 만들어진 호우 가운데 10번째의 것이란 뜻이다. 왜냐하면 태왕릉 출토 청동 방울 명에 辛卯年好太王教造鈴九十六(개행)으로 되어 있어서 九十六은 달리 해석할 수 없기 때문이다.

26) 이는 도교의 벽사 마크이다.

27) 종래에는 이를 方上氏假面으로 해석해 왔다. 이를 호록으로 본 것은 국립중앙박물관의 보존과학자이다. 이 호록을 성시구라 부르기도 하나 북방 胡族이 북중국 들어온 때는 5호16국시대인 316~439년이다. 호록의 가장 이른 시대는 안악 3호분의 357년이라서 성시구란 용어 대신에 胡籙을 사용한다.
단 호록의 복원에는 일본의 하니와나 고구려 안악3호분의 대행렬도의 호록 착장 방법을 참조하지 않아서 잘못된 것이다. 1쌍의 중원판상금구 길이 차이나 여기에 붙는 鋲과 釘의 구분에 대한 견해의 차이가 있다. 그리고 고구려·백제·신라·가야는 모두 중국의 등에 지는 화살통인데 대해 허리에 차고, 화살의 화살촉 가까이를 오른손으로 쏠 화살촉을 살짝 들었다가 앞으로 빼는 방법이다. 이러한 방법이 漆製胡籙의 복원에서는 무시되고 있다.

부 찾아서 제시하면 다음과 같다.

資 料 名	諡 號 名
광개토태왕비(414년)	國罡上廣開土境平安好太王
	國罡上廣開土境好太王
태왕릉 출토 청동 방울 명문(451년)	好太王
모두루총 묘지명(5세기 중엽)	國罡上廣開土地好太聖王
호우총의 호우(475년)	國罡上廣開土地好太王
집안고구려비(491~519년)	國平安太王

광개토태왕비(414년)에서는 國罡上廣開土境平安好太王과 國罡上廣開
土境好太王의 두 가지 시호가 나오고, 태왕릉 출토 청동 방울 명문
(451년)에서는 好太王만 나왔고, 5세기 중엽으로 추정되는[28] 모두루총
묘지명에서는 國罡上廣開土地好太聖王으로 나왔고, 집안고구려비
(491~519년)에서는 國平安太王으로 나왔고, 호우총의 호우(475년)에
서는 國罡上廣開土地好太王으로 나왔다.

모두루총의 묘지명과 호우총의 호우는 土地란 단어가 광개토태왕비
의 土境 대신에 넣고 있다. 호우총의 호우가 415년이라면 土境을 土地
로 바꾸어 쓰지 않았을 것이고, 광개토태왕비와 호우총의 호우에서 好
자의 글씨체가 커다란 차이가 없었을 것이다. 따라서 호우총 호우의
乙卯年을 415년이 아닌 475년으로 보아야 할 것이다. 그래야 호우총
의 토기 연대가 510년경이므로[29] 475년에 습득한 묘주가 두 세대로
의 전세 없이 최초의 도입자가 묻힐 때까지 가지고 있다가 매장된 것
으로 볼 수가 있다.

---

28) 모두루총 묘지명은 435년을 소급할 수가 없다. 이를 5세기로 보아야 할 것 같다. 그 정
확한 작성 시기는 5세기 중엽으로 보인다.

29) 금관총의 尒斯智王이 458년에 죽은 눌지왕인 점과 520년 율령 공포 등으로 적석목곽묘,
횡혈식석실분, 인화문토기, 신라토기, 기와 등의 편년을 30년가량 소급해야만 된다. 540년
경으로 편년되어 온 호우총의 연대도 510년경이 되어야 한다.

V. 맺음말

　中國 吉林省 集安縣 太王鄕 下解放村(舊名 下羊魚頭)에 있는 800여 자의 모두루총의 묘지명에 대해 개략적인 소개를 하였다. 몇몇 연구가 나와서 더 이상의 연구는 거의 불가능하다.

　모두루총의 묘지명에서는 관등명 가운데 大兄이 나온다. 덕흥리 벽화 고분의 묘지명에서는 小大兄이란 관등명이 나오는데, 덕흥리 벽화 고분의 묵서명에 나오는 408년을 소급할 수가 없다. 모두루총의 묘지명에서는 주인공 모두루가 갖인 관등명이 大使者이고, 태천 농오리산성의 마애석각에서는 小大使者란 관등명이 나와서 마애석각의 새긴 연대인 435년을 소급할 수가 없다. 따라서 모두루총의 묘지명 상한은 435년이다.

　광개토태왕의 시호가 나오는 문자 자료로는 광개토태왕비(414년)의 國罡上廣開土境平安好太王과 國罡上廣開土境好太王이 있고, 태왕릉 출토 청동 방울(451년)의 好太王이 있고, 모두루총의 묘지명에 나오는 國罡上廣開土地好太聖王이 있고, 호우총의 호우에 나오는 國罡上廣開土地好太王이 있다. 호우총 호우의 好자와 광개토태왕비의 好자 글씨체가 다르고, 시호에 土地가 모두루총 묘지명과 호우총 호우 명문에 공동으로 들어가서 이들의 연대를 빨라도 435년을 소급할 수 없어서 모두루총의 묘지명을 5세기 중엽경으로, 호우총의 호우 연대를 415년이나 535년이 아닌 475년으로 보게 되었다.

제7절. 忠州高句麗碑의 건립 연대

I. 머리말

忠北 忠州市 可金面 龍田里 立石部落 입구에 오래된 비가 서있던 것을 인근 주민들이 알고 있었으나 거의 문자가 없는 白面碑로 생각해 왔다. 1979년 2월 23일에 이르러 지방문화재보호단체인 예성동호회가 조사하여 문자가 있는 것을 확인하여 관계전문가에게 통보하였고, 그 뒤에 상세한 조사를 조사 결과 고구려시대의 비문임이 알려졌다.[1]

1979년 6월 단국대학교에서는 이에 대한 학술회의가 개최되었고, 그 결과 이에 대한 종합적인 연구논집이 나왔다.[2] 그 이후에도 충주비에 대한 몇몇 연구가 나왔으나,[3] 비문 자체의 마멸이 심해 전체적인 내용 파악은 의견의 일치를 보지 못하고 있다. 충주비 이해에 있어서 중요한 것 중의 하나인 비의 건립 연대에 대하여서도 여러 가지 견해로 나누어져 있다.

---

1) 정영호,「中原高句麗碑의 발견조사와 연구전망」,『사학지』13.
2) 단국대학교 사학회,『사학지-충주고구려비 특집호-』13.
3) 武田行男,「序說 5~6世紀東アジアの一視點-高句麗中原碑から赤城碑-」『東アジア世界における日本古代史講座』4, 1980.
   田中俊明,「高句麗にに の金石文」『朝鮮史研究會論文集』18, 1981.
   木下禮仁,「中原高句麗碑-その建立年代を中心として-」『村上四男博士和歌山大學退官記念朝鮮史論文集』,1981.
   木下禮仁,「日付干支と年次-中原高句麗碑の日付干支をめぐって-」『考古學と古代史』,1982.
   김영하·한상준,「충주고구려비의 건립 연대」『교육연구지』25, 1983.
   木下禮仁·宮島一彦,「高句麗の曆-中原高句麗碑をめぐって-」『韓國文化』6券 1號, 1984.
   손영종,「중원 고구려비에 대하여」『역사과학』1985-2, 1985.
   김창호,「中原高句麗碑의 재검토」『한국학보』47, 1987.
   木村 誠,「中原高句麗碑立碑年次の再檢討」,『朝鮮社會の史的展開と東アジア』,1997.

103

여기에서는 먼저 충주비에 나오는 인명을 분석하겠으며, 다음으로 충주비의 전체 내용을 분석하겠으며. 마지막으로 충주비의 건립 연대에 대해 살펴보고자 한다.

Ⅱ. 인명의 분석

충주비에 있어서 인명을 분석하기 위해서는 비문 자체에 대한 판독이 앞서야 된다. 이 판독에 대해서는 한국고대사학회에서 주관한 공동 판독안이 중요하다.4) 이를 제시하면 다음과 같다.

⑦	⑥	⑤	④	③	②	①			⑩	⑨	⑧	⑦	⑥	⑤	④	③	②	①	
△	△	△	△	△	△	△	1		德	夷	大	夷	用	尙	奴	上	五		1
△	△	△	△	△	△	△	2		流	△	寐	位	寐	者	墼	主	下	月	2
△	△	△	△	△	△	△	3		奴	土	錦	諸	錦	賜	上	簿	相	中	3
△	△	△	△	△	△	中	4		扶	境	上	位	邏	之	公	貴	知	高	4
△	△	△	△	△	△	△	5		△	△	下	上	還	隨	看	德	守	麗	5
古	△	△	△	△	△	△	6		△	募	至	下	來	去	節	句	天	太	6
牟	右	△	△	△	△	△	7		△	人	于	衣	節	諸	賜	△	東	王	7
婁	△	△	△	百	△	△	8		盖	三	伐	服	教	△	太	王	來	祖	8
城	△	△	△	△	刺	△	9		盧	百	城	兼	賜	△	霍	不	之	王	9
守	△	上	△	△	功	不	10		共	新	教	受	寐	奴	鄒	聆	寐	公	10
事	沙	有	△	△	△	△	11		△	羅	來	教	錦	客	教	△	錦	△	11
下	△	之	△	△	△	△	12		募	土	前	跪	土	人	食	去	忌	新	12
部	斯	△	△	十	△	村	13		人	內	部	營	內	△	在	△	太	羅	13
大	邑	△	△	△	△	舍	14		新	幢	太	之	諸	教	東	△	子	寐	14
兄	△	△	△	△	△	△	15		羅	主	使	十	衆	諸	夷	到	共	錦	15
△	大	△	△	土	土	△	16		土	下	者	二	人	位	寐	至	前	世	16
△	古	△	△	土	土	△	17		內	部	多	月	△	賜	錦	跪	部	世	17
△	鄒	△	△	△	△	△	18		衆	拔	于	卅	支	上	之	營	太	如	18
△	加	東	△	大	節	△	19		人	位	桓	三	告	下	衣	大	使	爲	19
△	共	夷	△	王	人	優	20		先	使	奴	日	太	衣	服	太	者	如	20
△	軍	寐	△	國	刺	沙	21		動	者	主	甲	王	服	建	子	多	兄	21
△	至	錦	△	土	△	△	22		奪	補	簿	寅	國	教	立	共	于	如	22
△	于	土	△	△	△	△	23		△	奴	貴	東	土	東	處	諸	桓	弟	23

---

4) 양인호·고태진, 「충주 고구려비 공동 판독안」, 『한국고대사연구』98, 2020, 5~8쪽.

좌 측 면	전 면

우측면 제①행 하단부에 前部가 있고, 후면 마지막 행 중앙부에 巡 자가 있음.

먼저 전면의 인명부터 검토해 보기로 하자. 제①행에 있어서 직접적 인 인명 표기는 아니지만 인명과 관련이 있는 것으로 高麗太王祖王公 △新羅寐錦을 들 수가 있다. 이 가운데에서 高麗太王祖王公만 따로 떼 어서 高麗太王(官階)△△△(인명)과 祖王公(官階)△△△(인명)으로 나눈 견해가 있다.5) 여기에서는 뒤의 祖王公을 신라의 葛文王과 연결시키고 있다. 그런데 갈문왕은 고구려에 있어서 古鄒加에 대비된다는 다른 견 해가 있다.6)

또 高麗太王相王公△新羅寐錦에서 相자를 祖자로 읽어 高麗太王을 文 咨王, 祖王을 長壽王으로 본 견해가 있다.7) 이 설에 따를 경우 충주비 에 나오는 太子는 장수왕의 태자가 아닌 문자왕의 태자가 된다. 『三國 史記』권18, 高句麗本紀, 文咨王7년조에 문자왕은 498년(문자왕7년)에 비로소 태자를 임용했다고 되어 있다. 따라서 충주비의 건립 연대를 498년 이후로 보아야 한다. 498년 전후의 백제왕은 분명히 동성왕이 다. 이 견해에 의하면, 비문의 첫 부분을 연결시켜 제시하면 高麗建興 四年五月中高麗太王祖王이 된다. 이 구절 가운데에서 建興四年은 474 년이다. 474년은 高句麗 長壽王 26년, 百濟 蓋鹵王 20년이다. 이 때의 태자는 문자왕의 아버지인 古雛大加助多이고, 고려태왕은 장수왕이지 문자왕은 아니다. 祖王을 장수왕으로 보는 것은 재고의 여지가 있다.

이 高麗太王祖王을 高麗太王=祖王=長壽王으로 보고, 비문의 태자를 장수왕의 태자가 아니라 新羅寐錦의 태자로 풀이한 견해가 있다.8) 충 주비 자체에 있어서 太子共=古鄒加共이므로,9) 新羅寐錦의 아들인 태자

5) 신형식,「충주고구려비에 관한 고찰」『사학지』13, 1979, 68쪽.
6) 이기백,『신라정치사회사연구』,1974, 17쪽.
7) 이병도,「中原高句麗碑에 대하여」『사학지』13, 1979, 24쪽.
8) 손영종, 앞의 논문, 1985, 29~30쪽.

가 고추가도 되어야 한다. 新羅寐錦의 태자가 古鄒加인 예를 『삼국사기』·『삼국유사』 등 문헌 기록에서는 찾을 수 없다. 따라서 충주비에 나오는 태자가 고려태왕의 태자이지 신라매금의 태자는 아니다.

전면 제①행에 있어서 인명 분석의 근거는 뒷부분에 나오는 世世爲願如兄如弟의 兄·弟이다. 弟는 분명히 新羅寐錦을 가리키는 말이나 兄의 경우는 가리키는 말을 확정짓기 어렵다. 高麗太王을 兄으로 보면, 高麗太王 다음에 있는 相王公△부분의 해석이 문제가 된다. 相王公△를 高麗太王의 인명으로 보면, 新羅寐錦 다음에 인명이 없어서 구조적으로 문제가 된다. 이 高麗太王祖王公을 高麗太王의 祖王公으로 해석하면, 祖王公이 兄에 해당된다. 이렇게 해석하드라도 弟인 新羅寐錦에 나오는 兄에 해당되는 祖王公이 누구인지가 문제이다. 충주비 자체의 太子共=古鄒加共을 『삼국사기』에 비추어 보면, 高麗太王이 장수왕임은 분명하다. 高麗太王이 장수왕이므로 祖王公은 왕족 가운데에서 찾아야 할 것이다. 그 후보자로 『三國史記』권18, 高句麗本紀, 文咨王元年조의 又詔王遣世子入朝 王辭以疾遣從叔升干 隨使者詣闕이라고 나오는 것에 근거할 때, 升干의 父인 長壽王의 弟를[10] 들 수 있다. 兄에 해당되는 것은 (高麗太王의) 祖王公일 가능성이 크다.

전면 제②행의 첫 부분에 나오는 上下相을 上相과 下相으로 나누어 인명과 관련이 있는 것으로 보기 쉽다.[11] 이러한 연관성은 下相과 新羅寐錦이 동일인이라는 전제아래에서만 성립된다. 新羅寐錦이라는 가정은 충주비 자체의 내용으로 볼 때 성립되지 않는다. 上下相에서 上下는 막연히 앞의 兄·弟와 대응될 수 있는 인명적인 요소를 가지고 있고, 相은 '서로'란 뜻의 부사일 것이다.

그 다음의 인명은 제②·③행 寐錦忌太子共前部太使者多于桓奴主簿貴德의 부분이다. 이 구절 가운데에서 太使者多于桓奴主簿貴德로 인명 분

---

9) 김영하·한상준, 앞의 논문, 1983, 41쪽.
10) 이름은 일실되어 전하지 않고 있다.
11) 김창호, 「고신라 서봉총의 연대 문제(I)」, 『가야통신』13·14, 1985, 71쪽에서는 上下相의 上相과 下相이 각각 太子共과 新羅寐錦일 가능성을 제시한 바 있으나 잘못된 것이므로 철회한다.

석을 시도한 견해가 있다.[12] 前部太使者多于桓奴主簿貴德만을 끊어서 前部太使者多于, 桓奴主簿貴德으로 인명 분석을 하여 桓奴라는 고구려 의 부명을 찾는 의욕적인 견해도 있다.[13] 가장 뒷사람의 인명 표기와 관련된 主簿는 관직명[14] 또는 관등명으로[15] 보아 왔다. 인명 분석에 있어서 이와 같은 견해의 차이는 고구려 금석문의 인명 표기에서(신라 중고 금석문의 인명 표기에서와 같은) 규칙을 찾는데 장애가 되었다. 인명 분석의 의견 차이는 전적으로 충주비의 판독 잘못 때문에 빚어진 결과이다. 지금까지 확고부동하게 관직명으로 보아 온 道使의 경우, 뒤의 使자는 德자임이 밝혀져[16] 이 부분의 인명 분석이 달라지게 되었다. 곧 맨 나중의 인명에 있어서 主簿가 관등명, 貴德이 인명이며, 출신지명인 부명은 앞사람과 같아서 생략된 것으로 추측된다.[17]

이제 전면②·③행 寐錦忌太子共前部太使者多于桓奴主簿貴德의 인명 분석을 시도할 차례가 되었다. 먼저 제②·③행에서 太子共에서 太子는 관등명은 아니나 관등명류에 해당하는 것이고,[18] 共은 인명이다. 그렇 다면 太子共에 앞서서 나오는 寐錦忌도 太子共과 비교하면, 구조적으로 대비된다. 곧 寐錦은 관등명류에 해당되는 것이고, 忌는 당연히 인명 이다.[19] 그 다음은 前部太使者多于桓奴를 끊어 읽으면 前部가 부명, 太 使者가 관등명, 多于桓奴가 인명이다.[20] 전면 제⑧행에도 2명의 인명

---

12) 변태섭,「中原高句麗碑의 내용과 연대에 대한 검토」『사학지』13, 1979, 43쪽. 그리고 전면 에서 多于桓奴의 亏자를 전면 제②행에서는 亏자로 전면 제⑧행에서는 于자로 각각 표기하 고 있다. 이는 같은 글자이므로 于자로 표기한다.
13) 이종욱,「고구려 초기의 지방통치제도」『역사학보』94·95, 1982, 86쪽.
14) 신형식, 앞의 논문, 1979, 68쪽.
15) 이종욱, 앞의 논문, 1982, 86쪽.
16) 伏見沖敬編,『書道大字典』上, 801쪽의 漢 楊淮表記 등의 예 참조. 충주비의 서체가 漢代의 것과 유사함에 대해서는 임창순,「中原高句麗碑의 소고」『사학지』13, 1979, 54쪽 참조.
17) 손영종, 앞의 논문, 1985, 30쪽에서는 전면 제③행의 鄕類(이병도, 앞의 논문, 1979에 실 린 판독문을 인용하였다.)를 鄕吏를 가리키는 말로 추측했으나 다른 선학들의 견해에서는 鄕類를 판독한 예가 없어서 따르기 어렵다.
18) 太子는 寐錦忌의 寐錦, 古鄒加共의 古鄒加와 함께 관등명은 아니나 그 類로 보아야 한다.
19) 종래에는 忌자를 공손의 뜻(이병도, 앞의 논문, 1979, 28쪽.)으로 보거나 惎의 뜻(변태섭, 앞의 논문, 1979, 45쪽.)으로 보았다.
20) 이렇게 인명을 분석할 때, 太使者가 主簿보다 관등이 낮은 점이 문제이다.(武田幸男,「高句 麗官位とその展開」『朝鮮學報』86, 24쪽 참조.) 반드시 지켜지는 것은 아니나 관등이 높은

이 나오나 제②·③행의 인명과 동일한 것이다.

다음의 인명은 전면 제⑨·⑩행의 新羅土內幢主下部拔位使者補奴△流奴扶△△△盖盧란 구절이다. 이 구절 가운데 盖盧는 백제왕 盖鹵와 연결시켜 왔다.[21] 이는 발음상 꼭 같으나 선학의 지적과 같이[22] 더 검토할 여지가 있는 것 같다. 충주비 자체에서는 盖盧란 말에 뒤이어 共자가 나오고 있으나[23] 부명+관등명이 들어갈 수 있는 틈이 없어서 인명은 아니다. 新羅土內幢主下部拔位使者補奴에서 新羅土內幢主는 관직명, 下部는 소속부명, 拔位使者는 관등명, 補奴는 인명이다.

좌측면의 인명을 분석해 보기로 하자. 좌측면 제⑥행 古鄒加共에 있어서 古鄒加는 관등명류이고, 共은 인명이다. 이 古鄒加共은 전면의 太子共과 동일인이다.[24] 좌측면 제⑦행 古牟婁城守事下部大兄△△에서 古牟婁城守事는 직명, 下部는 출신부명, 大兄은 관등명, △△는 인명이다.

지금까지의 인명 분석을 토대로 충주비의 인명을 표로서 제시하면 다음의 〈표 1〉과 같다.

〈표 1〉 충주비의 인명 분석표

職名	出身部名	官等名	人名
		(寐錦)	忌
		(太子)	共
	前部	太使者	多于桓奴
	위와 같음	主簿	貴德
新羅土內幢主	下部	拔位使者	補奴
		(古鄒加)	共
古牟婁城守事	下部	大兄	△△

사람을 낮은 사람보다 먼저 적고 있다.

21) 이병도, 앞의 논문, 1979, 23쪽. 그런데 이호영,「中原高句麗碑 題額의 신독」『사학지』13, 1979, 97쪽에서는 盖盧를 고구려의 使人官吏로 보고 있다.

22) 임창순, 앞의 논문, 1979, 57쪽.

23) 이병도, 앞의 논문, 1979에서만 供자로 읽고, 다른 선학들(임창순, 황수영, 武田幸男, 田中俊明 등)은 共자로 읽고 있다.

24) 김영하·한상준, 앞의 논문, 1983, 41쪽.

〈표 1〉을 통해 고구려 금석문의 인명 표기에 대해 알아보자. 고구려 금석문의 인명 표기는 직명·부명·관등명·인명의 순서로 기재된다. 그 가운데에서 생략될 수 있는 것은 직명과 부명이다. 〈표 1〉에 보이는 인명 표기는 신라의 봉평비·적성비·창녕비·북한산비·마운령비·황초령비 등에서와 같이 계속되는 인명의 나열이 아니기 때문에 규칙성을 찾기 어렵다. 신라의 경우 적성비에서 인명 표기의 규칙을 지키고 있으나 적성비 중간 부분의 인명 표기는 그렇지 않다.[25] 충주비와 비슷하게 문자의 가운데에 인명이 있다. 충주비와 적성비의 중간 부분에서 인명 표기가 같은 점을 근거로 고구려 금석문의 인명 표기를 복원해 보자. '고구려 금석문의 인명 표기는 직명·부명·관등명·인명의 순서로 기재되며, 직명과 부명은 생략될 수 있으나 부명은 동일한 직명 안에서 같을 때 생략된다.'가 될 것이다. 바꾸어 말하면 충주비의 인명 표기는 신라의 적성비식 인명 표기와[26] 같은 것이 된다. 고구려와 신라 금석문의 인명 표기에서 관등명과 인명의 순서가 틀린다. 고구려의 경우 관등명이 인명의 앞에 적히나 신라의 경우 인명이 관등명 앞에 적힌다.

III. 전면의 해석

지금까지 살펴본 인명 분석과 후술할 건비 연대가 458년경인 점 등을 근거로 충주비의 전면을 해석해 보자. 제1단락은 처음부터 제②행의 守天東來之까지이다. 제2단락은 제②행의 寐錦忌부터 제③행의 到至跪營까지이다. 제3단락은 제③행의 大太子共부터 제⑤행의 賜之隨去諸△△까지이다. 제4단락은 제⑤행의 奴客人△부터 제⑤행의 上下衣服教

---

25) 손영종, 앞의 논문, 1985, 31쪽에서는 좌측면 제⑥행의 12~15번째 글자를 (沙)斯色智로 읽어서 신라·가야 출신의 인명으로 보고 있다. 이 부분의 전후에 관등명이 없기 때문에 인명으로 보기 힘들다.

26) 김창호, 「신라중고 금석문의 인명 표기(1)」, 『대구사학』22, 1983, 15~16쪽에서는 '적성비의 인명 표기는 직명·부명·인명·관등명의 순설로 기재되며, 동일 부분이 중복될 때 생략되는 것은 직명과 부명뿐이다. 직명은 같은 것이 중복될 때 모두 생략된다. 부명은 같은 직명 안에서 동일한 경우에 한하여 생략된다.'고 하였다. 이를 김창호, 「단양 적성비문의 구성」 『가야통신』11·12, 1985, 18쪽에서 적성비식 인명 표기라고 부른 바 있다.

까지이다. 제5단락은 제⑤·⑥행의 東夷寐錦으로부터 제⑥행의 寐錦土內
諸衆人까지이다. 제6단락은 제⑥행의 △支告大王國土부터 제⑦행의 兼
受教跪營之까지이다. 제7단락은 제⑦행의 十二月卄三日甲寅부터 제⑧행
의 于伐城教來까지이다. 제8단락은 제⑧행의 前部太使者多于桓奴부터
제⑨행의 △募人三百까지이다. 제9단락은 제⑨행의 新羅土內幢主부터
끝까지이다.

제1단락을 해석하기에 앞서서 전면 서두에 나오는 五月中에 대해
살펴보자. 이렇게 月자 다음에 中자가 나오는 예를 고구려와 신라 금
석문 자료에서 뽑아서 제시하면 다음과 같다.[27]

> ○△壽元年太歲在辛
> 　三月△太王教造合杅
> 　三斤 (銀盒 外底)
> ○延壽元年太歲在卯三月中
> 　太王教造合杅三斤六兩 (銀盒 內側)
> 　　　　　　　　　　　(451년, 서봉총 은합 명문)
> ○丙戌十二月中………
> 　　　　　　　　　　　(506년, 평양성 석각)
> ○△△△△月中王教事………
> 　　　　　　　　　(545년이나 그 직전, 단양적성비)
> ○乙丑年九月中………
> 　　　　　　　　　(545년, 울주 천전리서석 을축명)

위 금석문에 나오는 中자를 『日本書紀』에서 中을 nakanotowoka
(가운데 열흘)라고 읽는 古訓에 근거하여 中旬으로 해석하거나 曆法上
24절기의 中·節 가운데 中氣로 보거나 處格 표시의 조사로 우리말 '~
에'에 해당되는 것으로 이해하여 왔다.[28] 그런데 순흥 벽화 고분에서

---

27) 月다음에 나오는 中자는 처격 조사로 '~에'란 뜻이다. 백제 금석문에서는 그러한 예가 없
　　다. 이는 이두로 몇 가지 안 되는 예 가운데 하나이다.
28) 김창호, 「임신서기석 제작의 연대와 계층」『가야통신』10, 1984, 10쪽.

己未中墓像人名/△△………라는 2행의 명문이 발견되었다.29) 이 자료에서는 지금까지의 예들과는 달리 年干支인 己未 다음에 中자가 있다. 年干支 다음에 나오는 中자에 中氣說과 中旬說을 적용할 수 없다. 따라서 月자 다음의 中자에도 中旬說이나 中氣說을 적용하는 것은 재고되어야 할 것이다. 앞으로 돌아가 제1단락을 해석하기 위해 관계 전문부터 제시해 보자. 五月中高麗太王祖王公△新羅寐錦世世爲願如兄如弟上下相知守天東來之를 해석하면 '五月에 高麗太王의 祖王公과 新羅寐錦은 世世토록 兄弟가 되기를 원하여 上下가 서로 守天을 알아서 동쪽으로 왔다.'가 된다.

제2단락을 해석해 보자. 寐錦忌太子共前部太使者多于桓奴主簿貴德句△去△△到至跪營은 '寐錦 忌, 太子 共, 前部 太使者 多于桓奴, 主簿 貴德이 △去△△하여 跪營에 이르렀다.'가 된다.

제3단락을 해석해 보자. 大太子共諸向壁上共看節賜太霍鄒教食在東夷寐錦之衣服建立處用者賜之隨去諸△△는 '大太子共이 여러 向壁上과 함께 때에 太霍鄒를 내려, 教食을 東夷寐錦之衣服이 있는 建立한 곳에서 쓰는 사람에게 주고, 隨去諸△△했다.'가 된다.

제4단락을 해석해 보자. 奴客人△教諸位賜上下衣服教는 '奴客人△은30) 여러 관리에게 上下 衣服을 주는 教를 내렸다.'가 된다.

제5단락을 해석해 보자. 東夷寐錦遲還來節教賜寐錦土內諸衆人은 '東夷寐錦이 늦게 돌아와 때에 寐錦土內諸衆人에게 教를 내렸다.'가 된다.

제6단락을 해석해 보자. △支告太王國土大位諸位上下衣服兼受教跪營之는 '△支는 太王에게 고하여 國土의 大位와 諸位에게 上下의 衣服과 跪營에서 受教했다.'가 된다.

제7단락을 해석해 보자. 十二月廿三日甲寅東夷寐錦上下至于伐城教來는 '12월 23일 甲寅에 東夷寐錦의 上下가 于伐城에 이르러 教來했다.'가 된다. 于伐城의 위치는 (于)伐城으로 해석하여 徐羅伐(경주)로 해석한 견해가 있고,31) 『삼국사기』권35, 지리지에 鄒豊縣 本高句麗伊伐支

---

29) 문화재관리국 문화재연구소,『순흥읍내리벽화고분』, 1986.
30) 奴客은 광개토태왕비와 모두루총 묘지명에도 나온다. 이는 신하란 뜻이다.
31) 이병도, 앞의 논문, 1979, 25쪽. 신하라는 뜻이다.

縣에 근거하여 순흥 지방으로 본 견해가 있다.[32) 東夷寐錦上下至于伐
城란 구절로 보면 충주의 어디엔가에 우벌성이 있는 듯하다.

제8단락을 해석해 보자. 前部太使者多于桓奴主簿貴德△土境△募人三
百은 '前部 太使者 多于桓奴와 主簿 貴德이 고구려내에서 300인을 모
집했다.'가 된다.

제9단락을 해석해 보자. 新羅土內幢主下部拔位使者補奴△流奴扶△△
△盖盧共△募人新羅土內衆人先動奪△는 '新羅土內幢主 下部 拔位使者 補
奴가 ……하여 盖盧와 함께 사람을 모집하여 新羅土內衆人이 먼저 움
직여 ……를 빼앗았다.'가 된다.

Ⅳ. 건비의 연대

지금까지 충주비를 연구하는데 있어서 가장 많이 논의되어 온 부분
은 비문 자체의 건립 연대이다. 우선 선학들의 견해부터 일별해 보기
로 하자. 충주비의 제액을 建興四年으로 읽고, 전면의 盖盧를 백제 盖
鹵王으로 보아서 충주비의 건립 연대를 문자왕 초기로 본 견해가 있
다.[33) 충주비의 제액은 없을 가능성이 크고, 盖盧는 백제 개로왕이 아
니라 고구려의 관료의 인명일 가능성이 큰 점이 문제이다.

다음으로 전면의 十二月廿三日甲寅을 『三正綜覽』에서 찾고, 年干支인
辛酉와의 비교에 의해 충주비의 건립 연대를 481년으로 본 견해가 있
다.[34) 辛酉는 좌측면 제⑤행에 있는 바 그 글자의 크기가 크다. 이에
뒤어서 東夷寐錦이 나온다. 충주비에 7번이나 나오는 寐錦은 전부 동
일인이다. 인명 표기는 寐錦忌밖에 없다. 寐錦忌는 訥祗麻立干으로 그
는 458년에 죽어서 辛酉로 읽어서 481년으로 보면 문제가 생긴다.

그 다음으로 전면의 十二月廿三日甲寅을 『三正綜覽』에서 찾을 때
449년인 점, 『三國史記』권3, 신라본기, 눌지왕 34년조에 修好至歡也라
고 한 점, 東夷란 칭호가 장수왕 때 魏에서 都督遼海諸軍事征冬將軍領

---

32) 손영종, 앞의 논문, 1985, 30쪽.
33) 이병도, 앞의 논문, 1979, 24쪽.
34) 변태섭, 앞의 논문, 1979, 49~51

112

軍領護東夷中郞將遙東軍開國公高句麗王의 冊命이 있었던 이후에 쓰인 어귀인 점을 근거로 충주비의 건립 연대를 장수왕37년(449년)으로 본 견해가 있다.35)

그 다음으로 비문의 제액을 △熙七年歲辛△△로 읽어서 다른 고구려 금석문과의 비교에 의해 건비 연대를 481년으로 본 견해가 있다.36) △熙七年歲辛△△를 481년으로 본다면 전면 제①행의 五月도 481년이 되고, 전면 제⑦행의 十二月卅三日甲寅도 481년이 되어야 한다. 十二月卅三日甲寅에 있어서 三日을 五자나 二자로 읽어도 481년이 되는 해를 『二十史朔閏表』에서는 찾을 수 없는 점이 문제이다.37)

그 다음으로 전면의 十二月卅三日甲寅을 403년, 辛酉年을 421년으로 각각 풀이하여 건비 연대를 421년경으로 본 견해가 있다.38) 403년은 광개토태왕13년이고, 421년은 장수왕9년이다. 403년으로 볼 경우에는 전면에 나오는 五月과 十二月卅三日甲寅은 모두 광개토태왕13년이 되고, 전면의 太子도 광개토태왕의 태자가 된다. 『三國史記』권18, 고구려본기, 광개토왕18년조에 나오는 十八年(필자 주, 408년)夏四月立王子巨連爲太子란 구절에 근거하면 광개토태왕은 408년에 태자를 세운 것이 되어 앞선 추정과 어긋난다.

그 다음으로 전면에 나오는 太子共과 좌측면의 古鄒加共을 동일인으로 보아서 건비 연대를 추정한 견해가 있다.39) 비문 자체에서 얻은 太子共=古鄒加共이란 사실을 『三國史記』에 나오는 長壽王子인 古雛大加助多와 연결시켜서, 전면의 十二月卅三日甲寅을 449년, 좌측면의 辛酉를 481년으로 추정하였다.

그 다음으로 충주비의 인명 분석과 寐錦에 근거한 견해가 나왔다.40) 비문의 인명 분석에 근거하여 十二月卅三日甲寅을 449년, 辛酉를 481년으로 보면 전면 제①·②·④·⑥(두 번)·⑧행과 좌측면의 제⑤행

---

35) 임창순, 앞의 논문, 1979, 56~57쪽.
36) 이호영, 앞의 논문, 1979, 98~103쪽.
37) 김영하·한상준, 앞의 논문, 1983, 35쪽.
38) 木下禮仁, 앞의 논문, 1981, 119쪽.
39) 김영하·한상준, 앞의 논문, 1983, 41~42쪽.
40) 김창호, 앞의 논문, 1987.

에 각각 7번의 寐錦이 문제이다.[41] 寐錦은 訥祇麻立干(417~458년)·慈悲麻立干(458~479년)·炤知麻立干(479~500년) 모두에 해당된다.『三國史記』에 근거할 때, (19)訥祇麻立干, (20)慈悲麻立干, (21)炤知麻立干의 계보가 되어 3대의 왕에 걸쳐서 있는 사실이 되고 만다. 7번의 寐錦 가운데에서 인명 표기는 寐錦忌라고 한 번밖에 나오지 않는다. 또 좌측면의 辛酉의 辛자는 그 글자 자체의 크기가 다른 글자들보다 월등히 커서 辛자가 아닐 가능성이 크다. 이렇게 보면 건비 연대는 458년경이 된다.

마지막으로 고구려의 태자 임명 사실을 근거로 전면 제⑦행의 十二月卄三日甲寅을 403년으로 보고서『三國史記』권18, 고구려본기, 광개토왕18년조에 나오는 十八年(필자 주, 408년)夏四月 立王子巨連爲太子의 구절과 관련지어 충주비의 건비 연대를 403년 또는 408년으로 본 견해가 있다.[42] 여기에서는 太子共=古鄒加共의 설에서 벗어나기 위해 좌측면 제⑥행의 古鄒加를 읽지 않고 있다.

지금까지 선학들에 의해 제시된 충주비의 건비 연대에 대한 견해를 일별하였다. 충주비의 건립 연대를 선학들의 가설을 발판으로 검토해 보기로 하자.

충주비가 고구려 시대에 작성되었음을 의심하는 가설을 지금까지 어느 누구에 의해서도 제기가 된 바가 없다. 충주비는 고구려 시대에 만들어진 비석이다.

충주비의 건비 연대의 단서로 7번이나 나오는 寐錦이 있다. 이 寐錦을 종래에는 尼師今과 동일한 것으로 보아 왔다.[43] 충주비의 발견이후에 비로소 麻立干과 동일하다는 견해가 제기되었고,[44] 524년 울진봉

---

41) 寐錦을 麻立干과 동일한 것으로 본 것은 충주비의 발견이후이다. 이병도, 앞의 논문, 1979, 25쪽 참조. 그런데 김정배,「中原高句麗碑에 대한 몇 가지 문제점」『사학지』13, 1979, 87쪽에서는 '흔히 寐錦을 마립간의 이칭으로 보거니와 ……'라고 하고 있다. 寐錦을 尼師今과 동일한 것으로 보아 왔다. 이에 대해서는 今西龍,『新羅史硏究』,1933, 43~44쪽 참조

42) 木村誠, 앞의 논문, 1997.

43) 今西龍, 앞의 책, 1933, 43~44쪽.

44) 이병도, 앞의 논문, 1979, 25쪽.

평비에서 신라의 법흥왕이 牟卽智寐錦王으로 불리고 있어서 寐錦이 麻立干과 동일함은 의심할 수 없게 되었다. 麻立干이란 왕호의 사용은 『삼국사기』에서는 訥祗麻立干에서 智證麻立干까지로 되어 있고, 『삼국유사』에서는 奈勿麻立干에서 智證麻立干까지로 되어 있다. 현재 학계에서는 후자를 취하고 있다.[45] 울진봉평비의 예까지 추가하면 신라에서 麻立干이란 왕호는 奈勿麻立干에서 법흥왕까지로 볼 수가 있다. 결국 신라에 있어서 麻立干의 사용 시기는 내물마립간의 즉위해인 356년에서 봉평비의 건비 연대인 524년을 벗어날 수 없다.

그런데 충주비에 있어서 7번이나 나오는 寐錦의 인명 표기는 寐錦忌의 단 한 예밖에 없다. 충주비에 나오는 寐錦이 동일인이 아니라면 더 많은 인명 표기가 나와야 함에도 불구하고 단 1예에 한하여 인명 표기가 기록되는 것은 충주비의 寐錦이 전부 동일인이기 때문으로 판단된다. 그러면 寐錦忌가 누구인지 궁금하다. 奈勿·實聖·訥祗·慈悲·炤知·智證·法興의 7명 麻立干 가운데에서 유력한 후보자는 訥祗王이다. 訥祗의 祗자는 현재에도 지자 또는 기자로 읽고 있기 때문이다. 寐錦忌=訥祗라면 訥祗麻立干의 재위 기간인 417~458년 사이가 충주비의 건립 시기가 될 수밖에 없다.

충주비에서 太子共=古鄒加共이란 견해가 제기되고 있다.[46] 여기에서는 『삼국사기』에 있어서 국왕의 왕자로서 古鄒加를 낸 왕은 장수왕의 태자인 古雛大加助多밖에 없어서 太子共=古鄒加共=古雛大加助多가 되고, 충주비는 장수왕의 재위 기간인 412~491년 사이에 건립된 것이다. 訥祗麻立干의 재위 기간이 여기에 포함되므로 458년경을 충주비의 건립 시기로 볼 수가 있다. 전면 제⑦행의 十二月廿三日甲寅를 『二十史朔閏表』에서 찾으면 449년이 된다. 이 연대보다는 비의 건립이 늦어야 한다.[47]

45) 김재원·이병도, 『한국사』-고대편-, 1959, 398쪽.
46) 김영하·한상준, 앞의 논문, 1983.
47) 충주비는 太子共=古鄒加共의 추모비이다.

V. 맺음말

충주비에 있어서 전면의 寐錦忌太子共前部太使者多于桓奴主簿貴德은 고구려 금석문에서 가장 많은 인명이 나열되어 있다. 이는 寐錦 忌, 太子 共, 前部 太使者 多于桓奴, 主簿 貴德으로 나눌 수가 있는 4명의 인명 표기이다. 전면 新羅土內幢主 下部 拔位使者 補奴와 古牟婁城守事 下部 大兄 △△은 전형적인 고구려 금석문의 인명 표기이다. 고구려 금석문의 인명 표기는 직명+부명+관등명+인명의 순서로 기재되며, 직명과 부명은 앞사람과 같을 경우 생략된다.

건비 연대에 대해서는 광개토왕13년(403) 또는 광개토왕18년(408), 장수왕9년(421), 장수왕37년(449), 장수왕69년(481), 문자왕 초년경 (492) 등이 있어 왔다. 그 가운데에서 가장 설득력이 있는 가설은 太子共을 분석하여, 이를 장수왕의 태자인 古雛大加助多와 동일인으로 추정한 가설이다. 여기에서는 十二月廿三日甲寅을 449년으로, 좌측면의 辛酉를 481년으로 각각 보았다. 충주비에서 7번씩이나 나오는 寐錦은 인명 표기가 寐錦忌라고 한 번밖에 안 나온다. 寐錦은 전부 동일인이다. 따라서 충주비의 건립 연대는 458년경으로 볼 수밖에 없다.

제8절. 집안고구려비에 대하여

Ⅰ. 머리말

집안고구려비는 2012년 7월 29일 중국 집안시 麻線鄕의 주민 馬紹彬에 의해 발견되었다. 이튿날 오전 비석의 발견 경위가 집안문물국에 신고되었다. 이에 집안문물국은 전문가를 현장에 파견하여 조사를 진행하였다. 8월 14일 비석의 탁본 작업을 진행하였고, 이를 토대로 고구려 시기 비석이라는 초보적인 결론을 내렸다.

집안고구려비는 분황색 화강암 석재로 만들어졌는데, 비신은 장방형이며, 머리 부분은 圭形이다. 비의 우측 상단 부분은 파손되었으며, 비신의 하단이 상단보다 넓고 두껍다. 하단 중간에 촉이 있는 것으로 미루어 원래는 비좌가 있었을 것으로 추정되나 현재까지 발견되지 않았다. 현재 비석의 높이는 175cm이고, 너비는 60.6~66.5cm이고, 두께는 12.5~25cm이다. 하단부 촉의 높이는 15~19.5cm이고, 너비는 42cm이고, 두께는 21cm이다. 비석의 무게는 464.5kg이다. 비석의 정면과 후면에 모두 글자가 확인되었다.[1] 글자는 한자로 예서체이다.

여기에서는 먼저 비문의 판독을 문제가 되는 글자를 중심으로 살펴보고, 다음으로 비문의 단락과 내용을 살펴보겠으며, 그 다음으로 비의 건비 연대와 비의 성격을 살펴보겠으며, 마지막으로 집안비와 관련된 고구려와 백제의 왕릉 비정 문제를 살펴보고자 한다.

---

[1] 집안고구려비의 발견 경위와 소개 등은 이영호, 「집안고구려비의 발견과 소개」, 『한국고대사연구』69, 2013에 자세히 소개되어 있다.

Ⅱ. 비문의 판독

여기에서는 문제시되는 글자를 중심으로 비문의 판독을 살펴보고자
한다.

제①행에서 1~4번째 글자를 惟太王之로 복원한 견해도[2] 있으나 여
기에서는 따르지 않고, 모르는 글자들로 본다.

제②행에서 1~3번째 글자는 모두루총의 묵서명에 의해 日月之로 복
원한다. 11번째 글자는 祐자, 祚자, 於자 등으로 읽고 있으나,[3] 여기
에서는 자형에 따라 祐자로[4] 읽는다. 12번째 글자는 護자나 甄자로
읽고 있으나,[5] 여기에서는 자획에 따라[6] 護자로 읽는다. 13번째 글자
는 蔽 또는 葭자로 읽고 있으나,[7] 여기에서는 자형에 따라[8] 蔽자로
읽는다. 14번째 글자는 蔭자, 熊자, 態자로 읽고 있으나,[9] 여기에서는
자형에 따라[10] 蔭자로 읽는다.

제③행에서 各자 또는 宏자로 읽고 있으나,[11] 여기에서는 자형에
따라[12] 各자로 읽는다. 6번째 글자는 家자, 墓자, 定자로 읽고 있으
나[13] 여기에서는 자형에 따라[14] 家자로 읽는다. 10번째 글자는 此자
또는 安자로 읽고 있으나[15] 여기에서는 자형에 따라[16] 此자로 읽는
다. 18번째 글자는 而자 또는 萬자로 읽고 있으나,[17] 여기에서는 자

---

2) 耿鐵華,「集安高句麗碑考」『通化師範學院學報』2013-3, 2013.
3) 윤용구,「집안고구려비의 탁본과 판독」『한국고대사연구』, 70, 2013, 29쪽.
4) 한국고대사학회,『한국고대사연구』, 70, 2013, 권두 도판 사진.
5) 윤용구, 앞의 논문, 2013, 29쪽.
6) 한국고대사학회, 앞의 책, 2013, 권두 도판 사진.
7) 윤용구, 앞의 논문, 2013, 29쪽.
8) 한국고대사학회, 앞의 책, 2013, 권두 도판 사진.
9) 윤용구, 앞의 논문, 2013, 29쪽.
10) 한국고대사학회, 앞의 책, 2013, 권두 도판 사진.
11) 윤용구, 앞의 논문, 2013, 29쪽.
12) 한국고대사학회, 앞의 책, 2013, 권두 도판 사진.
13) 윤용구, 앞의 논문, 2013, 29쪽.
14) 한국고대사학회, 앞의 책, 2013, 권두 도판 사진.
15) 윤용구, 앞의 논문, 2013, 29쪽.
16) 한국고대사학회, 앞의 책, 2013, 권두 도판 사진.
17) 윤용구, 앞의 논문, 2013, 29쪽.

형에 따라18) 而자로 읽는다. 19번째 글자는 丗자, 其자, 与자로 읽고 있으나19) 여기에서는 자형에 따라20) 丗자로 읽는다. 20번째 글자는 備자 또는 悠자로 읽어 왔으나21) 여기에서는 자형에 따라22) 悠자로 읽는다. 22번째 글자는 烱자 또는 想자로 읽고 있으나23) 여기에서는 자형에 따라24) 烱자로 읽는다.

제④행에서 10번째 글자는 衰자 또는 勢자로 읽고 있으나25) 여기에서는 자형에 따라26) 衰자로 읽는다. 11번째 글자는 富자, 當자, 露자로 읽어 왔으나,27) 여기에서는 자형에 따라28) 當자로 읽는다. 16번째 글자는 數자 또는 雖자로 읽어 왔으나29) 여기에서는 자형에 따라30) 數자로 읽는다.

제⑤행에서 6번째 글자는 王자 또는 主자로 읽고 있으나,31) 여기에서는 자형에 따라32) 王자로 읽는다. 15번째 글자는 太자, 元자, 六자로 읽고 있으나,33) 여기에서는 자형에 따라34) 太자로 읽는다. 18번째 글자는 寧자, 亡자, 七자로 읽는 가설이 있으나,35) 여기에서는 자형에 따라36) 亡자로 읽는다. 19번째 글자는 乘자, 喪자, 求자, 衣자로 읽는 견해가 있으나,37) 여기에서는 모르는 글자로 본다. 20번째 글자는 興

---

18) 한국고대사학회, 앞의 책, 2013, 권두 도판 사진.
19) 윤용구, 앞의 논문, 2013, 29쪽.
20) 한국고대사학회, 앞의 책, 2013, 권두 도판 사진.
21) 윤용구, 앞의 논문, 2013, 29쪽.
22) 한국고대사학회, 앞의 책, 2013, 권두 도판 사진.
23) 윤용구, 앞의 논문, 2013, 29쪽.
24) 한국고대사학회, 앞의 책, 2013, 권두 도판 사진.
25) 윤용구, 앞의 논문, 2013, 29쪽.
26) 한국고대사학회, 앞의 책, 2013, 권두 도판 사진.
27) 윤용구, 앞의 논문, 2013, 29쪽.
28) 한국고대사학회, 앞의 책, 2013, 권두 도판 사진.
29) 윤용구, 앞의 논문, 2013, 29쪽.
30) 한국고대사학회, 앞의 책, 2013, 권두 도판 사진.
31) 윤용구, 앞의 논문, 2013, 29쪽.
32) 한국고대사학회, 앞의 책, 2013, 권두 도판 사진.
33) 윤용구, 앞의 논문, 2013, 29쪽.
34) 한국고대사학회, 앞의 책, 2013, 권두 도판 사진.
35) 윤용구, 앞의 논문, 2013, 29쪽.
36) 한국고대사학회, 앞의 책, 2013, 권두 도판 사진.

자 또는 與자로 읽고 있으나,38) 자형을 볼 때39) 與의 이체인 与와 비슷하게 적힌 점에 의해 與자로 읽는다.

제⑥행에서 1번째 글자는 廟자, 南자, 祠자로 읽어 왔으나,40) 여기에서는 자형에 따라41) 廟자로 읽는다. 15번째 글자는 悠자 또는 熱자로 읽어 왔으나,42) 여기에서는 자형에 따라43) 悠자로 읽는다.

제⑦행에서 후술하는 근거에 의거하여 2번째 글자를 明자로 복원한다. 3번째 글자도 후술하는 이유에 근거해 治자를 복원한다. 5번째 글자는 太자 또는 卯자로 읽고 있으나,44) 여기에서는 자형에 따라45) 太자로 읽는다. 6번째 글자는 聖자 또는 太자로 읽고 있으나,46) 여기에서는 자형에 따라47) 聖자로 읽는다. 7번째 글자는 王자 또는 刊자로 읽고 있으나,48) 여기에서는 자형에 따라49) 王자로 읽는다. 8번째 글자는 日자, 因자, 囚자, 石자로 읽고 있으나,50) 여기에서는 자형에 따라51) 曰자로 읽는다. 11번째 글자는 후술하는 바와 같은 이유에서 申자로 추독한다. 18번째 글자는 其자 또는 更자로 읽고 있으나,52) 여기에서는 자형에 따라53) 更자로 읽는다.

제⑧행에서 1~4번째 글자에 先王墓上을54) 복원한 견해에 따른다.55)

---

37) 윤용구, 앞의 논문, 2013, 29쪽.
38) 윤용구, 앞의 논문, 2013, 29쪽.
39) 한국고대사학회, 앞의 책, 2013, 권두 도판 사진.
40) 윤용구, 앞의 논문, 2013, 29쪽.
41) 한국고대사학회, 앞의 책, 2013, 권두 도판 사진.
42) 윤용구, 앞의 논문, 2013, 29쪽.
43) 한국고대사학회, 앞의 책, 2013, 권두 도판 사진.
44) 윤용구, 앞의 논문, 2013, 29쪽.
45) 한국고대사학회, 앞의 책, 2013, 권두 도판 사진.
46) 윤용구, 앞의 논문, 2013, 29쪽.
47) 한국고대사학회, 앞의 책, 2013, 권두 도판 사진.
48) 윤용구, 앞의 논문, 2013, 29쪽.
49) 한국고대사학회, 앞의 책, 2013, 권두 도판 사진.
50) 윤용구, 앞의 논문, 2013, 29쪽.
51) 한국고대사학회, 앞의 책, 2013, 권두 도판 사진.
52) 윤용구, 앞의 논문, 2013, 29쪽.
53) 한국고대사학회, 앞의 책, 2013, 권두 도판 사진.
54) 先王은 광개토태왕비에서는 父王인 故國壤王을 가리키고, 祖王은 이미 죽은 歷代 王들을 가리키고 있다. 先祖라 할 때에도 先의 의미는 앞선 조상을 의미하므로 여기에서는 先王墓

15번째 글자는 以자, 垂자, 銘자로 읽고 있으나,[56] 여기에서는 자형에 따라[57] 以자로 읽는다.

제⑨행에서 8번째 글자는 自자 또는 買자로 읽고 있으나,[58] 여기에서는 자형에 따라[59] 買자로 읽는다. 11번째 글자는 轉자 또는 擅자로 읽고 있으나,[60] 여기에서는 자형에 따라[61] 擅자로 읽는다.

제⑩행에서 2번째 글자는 如자, 其자, 若자, 成자로 읽어 왔으나,[62] 여기에서는 모르는 글자로 본다. 8번째 글자는 世자 또는 立자로 읽고 있으나,[63] 여기에서는 자형에 따라[64] 世자로 읽는다.

이상의 판독 결과를 제시하면 다음과 같다.[65]

⑩	⑨	⑧	⑦	⑥	⑤	④	③	②	①	
賣	守	(先)	△	廟	△	△	△	(日)	△	1
△	墓	(王)	(明)	△	△	△	△	(月)	△	2
有	之	(墓)	(治)	△	△	△	△	(之)	△	3
違	民	(上)	好	△	△	△	△	子	△	4
令	不	立	太	神	△	烟	各	河	世	5
者	得	碑	聖	室	王	戶	家	伯	必	6
後	擅	銘	王	追	國	△	烟	之	授	7

上이라 복원해도 좋다고 판단하고, 이에 따른다.

55) 윤용구, 앞의 논문, 2013, 29쪽.
    여호규, 「신발견 집안고구려비의 구성과 내용의 고찰」『한국고대사연구』70, 2013, 72쪽.
56) 윤용구, 앞의 논문, 2013, 29쪽.
57) 한국고대사학회, 앞의 책, 2013, 권두 도판 사진.
58) 윤용구, 앞의 논문, 2013, 29쪽.
59) 한국고대사학회, 앞의 책, 2013, 권두 도판 사진.
60) 윤용구, 앞의 논문, 2013, 29쪽.
61) 한국고대사학회, 앞의 책, 2013, 권두 도판 사진.
62) 윤용구, 앞의 논문, 2013, 29쪽.
63) 윤용구, 앞의 논문, 2013, 29쪽.
64) 한국고대사학회, 앞의 책, 2013, 권두 도판 사진.
65) 이상이 전면의 내용이고, 후면의 내용이 일부 알려지고 있는 바, 이를 소개하면 다음과 같다. 후면 중간 행에 △△國烟△守墓烟戶合卅家石工四烟戶頭六人이 있고, 좌측 하단부에서 國六人이 판독되었다고 한다. 이는 △△國烟△, 守墓烟戶의 합이 卅家, 石工四, 烟戶頭六人으로 해석되며, 국연과 연호두가 나와서 주목된다. 이러한 후면 석독 내용은 후면에 연호두의 인명 표기가 나오지 않았음을 나타내 주는 중요한 자료로 판단된다. 연호두의 인명 표기가 나오는 비석은 전면의 내용에서 볼 때 후술할 20기의 왕릉에 각각 세웠으므로 앞으로 발견될 가능성이 크다.

世	買	其	日	述	罡	劣	戶	孫	天	8
繼	更	烟	自	先	上	甚	以	神	道	9
嗣	相	戶	戊	聖	太	衰	此	靈	自	10
守	擅	頭	(申)	功	王	富	河	祐	承	11
墓	賣	卄	定	勳	國	足	流	護	元	12
看	雖	人	律	弥	平	者	四	蔽	王	13
其	富	名	教	高	安	轉	時	蔭	始	14
碑	足	以	言	悠	太	賣	祭	開	祖	15
文	之	示	發	熱	王	數	社	國	鄒	16
与	者	後	令	繼	神	衆	然	辟	牟	17
其	亦	世	更	古	亡	守	而	土	王	18
罪	不	自	修	人	△	墓	世	繼	之	19
過	得	今	復	之	興	者	悠	胤	創	20
	其	以	各	慷	東	以	長	相	基	21
	買	後	於	慨	西	銘	烟	承	也	22

Ⅲ. 비문의 단락과 내용

비문을 그 내용에 근거하여 3단락으로 나눈 견해가 있다.[66] 여기에서는 제①행과 제②행을 A단락으로 보아서 이를 다시 3개의 문단으로 나누었다. 제③행~제⑥행을 BⅠ으로 보아서 이를 다시 3개의 문단으로 나누었다. BⅡ는 제⑦행~제⑩행으로 보고서 이를 다시 3개의 문단으로 나누었다.

비문을 내용에 근거하여 2단락으로 나눈 견해가 있다.[67] 여기에서는 제①행~제④행까지를 Ⅰ단락으로, 제⑤행~제⑩행까지를 Ⅱ단락으로 보았다. Ⅰ단락에는 비석을 세우게 된 연유, 고구려 元王의 전설, 시조 추모왕의 건국, 후손에 의한 계승, 수묘 제도 등이 적혀 있고, Ⅱ단락에는 광개토태왕에 대한 공훈 추술, 수묘 제도 등이 적혀 있다고 해석했다.

3단락으로 나눈 견해가 있다.[68] 여기에서는 제①행에서 제③행四時

---

66) 여호규, 앞의 논문, 2013, 77쪽.
67) 孫仁杰,「집안고구려비의 판독과 문자 비교」『한국고대사연구』70, 2013, 227쪽.
68) 이성제,「집안고구려비로 본 수묘제」『한국고대사연구』70, 2013, 193쪽.

祭社까지를 a단락으로, 제③행의 然而世悠長부터 제⑥행의 끝까지를 b
단락으로, 제⑦행부터 제⑩행의 끝까지를 c단락으로 보았다.

이제 설명의 편의를 위해 a단락을 끊어서 제시하면 제①행의 처음
부터 제②행의 끝까지로 이를 제시하면 다음과 같다.

      △△△△△世 必授天道 自承元王 始祖鄒牟王之創基也 (日月之)子 河伯之孫
神靈祐護蔽蔭 開國辟土 繼胤相承

必授天道에서 天道는 유교적인 왕도 정치의 천도로, 天命 개념의 발
상이며, 董仲舒의 君權神授 신앙이 반영된 것이다. 元王에 대해서는[69]
첫째로 『삼국지』, 위서, 동이전, 고구려조에 나오는 계루부에 앞서서 소
노부에서 왕이 나왔다는 점에서 소노부를 원왕으로 보고 있다. 소노부
의 왕으로 보이는 추모왕이 이 집안고구려비에서 나오고 있어서 성립
될 수가 없다. 둘째로 고구려의 건국과 간접적으로 연관이 있는 시조
묘 신앙을 지칭할 수 있다는 점을 들고 있다. 그러나 광개토태왕비에
시조 추모왕에 뒤이어 왕이 된 자의 세계가 나와서 따르기 어렵다. 셋
째로 광개토태왕비문에 나오는 天帝를 원왕으로 볼 수 있다고 하였다.
천제는 하느님으로 원왕보다 상위에 있어서 따르기 어렵다. 넷째로 광
개토태왕비에서 시조 추모왕의 출자를 北扶餘라고 밝히고 있는 바, 그
가능성이 있다고 사료된다.

a단락을 해석하여 이를 제시하면 다음과 같다.

△△△△世 반드시 天道를 내려 주시니, 스스로 원왕을 계승하여, 始
祖 鄒牟王이 나라를 창업한 기틀이다. (日月之)子, 河伯之孫으로서 神靈
의 보호와 도움을 받아 나라를 건국하고, 강토를 개척하였다. 後嗣로
이어서 서로 계승하였다.

b단락은 제③행의 처음부터 제⑦행의 1번째 글자까지로 이를 설명
의 편의를 위해 적기하면 다음과 같다.

---

69) 조우연, 「집안고구려비에 나타난 왕릉제사와 조상인식」『한국고대사연구』70, 2013,
    168~169쪽.

△△△△各家烟戶 以此河流 四時祭社 然而世悠長 烟△△△△烟戶△ 劣
甚衰 富足者轉賣數 衆守墓以銘△△ △△△王 國罡上太王 國平安太王 神
亡△ 興東西廟△△△神室 追述先聖功勳 弥高悠烈 古人之慷慨△

먼저 四時祭社에 대해 살펴볼 차례가 되었다. 중국 漢代에는 영혼불
멸관념이 보편적으로 신봉되고 있었는데, 事死如事生이라 하여,[70] 사
시제사는 그 대상을 조상에만 해당되고, 춘, 하, 추, 동의 제사를 각각
礿(祠), 禘(礿), 嘗, 烝이라 하였다. 이 사시제사가 능침 옆에 세워진
便殿에서만 치루진 것이 아니라 능묘 위에 세워진 享堂에서[71] 치러지
기도 했다.

△△△王은 대개 美川太王으로 복원하고 있다.[72] 國罡上太王은 故國
原王임이 이미 널리 알려진 사실이다.[73] 國平安太王은 광개토태왕임이
분명하다. 이렇게 되면 (美川太)王의 복원으로 고구려의 태왕제 실시가
미천왕 때부터임을 알 수가 있다. 또 미천태왕, 국강상태왕, 국평안태
왕은 東西廟, △△△, 神室(宗廟)와 구조적으로 대응된다. 미천왕은 동
서묘를[74] 흥하게 했고, 국강상태왕은 △△△를[75] 흥하게 했고, 국평안
태왕은 신실(종묘)를 흥하게 했다.

이제 繼古人之慷慨에 대해 살펴볼 차례가 되었다. 이는 陶淵明
(365~427년)이 지은 感士不遇賦에 伊古人之慷慨 病奇名之不立이란 구
절에 나온다. 繼古人之慷慨를 『삼국지』 등의 용례를 근거로, 강인하고,
굳센 성격으로 풀이하고 있으나,[76] 보다 상세한 검토가 요망된다. 왜
냐하면 미천태왕은 모용황의 침입으로 무덤을 헐고, 시체가 파헤쳐 졌
고, 국강상태왕은 백제의 근초고왕과 평양성 전투에서 전사했고, 국평
안태왕은 광개토태왕비에 따르면 39세로 요절했기 때문이다. 이러한

---

70) 『禮記正義』권52, 중용.
71) 후술하는 바와 같이 장수왕릉으로 추정되는 장군총의 상부에 향당을 만들 때에 사용되었
   던 기둥 구멍이 남아 있다.
72) 여호규, 앞의 논문, 2013, 91쪽.
   조우연, 앞의 논문, 2013, 149쪽.
73) 佐伯有淸,「高句麗牟頭婁塚墓誌の再檢討」『史朋』7, 1977.
74) 미천왕 때에 집안에 동묘를, 환인에 서묘를 세웠는지도 알 수 없다.
75) 東西廟와 神室(宗廟)로 볼 때 제사를 지내던 건물로 복원해야 할 것이다.
76) 여호규, 앞의 논문, 2013, 84쪽.

역사적인 사실을 통해 보면, 古人之慷慨를 강인하고 군센 성격으로 풀이하기 보다는 古人之(悲憤)慷慨의 도연명의 시에서와 같이 해석하는 쪽이 타당할 것이다.

b단락 전체를 해석하여 제시하면 다음과 같다.

△△△△各家烟戶가 河流를 가지고, 四時에 祭社했다. 그렇지만 세월이 오래되어 烟△△△△烟戶가 劣甚衰해져 富足者로서 轉賣한 것이 자주였다. 묘를 지키는 무리를 △△에 새기었다. (미천태)왕, 국강상태왕, 국평안태왕이 神亡△해 東西廟, △△△, 神室을[77] 흥하게 했다. 先聖의 功勳이[78] 아주 높고 빛나 古人의 (悲憤)慷慨를 이었음을 追述하였다.

다시 마지막 단락인 c단락을 해석하기 위해 전문을 끊어서 제시하면 다음과 같다.

> (明治)好太聖王曰 教言 發令 更修復 各於(先王墓上)立碑 銘其烟戶頭卄人名[79] 以示後世 自今以後守墓之民 不得擅買 更相擅賣 雖富足之者 亦得其買賣 △有違令者 後世繼嗣守墓 看其碑文[80] 与其罪過[81]

---

77) 덕흥리 고분 현실 동벽에 나오는 칠보행사도에서 此二人大廟作食人也라는 문구가 확인되는데, 여기에 나오는 대묘는 太廟 곧 宗廟를 가리킨다. 즉 종묘 관리 기구에 재물 담당관을 두고 있었다는 것인데, 그들이 사시제사의 제물을 일괄 준비하여 각 왕릉 수묘인들에게 조달했을 것으로 짐작된다고 하였다. 作食人이란 밥짓는 여자란 뜻으로 여자 인명 표기에 나오는 직명이다. 이에 대해서는 김창호, 『고신라 금석문의 연구』 2007, 264~265쪽 참조.

78) 선왕들의 공적이 지대함을 강조하고, 이러한 표현들은 그 음택에 힘입어 현재의 왕권을 정당화하기 위한 것이다. 이는 董仲舒의 삼통론과 그 형성 배경상 배경인 만큼 유교 이론과 갈라 놓을 수 없다. 이에 대해서는 조우연, 앞의 논문, 2013, 174쪽.

79) 各於(先王墓上)立碑 銘其烟戶頭卄人名을 各各의 先王墓上에 비를 세워 그 烟戶頭 20명의 인명을 새긴 것이라 해석되므로 20인이란 숫자에 유의하면 추모왕부터 장수왕까지가 20명의 왕이 있었으므로 서로 일치한다. 왜냐하면 각각의 왕릉에 비석을 세운 것이 문자왕 때가 되어야 각각의 왕릉에 세운 비석 연호두 20인이 될 수가 있기 때문이다. 이렇게 추모왕에서부터 장수왕까지가 20명의 왕이 있었던 점과 각 왕릉에 배치한 연호두가 20명인 점에 근거할 때, 제⑦행의 서두의 △△好太聖王을 문자왕의 諱號인 明治好太聖王에 근거해 (明治)好太聖王으로 복원할 수 있다. 그러면 집안고구려비의 건립 연대는 명치호태성왕의 재위 기간인 491~519년으로 볼 수가 있다.

80) 20기의 왕릉에 새겨진 비를 의미한다. 구체적으로 各於(先王墓上)立碑 銘其烟好頭卄人名으로 각각의 先王의 묘상에 비를 세워 연호두 20인의 인명을 새겼다가 그 중요한 내용이다. 비가 광개토태왕비를 의미하는 것은 아니다.

81) 其罪過의 其자도 各於(先王墓上)立碑를 가리키므로 20기의 왕릉에도 수묘인연호에 대한 임

125

△△好太聖王은 廣開土太王의 경우는 시호인 國平安太王이 나와서 제
외되어야 하고, 장수왕이후의 왕들이 그 대상이 된다. 好자가 들어가
는 시호를 가진 왕은 없고, 남은 것은 휘호에 好자가 들어가는 왕들을
찾아야 된다.82) 휘호에 好자가 들어가는 왕들로는 明治好王(491~519
년), 陽崗好上王(545~559년), 平崗好上王(559~590년)의 3왕이 있다.
△△好太聖王에 陽崗好上王이나 平崗好上王을 복원할려고 하면 上자 때
문에 불가능하다. 明治好王을 복원할려고 하면 가능하고, 各於(先王墓
上)立碑 銘其烟好頭卌人名의 20인명과도 일치한다. △△好太聖王은 明
治好太聖王으로 비의 건립 시기도 명치호태성왕(문자왕)의 재위 기간인
491~519년이 된다.

c단락을 해석해 제시하면 다음과 같다.

(明治)好太聖王이 말씀하시기를 戊申年(408)부터83) 律을 정하고, 교
언을 내리고, 발령한 것을 고쳐서 修復했다. 先王의 무덤 각각에 비석
을 세워 그 연호두 20명의 이름을 (각각에) 새기어 후세에 보게 했다.
지금부터 이후로 수묘의 사람을 함부로 사거나, 다시 서로 팔지 못하
며, 비록 富足之者라도 그 역시 그 매매를 할 수가 없다. 영을 어기는
자가 있을 것 같으면, 후세에 守墓를 繼嗣케 한다.84) 그 비문을 보고,
그 죄과를 부여한다고 하셨다.

무와 죄과가 적혀 있다고 판단된다.
82) 고대 금석문에 시호가 아닌 휘호가 나오는 예로는 525년의 斯麻王, 567년의 百濟昌王銘
舍利龕의 昌王, 577년의 왕흥사 사리합의 昌百濟王 등이 있다.
83) 戊戌年(398)이 있으나 광개토태왕이 즉위한지 7년밖에 되지 않아서, 무술년에 수묘인 연
호를 설정하는 교언을 내렸다고 보기는 어렵다. 戊申年(408) 쪽이 광개토태왕에 나오는 것
처럼 생존시에 교언을 한 것으로 사료된다. 408년에는 광개토태왕의 정복 활동이 대부분
시행되었던 시기이기 때문이다.
    또 후술하는 바와 같이 집안고구려비의 건립 시기가 491~519년이므로 418년, 448년,
458년, 468년, 478년, 488년 등의 장수왕의 많은 시기들도 그 대상이 될 수가 있으나
수묘인 연호에 관한 율령이 제정된 때는 광개토태왕 때이다. 그래서 408년으로 보았다.
84) 귀족을 포함해서 누구라도 違法하면 수묘의 역을 시키겠다는 뜻이다.

Ⅳ. 건비 연대와 성격

비의 건립 연대에 대해 검토할 차례가 되었다. 중국학계의 견해부터 일별해 보기로 하자. 먼저 제⑦행의 4~8번째 글자를 丁卯歲刊石으로 판독하고서 그 건립 시기를 장수왕15년(427)으로 보았고,[85] 제⑤행의 國罡上太王이나[86] 제⑥행의 先聖을[87] 광개토태왕으로 보았고, 비의 성격에 대서는 율령비로 보았다.[88] 또 비의 성격을 수묘 연호비로 규정한 다음 제⑦행의 4~8번째 글자를 癸卯歲刊石으로 판독하고서 비를 광개토태왕13년(405)로 보았다.[89]

또 제⑤의 10·11번째 글자를 戊申으로 판독하고서 고국원왕18년(348)으로 보기도 했다. 계속해서 제⑤행의 國罡上太王을 광개토태왕의 시호로 보아서 고구려의 평양 천도 이전인 412~427년에 비가 건립되었다고 보았고,[90] 제⑦행의 10·11번째 글자를 戊申으로 보아서 수묘에 관한 율법이 광개토태왕18년(408)에 제정되었다고 보았다. 그러면서 수묘인 연호제를 위법하려고 기도하는 자에게 고계를 담은 告誡碑로 파악하였다. 한국학계에서는 광개토태왕대설과[91] 장수왕대설로[92] 나누어지고 있으나, 그 어느 가설도 뚜렷한 근거는 없다. 그런데 고구려 태왕릉 출토 청동방울의 好太王을 광개토태왕의 생존 시 명문

---

85) 孫仁杰, 앞의 논문, 2013.
86) 國罡上太王이 광개토태왕이 아니고 고국원왕임이 모두루총의 묵서명에 의해(佐伯有淸, 앞의 논문, 1977.) 밝혀졌다.
87) 광개토태왕뿐만 아니라 미천태왕이나 고국원왕도 그 대상이 된다.
88) 孫仁杰, 앞의 논문, 2013.
89) 林澐, 「集安麻線高句麗碑小識」 『東北史地』 2013-16, 2013, 7~16쪽.
90) 徐建新, 「中國新出集安高句麗碑試析」 『東北史地』 2013-3, 17~31쪽.
91) 이용현, 「신발견 집안고구려비와 광개토왕비의 비교」 『고구려발해학회 59차 발표자료집』, 2013.
    조법종, 「집안고구려비의 특성과 수묘제」 『고구려발해학회 59차 발표자료집』, 2013.
    김현숙, 「집안고구려비의 건립시기와 성격」 『한국고대사연구』 92, 2013.
    공석구, 「집안고구려비의 발견과 내용에 관한 고찰」 『고구려발해연구』 45, 2013.
    집안비에서 광개토태왕의 시호인 國平安太王이 나와서 광개토왕 시대설은 성립될 수 없다.
92) 김현숙, 앞의 논문, 2013.
    서영수, 「지안 고구려비 발견의 의의와 문제점」 『고구려발해연구』 45, 2013.

이라는 집안고구려비 제⑦행의 첫부분을 丁酉年(397)이나 丁未年(407)으로 추독하고서 그 작성 시기를 397년이나 407년으로 본 가설이 나왔다.[93] 우선 그 근거가 된 태왕릉 출토의 청동 방울 명문부터 살펴보기 위해 전문부터 제시하면 다음과 같다.

④	③	②	①	
九	(敎)	好	辛	1
十	造	太	卯	2
六	鈴	王	年	3

위 명문이 391년에 제작되었으며, 好太王을 광개토태왕의 생존 시 휘호라고 보면서, 이 방울이 父王인 고국양왕의 장례를 치르기 위해 제작된 것으로 보았다.[94] 광개토태왕이 부왕인 고국양왕의 장례를 치르기 위해 만들었다면 어떻게 고국양왕의 무덤에 나오지 않고, 광개토태왕의 무덤인 태왕릉에서[95] 나왔을까? 好太王의 생존 시 휘가 談德임은 주지의 사실이다. 好太王은 당연히 광개토태왕의 시호이다. 이 청동 방울 명문은 '辛卯年에 好太王을 위해 무엇으로 인해 만든 96번째 청동 방울이다.'나 '辛卯年에 好太王을 위해 (장수왕이) 교로서 만든 96번째의 (청동)방울이다.'로 해석된다. 후자가 타당할 것이다. 이 방울 명문의 신묘년은 장수왕39년(451)으로 판단되며, 장수왕이 부왕인 광개토태왕을 위하여 만든 제사 유물 가운데 하나로 판단된다. 이렇게 451년에 만든 제사 유물로는 고구려제로 신라 서봉총에서 十字紐附銀盒이 있다. 은합의 명문을 제시하면 다음과 같다.

	銀盒 蓋內		銀盒 外底			
	②	①	③	②	①	
1	太	延	三	三	△	1

---

93) 여호규, 앞의 논문, 2013, 81~82쪽.
94) 여호규, 앞의 논문, 2013, 81쪽.
95) 태왕릉에서 발견된 願太王陵安如山固如岳이란 명문이 새겨진 전으로 볼 때, 太王陵이라고 지칭할 수 있는 임금은 광개토태왕밖에 없다.

2	王	壽	斤	月	壽	2
3	教	元		△	元	3
4	造	年		太	年	4
5	合	太		王	太	5
6	杅	歲		教	歲	6
7	用	在		造	在	7
8	三	卯		合	辛	8
9	斤	三		杅		9
10	六	月				10
11	兩	中				11

이 명문의 延壽元年은 장수왕39년(451)으로 보고 있다. 이 은합도 451년에 장수왕이 부왕인 광개토태왕을 위해서 만든 제사 유물 가운데 하나로 판단된다. 같은 451년에 만들어진 好太王명청동방울에서는 延壽元年이란 연호가 없고, 서봉총 출토의 은합 명문에서는 연호가 있는 점이 문제이다. 청동 방울에 연호가 없는 것은 방울에는 延壽元年太歲在이라고 새길 공간이 없기 때문이라고 판단된다.

이제 집안고구려비의 건립 연대를 살펴 볼 차례가 되었다.

첫째로 제⑦행의 서두에 나오는 △△好太聖王에 복원될 수 있는 임금은 明治好太聖王이라는 문자왕의 다른 휘호밖에 없다. 그러면 집안고구려비의 건립 연대는 491~519년이 된다.

둘째로 집안비에는 각각의 왕릉위에 수묘비를 세울 때, 수묘인의 인명 표기가 되어 있으므로 충주고구려비(458년경에 건비)와 함께 인명 표기가 없는 광개토태왕비보다는 후행한다.

셋째로 광개토태왕비와는 달리 古人之慷慨, 天道, 先聖, 功勳 등의 중국 고전에 나오는 용어가 많이 나와 그 건립 시기가 광개토태왕비보다는 늦을 가능성이 크다.

넷째로 광개토태왕비에는 없던 수묘 책임자인 연호두가 나오는 점이다. 이는 집안비가 광개토태왕비보다는 늦을 가능성을 암시하고 있다. 집안고구려비의 후면에는 國烟이 나오고 있고, 광개토태왕비에는 국연 30, 간연 300가 있으나, 수묘의 책임자인 연호두는 나오지 않고 있다. 연호두의 존재로 보면, 집안고구려비가 광개토태왕비보다는 늦은 것으로 판단된다.

다섯째로 집안고구려비의 제⑤행에 나오는 國平安太王은 광개토태왕비 제1면 제④행에 나오는 國罡上廣開土境平安好太王의 시호를 줄인 것으로 장수왕 이후에 성립되어 집안고구려비의 연대를 장수왕 이후로 볼 수밖에 없다.

여섯째로 집안고구려비 제⑦·⑧행에 걸쳐서 있는 各於(先王墓上)立碑銘其烟戶頭卄人名이란 구절은 선왕 무덤위에 각각 비를 세워 연호두 20인의 인명을 새겼다고 해석되고, 장수왕이 추모왕으로부터 20대왕이므로 20이란 숫자가 일치한다. 따라서 집안고구려비의 건립 연대는 문자왕 때(491~519)가 된다.

이상과 같은 이유에서 집안고구려비의 건립 연대를 491~519년으로 보고자 한다.

이제 집안고구려비의 성격에 대해서 살펴볼 차례가 되었다. 집안고구려비는 마선구 고분의 가운데에서 발견되었는데, 집안으로 통하는 도로의 서쪽 변에 해당된다. 마선구 고분군의 유명한 고분으로는 서대묘와 천추총이 있다. 그 동북쪽으로는 칠성산 고분군과 만보정 고분군이 있다. 그 동북에 국내성이 있고, 국내성 서북쪽에 산성하 고분군이 있다. 국내성의 동북에 우산하 고분군이 소재하고 있는 바, 유명한 고분으로는 태왕릉, 장군총, 무용총, 각저총 등이 있다. 그 동북쪽으로는 하해방구 고분군이 있는 바, 모두루총이 유명하다.

집안으로 가는 길목에 있고, 여러 고분으로 가는 중요한 길목의 위치가 원위치로 추정되는 집안고구려비는 위에서와 같은 역사지리적인 환경과 특정 왕릉의 수묘인비가 아니고, 그 때까지의 1대 추모왕부터 20대 장수왕까지의 20기 왕릉에 수묘인을 두어 각각에 연호두 1명씩 모두 20명을 두어서 묘를 지키도록 한 점 등에서 종합 수묘비라[96] 할

---

96) 圭首碑의 비신 윗부분에 穿이란 구멍이 있는 것이 대부분이나 집안고구려비에는 천이 없다. 천의 기원에 대해 고대 下官의 도구로서 비 기능 잔재설과 神主로서의 의밀을 나타내기 위함이란 설이 있는데, 후자에 힘이 실려 있다. 집안고구려비는 규수가 비교적 오랜 형태로 조성되었음에도 불구하고, 穿孔이 없는데, 이는 비가 신주의 의미를 지니지 않고, 특

수 있다.

V. 여제 왕릉의 비정 문제

여제 왕릉의 비정에는 집안고구려비 제⑦·⑧행에 걸쳐서 있는 各於
(先王墓上)立碑 銘其烟戶頭卄人名이란 구절이 중요하다. 여기에 나오는
연호두와 관련되는 구절로 평양성 석각(제3석)이 있어서 이의 전문을
제시하면 다음과 같다.

	⑥	⑤	④	③	②	①	
	節	位	內	向	卄	己	1
	矣	使	中	△	一	丑	2
		尒	百	下	日	年	3
		文	頭	二	自	三	4
		作	上	里	此	月	5
					下		6

이는 '己丑年(509) 3월 21일에 이곳으로부터 △로 향한 하2리(또는
이곳으로부터 △下로 향한 二里)를 內中百頭(직명) 上位使(관등명)[97] 尒
文이 作節했다.'가 된다. 內中百頭는 평양성 축성의 일부분을 담당한
축성 감독자로서 축성을 하는 일부 구간의 우두머리가 된다. 마찬가지
로 집안고구려비의 烟戶頭도 수묘인 연호가운데 우두머리로 보인다.
더구나 집안고구려비의 후면에 國烟이 판독되고 있어서 더욱 그러하
다. 집안고구려비의 연호두는 국연보다 높은 위치에 있었을 것으로 사
료된다.

여기에서 看烟, 國烟, 烟戶頭에 대해 조사해 보기로 하자. 광개토태
왕비문의 35% 이상을 차지하는 守墓人烟戶에 대해서는 다양한 가설이
나와 있다. 우선 국연과 간연에 관한 여러 가지 가설부터 일별해 보기
로 하자.

국연은 수묘역뿐만 아니라 국가의 공적인 역을 수행하는 연호라는

정 왕릉의 묘비로 세워지지 않았음을 시사해 준다.(조우연, 앞의 논문, 2013, 143~144쪽)
97) 『翰苑』에 나오는 14관등 가운데 제9관등인 上位使者와 같은 것으로 보인다. 실수로 者자
를 빠트린 것으로 판단된다.

보편적인 의미로 보는 반면에, 간연은 왕릉의 看守, 看視, 看護를 한다고 해석하였다.98) 국연은 혼자서 수묘역을 담당할 수 있는 부유한 호이고, 간연은 19家가 합쳐서 국연1가의 역할을 수행할 수 있는 영세한 호라고 보는 가설이 있었다.99) 신분과 관련하여서는 국연을 피정복민 가운데 호민에 해당되는 지배층 혹은 부유층으로, 간연을 하호에 해당하는 피지배층 혹은 평민층으로 보는 가설이 있었다.100) 국연과 간연이 수묘역에 한정된 것이 아니라 고구려의 국연 편제에서 연호 일반을 파악하는 보편적인 편제 방식인 국연-간연 체계일 가능성을 주장하였다.101) 신라의 看翁을 근거로 농업 생산 등 종사하여 국연은 실제 수묘역을 지고, 간연은 국연은 국연의 경제적인 필요를 담보하는 기능을 수행했다고 보았다.102) 국연은 제사 준비와 간연을 관리하는 역할을, 간연은 능의 보초와 청소 등을 담당하는 것으로 이해하였다.103) 국연은 國都의 연호, 간연은 지방의 연호로 이해하기도 하였다.104) 국연은 직접적으로 역을 지는 존재이고, 간연은 경제적으로 국연을 뒷받침하는 예비 수묘인이거나 결원에 대비하는 인원이라는 가설도 제기되었다.105) 국연은 광개토태왕을 수묘하기 위한 연호이고, 간연은 기타 왕릉에 배정되어 수묘하는 것으로 해석한 가설도 있다.106) 연호의 역할까지 제시하면서, 국연은 수묘역 수행에 있어서 조장 역할을 담당한 호민층, 간연은 수묘역에 종사한 하호층으로 이해하기도 하

---

98) 武田幸男,「廣開土王碑からみた高句麗の領域支配」『東洋文化研究所紀要』78, 1979, 84~85쪽.
99) 손영종,「광개토왕릉비문에 보이는 수묘인연호의 계급적 성격과 입역방식에 대하여」『력사과학』1986-3, 1986, 17쪽.
100) 김현숙,「광개토왕비를 통해 본 고구려 수묘인의 사회적 성격」『한국사연구』65, 1989.
101) 임기환,「광개토왕비의 국연과 간연」『역사와 현실』13, 1994.
102) 조법종,「광개토왕릉비에 나타난 수묘제 연구」『한국고대사연구』8, 1995, 214쪽.
103) 이인철,「4~5세기 고구려의 수묘제」『청계사학』13, 1997.
104) 이도학,「광개토왕릉비문의 국연과 간연에 대한 성격의 재검토」『한국고대사연구』28, 2002.
105) 권정,「한중일 비교를 통해 본 고대 수묘제의 성격」『한국고대사연구』28, 2002.
    김락기,「고구려 수묘인의 구분과 입역방식」『한국고대사연구』41, 2006.
    공석구,「광개토왕릉비에 나타난 광개토왕의 왕릉 관리」『고구려발해연구』39, 2011.
106) 기경량,「고구려 국내성 시기의 왕릉과 수묘제」『한국사론』56, 2010.

였다.107) 이상의 선학들의 견해에서 국연은 주도적인 역할을 하고, 간연은 보조적인 역할을 한 것으로 대개 보고 있다. 간연은 현재 철도를 건너는 사람들을 살피는 看守처럼 무덤을 돌보고 지키는 사람으로 1~3개월의 역을 지닌 호를 가리킨다. 역이 끝나면 다시 집에 가서 농사 등 본업에 종사하는 것으로 보인다. 국연은 무덤을 지키는 간연의 우두머리로 무덤에 어떤 일이 생겼을 때, 간연의 보고를 받아서 국가에 보고하는 호로 판단된다. 아니면 간연이 300호, 국연이 30호인 점에서 보면, 10호의 간연을 1호의 국연이 짝을 지어서 담당하고서, 그 임무가 10명의 간연이 수묘를 1~3개월간 하다가 사고가 생기면, 국연에게 보고하고, 국연은 다시 국가에 보고하는 형식이었을 것이다. 후자가 개연성이 클 것이다. 국연의 해명에 도움을 주는 자료로 집안 고구려비가 있다, 여기에서는 國烟 이외에 烟戶頭가108) 나오고 있다. 보다 발전된 수묘인연호의 모습이다.

국연과 간연에 대해 좀 더 살펴보기 위해 광개토태왕비로 돌아가자. 광개토태왕비의 핵심적인 내용은 광개토태왕의 勳績이 아니라 수묘인 연호이다. 정복 기사에 나오는 敎遣이나 王躬率이란109) 구분도 수묘인 연호의 선정에 나오는 敎令取나 但取吾躬率과 대비된다. 이제 국연과 간연에 대해 살펴보기로 하자.

광개토태왕비에서 국연이 나오는 것으로는 賣句余民 2, 東海賈 3, 碑利城 2, 平穰城 1, 俳婁 1, 南蘇城 1, 新來韓濊沙水城 1, 舍蔦城韓濊 1, 炅古城 1, 韓氏利城 1, 弥鄒城 1, 豆奴城 1, 奧利城 2, 須鄒城 2, 百殘南居韓 1, 農賣城 1, 閏奴城 1, 古车婁城 1, 琢城 1, 散那城 1이다. 모두 27연이다. 모자라는 3호는 Ⅲ면의 제①행 앞부분에 복원되어야

---

107) 정호섭,「광개토왕비의 성격과 5세기 수묘제 개편」『선사와 고대』37, 2012.
108) 연호두와 관련되어 중요한 집안고구려비의 구절로 各於(先王墓上)立碑 銘其烟戶頭廿人名 부분이 있다. 이는 죽은 왕의 묘상에 비석을 세웠는데, 그 죽은 왕의 1명에 대해 연호두(연호의 우두머리) 20명의 이름을 새겼다고 볼 수도 있으나, 이렇게 되면 연호두의 숫자가 400명이나 되어 너무 많게 된다. 곧 죽은 왕의 묘상에 비석을 각각 세웠는데, 각각의 무덤에 연호두 가운데 한 명씩 새겼다가 되어 역시 각각 20기의 무덤에 1명씩의 연호두를 새긴 것으로 해석된다. 따라서 제1대 시조추모왕부터 제20대 장수왕까지의 각각에 1명씩을 새긴 연호두를 가리킨 것이 된다.
109) 이는 고구려 광개토왕이 치른 전쟁 규모와는 관계가 없다.

133

할 것이다.

간연이 나오는 곳으로는 賣句余民 3, 東海賈 5, 敦城 4, 于城 1, 平穰城 10, 眥連 2, 俳婁城 43, 梁谷 2, 梁城 2, 安夫連 22, 改谷 2, 新城 3, 新來韓濊沙水城 1, 牟婁城 2, 豆北鴨岑韓 5, 句牟客頭 2, 求氐城 1, 舍蔦城韓濊 21, 須耶羅城 1, 炅古城 3, 客賢韓 1, 阿旦城雜珎城 10, 巴奴城 9, 臼模盧城 4, 各模盧城 2, 牟水城 3, 韓氐利城 3, 弥鄒 △, △△ 7, 也利城 3, 豆奴城 2, 奧利城 8, 須鄒城 1, 百殘南居韓 5, 大山韓城 6, 農賣城 7, 閏奴城 22, 古牟婁城 1, 琢城 8, 味城 6, 就咨城 5, 彡穰 24, 那旦城 1, 句牟城 1, 於利城 8, 比利城 3, 細城 3의 288연이다. 이는 300호에서 12호가 모자란다. 여기에는 弥鄒城의 호복원이 가능하다. 그런데 국연이면서 정복 기사에 나오는 연으로는 弥鄒城, 奧水城, 農賣城, 古牟婁城, 散那城이 있다. 간연이면서 정복 기사에 나오는 연으로는 牟婁城, 古模耶羅城, 阿旦城, 雜珎城, 臼模婁城, 各模盧城, 弥鄒城, 也利城, 奧利城, 太山韓城, 農賣城, 閏奴城, 古牟婁城, 彡穰城, 散那城, 句牟城, 於利城, 細城이 있다. 정복 기사에 나오지 않는 간연으로는 敦城, 于城, 眥連, 梁谷, 梁城, 安夫連, 改谷, 新城, 豆比鴨岑韓, 句牟客頭, 求氐城, 客賢韓, 巴奴城韓, 牟水城, 琢城, 味城, 就谷城, 那旦城, 比利城이 있다. 물론 이 부분을 광개토태왕비의 파실된 곳에 복원해야되어야 할 것이나 비어 있는 글자의 수가 적어서 복원할 수 없다.

집안고구려비에 나오는 408년인 무신년에 공포된 광개토태왕의 教가 광개토태왕비가 건립되는 414년에도 상당한 변화가 있어는 듯하다. 구체적으로 말하면 百殘南居韓에서 국연을 뽑았다는 점이다. 백잔은 백제가 틀림없고, 그 남쪽에 사는 韓은 광개토태왕 때에 정복한 사람들로 국연(舊民)이 될 수가 없다. 그런데도 불구하고 국연으로 뽑혔다.

광개토태왕비 단계에서는 간연 10호가 각각 국연 1호에게 보고하는 단계로, 국연은 무덤에 생긴 일을 국가 기관에 보고했을 것이다. 물론 간연은 10호가 1조를 이루어 무덤을 돌보았을 것이다.

집안고구려비(491년 이후) 단계에는 20명의 烟戶頭가 환인과 집안에 있는 20기의 왕릉을 각각 책임지고 있다. 연호두 밑에 당연히 국연이 들어가고, 국연 밑에는 간연이 있었다고 판단된다. 곧 왕릉에 무슨 일이 생겼을 때에 간연→국연→연호두→국가 기관의 순서로 보고되었을 것이다.

집안고구려비(491~519년) 단계에는 20명의 烟戶頭가 환인과 집안에 있는 20기의 왕릉을 각각 책임지고 있다. 연호두는 수묘인 가운데 가장 우두머리로 보인다. 더구나 집안고구려비 후면에 국연이 나와서 더욱 그러하다. 평양성 석각(제3석) 己丑명에 나오는 內中百頭와 같이 공사 구간의 책임자인 것처럼 연호두도 각 왕릉 수묘의 책임자로 보인다. 연호두와 관련되어 집안고구려비의 중요한 구절로 제⑦·⑧행에 걸쳐서 있는 各於(先王墓上)立碑 銘其烟戶頭卄人名을 들 수가 있다. 이는 죽은 왕의 묘상에 비석을 세웠는데, 그 죽은 왕의 1명에 대해 연호두(연호의 우두머리) 20명의 이름을 새겼다고 볼 수도 있으나, 이렇게 되면 연호두의 숫자가 400명이나 되어 너무 많게 된다. 곧 죽은 왕의 묘상에 각각 비석을 세웠는데, 왕릉 각각에 연호두 가운데 한명씩을 새겼다가 되어 역시 각각 20기의 무덤에 1명씩의 연호두를 새긴 것으로 해석된다. 따라서 제1대 시조 추모왕부터 제20대 장수왕까지의 각각에 1명씩 새긴 연호두를 가리킨 것이 된다. 그렇게 해야 제⑦행의 서두에 나오는 △△好太聖王을 明治好太聖王으로 복원할 수가 있다. 이렇게 되면 장수왕의 무덤은 평양성이 아닌 국내성에 있게 된다.

다 아는 바와 같이 태왕릉은 대개 광개토태왕릉으로 보아 왔다.[110] 이는 문헌이나 고고학 쪽에서도 마찬가지였다. 안악3호분(357년)의 연꽃 모양과 태왕릉의 와당에 나오는 연꽃 모양이 비슷한 점에 착안하여 태왕릉을 3세기 말 내지 4세기 전반으로 보는 가설이 나왔다.[111] 이는 잘못된 것으로 태왕릉은 발굴 성과나 고고학적으로 볼 때, 광개토태왕릉임이 분명하다. 이러한 사실은 고구려 왕릉 비정에 중요한 잣대

---

110) 浜田耕策,「高句麗廣開土王陵比定論の再檢討」『朝鮮學報』119·120, 1986, 61~64쪽.
111) 田村晃一,「高句麗の積石塚の年代と被葬者をめぐる問題について」『靑山史學』8, 1984.

가 될 것이다.112) 그러면 장수왕릉이 국내성에 있어야 되므로 한왕묘
의 장수왕릉설은 성립될 수 없고, 장군총이 장수왕릉일 가능성이 크
다. 징수왕의 전 동명성왕설도 성립되기 어렵다. 평양에 있는 한왕묘
는 문자왕릉이다.

또 전 동명왕은 『삼국사기』권13, 고구려본기, 시조 동명성왕조에 葬
龍山이라 하였고, 『고려사』권58, 지리지, 평양부계에 東明王墓 在府東
南中和境龍山谷 號眞珠墓라고 되어 있고, 그 편년으로 볼 때 5세기 말
에 환인에서 이장된 시조 동명성왕 무덤으로 판단된다.113) 그 시기는
491~519년으로 보이는 집안고구려비의 연대를 소급할 수 없다. 왜냐
하면 집안고구려비에 나오는 20명의 왕릉에 시조 동명성왕릉도 포함
되어 있기 때문이다.

천추총은 연화문 와당의 편년에서 태왕릉보다 뒤지고, 장군총보다는
앞서는 것으로 보아 왔으나 최근의 발굴 조사에서 권운문와당이 출토
되어 태왕릉보다 앞선 고국원왕 등의 무덤으로 보아 왔으나 시호로 볼
때, 소수림왕릉으로 보이고, 고국원왕릉은 우산하 고분군에 소재하고
있다고 판단된다.

고구려에서 427년 평양 천도 이전에 왕릉에는 벽화 고분이 없었다.
평양 천도 후 5세기 말경에 시조 동명성왕 무덤을 평양으로 이장하면
서 처음으로 왕릉에 벽화 고분을 채택했다. 벽화 고분이 언제 소멸되
었는지 그 시기가 궁금하다. 대가야의 고아동 벽화 고분은 562년 이
전에 만들어진 것이고, 신라의 於宿知述干墓는 595년에 축조되었으며,
순흥 벽화 고분의 己未는 599년이고, 백제 송산리 6호 벽화 고분은 6

---

112) 김창호, 「고구려 太王陵 출토 연화문수막새의 제작 시기」 『한국 고대 불교고고학의 연
　　구』, 2007.
113) 이 무덤은 고구려 시조 동명성왕(추모왕)의 무덤이 틀림없다고 판단된다. 孫仁杰·遲勇, 『集
　　安高句麗墓葬』, 2007에서는 4기의 환인 지방의 왕릉이 소개되어 있고, 吉林省考古文物研究
　　所·集安市博物館, 『集安高句麗王陵』, 2004에서는 15기의 왕릉이 소개되어 있다. 이 19기의
　　왕릉에 평양으로 이장된 시조 동명성왕 무덤을 더하면 20기가 된다. 이는 단언할 수 없지
　　만 왕릉의 수와 왕대의 수가 일치하고 있다. 또 왕릉에 있어서 보장왕릉은 중국에 있으므
　　로 제외할 때, 7기나 모자란다. 이 7기는 평양성에 있었다고 판단된다. 이에 대한 자세한
　　연구가 시급하다. 환인에 있던 4기의 왕릉(시조 동명성왕릉을 포함하면 5기)과 국내성의
　　15기는 모두 20기이다. 이는 산상왕부터 광개토태왕까지 10기에 수묘했다는 이성시의 가
　　설과 모순된다.

세기 초에 축조되었다. 능산리 고분에 있는 동하총은 6세기 중엽경에서 7세기 초로 편년하고 있다.114) 그렇다면 고구려 벽화 고분의 소멸 시기를 600년경으로 보아도 될 것이다. 618년에 죽은 영양왕릉을 강서중묘 또는 강서대묘로 비정하거나 642년에 죽은 영류왕릉을 강서대묘로 비정하는 것은115) 재고의 여지가 있는 듯하다.

이렇게 고구려 석실분을 줄세워 왕릉 비정에 골몰하기 보다는 평양 천도 이후에 와서 왕릉에도 채택된 벽화 고분이 도대체 무슨 이유로 강서대묘의 예에서와 같이 600년을 전후해서 최정점에 달했다가 퇴화 소멸 과정을 거치지 않고, 갑자기 없어지게 되는지를 조사해야 할 것이다.

백제왕릉에 대해서는 송산리6호분의 주인공 문제는 성왕릉이 공주 송산리에 있었는지 아니면 부여 능산리에 있었는지 여부와 직결되므로 송산리 6호분의 주인공 문제부터 조사해 보기로 하자. 송산리 6호분의 편년과 직결되는 것으로 송산리 6호분이 무령왕릉에 앞선다는 가설과116) 무령왕릉이 송산리 6호분에 앞선다는 가설이117) 대립되어 있다.

1973년 무령왕릉과 송산리 6호분의 철두철미한 구조 분석으로 송산리 6호분이 무령왕릉에 앞선다는 가설이 나왔다.118) 여기에서는 아쉽게도 송산리 6호분의 주인공에 대한 언급은 없다.

1976년 송산리 고분군에 대해 무령왕릉을 중심으로 하여 포괄적으로 송산리 6호분(동성왕릉)→무령왕릉→송산리 5호분의 순서로 편년한 가설이 나왔다.119)

1979년 무령왕릉을 일본어로 소개하면서 무령왕릉→송산리 6호분

114) 東潮·田中俊明, 『韓國の古代遺蹟2』-百濟·伽耶篇-, 1989, 131쪽.
115) 東潮·田中俊明, 앞의 책, 1989, 303~304쪽.
116) 윤무병, 「무령왕릉 및 송산리 6호분의 축조구조에 관한 고찰」, 『백제연구』5, 1973.
    齊藤忠, 「百濟武寧王陵을 중심으로 한 고분군의 편년적 서열과 그 피장자에 관한 一試考」
    『조선학보』81, 1976.
117) 강인구, 「백제 고분의 연구」, 『한국사론』3, 1976.
    金元龍, 『武寧王陵』(日語版), 1979.
118) 윤무병, 앞의 논문, 1973.
119) 齊藤忠, 앞의 논문, 1976.

(성왕릉)으로 본 가설이 나왔다.[120)]

1989년 백제 고분에 대한 개설적인 검토를 하면서 그 때까지의 여러 가설들을 소개하면서 송산리 5호분→송산리 6호분(성왕릉)으로 본 가설이[121)] 나왔다.

1997년 송산리 6호분과 무령왕릉 사이에 시기적인 차이가 별로 없는 점과 송산리 6호분이 단장묘인 점과 무령왕릉 출토 이빨이 30세 전후인 점을 근거로 송산리 6호분을 무령왕의 前妃 무덤으로 본 가설이 나왔다.[122)]

2000년 송산리 5호분을 동성왕릉으로, 송산리 6호분을 성왕릉으로 보았다.[123)] 여기에서는 성왕릉은 부여 능산리에 있는 중하총일 가능성도 크다고 보았다.

2002년 백제 송산리와 능산리 고분에 대한 왕릉 비정에 상세하게 진행되었다.[124)] 여기에서는 석실의 무덤 구조와 배수 시설에 근거해 송산리 고분군을 편년하였다. 곧 송산리 주요 고분들의 축조 순서를 송산리 29호분→송산리 6호분→송산리 5호분→무령왕릉으로 보았다.

2005년 송산리 6호분을 동성왕릉 또는 성왕릉으로 본 가설이 나왔다.[125)] 여기에서도 성왕릉이 능산리에 있다면 중하총일 가능성이 크다고 보았다.

성왕릉이 송산리 고분군에 있는지 아니면 능산리 고분에 있는지 여부부터 집고 나가기로 하자. 주지하는 바와 같이 성왕은 538년 웅진성에서 사비성으로 천도하고, 국호를 남부여라 부르면서 백제의 중흥을 꾀하다가 관산성 전투에서[126)] 사망한 군주이다. 성왕의 무덤이 사비성에 있는지 여부를 알려주는 자료로 부여 능산리 陵寺에서 출토된

---

120) 金元龍, 앞의 논문, 1979.
121) 東潮·田中俊明, 앞의 책, 1989, 101쪽. 또 여기에서는 만약에 사비성에서 성왕릉을 찾는다면 중하총이라고도 하였다.
122) 이남석,「공주송산리고분군과 백제왕릉」0백제연구』27, 1997, 160쪽.
123) 早乙女雅博,『朝鮮半島の考古學』,2000, 155~156쪽.
124) 姜仁求,「百濟王陵の被葬者推定」『韓半島考古學論叢』,2002.
125) 龜田修一,「百濟の考古學と倭」『古代を考える』-日本と朝鮮-, 2005, 129~133쪽.
126)『삼국사기』,백제본기에는 狗川 전투라고 되어 있으나『삼국사기』,신라본기에는 管山城 전투라고 되어 있다. 여기에서는 통설에 따라 관산성 전투라고 하기로 한다.

百濟昌王銘舍利龕의 명문이 있다. 사리감에는 百濟昌王十三秊太歲在丁亥 妹兄公主供養舍利(개행)란 명문이 있다. 이 명문의 百濟昌王十三秊太歲 在丁亥는 위덕왕13년(567)이다. 이 명문을 해석하면, '백제 창왕 13년 (567)에 매형과 공주가[127] 공양한 사리'란 뜻이다. 이 명문에 의해 능 산리사지를 성왕의 능사로 해석하고 있으나,[128] 이는 잘못이다. 무령 왕릉의 매지권에 근거할 때, 왕과 왕비는 모두 27개월의 3년상을 치 루고 있다. 성왕이 죽어서 3년상을 치루고 매장될 해인 백제 위덕왕 3년(557)에 이 명문이 새겨졌다면 성왕과 관계되는 능사로 이해된다. 성왕이 죽고 나서 13년이나 지난 사리감명문이라서 598년에 죽은 위 덕왕을 위해 미리 만든 능사가 될 수밖에 없다.[129] 명문 자체에서도 성왕의 사위(婿)라고 명기하지 않고, 창왕과 관계되는 용어인 妹兄으로 나오고 있다.

이렇게 천도한 왕이 천도 전의 수도에 묻힌 예로는 장수왕이 있다. 앞에서 살펴본 바와 같이 491~519년 사이에 작성된 집안고구려비의 내용으로 볼 때, 장수왕릉은 국내성에 있었고, 그 대상으로 장군총이 유력하다. 그렇다면 성왕의 무덤은 사비성이 아닌 웅진성에 있게 되 고, 그 후보지로는 송산리 5호분이 된다.[130] 부여 능산리의 중하총은 위덕왕릉일 가능성이 클 것이다. 전축분인 무령왕릉과 송산리 6호분의 전을 쌓는 방법에서 보면, 무령왕릉은 四積一竪(천정 근처는 三積一竪) 로 정형화되어 있는데 대해, 송산리 6호분에서는 四積一竪, 五積一竪, 八積一竪, 九積一竪 등 여러 가지 방법으로 축조하고 있다. 축조 방법 에서 보면 송산리 6호분이 무령왕릉에 선행한다. 벽화 고분의 문제에 있어서도 사신도가 주축이 된 강서대묘, 집안 오회분 4호분, 호남리 사신총 등은 6세기 후반으로 편년하고 있다.[131] 사신도에 일상, 월상,

---

127) 妹兄과 公主를 妹인 兄公主로 해석하기도 하나 이는 잘못이다. 백제 금석문의 인명 표기 는 고구려의 인명 표기와 같아서 관등명(류)가 인명의 앞에 온다. 妹인 兄公主가 되려면 명문 자체가 妹公主兄이 되어야 한다.
128) 강인구, 앞의 논문, 2002, 367쪽.
129) 그래서 위덕왕이란 시호 대신에 창왕이라는 휘호를 썼다.
130) 장수왕릉은 천도한지 64년에 천도하기 전의 국내성의 장군총에 매장된 예에서 보면, 성 왕의 경우 16년만에 천도하기 전의 웅진성 송산리 5호분에 묻히는 것은 당연하다.

운문이 있는 송산리 6호분의 연대를 梁官瓦爲師矣의 남조 梁나라의 건국 해인 502년으로 보아도 될 것이다.

이렇게 송산리 6호분을 무령왕릉보다는 앞서는 것으로 볼 때, 동성왕이 죽어서 묻힌 송산리 6호분의 연대를 무령왕이 즉위한 501년을 소급할 수 있는지 여부이다. 주지하는 바와 같이 송산리 6호분 폐쇄전 가운데 梁官瓦爲師矣란 명문이 발견되었다. 중국 남조의 양은 502년에 건국했고, 538년에 사비성에 천도했음으로 그 사이에 들어갈 수 있는 왕은 무령왕(501~523년)밖에 없어서 송산리 6호분을 무령왕릉으로 보았다.132) 이 가설은 무령왕릉의 발견으로 무너지게 되었다. 구조적으로 보면, 무령왕릉보다 앞서는 송산리 6호분의 폐쇄전명인 梁官瓦爲師矣의 양(502년)이란 걸림돌을 제거하지 않으면 안된다. 결국 송산리 6호분의 주인공은 501년에 죽은 동성왕이 503년에 27개월의 3년상(殯)을 치루고, 梁官瓦爲師矣란 명문을 가지고 묻힌 것으로 해석된다. 단장묘라도 추가장이 가능하다. 시체 널빤지 등으로 한쪽으로 밀고 시체를 묻는 방법과 시체 위에 흙을 바르고 새로 시체를 묻는 방법도 있어서 송산리 6호분은 동성왕 부부의 무덤으로 보인다.

VI. 맺음말

먼저 문제가 되는 글자를 중심으로 탁본 사진과 대조하여 전문에 대한 판독문을 제시하였다.

다음으로 전문을 3단락으로 나누어 해석했다.

△△△△世 반드시 天道를 내려 주시니, 스스로 원왕을 계승하여, 始祖 鄒牟王이 나라를 창업한 기틀이다. (日月之)子, 河伯之孫으로서 神靈의 보호와 도움을 받아 나라를 건국하고, 강토를 개척하였다. 後嗣로

---

131) 고구려 벽화 고분에서 강서대묘와 같이 600년경을 정점으로 최고조에 달했다가 갑자기 소멸하게 된다. 곧 도입기의 고졸함과 절정기의 완숙함만 있고, 나태한 퇴화기의 모습은 없다. 고고학에서 문화가 도입, 성장, 절정, 퇴화의 과정을 거치는데, 벽화 고분에 있어서 퇴화의 과정은 없다. 이러한 점이 수수께끼이다.

132) 東潮·田中俊明, 앞의 책, 1989, 93쪽 참조.

이어서 서로 계승하였다.

△△△△各家烟戶가 河流를 가지고, 四時에 祭祀했다. 그렇지만 세월이 오래되어 烟△△△△烟戶△가 劣甚衰해져 富足者로서 轉賣한 것이 자주였다. 묘를 지키는 무리를 △△에 새기었다. (미천태)왕, 국강상태왕, 국평안태왕이 神亡△해 東西廟, △△△, 神室을 흥하게 했다. 先聖의 功勳이 아주 높고 빛나 古人의 (悲憤)慷慨를 이었음을 追述하였다.

(明治)好太聖王이 말씀하시기를 戊申年(408)부터 律을 정하고, 교언을 내리고, 발령한 것을 고쳐서 修復했다. 先王의 무덤 각각에 비석을 세워 그 연호두 20명의 이름을 (각각에) 새기어 후세에 보게 했다. 지금부터 이후로 수묘의 사람을 함부로 사거나, 다시 서로 팔지 못하며, 비록 富足之者라도 그 역시 그 매매를 할 수가 없다. 영을 어기는 자가 있을 것 같으면, 후세에 守墓를 繼嗣케 한다. 그 비문을 보고, 그 죄과를 부여한다고 하셨다.

그 다음으로 비의 연대를 491~519년으로 보았고, 비의 성격은 역사지리적인 환경과 그 내용으로 볼 때, 종합 수묘비로 보았다.

마지막으로 고구려의 천추총을 소수림왕릉으로, 태왕릉을 광개토태왕릉으로, 장군총을 장수왕릉으로, 평양의 한왕묘를 문자왕릉으로 각각 보았다. 무령왕릉과 송산리 6호분의 선후 관계에 대해서는 송산리 6호분이 앞서고, 추가장과 문자 자료를 중심으로 송산리 6호분을 동성왕 부부의 무덤으로 보았다. 송산리 5호분은 성왕릉으로, 능산리 중하총은 위덕왕릉으로 각각 보았다.

제9절. 고구려 금석문의 인명 표기
-관등명이 있는 금석문을 중심으로-

Ⅰ. 머리말

한국 고대 금석문의 연구 가운데 중요한 몫을 차지하는 것의 하나가 인명 표기이다. 고대 금석문에서의 인명 표기는 오늘날처럼 성과 이름만 기록하는 것이 아니라 인명과 함께 직명·출신지명·관등명이 기록된다. 인명 표기에 나오는 부명·성촌명·직명·관등명 등은 한국 고대사 연구에 중요한 비중을 차지하고 있다. 이와 같은 중요성에도 불구하고, 인명 표기에 대한 연구 성과는 많지 않다.1) 그나마도 신라쪽에 집중되어 있고, 고구려나 백제는 금석문에 나오는 인명 표기에 관한 연구는 거의 없다. 백제의 경우에는 칠지도, 무령왕릉 출토 묘지명 등 발견된 금석문 자료의 수가 적지만, 고구려의 경우는 발견된 당시의 문자 자료는 그 수나 양에 있어서2) 신라의 것에 별로 뒤지지 않는다.

이와 같은 상황 속에서도 고구려 금석문의 인명 표기에 관한 연구가 아직까지 나온 바가 없다. 연구 성과가 별로 없는 까닭은 고구려의 인명 표기 자체에 어려운 면이 많이 포함되어 있기 때문이다. 연구상의 어려운 면을 극복하기 위한 방법으로 관등명이 나오는 인명 표기 자료만을 검토의 대상으로 삼고자 한다. 관등명이 포함된 인명은 그렇

---

1) 김창호,「신라 중고 금석문의 인명 표기(Ⅰ)」『대구사학』23, 1983.
   김창호,「신라 중고 금석문의 인명 표기(Ⅱ)」『역사교육논집』4, 1983.
2) 광개토태왕비의 총 글자수는 1,775자나 되고, 모두루총 묘지명은 800여 자나 되고, 덕흥리 벽화 고분 묵서명도 600여 자나 된다. 또 충주고구려비나 집안고구려비도 발견되어 고구려 금석문 연구에 활력소가 되고 있다.

지 못한 백성, 여자 등의 인명보다는 훨씬 정형화되어 있어서 연구상의 애로점이 어느 정도 뛰어넘을 수가 있다고 판단했기 때문이다. 그러면 인명이 가장 많이 나오고, 그 연대가 거의 확실한 충주비부터 시작하여 고구려 금석문에 보이는 인명 표기를 전부 검토해 보고자 한다.

II. 충주고구려비

충북 충주시 가금면 용전리 입석 부락 입구에는 일찍부터 오래된 비가 서있는 것을 인근의 주민들은 알고 있었으나 거의가 문자가 없는 백면비로 생각해 왔다. 1979년 2월 25일에 이르러 향토사연구 단체인 예성동호회가 조사하여 문자가 있는 것을 확인하고, 관계 전문가에게 통보하였다. 그 뒤에 상세한 조사 결과 고구려 시대의 비문임이 밝혀졌다.[3] 그 뒤에 많은 성과가 나왔다.[4] 우선 한국고대사학회 공동 판독문을 중심으로[5] 판독을 제시하면 다음과 같다.

⑦	⑥	⑤	④	③	②	①		⑩	⑨	⑧	⑦	⑥	⑤	④	③	②	①	
△	△	△	△	△	△	△	1	德	夷	大	夷	用	尙	奴	上	五		1
△	△	△	△	△	△	△	2	流	△	寐	位	寐	者	壁	主	下	月	2
△	△	△	△	△	△	△	3	奴	土	錦	諸	錦	賜	上	簿	相	中	3

---

3) 정영호,「中原高句麗碑의 발견조사와 연구전망」,『사학지』13, 1979.
4) 단국대학교 사학회,『사학지-충주고구려비 특집호-』13.
　　武田幸男,「序設　5~6世紀東アジアの一視點-高句麗中原碑から赤城碑-」『東アジア世界における日本古代史講座』4, 1980.
　　田中俊明,「高句麗ににの金石文」『朝鮮史研究會論文集』18, 1981.
　　木下禮仁,「中原高句麗碑-その建立年代を中心として-」『村上四男博士和歌山大學退官記念朝鮮史論文集』,1981.
　　木下禮仁,「日付干支と年次-中原高句麗碑の日付干支をめぐって-」『考古學と古代史』,1982.
　　김영하·한상준,「충주고구려비의 건립 연대」『교육연구지』,25, 1983.
　　木下禮仁·宮島一彦,「高句麗の暦-中原高句麗碑をめぐって-」『韓國文化』6券 1號, 1984.
　　손영종,「중원 고구려비에 대하여」『역사과학』1985-2, 1985.
　　김창호,「中原高句麗碑의 재검토」『한국학보』47, 1987.
　　木村 誠,「中原高句麗碑立碑年次の再檢討」『朝鮮社會の史的展開と東アジア』,1997.
5) 양인호·고태진,「충주 고구려비 공동 판독안」『한국고대사연구』98, 2020, 5~8쪽.

							左											前	
△	△	△	△	△	△	中	4	扶	境	上	位	還	之	公	貴	知	高	4
△	△	△	△	△	△		5	△	△	下	上	還	隨	看	德	守	麗	5
古	△	△	△	△	△		6	△	募	至	下	來	去	節	句	天	太	6
牟	右	△	△	△	△		7	△	人	于	衣	節	諸	賜	△	東	王	7
婁	△	△	△	百	△		8	盖	三	伐	服	教	△	太	王	來	祖	8
城	△	△	△	△	刺		9	盧	百	城	兼	賜	△	霍	不	之	王	9
守	△	上	△	△	功	不	10	共	新	教	受	寐	奴	鄒	聆	寐	公	10
事	沙	有	△	△	△		11	△	羅	來	教	錦	客	教	△	錦		11
下	△	之	△	△	△		12	募	土	前	跪	土	人	食	去	忌	新	12
部	斯	△	△	十	村		13	人	內	部	營	內	△	在	△	太	羅	13
大	邑	△	△	△	舍		14	新	幢	太	之	諸	教	東	△	子	寐	14
兄	△	△	△	△	△		15	羅	主	使	十	衆	諸	夷	到	共	錦	15
△	大	△	△	△	△		16	土	下	者	二	人	位	寐	至	前	世	16
△	古	△	△	土	土		17	內	部	多	月	△	賜	錦	跪	部	世	17
	鄒	△	△	△	△		18	衆	拔	于	卄	支	上	之	營	太	如	18
	加	東	△	大	節		19	人	位	桓	三	告	下	衣	大	使	爲	19
	共	夷	△	王	人	優	20	先	使	奴	日	太	衣	服	太	者	如	20
	軍	寐	△	國	刺	沙	21	動	者	主	甲	王	服	建	子	多	兄	21
	至	錦	△	土	△	△	22	奪	補	簿	寅	國	教	立	共	于	如	22
	于	土	△	△	△		23	△	奴	貴	東	土	東	處	諸	桓	弟	23
			좌 측 면								전		면					

우측면 제①행 하단부에 前部가 있고, 후면 마지막 행 중앙부에 巡 자가 있음.

그러면 전면의 인명 표기부터 검토해 보기로 하자. 전면 제②·③행 寐錦忌太子共前部太使者多于桓奴主簿貴德의 부분이다. 이 구절 가운데에서 太使者多于桓奴主簿貴德로 인명 분석을 시도한 견해가 있다.[6] 前部太使者多于桓奴主簿貴德만을 끊어서 前部太使者多于, 桓奴主簿貴德으로 인명 분석을 하여 桓奴라는 고구려의 부명을 찾는 의욕적인 견해도 있다.[7] 가장 뒷사람의 인명 표기와 관련된 主簿는 관직명[8] 또는 관등명으로[9] 보아 왔다. 인명 분석에 있어서 이와 같은 견해의 차이는 고구

---

6) 변태섭,「中原高句麗碑의 내용과 연대에 대한 검토」『사학지』13, 1979, 43쪽. 그리고 전면에서 多于桓奴의 于자를 전면 제②행에서는 亐자로 전면 제⑧행에서는 于자로 각각 표기하고 있다. 이는 같은 글자이므로 于자로 표기한다.

7) 이종욱,「고구려 초기의 지방통치제도」『역사학보』94·95, 1982, 86쪽.

8) 신형식,「中原高句麗碑에 대한 고찰」『사학지』13, 1979, 68쪽.

9) 이종욱, 앞의 논문, 1982, 86쪽.

려 금석문의 인명 표기에서(신라 중고 금석문의 인명 표기에서와 같은) 규칙을 찾는데 장애가 되었다. 인명 분석의 의견 차이는 전적으로 충주비의 판독 잘못 때문에 빚어진 결과이다. 지금까지 확고부동하게 관직명으로 보아 온 道使의 경우, 뒤의 使자는 德자임이 밝혀져[10) 이 부분의 인명 분석이 달라지게 되었다. 곧 맨 나중의 인명에 있어서 主簿가 관등명, 貴德이 인명이며, 출신지명인 부명은 앞사람과 같아서 생략된 것으로 추측된다.[11) 寐錦忌太子共前部太使者多于桓奴主簿貴德에서 寐錦 忌가 인명이고, 太子 共이 인명이고, 前部 太使者 多于桓奴가 인명이고, 主簿 貴德이 인명이다. 다음은 전면 제⑨·⑩행의 新羅土內幢主下部拔位使者補奴△流奴扶△△△盖盧란 구절이다. 이 구절 가운데 盖盧는 백제왕 盖鹵와 연결시켜 왔다.[12) 이는 발음상 꼭 같으나 선학의 지적과 같이[13) 더 검토할 여지가 있는 것 같다. 충주비 자체에서는 盖盧란 말에 뒤이어 共자가 나오고 있으나[14) 부명+관등명이 들어갈 수 있는 틈이 없어서 인명은 아니다. 新羅土內幢主下部拔位使者補奴에서 新羅土內幢主는 관직명, 下部는 소속부명, 拔位使者는 관등명, 補奴는 인명이다. 좌측면 제⑦행 古牟婁城守事下部大兄△△에서 古牟婁城守事는 직명, 下部는 출신부명, 大兄은 관등명, △△는 인명이다. 이상의 충주고구려비의 인명 표기를 표로서 제시하면 다음의 〈표 1〉과 같다.

〈표 1〉충주비의 인명 분석표

職名	出身部名	官等名	人名
		(寐錦)	忌
		(太子)	共

---

10) 伏見沖敬編,『書道大字典』上, 801쪽의 漢 楊淮表記 등의 예 참조. 충주비의 서체가 漢代의 것과 유사함에 대해서는 임창순,「中原高句麗碑의 소고」『사학지』13, 1979, 54쪽 참조.

11) 손영종, 앞의 논문, 1985, 30쪽에서는 전면 제③행의 鄕類(이병도, 앞의 논문, 1979에 실린 판독문을 인용하였다.)가 鄕吏를 가리키는 말로 추측했으나 다른 선학들의 견해에서는 鄕類를 판독한 예가 없어서 따르기 어렵다.

12) 이병도,「中原高句麗碑에 대하여」『사학지』13, 1979, 23쪽. 그런데 이호영,「中原高句麗碑 題額의 신독」『사학지』13, 1979, 97쪽에서는 盖盧를 고구려의 使人官吏로 보고 있다.

13) 임창순, 앞의 논문, 1979, 57쪽.

14) 이병도, 앞의 논문, 1979에서만 供자로 읽고, 다른 선학들(임창순, 황수영, 武田幸男, 田中俊明 등)은 共자로 읽고 있다.

	前部	太使者	多于桓奴
	위와 같음	主簿	貴德
新羅土內幢主	下部	拔位使者	補奴
		(古鄒加)	共
古牟婁城守事	下部	大兄	△△

위와 같은 인명 표기 분석을 토대로 충주고구려비의 연대를 조사해 보자. 좌측면 제⑤행의 辛酉를 읽어서 비의 건립 연대를 481년으로 보게 되면, 十二月十三日甲寅이 449년이므로, 전면 제①·②·④·⑥(두 번)·⑧행과 좌측면의 제⑤행에 각각 7번의 寐錦이 문제이다.15)

寐錦은 訥祗麻立干(417~458년)·慈悲麻立干(458~479년)·炤知麻立干 (479~500년) 모두에 해당된다. 『三國史記』에 근거할 때, (19)訥祗麻立 干, (20)慈悲麻立干, (21)炤知麻立干의 계보가 되어 3대의 왕에 걸쳐서 있는 사실이 되고 만다. 7번의 寐錦 가운데에서 인명 표기는 寐錦믿라 고 한 번밖에 나오지 않는다. 또 좌측면의 辛酉의 辛자는 그 글자 자 체의 크기가 다른 글자들보다 월등히 크서 辛자가 아닐 가능성이 크 다. 이렇게 보면 충주고구려비의 건비 연대는 458년경이 된다.

Ⅲ. 덕흥리 벽화 고분의 묵서명

덕흥리 벽화 고분은 1976년 12월 8일에 평남 강서군 덕흥리의 무 학산 산록에서 배수로 공사 중 우연히 발견되었다. 여기에서는 풍부한 벽화와 600여 자의 묵서가 기록되어 있다. 가장 중요한 묵서는 피장 자의 묘지에 해당되는 것으로 전실 전면 상부에 있다. 묘지명 전체를 제시하면 다음과 같다.

---

15) 寐錦을 麻立干과 동일한 것으로 본 것은 충주비의 발견이후이다. 이병도, 앞의 논문, 1979, 25쪽 참조. 그런데 김정배,「中原高句麗碑에 대한 몇 가지 문제점」『사학지』13, 1979, 87쪽에서는 '흔히 寐錦을 마립간의 이칭으로 보거니와 ……'라고 하고 있다. 寐錦 을 尼師今과 동일한 것으로 보아 왔다. 이에 대해서는 今西龍,『新羅史研究』,1933, 43~44 참조

⑭	⑬	⑫	⑪	⑩	⑨	⑧	⑦	⑥	⑤	④	③	②	①	
之	不	造	番	良	孔	乙	太	年	節	龍	位	釋	△	1
後	可	△	昌	葬	子	酉	歲	七	東	驤	建	加	△	2
世	盡	萬	仕	送	擇	成	在	十	夷	將	威	文	郡	3
寓	掃	功	宦	之	日	遷	戊	七	校	軍	將	佛	信	4
寄	旦	日	日	後	武	移	申	薨	尉	遼	軍	弟	都	5
無	食	煞	遷	富	王	玉	十	焉	幽	東	國	子	縣	6
疆	鹽	牛	位	及	選	柩	二	永	州	太	小	△	都	7
	敢	羊	至	七	時	周	月	樂	刺	守	大	△	鄉	8
	食	酒	侯	世	歲	公	辛	十	史	使	兄	氏	△	9
	一	宍	王	子		相	酉	八	鎭	持	左	鎭	甘	10
	椋	米		孫		地	朔	年			將	仕	里	11
	記	粲					廿				軍			12
							五							13
							日							14

이 묵서명의 전문을 해석하여 제시하면 다음과 같다.

'△△郡 信都縣 都鄉 (中)甘里 사람이며, 釋加文佛의 第子인 △△氏 鎭은 역임한 관직이 建威將軍·國의 小大兄16)·左將軍·龍驤將軍·遼東太守·使持節·東夷校尉·幽州刺史이었다. 鎭은 77세로 죽어, 永樂 18年 戊申年 초하루가 辛酉日인 12월 25일 乙酉日에 (무덤을) 완성해서 靈柩를 옮겼다. 周公이 땅을 相하고 孔子가 날을 擇했으며 武王이 시간을 선택했다. 날짜와 시간을 택한 것이 한 결 같이 좋으므로 장례 후 富는 七世에 미쳐 子孫은 번창하고 관직도 날마다 올라 位는 侯王에 이르도록 하라. 무덤을 만드는 데 만 명의 공력이 들었고, 날마다 소와 양을 잡아서 술과 고기, 쌀은 먹지 못할 정도였다. 아침 식사로 먹을 간장을 한 창고 분이나17) 보관해 두었다. 기록해서 후세에 전하며, 이 무덤을 방문하는 자가 끊어지지 않기를.'

16) 小大兄은 國小大兄으로 합쳐서 고구려의 관직이나 작호가 아니라 관등명이다. 곧 國小大兄은 '나라의 小大兄'이란 뜻이다.

17) 창고를 나타내는 椋자는 고구려, 백제, 신라 모두 사용되어 온 것으로 추정되며, 8~9세기 통일 신라 금석문을 끝으로 종언을 고해서 후삼국 시대의 예는 없고(김창호,『한국 고대 목간』, 2020, 290쪽에서 官城椋명기와를 9세기 후반 후백제 기와로 보았으나 9세기 통일 신라 기와로 바로 잡는다.), 고려 시대에는 나오지 않아서 연대 결정에 중요하다. 고구려에서 이 글자가 나온 유일한 예이다.

먼저 이 묵서명의 절대 연대는 제⑥·⑦행의 永樂十八年太歲在戊申에 의해 광개토태왕18년(408년)임을 쉽게 알 수 있다. 이 묵서명에서 인명 표기와 관련되는 부분은 제②·③·④·⑤행의 △△氏鎭仕位建威將軍國小大兄左將軍龍讓將軍遼東太守使持節將軍東夷校尉幽州刺史鎭부분이다. 이 인명 표기 자체는 앞에서 살펴본 충주고구려비에 많은 차이가 있어서 그 분석에 어려움이 있다. 앞의 △△氏鎭의 경우는 複姓인 △△와 인명인 鎭으로 되어 있다. 그 다음의 인명 분석은 어렵다. 직명이 너무 많이 나온다. 직명 가운데 幽州刺史의 幽州는 중국 北京 근처를 가리키는 것으로 鎭의 출신 국적 문제와 함께 많은 논란의 대상이 되어 왔다.18) 이 고분의 주인공은 복성의 사용, 幽州刺史란 직명의 사용, 幽州刺史 鎭의 앞에 그려진 유주 관할의 13개 군의 관리상과 묵서명으로 된 직명 등으로 보면, 원래부터 고구려인은 아니었다고 판단된다. 그래서 左將軍~幽州刺史란 중국의 직명들이 고구려의 인명 표기에 삽입되어 있는 것 같다. 곧 建威將軍國小大兄左將軍龍讓將軍遼東太守使持節將軍東夷校尉幽州刺史鎭에서 중간 부분에 들어가 있는 중국의 직명들인 左將軍~幽州刺史를 빼고 나면 建威將軍國小大兄鎭만 남는다. 이 建威將軍國小大兄鎭은 앞에서 살펴본 충주고구려비의 인명 표기와 같다. 建威將軍은 직명,19) 國小大兄은 관등명,20) 鎭은 인명이다.

Ⅳ. 籠吾里山城 磨崖石刻

1957년 가을 태천 고급중학교에서 향토사 연구를 목적으로 농오리산성을 조사하던 중에 자연 암벽에서 글자를 발견하고, 신의주 역사박물관에 보고하였다. 이에 동 박물관에서는 1958년 초에 마애석각을 조사하여 학계에 알려지게 되었다. 우선 설명의 편의를 위해 전문을 소개하면 다음과 같다.

---

18) 공석구,「고구려의 영역확장에 대한 연구」『한국상고사학보』6, 226~233 참조.
19) 鄭燦永,「德興里壁畵古墳の文字について」『德興里高句麗壁畵古墳』,1986, 115쪽에서는 장군직이 우리나라 삼국 시대에 일부 존재한 점을 들어서 고구려의 군호로 보고 있다.
20) 공석구, 앞의 논문, 1991, 232쪽에서는 國小大兄으로 끊어서 이를 고구려의 관직으로 보고 있다.

③	②	①	
城	小	乙	1
六	大	亥	2
百	使	年	3
八	者	八	4
十	於	月	5
四	九	前	6
間	婁	部	7
	治		8

이 명문에서 인명은 제①·②행의 前部小大使者於九婁이다. 前部는 출신부명, 小大使者는 관등명, 於九婁는 인명이다. 인명 표기에 대한 분석은 간단하지만, 乙亥年이란 연대가 언제인지가 문제이다.

乙亥年이란 연대를 추정할 수 있는 문헌 자료나 다른 금석문 자료가 없어서 그 연대 추정은 상당한 모험이 따를 수밖에 없다. 乙亥年을 고구려 유리왕34년(15년)으로 추정한 견해가 있다.[21] 여기에서의 중요한 근거는 다음과 같다. 농오리산성이 소재한 대령강 이북이 고구려의 영토가 되고, 대령강 일대가 고구려의 남쪽으로 되었던 시기는 고구려가 남쪽으로 영토를 적극 확대하여 나갔던 때에 찾아야 할 것으로 보면서 태조왕4년(56년)에 고구려의 영역이 남쪽으로 청천강에 이르렀기 때문에 대령강 일대의 소유는 이보다 앞서리란 점이다.

乙亥年을 고구려 양원왕11년(555년)으로 본 견해가 있다.[22] 여기에서는 평양성 석각의 丙戌年이 556년인 점과 충주고구려비의 건립 연대가 449~519년 사이인 점을 근거로 乙亥年을 문자왕4년(495년)과 양원왕11년(555년)으로 좁혔다. 문자왕4년은 고구려가 남쪽으로 죽령과 계립현까지 영토를 확장한 전성기이며, 양원왕11년은 동왕7년(551년)에 서북쪽으로 돌궐의 침입을 받고, 남쪽으로 백제와 신라의 공격을 받아 한강 유역을 상실하고, 임진강선으로 후퇴했던 직후로써 고구려는 방어체제를 재정비할 필요가 있기 때문에 乙亥年을 555년으로

---

21) 손량구,「태천군 롱오리산성을 쌓은 년대에 대하여」『조선고고연구』1987, 20쪽.

22) 민덕식,「고구려 농오리산성 마애석각 乙亥年에 대하여」『한국상고사학보』3, 1990, 110쪽.

보았다.

乙亥年의 연대 문제를 여기에서는 小大使者란 관등명에 의해 접근해 보고 싶다. 小大使者를 小使者나 大使者의 별칭으로 볼 수도 있으나 小大使者는 小使者나 大使者가 분화되기 이전의 관등명으로 해석된다. 그렇다면 乙亥年은 太使者가 나오는 충주고구려비의 건비 연대인 458년경보다 앞서는 시기인 435년으로 보고자 한다. 375년은 아직까지 고구려에서 석문이 4세기의 것은 알려진 바가 없고, 4세기의 금석문 자료로서는 기와 명문밖에 없고, 4세기의 관등명 자료도 동시대 자료로서는 알려진 예가 없다. 농오리산성 마애석각 전문을 해석하면 다음과 같다. '乙亥年 (435년) 8월에 前部 小大使者인 於九婁가 城 64間을 治하였다(쌓았다).'

V. 牟頭婁塚 墓誌銘

모두루총은 중국 길림성 集安의 동북 곧 평북 만포 대안인 下羊魚頭에 있다. 이 고분에 묵서명이 있는 것은 1935년 10월에 확인하였고, 그 뒤에 학술보고서가 나와서[23] 세상에 널리 알려지게 되었다. 전체의 글자수가 10자×81행인지, 10자×83행인지는 아직까지 불분명하다.[24] 인명 표기와 관계가 큰 부분만을 적기하면 다음과 같다.

㊻	㊶	㊵	㊴	㉖	㉕	㉔	①	
亼	△	△	△	牟	之	河	大	1
恩	△	△	△	地	伯	使	2
教	△	於	△	來	之	者	3
奴	兄	彼	祖	△	△	孫	牟	4
客	△	喪	大	△	北	日	頭	5
牟	△	亡	兄	△	夫	月	婁	6
頭	大	△	冉	彡	餘	之		7

---

23) 池內宏,『通溝』上, 1938.
24) 田中俊明,「高句麗の金石文-硏究の現象と課題-」『朝鮮史硏究會論文集』18,1981, 115~116쪽 참조.
  武田幸男,「高句麗史と東アジア-廣開土王碑硏究序說-」,1989, 317~322쪽에서는 10자씩 77행까지만 표시해 놓고, 행의 수는 84행으로 보고 있다.

150

婁	兄	△	牟	△	大	子		8
△	△	祖	壽	△	兄	所		9
△	△	父	盡	△	冉	生		10

제①행에서 大使者牟頭婁는 이 묘지명의 주인공으로 大使者는 관등명, 牟頭婁는 인명이다.

제㉕·㉖행에서 大兄冉牟가 한 사람의 인명 표기이다. 大兄은 관등명, 冉牟는 인명이다. 이 인명 표기에 있어서 大兄冉牟 앞에 北夫餘가 인명 표기에 속하는 출신지명인가하는 의문이 생긴다. 만약에 北夫餘가 출생지명이라면 외위명이 없었던 고구려에서 지방민의 인명을 새로 찾는 셈이 된다. 이 묘지명에 앞서서 이 묘지명의 주인공인 大使者牟頭婁란 인명 표기가 제①행에 나오지만 출신지명의 표시가 없어서 北夫餘를 인명 표기의 일부로 보기가 어렵다.

제㉚행에서 大兄冉牟가 한 사람의 인명 표기이다. 이는 제㉕·㉖행에서 이미 나온 사람이다. 제41행의 大兄△△가 한 사람의 인명 표기이다. 大兄은 관등명, △△는 인명이다.

제㊺행에 奴客牟頭婁가 한 사람의 인명 표기이다. 奴客은[25] 충주고구려비의 古鄒加나 太子처럼 관등명류이고, 牟頭婁는 인명이다.

이제 모두루총 묘지명의 연구에 있어서 중요한 묘지명의 작성 연대에 대해 검토해 보자. 묘지명 자체에서는 아직까지 年干支가 발견되지 않아서 그 정확한 연대를 찾기는 어렵다. 제㊺·㊻행의 國罡上(廣開)土地好太聖王緣祖父△尒恩敎奴客牟頭婁란 구절에 의해 모두루의 祖父가 광개토태왕과 동일 시기이므로 모두루는 장수왕내지 문자왕대의 사람으로 보았다.[26]

이에 앞서서 위의 구절을 好太王때 祖父의 緣에 의해 奴客牟頭婁에게 敎를 내린 뜻으로 해석해 모두루가 광개토태왕때의 사람임이 확실하다는 견해가 나왔다.[27]

---

25) 奴客은 충주고구려비이외도 광개토태왕비에서도 나온다. 이는 신하라는 뜻이다.
26) 田中俊明, 앞의 논문, 1981, 118쪽 참조.
27) 佐伯有淸,「高句麗牟頭婁塚墓誌の再檢討」『史朋』7, 1977.

모두루총 묘지명의 작성 연대에 중요한 것은 제⑮·⑯행에 걸쳐서 나오는 國罡上(廣開)土地好太聖王이란 광개토태왕의 시호이다. 이는 시호이므로 412년경에 작성된 것으로 묘지명은 412년경을 소급할 수 없다. 또 모두루총 묘지명에서는 大使者란 관등명이 나오고 있고, 435년으로 보이는 태천 농오리산성 마애석각에서는 小大使者란 관등명이 나온다. 전자의 大使者는 후자의 小大使者를 소급할 수 없어서 모두루총 묘지명은 435년 이후로 보인다. 모두루총의 단면 呂자형 二室墓 가운데 각저총이나 무용총을 5세기 초로 보고 있고, 이에 뒤지는 모두루총은 435년 이후라는 절대 연대와 함께 생각할 때, 5세기 중엽으로 판단된다.

VI. 平壤城 城壁石刻

18세기부터 알려진 평양성석각에 대해서는 많은 연구 성과가 있다.[28] 여기에서는 발견 순서에 따라 5기를 검토하기로 한다. 우선 설명의 편의를 위해 관계 전문을 제시하면 다음과 같다.

⑫	⑪	⑩	⑨	⑧	⑦	⑥	⑤	④	③	②	①	(一)
造	俌	夫	兄	里	十	西	始	八	月	年	己	1
作	利	若	相	小	一	向	役	日	廿	五	丑	2

					⑦	⑥	⑤	④	③	②	①	(二)
					作	俌	物	東	自	(三)	己	1
					節	須	荷	十	此	月	酉	2
					矣	百	小	二	下	廿	年	3
						頭	兄	里	向	一		4
										日		5

				⑧	⑦	⑥	⑤	④	③	②	①	(四)
				涉	西	節	兄	後	漢	二	丙	1
				之	北	自	文	部	城	月	戌	2
					行	北	達	小	下	中	十	3

---

28) 이에 대해서 상세한 것은 田中俊明,「高句麗長安城城壁石刻の基礎的研究」『史林』68-4, 1985 참조.

				⑥	⑤	④	③	②	①	(三)
				節	位	內	向	廿	己	1
				矣	使	中	△	一	丑	2
					尒	百	下	日	年	3
					丈	頭	二	自	三	4
					作	上	里	此	月	5
								下		6

					⑤	④	③	②	①	(五)
					尺	里	此	兄	卦	1
					治	四	東	加	婁	2
							廻	群	盖	3
							上	自	切	4
									小	5

먼저 (一)의 인명을 분석해 보기로 하자. 인명 표기와 관련된 부분은 제⑧~⑪행의 小兄相夫若伻利이다. 이를 두 사람의 인명 표기로 보는 견해와[29] 한 사람의 인명 표기로 보는 견해가[30] 있다. 지금까지 한국 고대 금석문에서 관등명이 하나인데도 두 사람의 인명인 예가 없어서 한 사람의 인명으로 보아야 될 것이다. 이 때 앞의 小兄은 관등명임이 쉽게 밝혀지나 뒤의 相夫若伻利 부분이 문제가 된다. 相夫를 무엇인가의 직명으로 보아서 인명 분석을 한 예가 있다.[31] 相夫를 직명으로 보면, 충주고구려비에서 고구려 금석문의 인명 표기 기재 순서인 직명+부명+관등명+인명의 순서와는 서로 차이가 생기게 된다. 이 인명에서 小兄인 관등명 다음에는 인명이 와야 된다. 相夫若伻利부분을 합쳐서 인명으로 보고자 한다. 相夫若伻利는 충주비의 多于桓奴와 비교할 때, 인명 길이 자체는 큰 문제가 되지 않는다. 이 (一)을 해석하면 '己丑年(509년) 5월 28일에 처음으로 役을 했는데, 서쪽으로 향하여 11里를 小兄 相夫若牟利가 쌓는다.'가 된다.

(二)에 대한 인명을 분석할 차례가 되었다. 인명 표기와 관련된 부분은 제⑤·⑥행의 物荷小兄俳須百頭이다. 앞의 物荷를 物省으로 읽어서

29) 鮎貝房之進,「高句麗城壁刻石文」『雜攷』6輯 上篇, 372쪽.

30) 홍기문,『리두연구』,1957, 207~208쪽.

31) 鬼頭淸明,「高句麗の國家形成と東アジア」『朝鮮史硏究會論文集』21, 1984, 37쪽.

관청명으로 본 견해가 있다.32)

物荷(物省)가 관청명이라면 삼국 시대 금석문의 인명 표기 가운데에서 관청명이 나오는 유일한 예가 되는 점이나 荷자를 省자로 잘못 읽은 점에서 보면, 따르기 어려운 견해이다. 物荷를 인명으로 본 견해도 있다.33) 그렇게 되면 俳須百頭의 처리가 문제이다. 이에 비해 物荷를 출신 조직과 관련시킨 견해가 있다.34) 곧 당시 고구려 수도였던 평양성에 근거한 五族이나 五部 출신이 아니고, 지방 출신으로 보고 있다. 物荷 자체를 출신 조직과 관련시킨 점은 이 연구를 한 걸음 진전시킨 것이다. 物荷는 지방의 성촌명과 관련되는 것이35) 아니라 (五)에서 卦婁盖切의 盖切과 같은 5부 가운데 하나인 部에 소속된 하부행정 구역이라고 판단된다.

이 인명 표기에 있어서 物荷가 출신지명이라고 해석해도 나머지 부분의 풀이에서도 어려움은 여전히 남는다. 物荷小兄俳須百頭에서 物荷 뒤의 小兄은 관등명이나 俳須百頭의 처리가 어렵다. 俳須百頭 중 뒤의 百頭부분은 의미상으로 대개 직명으로 보아 왔다.36) 그러나 충주고구려비의 인명 표기 순서에 따를 때, 百頭가 직명이 될 수가 없다. 여기에서는 俳須百頭를 합쳐서 인명으로 보고자 한다. 그러면 이 인명은 출신지명+관등명+인명의 순서가 되어 전형적인 고구려의 인명 표기와 그 순서가 같게 된다. (二)를 해석하면 '己酉年(529년) 3월 21일에 이곳으로부터 동으로 12리를 物荷 小兄 俳須百頭가 作節했다.'가 된다.

(三)의 인명을 분석해 보기로 하자. 인명 표기와 관련된 부분은 제 ④·⑤해의 內中百頭上位使尒文이다. 內中百頭은 직명, 上位使는 관등명,37) 尒文은 인명이다. 이 (三)을 해석하면 '己丑年(509년) 3월 21일에 이곳으로부터 △쪽을 향하여 아래로 2리를 內中百頭 上位使(者) 尒

32) 鮎貝房之進, 앞의 논문, 1934, 371~372쪽.
　　홍기문, 앞의 책, 1957, 296쪽.
33) 田中俊明, 앞의 논문, 1985, 135쪽.
34) 鬼頭淸明, 앞의 논문, 1984, 36~37쪽.
35) 田中俊明, 앞의 논문, 1985, 135쪽.
36) 鬼頭淸明, 앞의 논문, 1984에서는 百頭를 百人의 長을 의미하는 것으로 해석하고 있다.
37) 上位使는 上位使者의 잘못으로 者자가 빠져 있다.

文이 作節했다.'가 된다.

(四)의 인명을 분석해 보자. 인명 표기와 관련된 부분은 제③·④·⑤ 행의 漢城下後部小兄文達이다. 앞의 漢城下後部는 출신부명이지만 그 해석은 어렵다.38) 漢城이란 지명이 고구려 3경 가운데 하나인 載寧인 지 아니면 平壤인지는 불분명하다. 여기에서는 漢城下後部를 漢城아래 의 後部로 해석하여 漢城下後部를 출신부명으로 본다. 漢城下後部는 출 신부명, 小兄은 관등명, 文達은 인명이다. (四)의 전문을 해석하면 '丙 戌年(506년) 12월에 漢城의 아래에 있는 後部의 小兄 文達이 이곳으로 부터 서북으로 가는 곳을 涉했다.'가 된다.

(五)의 인명을 분석해 보자. 인명 표기와 관련된 부분은 제①·②행의 卦婁盖切小兄加群이다. 이 인명 분석은 참 어렵다. 小兄은 관등명, 加 群은 인명으로 쉽게 풀이되지만, 卦婁盖切이 문제이다. 卦婁盖切에서 卦婁는 고구려 5부 가운데 하나인 桂婁部로 쉽게 풀이되지만 盖切이 문제가 된다. 盖切을 인명으로 보면, 부명 다음에 곧바로 관등명이 없 이 인명이 오고, 뒤의 小兄加群과 인명 표기의 방식이 전혀 다르게 된 다. 盖切을 직명으로 보면, 이 인명 표기는 부명+직명+관등명+인명의 순서가 되어 충주고구려비의 인명 표기와 차이가 생기게 된다. 이제 남은 하나의 방법은 충주고구려비에 기록된 인명 표기 순서에 따라 卦 婁盖切 전체를 출신부명으로 보는 것이다. 卦婁盖切을 출신부명으로 보면, 卦婁는 부명으로 보는 것이 당연하나, 盖切의 해석이 문제이다. 盖切은 桂婁部(卦婁部) 내의 행정 구역일 가능성이 있다. 이러한 예를 고구려에서는 찾을 수 없지만 신라에서는 있다. 곧 남산신성비 제3비 의 제②·③행에 나오는 喙部主刀里가 그것이다. 盖切도 남산신성비의 主刀里에 준하여 해석하면 별다른 문제가 생기지 않는다. (五)의 전문 을 해석하면, '卦婁의 盖切에 소속된 小兄 加群이 이곳으로부터 동으로 돌아 위쪽으로 (?)里 四尺을 治했다'가 된다. 지금까지 분석한 평양성 성벽석각의 인명 표기를 보기 쉽게 제시하면 다음의 〈표 2〉와 같다.

---

38) 이 부분의 다양한 제설에 대해서는 田中俊明, 앞의 논문, 1985, 135~136쪽 참조.

자료명	직명	출신지명	관등명	인명
(一)			小兄	相夫若(伜利
(二)		物荷	小兄	俳須百頭
(三)	內中百頭		上位使(者)	尒文
(四)		漢城下後部	小兄	文達
(五)		卦婁盖切	小兄	加群

이제 평양성 성벽석각의 연대 문제에 대해 간단히 검토해 보기로 하자. 명문 중의 己丑年이란 연간지에 대해 449년설, 569년설, 629년설이 있다.[39] 丙戌年이란 연간지에 대해서는 446년설, 506년설, 566년설이 있다.[40] 위의 여러 가지 견해 가운데에서 평양의 장안성이 『삼국사기』에 근거할 때, 552년에 축성을 시작해 593년에 완성되었다는 결론에 따라 己丑年을 569년, 丙戌年을 566년으로 보는 견해가 유력하다.[41] 그런데 景四年在辛卯銘金銅三尊佛像이 571년이므로 己丑年을 569년으로 보는 것은 571년이 景四年이므로 景二年의 景이란[42] 연호를 사용하지 않아서 문제가 된다. 백제 왕흥사 목탑지에서 출토된 丁酉年(577년)이란 연대는 『삼국사기』의 왕흥사 대규모의 토목 시기에 관한 기록과 차이가 크다. 따라서 여기에서는 한 甲子씩 올려서 丙戌年은 506년으로, 己丑年을 509년으로, 己酉年은 529년으로 각각 보아 둔다.

VII. 맺음말

지금까지 간단히 고구려 금석문에 나타난 인명 표기에 대해서 살펴보았다. 종래에는 고구려의 인명 표기를 평양 석각 등에서 그 기재 순서에 일정한 기준도 마련하지 않고, 단어의 의미에 따라 여러 가지로 분석해 왔다. 충주고구려비, 농오리산성 마애석각, 모두루총의 묘지명,

---

39) 田中俊明, 앞의 논문, 1985, 139~140쪽 참조.
40) 田中俊明, 앞의 논문, 1985, 140~141쪽 참조.
41) 田中俊明, 앞의 논문, 1985, 141쪽 참조.
42) (二)의 석각이 569년이라면 景四年在辛卯가 571년이므로 景二年在己酉라고 나와야 된다.

평양성 성벽석각에 나타난 인명 표기는 원래 생략되는 경우도 있지만 모두 직명+출신지명+관등명+인명의 순서로 기재됨을 알게 되었다.

이러한 인명 분석을 바탕으로 고구려 관등제의 성립 과정이나 5부의 내부 구조 등에 대해서도 보다 심도 있게 다루어야 될 것이나 미처 언급하지 못했다. 고구려 불상 명문 등에 기재된 관등명을 갖지 않는 인명 표기에 대해서도 전혀 다루지 못했다. 한 가지 부언하고 싶은 것은 고구려의 휴대용 부처상 명문에 관등명이 전무하다는 사실이다. 분명히 소형상의 부처는 지배 계급의 소유로 이해되는데, 왜 그냥 평민처럼 관등명이 없는지 그 이유가 궁금하다.

제10절. 壺杅塚의 호우 명문

I. 머리말

신라의 1,000년 수도였던[1] 大京인 현재의 경주에는 수많은 크고 작은 고분들이 있으며,[2] 지금 현재 100명 이상의 고고학자가[3] 신라 사의 복원에[4] 힘쓰고 있다. 신라 복원에는 고고학, 미술사, 목간, 금석문, 기와의 1차 사료이외에도 『삼국사기』, 『삼국유사』, 『일본서기』 등의 문헌들이 있다. 이 2~3차 사료인 문헌을 제외할 때, 나머지는 전부 동시대적인 자료로 그 중요성에 대해서는 재언을 요하지 않는다.[5] 고고학의 연구에 문헌의 중요성은 충분히 인정되나, 자료가 폭발적으

---

1) 세계사적으로 1,000년 동안 서울을 옮기지 않고, 한 지역에서 계속 나라를 다스린 예는 없다. 이 수도에 대해 813년에 작성된 단속사 신행선사비에서는 東京이라고 부르고 있다. 우리가 잘 아는 처용가에도 東京이 나오고 있는데, 이를 서울로 풀이하고 있다. 관문성 성벽에서는 大京이라 부르고 있어서 여기에서는 이 용어를 사용한다.
2) 흔히 有光教一의 야장에 근거해 보통 155기의 대형고분이 알려져 있다. 소형분을 포함한 실재의 숫자는 얼마가 되는지 알 길이 없다. 신라 1000년의 고분은 크게 다음과 같이 나눌 수가 있다. 0~150년 목관묘 시대, 150~300년 목곽묘 시대, 300~519년 적석목곽묘 시대, 520~700년 횡혈식석실분 시대, 700~800년 골장기 시대, 800~935년 무고분 시대로 나눌 수가 있다. 9세기를 대표하는 토기는 덧띠무늬토기, 줄무늬토기, 편호로 이들이 고분에서 출토된 예는 단 한 번도 없다. 그런데 고려 초인 10세기가 되면, 토광묘, 석곽묘가 다시 나온다.
3) 대학을 나와 고고학을 연구하는 사람을 가리킨다.
4) 신라사 복원에는 문헌뿐만 아니라 금석문, 고문서, 미술사, 고고학, 목간, 기와 이외에도 불교사, 인류학, 민속학 등도 필요하다. 기와 자료에 대해 최근에 알려진 辛亥명보상화문전이 있다. 辛亥를 711년으로 보고 있다. 이 신해는 三川卄方으로 새로 읽었다. 三川은 동천과 알천으로 불리운 북천과 서천, 문천으로도 불린 남천이다. 三川卄方은 3천 유역에 있던 기와 요 20기를 뜻하는 것으로 보인다.
5) 문헌의 유명한 논문도 금석문, 목간, 고문서 등의 1차 사료를 인용하고 있음은 주지의 사실이다.

158

로 증가하고 있는 현재에 있어서는 그 역기능도 있음을[6] 간과해서는 안 될 것이다.[7]

여기에서는 적석목곽묘 가운데 하나인 노서동 140호분인 호우총에 대한 검토를 해보고자 한다. 이를 위해서 먼저 유적의 개요를 간단히 살펴보기로 하겠다. 다음으로 호우총에 대한 주요한 견해를 일별해 보기로 하겠다. 마지막으로 명문과 토기를 검토해 호우총의 절대 연대를 살펴보고 나서, 금관총 출토 삼루환두대도 검초 단금구에 새긴 尒斯智王이란 명문의 연대를 토대로 호우총의 연대를 재설정하고자 한다.

II. 유적 개요

광복한 뒤 최초로 우리 손에 의해 공식적으로 발굴된 유적으로 호우총과 은령총을 들 수가 있다. 이들 고분에 대한 정확한 이해야말로 적석목곽묘의 연구에 한 이정표가[8] 될 수가 있다고 판단된다.[9] 왜냐하면 정식으로 발굴 조사를 했을 뿐만 아니라 절대 연대가 있는 호우가 출토했기 때문이다.[10] 이러한 중요성에 비추어 보아도 많은 연구를 해야 될 고분임에도 불구하고 거의 연구 성과가 없었다. 명문을 통한 몇몇 연구 성과가 있었으나 고분 자체의 연구와는 동떨어진 것이

---

6) 고고학 쪽에서 문헌에서의 고고학 자료 사용을 비판하면서도 고고학 자료와 문헌의 연결은 쉽고 안이하게 연결되는 듯한 느낌이다. 문헌과 고고학 자료로 그 연결에 성공한 예는 별로 없는 듯하다. 광개토태왕비, 충주고구려비, 집안고구려비, 미륵사 서탑 사리봉안기, 포항 중성리비, 포항 냉수리비, 울진봉평비, 적성비, 창녕비, 북한산비, 마운령비, 황초령비 등에 대해서는 문헌에 단 한 줄의 언급도 없다.

7) 동래 복천동이나 합천 옥전 고분의 편년에 기초가 되는 것은 광개토태왕 庚子年(400)조인 바, 필자의 소박한 금석문과 고고학 지식에 근거한 판단으로는 경자년 조와 복천동·옥전고분은 그 편년에 아무런 상관이 없고, 김해 대성동 고분의 멸망도 경자년 조와 아무런 관련이 없다.

8) 현재까지 연구 성과로는 만인이 동의할 수 있는 적석목곽묘의 주인공을 알 수 있는 고분은 없다. 금관총에서 문자 자료가 나와서 이를 눌지왕으로 보고 있다.

9) 절대 연대를 가지고 있는 고분으로 금관총, 서봉총, 호우총의 중요성은 재언을 요하지 않는다. 서봉총에 대해서는 다음의 논문이 참고가 된다.
   김창호,「고신라 서봉총의 연대 문제(I)」,『가야통신』13·14, 1985.
   김창호,「고신라 서봉총 출토 은합 명문의 검토」,『역사교육논집』16, 1991.

10) 한국과 일본에서 출토된 문자 자료는 의외로 적어서 여러 가지 가설이 난무하고 있다.

다.

그러면 이 호우총에 대한 개요를 소개해 보기로 하자.

호우총은 경주 노서동 140호분으로 1946년 광복 직후에 우리 손에 의하여 발굴된 최초의 고분이다. 당시 국립중앙박물관에서는 이 고분의 발굴을 위하여 일본인학자 有光敎一의 자문을 받았다. 호우총이란 고분 명칭은 출토된 부장품 가운데 紀年銘이 있는 고구려산 靑銅壺杅 한 점이 들어있기 때문에 붙여졌다. 이 고분에서 출토된 청동합은 높이 19.4cm에 뚜껑이 있는 그릇으로 그 바닥에 양각으로 주조된 다음과 같은 명문이 있다.

④	③	②	①	
王	土	罡	乙	1
壺	地	上	卯	2
杅	好	廣	年	3
十	太	開	國	4

이 명문은 16자의 명문과11) 옆으로 누운 #자형12) 표시가 陽鑄되어 있다. 이 명문은 상한 연대를 알려주는 절대 연대 자료가 될 뿐만 아니라, 신라 고분에서 광개토태왕의 시호가 명시된 고구려 제품이 나와서 중요하고, 당시의 고구려와 신라의 대외 관계 등의 중요한 문제에 관하여 여러 가지 시사하는 점이 많아서 주목된다. 부장품 중에는 漆製 胡籙도 있었다.13)

이 고분에서는 고구려에서 제작된 王陵 祭器가 어떤 경로를 통해 들어와 부장하게 되었는지는 알 수가 없으나 서봉총의 은합 명문을 통해 알 수 있듯이 당시의 고구려의 수많은 공예품들이 신라에 입수되었음을 알 수 있다. 이 호우총의 청동 합도 그러한 것 가운데 하나로 보아

---

11) 마지막 글자인 十은 숫자로 이때에 만들어진 호우 가운데 10번째의 것이란 뜻이다. 왜냐하면 태왕릉 출토 청동 방울 명에 辛卯年好太王敎造鈴九十六(개행)으로 되어 있어서 九十六은 달리 해석할 수 없기 때문이다.

12) 이는 도교의 벽사 마크이다.

13) 종래에는 이를 方上氏假面으로 해석해 왔다. 이를 호록으로 본 것은 국립중앙박물관의 보존과학자이다. 이 호록을 성시구라 부르기도 하나 북방 胡族이 북중국 들어온 때는 5호 16국시대인 316~439년이다. 호록의 가장 이른 시대는 안악 3호분의 357년이라서 盛矢具란 용어 대신에 胡籙을 사용한다.

야 될 것이다.

III. 지금까지의 연구

1946년 광복한 뒤 우리 손으로 경주의 적석목곽묘를 발굴 조사한 최초의 유적이다. 그 뒤 1948년 보고서가 나왔다.[14] 여기에서는 호우총의 명문 글씨체가 광개토태왕비와 꼭같다는 전제 아래 또는 集字했다는 전제아래 호우의 乙卯年을 415년으로 보았다. 이 가설은 널리 받아 드려져서 지금까지도 이를 따르고 있다.[15]

호우총 발굴의 중요성 때문에 발굴 보고의 개요는 일본어로 일인학자에 의해 5년이 지나서 일본학계에 소개되었다.[16]

그 뒤에 호우총의 호우 명문 가운데 가장 늦게 나오는 十자를 什자로 해석하여 什器 또는 什物로 풀이한 가설이 나왔다.[17]

그 뒤에 壺杅塚의 乙卯年을 415년으로 보고서, 그 무덤도 이 시기에 준하여 생각하면서 무덤의 주인공을 고구려의 인질로 간 실성왕의 왕자인 卜好로 본 가설이 나왔다.[18]

1999년 도교적인 요소가 있는 흥해 학성리 목곽묘 출토 土製六博文直口壺를 소개하면서 호우 명문의 위쪽 중앙에 있는 #자와 관련시켜서 乙卯年을 475년으로 본 견해가 나왔다.[19]

1999년 서봉총의 절대 연대와 호우총의 절대 연대를 논하면서 호우총의 乙卯年을 415년으로 보면서 그 연대를 6세기 2/4분기의 후반으로 본 가설이 나왔다.[20]

호우총 연구의 새장을 연 것은 2006년 5월에 개최된 『호우총 은령

---

14) 김재원,『호우총과 은령총』,1948.
15) 지금까지도 광개토태왕비가 장수왕 때인 414년에 세웠으므로 호우총의 호우도 장수왕 때인 415년에 만들어졌다고 해석하고 있다.
16) 上田宏範,「慶州における壺杅塚·銀鈴塚の發掘(1)」『古代學』2-2, 1953.
17) 金在滿,「慶州壺杅塚出土の壺杅銘十について」『考古學雜誌』42-1, 1956.
18) 鈴木 治,「慶州壺杅塚とその紀年について」『天理大學報』29, 1959.
19) 김창호,「포항 흥해 출토 호의 도상으로 본 고신라의 도교 전래」『도교문화연구』12, 1999.
20) 박광렬,「신라 서봉총과 호우총의 절대 연대고」『한국고고학보』,41, 1999, 96쪽.

총 발굴 60주년 기념 심포지엄」이었다.21) 여기에는 호우총과 은령총에 관한 5편의 논문이 실려 있는 바, 이를 소개하면 다음과 같다.

첫째로 「호우총·은령총의 발굴 조사 개요」에서는 지금까지 잘 알려지지 않았던 호우총과 은령총의 발굴 야화와 그 동안의 연구 성과를 요령있게 정리하고 있다.22)

둘째로 「호우총·은령총의 구조와 성격」에서는23) 호우총과 은령총의 목곽이 2중 구조라는 새로운 해석과 함께 묘(지하에 있는 매장 시설)와 분(지상에 있는 매장 시설)의 구별이 중국의 精魂과 體魂의 분리와 연결될 가능성 등을 제시하면서 호우총의 피장자를 卜好의 후손으로 보면서 호우총의 연대를 6세기 1/4분기로 설정하였다.

셋째로 「호우총·은령총의 출토 유물」에서는24) 먼저 토기를 검토하여 호우총을 6세기 2/4분기, 은령총을 6세기 1/4분기로 편년하였다. 다음으로 유명청동호우와 이형청동용기 등을 중심으로 그 시기를 호우는 5세기 4/4분기 이후로, 이형청동기는 5세기 4/4분기에서 539년 이전에 각각 만들어진 고구려 제품으로 해석하였다. 마지막으로 호우의 명문을 415년보다는 475년과 535년일 가능성을 시사하면서도 415년을 부정하지는 않았다.

넷째로 「4~5세기 고구려와 신라의 관계」에서는25) 호우총의 호우에 나오는 乙卯年을 415년으로 전제하고 나서, 4~5세기의 고구려와 신라의 관계를 포괄적으로 다루고 있다.

다섯째로 이 심포지엄의 부록으로 「호우총출토 도깨비얼굴화살통[漆器鬼面矢箙]」에서는26) 지금까지 발표된 호록의 복원을 참조하여 호우

21) 국립중앙박물관,『호우총 은령총 발굴 60주년 기념 심포지엄』,2006.
22) 조현종,「호우총·은령총의 발굴 조사 개요」,『호우총 은령총 발굴 60주년 기념 심포지엄』,2006.
23) 김용성,「호우총·은령총의 구조와 성격」,『호우총 은령총 발굴 60주년 기념 심포지엄』,2006.
24) 이주헌·이용현·유혜선,「호우총·은령총 출토유물」,『호우총 은령총 발굴 60주년 기념 심포지엄』,2006.
25) 윤성용,「4~5세기 고구려와 신라의 관계」,『호우총 은령총 발굴 60주년 기념 심포지엄』,2006.
26) 이용희,「호우총출토 도깨비얼굴화살통[漆器鬼面矢箙]」,『호우총 은령총 발굴 60주년 기념 심포지엄』,2006.

총 출토의 호록을 복원하였다.27)

다시 호우총에 대한 발굴 조사 과정과 보고서 작성에 관한 전론이 나왔다.28) 여기에서는 호우총 발굴 당시의 국립중앙박물관에 대한 실상을 소개하고, 발굴 조사, 보고서 작성에 실질적인 작성자 가운데 한 사람인 한국고고를 담당한 서갑록으로 보고 있다.

당시의 매스컴 보도와 뒷날 국립박물관의 발굴 참여 등에 언급하고 있다. 또 木心漆面을 정밀한 유물 관찰을 통해 화살통과 神獸가29) 겹치는 것이라는 새로운 견해를30) 소개하고 있다.

IV. 명문의 검토와 호우총의 절대 연대

앞에서 살펴본 명문 16자의 한 가운데 위에 #의 명문이 있다. 이를 중심으로 호우총의 명문에 대해 살펴보기로 하자.

최초의 보고자는31) 광개토태왕비의 글자가 꼭 같다는 전제아래 그 연대를 415년으로 보았다. 이 가설은 널리 받아들여져서 지금도 통용되고 있다. 이 가설에서는 광개토태왕비의 集字說까지32) 들고 있다. 주지하는 바와 같이 秋史體가 집자가 되지 않듯이 광개토태왕비도 집자가 되지 않는다.33) 광개토태왕비의 서체는 중국에는 당시에 없던 前

---

27) 종래에는 이를 方上氏假面으로 해석해 왔다. 이를 호록으로 본 것은 국립중앙박물관의 보존과학자이다. 이 호록을 성시구라 부르기도 하나 북방 胡族이 북중국 들어온 때는 5호 16국시대인 316~439년이다. 호록의 가장 이른 시대는 안악 3호분의 357년이라서 성시구 란 용어 대신에 胡籙을 사용한다.
    단 호록의 복원에는 일본의 하니와나 고구려 안악3호분의 대행렬도의 호록 착장 방법을 참조하지 않아서 잘못된 것이다. 1쌍의 중원판상금구 길이 차이나 여기에 붙는 鉈과 釘의 구분에 대한 견해의 차이가 있다. 그리고 고구려·백제·신라·가야는 모두 중국의 등에 지는 화살통인데 대해 허리에 차고, 화살을 화살의 화살촉 가까이를 오른손으로 쏠 화살촉을 살짝 들었다가 앞으로 빼는 방법이다. 이런 방법이 漆製胡籙의 복원에서는 무시되고 있다.
28) 이용현,「호우총 발굴 조사의 재음미」『제9회 국립박물관 동원학술대회 발표요지』,2006.
29) 이 神獸는 鬼面으로 판단된다. 용면와와 귀면와 사이에서 고심하던 국립중앙박물관에서는 두 용어의 사용을 지양하면서 獸面瓦 또는 神獸瓦라 부르고 있다.
30) 이주헌,「호우총 출토 목심칠면의 재고」『고고학지』15, 2006.
31) 김재원, 앞의 책, 1948.
32) 광개토태왕비의 집자설은 성립될 수가 없다. 광개토태왕비의 城 등만 보아도 하나의 글씨마다 그 글씨체가 다 다르기 때문이다.
33) 유지혁,「광개토호태왕비문의 서체의 조형적 특징과 서법에 관한 연구」,경주대학교 대학원

漢의 古隸로 시대착오적인 서체라는 비판이 중국학자에 의해 제기되고 있다.34) 이러한 견해는 광개토태왕비의 시체에 대한 견해의 차이와 중국인 학자의 오해로 판단되어 그렇게 높이 평가할 수가 없다. 광개토태왕비의 서체는 秋史體와 함께 집자할 수 없는 것을 특징으로 한 당시 동아시아 아니 세계 최고의 서체로 보인다.

글씨의 서체가 비슷하다는 이유만으로 그 시기를 415년으로 잡는 것은35) 여러 가지 문제점을 안고 있다. 당시 광개토태왕비와 같은 서체는 당시 중국 위진남북조 시대에서 유행한 楷書體와는36) 달리 중국 前漢의 八分法에 의한 古隸이다.37) 이렇게 중국과 전혀 다른 고예의 서체는 443년 작성의 포항 냉수리비에도 나타난다. 414년에 건립된 광개토태왕비와 443년 작성의 포항 냉수리비가 다 같이 중국 전한에서 유행한 고예일 때, 우리는 광개토태왕비를 쓴 서예가의 아류를 상정할 수 있다. 실제로 청동호우의 好자와 광개토태왕비의 好자는 서로 다르다. 이를 근거로 할 때, 청동호우는 광개토태왕비와 같은 사람이 썼다고 보기가 어렵다. 그래서 乙卯年은 415년을 제외하고, 475년과 535년이 남는다.

이 475년과 535년 가운데 어느 것을 선택할려고 하면, 그 근거가 있어야 된다. 꼬두리가 없는 추정은 또 다른 혼란을 낳기 때문에 조심하지 않으면 안 된다. 이러한 문제의 관건은 #마크가 쥐고 있는 듯하다. 이 글자는 九자로 가로로 세 번 긋고, 세로로 세 번 긋는 글자의 약체로38) 보통 우물 井자와 비슷하나 사실은 전혀 다른 글자이다. 이 #(九)자는 토기와 기와에 모두 나오고 있으며, 고구려,39) 백제,40) 신

문화재학과 석사학위 청구논문, 2001.
34) 叢文俊,「고구려 호태왕비 문자와 서법에 관한 연구」,『광개토호태왕비-연구 100주년기념(상)-』, 1996.
35) 김재원, 앞의 책, 1948.
36) 보통 六朝體라 부르고 있다.
37) 이 부분에 대한 이론적인 점에 대해서는 市川本太郎,『漢字學槪論』, 1962 참조.
38) 平川 南,「墨書土器とその字形」,『國立民俗歷史博物館研究報告』35, 1991.
   平川 南,「古代の死と墨書土器」,『國立民俗歷史博物館研究報告』68, 1996.
39) 고구려 암기와에서 그 예가 있다.
40) 풍납토성에서 나온 바 있다.(권오영,「물의 제사」,『제10회 복천박물관 학술세미나-고고 자료

라에서41) 그 예가 증가하고 있다.

신라의 경우 이 ♯마크는 520년을 소급하지 않고 있다. 그렇다면 ♯자를 기준으로 보면 475년보다 535년으로 보는 쪽이 타당할 것이다. 그러면 호우총의 토기 연대가 문제가 된다. 이 문제를 검토해 보기로 하자. 호우총을 6세기로 보는 것이 학계의 대세인 듯하다.42) 그 세부 편년에서는 6세기 1/4분기설,43) 6세기 전반설,44) 6세기 2/4분기설45) 등이 있다. 호우총의 고배는 6세기 1/4의 것과 6세기 2/4분기의 것이 공존하고 있다. 그렇다면 그 시기를 6세기 2/4분기로 보는 쪽이 옳을 것 같다. 청동호우의 乙卯年이 535년일 때, 호우총의 연대는 535~550년정할 수가 있으나 그 시기를 540년으로 보는 쪽이 좋을 듯하다.

호우총을 540년으로 본 것은 금관총 삼루환두대도 검초 단금구의 尒斯智王과 尒斯智王刀란 명문이 나오지 않았을 때 이야기이고, 지금은 그 연대를 달리 보고 있다. 尒斯智王은 尒자를 훈독하면 너자가 되고, 斯자를 반절로 읽으면 ㅅ이 된다. 이렇게 읽으면 尒斯智王은 넛지왕이 된다. 넛지왕은 신라의 왕 가운데 訥祗王과 가장 가깝다. 그렇다면 금관총은 눌지왕릉이 되고 그 시기는 눌지왕이 죽은 458년이란 절대 연대를46) 얻게 된다. 신라 적석목곽묘에서 애타게 기다려왔던 절

로 본 고대의 제사」,2006. 여기에서는 大夫도 신성 사상과 관련된 구절로 보아 주목된다.)
41) 적석목곽묘에서는 아직까지 그 예가 없다.
42) 5세기 4/4분기로 본 가설도 있으나 논외로 한다.
43) 김용성,「호우총의 구조 복원과 피장자의 검토」,『선사와 고대』24, 2006, 462쪽.
44) 藤井和夫,「慶州古新羅古墳編年試案-出土新羅土器を中心として-」『神奈川考古』6, 1979, 162쪽.
45) 박광렬, 앞의 논문, 1999, 96쪽.
46) 尒斯智王을 훈독과 반절로 넛지왕으로 보아서 458년이란 절대 연대를 잡았는데, 이러한 훈독과 반절의 최고예이다. 그러면 언제쯤 훈독과 반절이 나타났을까? 고구려는 太寧四年 명와당 등 4세기의 금석문으로 와당 명문이 많다. 신라의 가장 오래된 금석문의 예는 황남대총(98호분) 북분의 夫人帶명이다. 그 시기는 5세기 1/4분기로 보인다. 신라에서도 458년의 훈독과 반절의 예로 볼 때, 4세기 금석문이 나올 가능성이 크다. 다호리 유적의 붓이 글씨를 쓰는 것으로 해석되고 있고, 尒斯智王명이 확실한 458년 곧 5세기 금석문이라서 포항중성리를 441년, 포항냉수리비를 443년으로 각각 볼 수가 있다. 고신라 금석문의 미해결로 남아 있는 것으로 篤兄=篤支次(인명)에서 왜 같은 인명인지를 해결하지 못하고 있다. 尒斯智王의 넛지왕으로 풀이한 것은 100년만이 만날 수 있는, 우리 생애에서는 절

대 연대를 갖게 되었다. 금관총의 연대는 대체로 5세기 4/4분기로 보아 왔다. 5세기 4/4분기는 475~500년이다. 이를 눌지왕릉이라고 보면 17~42년의 간격이 생긴다. 종래 적석목곽묘와 횡혈식석실분의 경계가 550년으로 서로 겹치지 않는다. 그렇다면 550년에서 얼마를 소급시켜야 될까? 17~42년 사이로 볼 수는 없다. 여기에서 주목되는 것은 법흥왕 때인 520年 春正月에 律令을 頒布한 것이다. 적석목곽묘에서 횡혈식석실분으로의 전환을 520년이라고 볼 수가 있다. 따라서 호우총의 연대도 540년이 아닌 510년경으로 본다. 호우총 청동호우의 乙卯年도 415년이나 535년이 아닌 475년으로[47] 보는 바이다.[48]

V. 맺음말

먼저 호우총의 개요를 호우를 중심으로 간단히 살펴보았다.

다음으로 호우총에 관한 호우를 중심으로 지금까지의 여러 가설을 연대 순서에 기준하여 일별하였다.

마지막으로 호우총의 연대를 540년경으로 보고, 호우명문의 乙卯年

다시는 못 만날 행운이었다. 두고두고 두 자루의 尒斯智王(刀)명문에 감사한다. 한국 고분시대의 대표적인 절대 연대를 나타내는 문자 자료이다. 그래서 고신라 적석목곽묘를 30년 가량 소급시키고, 4~8세기 적석목곽묘, 횡혈식석실분, 신라토기, 인화문토기 등의 편년도 458년의 금관총 편년과 520년 春正月의 律令 頒布로 보면, 30년을 소급시키는 방향으로 다시 생각할 시기가 되었다. 하루 빨리 신라에서 4세기 금석문이 나타나기를 기대해 본다. 그래서 수수께끼의 고신라의 초기 역사가 보다 분명히 복원되기를 바란다.

47) 435년의 농오리 마애석각에서 小大使者가 나와서 모두루총의 묵서명에서는 大使者가 나와서 435년보다 늦게 보아야 한다. 모두루총과 같은 國罡上廣開土地好太王의 土地가 나온 호우총의 호우 연대도 5세기 중엽으로 보아야 된다. 또 고고학에서 모두루총은 각저총·무용총 보다 후행하는 형식이고, 그 시기는 5세기 중엽으로 판단된다. 호우의 乙卯年을 415년으로 보는 점은 금석문에 대한 견해의 차이에 의거로 말미암은 것이다. 乙卯年을 415년이 아닌 475년으로 보아야 한다. 왜냐하면 모두루총의 國罡上廣開土地好太聖王나 호우총 호우의 國罡上廣開土地好太王에서 土地가 나오는 시호명은 國罡上廣開土境平安好太王의 土境이 나오는 414년 광개토태왕비 건립에서 상당한 시간이 흐르고 나서 일 것이기 때문이다. 그래서 광개토태왕비와 호우총의 好字가 상당히 달리 쓰여 있다.

48) 경주에 있어서 주요 적석목곽묘의 연대를 다음과 같이 본다.

무덤을 竹長陵, 竹現陵, 大陵 등으로 불렸던 미추왕릉(太祖星漢王:284년)→황남동 109호 3·4곽(4세기 중엽)→황남동 110호(4세기 후반)→98호 남분(奈勿王陵:402년)→금관총(尒斯智王陵=訥祇王陵:458년)→천마총(5세기 후반)→호우총(510년경)→보문리 합장묘(519년경)→횡혈식석실분(520년 이후:율령 공포)

166

도 535년으로 잘못 보았다. 금관총에서 환두대도 검초 단금구에 尒斯智王이란 명문이 두 번이나 나와서 이를 훈독과 반절로 넛지왕으로 보고, 이를 눌지왕으로 보고 금관총의 연대를 458년으로 보았다. 종래 금관총은 5세기 4/4분기로 보아 왔다. 그러면 금관총의 편년과 458년 사이에는 17~42년의 간격이 생긴다. 그래서 적석목곽묘와 횡혈식석실분 사이에 그 시기가 서로 겹치지 않는 점에 근거하고, 법흥왕 율령 반포가 520년인 점에 근거해 적석목곽묘에서 횡혈식석실분으로의 전환 시기가 520년으로 보았다. 또 호우총의 연대를 510년경으로 보고, 호우명문의 乙卯年도 415년이나 535년이 아닌 475년으로 보았다.

제11절. 甲寅銘釋迦像光背 명문을 새긴 시기

I. 머리말

1878년 法隆寺에서 일본의 왕실에 헌납한 이른바 御物(48體佛) 가운데 하나로 舟形光背에 명문이 음각되어 있는 甲寅銘釋迦像光背는 헌납보물 196호로 지정되어 현재 동경국립박물관에 소장하고 있다.1) 그 크기는 높이 25.1cm, 너비 18.3cm, 두께 0.5cm전후이다. 광배에 남아있는 구멍과 촉으로 미루어 광배는 臺座, 本尊, 脇侍菩薩이 있는 一光三尊佛의 형식으로 추정되고 있다.

광배에는 內區에 인동당초문이 장식되어 있고, 그 주위에 7구의 化佛이 浮彫되어 있다. 그 주연부에는 특이하게도 갖가지의 악기를 연주하는 비천들이 천의를 휘날리며 날고 있다. 그 율동감이 있는 천의 자락을 화염문처럼 처리하여 투조로 조각하고 있다.

명문은 모두 7행 59자로 광배의 뒷면에 해서체로 음각되어 있다. 이 불상은 종래에는 일본에서 제작된 것으로 여겨 왔으나,2) 명문의 내용중 비슷한 구절이 한국 고대의 금동불 명문에 보이는 점을 근거로 고구려나 백제에서 만들어진 것으로 보는 견해가 나왔고,3) 뒤이어서 『한국금석유문』 등에도 수록하였고,4) 이 광배의 생동감·율동감·부드러

---

1) 奈良國立文化財硏究所 飛鳥博物館, 『飛鳥·白鳳の在銘金銅佛』, 1976, 72쪽.
2) 平子鐸嶺, 『佛敎藝術の硏究』, 1923; 『增訂 佛敎藝術の硏究』1978(復刊). 329쪽에서 'その光背はひとり法隆寺釋迦佛光背に似たるのみみならず我推古天皇時代の藝術の母とも稱すべき支那北朝の造像記ある石佛の光背の多くにはよく一致せるものにして或はこれ當時韓土傳來の品にして我藝術家等の範となしたる種類のものならざるやを思はしむるものなり'라고 하면서도, 330쪽에서는 이 광배를 594년의 일본제로 본 듯하다.
3) 熊谷宣夫, 「甲寅銘王延孫造光背考」 『美術硏究』209, 1960 등.

168

운 표현의 입체적인 구조 등을 근거로 고구려의 미술 양식으로 보는 견해도 나왔고,[5] 1광3존불이란 주조 형식과 이 광배의 운기문이 고구려 벽화 고분의 그것과 비슷한 점 등에서 고구려제로 주장하는 견해도 나왔다.[6]

여기에서는 먼저 이 불상의 명문을 소개하고, 다음으로 이 명문의 상세한 작업을 위한 기초 작업으로 우리나라 삼국 시기의 삼국 시대 불상 조상기의 판독과 내용을 검토하겠고, 마지막으로 주로 한국의 이 시기 불상 조상기 명문과 비교해서 갑인명석가상광배 명문을 새긴 시기에 대해서 몇 가지 소견을 밝혀 보고자 한다.

II. 명문의 소개

이 명문은 舟形의 광배 뒤에 있으나, 글자의 자획이 분명하여 판독에 별 어려움이 없다. 설명의 편의를 위해 관계 전문을 제시하면 다음과 같다.

⑦	⑥	⑤	④	③	②	①	
淨	三	身	願	敬	王	甲	1
土	塗	安	父	造	延	寅	2
見	遠	隱	母	金	孫	年	3
仏	離	生	承	銅	奉	三	4
聞	八	生	此	釋	爲	月	5
法	難	世	功	迦	現	卅	6
	速	世	德	像	在	六	7
	生	不	現	一	父	日	8

---

4) 황수영편저, 『한국금석유문』, 1976, 242~243쪽.
　허흥식편, 『한국금석전문』, 고대편, 1984, 50~51쪽.
　한국고대사회연구소편, 『역주 한국고대금석문(Ⅰ)』, 1992, 163~164쪽.
5) 강우방, 「금동일월식3산관사유상고(상)」 『미술자료』30, 1982; 『원융과 조화』, 1990, 재수록.
6) 곽동석, 「금동제1광3존불의 계보-한국과 중국 山東 지방을 중심으로-」 『미술자료』51, 9쪽.
　여기에서는 3국 시대의 1광3존 21예를 제시하고, 중국 산동 지방의 1광3존 4예도 아울러 소개하고서, 1광3존을 주도했던 나라는 고구려라고 주장하면서, 이 형식이 중국 산동 지방과 백제에 전해 졌을 가능성을 시사하고 있다.

		徑		驅	母	弟	9
						子	10

이 조상기의 명문은 모두 7행으로 제①행은 10자, 제②행은 9자, 제③행은 9자, 제④행은 8자, 제⑤행은 9자, 제⑥행은 8자, 제⑦행은 6자로 각각 구성되어 있다. 전체 총 글자수는 59자이다. 명문에는 까다로운 이체 문자가 전혀 없어서 판독에 어려움이 없고, 글자의 자획이 그 당시의 서체와 너무도 꼭 들어맞도록 정확하게 새겨져 있다.

이 조상기의 명문을 해석하면 다음과 같다.

'갑인년 3월 26일 (佛)弟子 왕연손이 현재의 부모를 위하여 금동석가불 1구를 敬造하오니, 원컨대 부모가 이 공덕으로 현신이 평안하고, 태어나는 세상마다에서 三塗를[7] 거치지 않고, 八難을[8] 멀리 떠나 빨리 淨土에 태어나서 佛을 보고, 法을 듣게 하소서.'

III. 5~6세기의 조상기[9]

1) 延嘉七年銘金銅如來立像

1963년 7월 16일 경상남도 의령군 대의면 하촌리 산30번지의 길가에서 현지 주민에 의해 발견되었다.[10] 이 불상은 국보 119호로 지정되어 현재 국립중앙박물관에 보관되어 있다. 이 불상은 전체 높이 16.2cm, 높이 12.1cm, 너비 8.1cm이다. 이 불상의 뒷면에 다음과 같은 명문이 새겨져 있어서 이를 판독해 보자.

---

7) 三惡道라고도 말하는데, 악업의 결과 태어나게 되는 火途(지옥), 刀途(刀途餓鬼), 血途(축생)의 세계를 가리킨다.(한국고대사회연구소편, 앞의 책, 1992, 164쪽.)

8) 부처님을 보지 못하고, 불법을 듣지 못하는 여덟 가지의 難處 곧 地獄, 畜生, 餓鬼, 長壽天, 邊地, 盲聾, 瘖瘂, 世智弁聰, 佛前佛後를 말한다.(한국고대사회연구소편, 앞의 책, 1992, 164쪽.)

9) 이 밖에 삼국 시대 불상 조상기로는 동아대학교 박물관 소장의 太和十一年銘石佛像이 있으나, 이의 명문 자체의 日干支를 『三正綜覽』등에서 찾으면 489년 北魏에서 만든 중국제로 판단되어 제외하였다. 단석산신선사마애불조상기는 삼국 시대 말기로 보고 있으나 통일 신라 말기의 것이라 제외하였다.

10) 황수영,「고구려연가7년명금동여래입상」『미술자료』8, 1963.

제①행은 모두 13자이다. 1번째 글자인 延자는 연으로 표기되어 있는데, 이렇게 표기한 예로는 龍門石窟의 조상기에도 보인다.[11]

　제②행은 모두 13자이다. 5번째 글자는 苐자이다. 이는 第자 또는 弟자의 이체로 적성비에서는 兄弟를 兄苐로 표기하고 있다.

　제③행은 모두 13자이다. 11번째 글자는 彐자로 보는 설과[12] 回자로[13] 나뉘고 있으나 彐자설이 옳다. 13번째 글자는 歲자로 읽어 왔으나,[14] 義자가 옳다.[15]

　제④행은 모두 8자이다. 4번째 글자는 法자,[16] 擅자,[17] 壽자,[18] 招자[19] 등의 견해가 제시되고 있다. 여기에서는 法자로 읽는 견해에 따른다. 5번째 글자는 穎자,[20] 顯자,[21] 類자,[22] 등으로 읽는다. 여기에서는 穎자의 이체와[23] 비슷해 穎자로 읽는다. 이상의 판독 결과를 참조하여 전문을 제시하면 다음과 같다.

---

11) 水野淸一·長廣敏雄,『河南洛陽龍門石窟の硏究』,東方文化硏究所硏究報告第十六冊, 1941, 462쪽.
　　山田勝美監修,『難字大典』,1976, 78쪽.
12) 奈良國立文化財硏究所 飛鳥博物館, 앞의 책, 1976, 118쪽.
13) 김원룡, 「연가7년명금동여래입상명문」『고고미술』 5-9, 1964; 『한국미술사연구』 재수록, 1987, 155쪽.
　　田中俊明,「高句麗の金石文-硏究の現狀と課題-」『朝鮮史硏究會論文集』18, 129쪽에서 'しかしこれは明らかに回であり,因でない'라고 주장하고 있다.
　　伏見冲敬篇,『書道大字典』,1984, 401쪽에는 因의 이체로 囙도 있고, 囬도 있다.
14) 한국고대사회연구소편, 앞의 책, 1992, 127쪽.
15) 이 글자를 義자로 본 것은 김영태,「연가7년명고구려불상에 대하여」-한국불교학회 제9회학술연구발표회 발표요지-, 1986, 5쪽에서 비롯되었다. 이 시기의 歲자는 모두가 윗부분이 山자와 비슷한 모양으로 시작하고 있으나, 이 글자는 그렇지 않다. 이 글자와 꼭 같은 글자는 없으나, 유사한 예로는 다음과 같은 예가 있다.
　　宇野雪村篇,『六朝造像記 五種』,1986, 40쪽.
　　伏見冲敬篇, 앞의 책, 1984, 1766~1767쪽.
16) 中吉功,『新羅·高麗の佛像』,1971, 146쪽.
17) 김원룡, 앞의 책, 1987, 155쪽.
18) 久野健 等,『古代朝鮮佛と飛鳥佛』,1979, 18쪽.
19) 허흥식편, 앞의 책, 1984, 33쪽.
20) 김원룡, 앞의 책, 1987, 155쪽.
21) 中吉功, 앞의 책, 1971, 416쪽.
22) 황수영편저, 앞의 책, 1976, 236쪽.
23) 伏見冲敬篇, 앞의 책, 1984, 1630쪽.

④	③	②	①	
佛	造	東	延	1
比	賢	寺	嘉	2
丘	劫	主	七	3
法	千	敬	年	4
穎	佛	弟	歲	5
所	流	子	在	6
供	布	僧	己	7
養	第	演	未	8
	卅	師	高	9
	九	徒	麗	10
	因	卅	國	11
	現	人	樂	12
	義	共	良	13

이상의 판독 결과를 중심으로 전문을 해석하여 제시하면 다음과 같다.

'延嘉七年인 己未年(479)에 高句麗國[24] 樂良東寺의 (부처님을) 恭敬하는 제자인 僧演을 비롯한 師徒[25] 40인이 賢劫千佛을 만들어 流布한 제29번째인 因現義佛을[26] 比丘인 法穎이[27] 供養한 것이다.'

2) 永康七年銘金銅佛光背

이 광배는 1944년 평양시 평천리에서 발견되었다. 근처에서 佛像

---

24) 高句麗를 高麗라고 한 것은 491년 장수왕의 죽음을 애도하는 북위의 조서가 처음 보이기 시작한 이래 널리 사용되었고(『위서』,예지3), 그 시기가 520년이란 견해(李殿福,「高句麗が 高麗と改名したのは何時か」『高句麗·渤海の考古と歷史』,1991, 166~177쪽)도 있으나, 458년 경에 건립된 忠州高句麗碑에도 高麗太王이란 구절이 나와서 따르기 어렵다.

25) 이 부분을 종래에는 '樂良東寺의 주지 敬과 그 제자인 僧演을 비롯한 師弟 40인이'라고 해석해 왔다. 김영태, 앞의 논문, 1986, 6쪽에서는 남북조 전후의 중국이나 우리나라 삼국시대에는 單字의 僧名이 보이지 않는다고 하면서 僧法名에 單字가 붙는 예로 僧郎, 僧肇, 僧實 등을 들고 있다. 따라서 僧演은 僧法名이고, 敬은 인명이 아니라고 하였다. 조상기의 弟子는 불제자를 의미하므로 여기에서는 이에 따른다.

26) 김영태,「賢劫千佛 신앙」『三國時代 佛敎信仰 硏究』,1999, 277~278쪽에서는 서진 竺法護가 번역한『賢劫經』에 賢劫千佛 가운데 29번째 부처가 因現義佛이라고 하였다.

27) 이를 穎으로 판독하고서 '脫穀하는 자 곧 농부로 보아서, 비구와 농부가 불상을 공양한다.'는 뜻으로 해석한 견해도 있다.(김원룡, 앞의 책, 1987, 155쪽.) 그 뒤에 이 부분의 판독은 종래와 같지만, 인명으로 바꾸어서 해석하고 있다.(김원룡·안휘준,『신판 한국미술사』,1993, 59쪽.)

臺座와 金銅半跏思惟像 등이 발견되었다.[28]   광배는 현재 평양중앙박물관에 소장되어 있다. 광배의 크기는 높이 22cm, 너비 14cm이다. 그 모양은 舟形이다. 전문에서 문제시되는 글자를 중심으로 판독해 보기로 하자.

제①행은 모두 7자이다. 7번째 글자는 甲자[29] 또는 辛자로[30] 읽어 왔으나, 辛자가 분명하다. 8번째 글자를 午자로 읽는 견해도 있으나,[31] 따르기 어렵다.

제②행은 모두 8자이다. 9번째 글자를 祈자로 읽는 견해도 있으나,[32] 따르기 어렵다.

제③행은 모두 8자이다. 8번째 글자는 覺자로 읽는 견해가 많으나,[33] 9번째 글자에 岸자를 복원하고, 10번째 글자의 존재를 주장한 견해가 있으나,[34] 따르기 어렵다.

제④행은 모두 4자이다. 이에 대해서는 다른 이견이 전혀 나오지 않고 있다.

제⑤행은 모두 10자이다. 2번째 글자는 初처럼 되어 있는데, 이를 解자[35] 또는 初자로[36] 읽는다. 이 글자는 龍門石窟造像記의 예에 따르면[37] 初자가 분명하다. 6번째 글자는 念자로 추독하는 경우가 많아서[38] 이에 따른다. 9번째 글자는 以자[39] 또는 必자로[40] 읽는 견해가 있으나 以자로 읽는 견해에 따른다. 10번째 글자는 모자로 표기되어

---

28) 田中俊明, 앞의 논문, 1981, 132쪽 참조.
29) 김우,「평양시 평천리에서 발견된 고구려 금동 유물들」『문화유산』1962-6, 1962, 65쪽.
30) 도유호,「평천리에서 나온 고구려 부처에 대하여」『고고민속』1964-3, 1964, 32쪽.
31) 久野健,「平壤博物館の佛像」『ミュ-ジアム』490, 1992, 4쪽.
32) 한국고대사회연구소편, 앞의 책, 1992, 123쪽.
33) 田中俊明, 앞의 논문, 1981, 133쪽 등.
34) 한국고대사회연구소편, 앞의 책, 1992, 123쪽.
35) 도유호, 앞의 논문, 1964, 32쪽.
36) 김우, 앞의 논문, 1962, 65쪽.
    奈良國立文化財研究所 飛鳥博物館, 앞의 책, 1976, 117쪽.
37) 水野淸一·長廣敏雄, 앞의 책, 1943, 457쪽.
38) 田中俊明, 앞의 논문, 1981, 133쪽 등.
39) 田中俊明, 앞의 논문, 1981, 133쪽.
40) 한국고대사회연구소편, 앞의 책, 1992, 123쪽.

있으나, 菩자로 추독한 견해가 있다.[41]

제⑥행은 모두 10자이다. 이 행에 대해서는 판독에 다른 이견이 제출되지 않고 있다.

제⑦행은 모두 7자이다. 이 행에 대해서도 판독에 다른 이견이 제출되지 않고 있다.

지금까지 판독한 내용을 제시하면 다음과 같다.

⑦	⑥	⑤	④	③	②	①	
隨	提	之	慈	福	爲	永	1
喜	若	初	氏	願	亡	康	2
者	有	悟	三	合	母	七	3
等	罪	无	會	三	造	年	4
同	各	生		者	弥	歲	5
此	願	思		神	勒	在	6
願	一	究		△	尊	辛	7
	時	竟		興	像	△	8
	消	以					9
	滅	菩					10

이 광배의 조상기를 해석하면 다음과 같다.

'永康七年辛△에[42] 亡母를 위해 弥勒尊像을 만듭니다. 福을 원합니다. 亡者로 하여금 神△興하여 慈氏三會之初에[43] 无生의[44] (法理를) 깨닫고, 究竟을[45]……(하옵소서) 만약에 죄가 있으면 右願으로 一時에 消滅되게 하옵소서. 隨喜者[46] 등도 이 願과 같이 하옵소서.'

---

41) 한국고대사회연구소편, 앞의 책, 1992, 123쪽.
42) 481년, 491년, 501년, 511년, 521년, 531년, 541년, 551년, 561년 등이 그 대상이 될 수가 있다.
43) 慈氏三會의 慈氏란 미륵의 중국식 성씨. 자씨3회란 龍華會라고도 하는데, 미륵이 성불한 후 華林園에서 개최한 3차례의 법회를 말한다. 미륵은 初會의 설법에서 96억년, 二會에의 설법에서 94억년, 三會의 설법에서 92억년을 제도한다고 한다.(한국고대사회연구소편, 앞의 책, 1992, 125쪽.)
44) 이는 生滅을 떠난 절대의 진리 또는 번뇌를 여원 깨달음의 경지를 말한다.(한국고대사회연구소편, 앞의 책, 1992, 125쪽.)
45) 이는 상대를 초월한 불교의 최고 경지를 말한다.(한국고대사회연구소편, 앞의 책, 1992, 125쪽.)
46) 이는 남이 한 善根功德을 기뻐하는 자이다.(한국고대사회연구소편, 앞의 책, 1992, 125쪽.)

3) 景四年銘金銅如來立像

1930년 가을 광배와 함께 金銅三尊佛이 황해도 곡산군 화촌면 봉산리에서 발견되었다.[47] 광배의 크기는 높이 15.4cm, 너비 10.3cm이다. 金東鉉씨가 소장하고 있으며, 국보 85호로 지정되어 있다. 불상은 舟形 光背의 중앙에 本尊佛을 배치하고, 그 좌우에 협시보살을 배치한 1광3존불의 형식이고, 대좌는 결실되었다. 본존은 명문에 나타나 있는 바 無量壽佛(=阿彌陀佛)로서 通肩衣에, 手印은 施無畏與願印을 취하고 있다. 광배는 본존을 중심으로 頭光과 身光을 구분하고, 그 안에 蓮花와 唐草文을 양각하였으며, 그 외각에다 火焰文을 양각하고 있는데, 그 사이에 化佛 3구가 있다. 명문의 광배 뒷면에 楷書體로 음각하고 있으나, 제⑧행은 맨 밑에 오른쪽에서 왼쪽으로 새기고 있다. 명문 가운데 문제시되는 글자만을 판독하면 다음과 같다.

제①행은 8자이다. 제②행의 1번째 글자까지를 합쳐서 9자로 보는 견해도 있다.[48] 1번째 글자는 日京 또는 日亘으로 읽는 견해와[49] (太)昌으로 보는 견해가[50] 있으나, 龍門石窟의 조상기에도 景을 景 또는 㬌으로 쓴 예가 있어서[51] 이 글자는 景자가 타당하다.

제②행은 모두 8자이다. 1번째 글자는 㵌자로 표기되어 있어서 須자의 이체로 보기도 하나,[52] 須자의 이체로 그러한 예가 없어서 여기에서는 모르는 글자로 본다.

제③·④행은 모두 8자씩으로 판독에는 다른 이견이 없다.

제⑤행은 10자이다. 2번째 글자를 王자로 읽는 견해도 있으나,[53] 亡자가 옳다.

제⑥·⑦·⑧행은 각각 8자, 7자, 9자로 판독에 다른 이견이 없다. 지

47) 關野 貞,『朝鮮美術史』,1932, 54쪽.
48) 한국고대사회연구소편, 앞의 책, 1992, 130쪽.
49) 손영종,「금석문에 보이는 삼국시대 몇 개 연호에 대하여」『력사과학』1966-4, 1966, 353쪽.
50) 김영태,「삼국시대 불교금석문 고증」『불교학보』26, 1989, 237쪽.
51) 水野清一·長廣敏雄, 앞의 책, 1941, 466쪽.
52) 한국고대사회연구소편, 앞의 책, 1992, 130쪽.
53) 田中俊明, 앞의 논문, 1981, 132쪽.

금까지 판독한 것을 중심으로 전문을 제시하면 다음과 같다.

⑧	⑦	⑥	⑤	④	③	②	①	
願	遇	值	願	共	賤	△	景	1
共	弥	諸	亡	造	奴	共	四	2
生	勒	佛	師	无	阿	諸	年	3
一	所	善	父	量	王	善	在	4
處	願	知	母	壽	阿	知	辛	5
見	如	識	生	佛	堀	識	卯	6
佛	是	等	生	像	五	那	比	7
習		值	之	一	人	婁	丘	8
法			中	軀			道	9
			常					10

　이 景四年銘金銅三尊佛像의 조상기를 해석하면 다음과 같다.

　'景四年辛卯年에54) 比丘 道△와 여러 善知識인55) 那婁, 賤奴, 阿王, 阿堀의 5인이56) 함께 无量壽像(=阿彌陀佛像) 1구를 만듭니다. 원컨대 亡師, 亡父, 亡母가 태어날 때마다 마음속으로 늘 諸佛을 만나고, 善知識 등도 彌勒을 만나게 하옵소서. 所願이 이와 같으니, 원컨대 함께 한 곳에 태어나서 佛을 보고, 法을 듣게 하옵소서.'

---

54) 일반적으로 571년으로 보고 있다.
55) 善知識이란 말은 673년에 제작된 癸酉銘阿彌陀三尊佛碑像에도 나온다. 여기에서의 선지식 은 남자 불교 신도를 가리키는 듯하다.
56) 삼국 시대 조상기에 있어서 이 조상기에 인명이 가장 많이 나오고 있다. 지금까지 조상기 의 인명에 관등명이 나오는 예는 단 1예도 없다. 이들 조상기에 기록된 것처럼 亡父 등 죽은 사람을 위해 조상한 점에서 나이가 아직 관등을 받지 못하는 연령층인지도 알 수 없 지만 그 신분이 그리 높지 않을 가능성도 있는 것 같다. 조상기에 나타난 인명으로 보면 5~6세기의 휴대용 불상의 조영에는 귀족이 보이지 않는다. 그래서 강우방,「삼국시대불교 조각론」『삼국시대불교조각』,1990, 133쪽에서는 '지금까지 알려진 삼국시대의 불상광배에 새겨진 명문을 살펴보면, 금동불 조성을 발원한 사람의 신분은 알 수 없지만, 대체로 庶民 的인 분위기를 감득할 수는 있다.'라고 하였다. 휴대용 부처를 서민만이 갖고 있다면, 관등 을 가질 수 없는 귀족은 휴대용 불상을 사용하지 않았다고 보아야 된다. 673년에 제작된 癸酉銘阿彌陀三尊佛碑像에는 많은 관인층이 나오고 있어서 귀족도 불상의 조영에 참가했다 고 해석된다. 그렇다면 5~6세기의 휴대용 불상에서 전혀 관등이 나오지 않아도 이를 서민 으로 해석하는 것은 무리이다. 관등이 있어도 부처 앞에서는 그것을 기록하지 못한 것은 아닐지 후고를 기다리기로 한다.

4) 建興五年銘金銅佛光背

1913년 2월 충북 충주시 노원면의 산중에서 발견되었다.[57] 이미 석가상은 결실되고 없으며, 舟形光背뿐인데, 좌우 협시보살은 광배와 함께 주조되었기 때문에 남아 있다. 1915년에 이르러 충주 지방을 지나던 관계 전문가에 의해 조사되어, 그 뒤에 상세한 조사 결과가 공포되었다.[58] 이 불상은 현재 국립청주박물관에 보관중이다.[59] 이 광배의 크기는 높이 13.3cm, 너비 9.4cm이다. 광배의 뒷면에 해서체로 명문이 적혀 있다. 명문 가운데 문제시되는 글자만을 판독하면 다음과 같다.

제①행과 제②행은 모두 각각 8자이다. 판독에 다른 이견이 없다.

제③행은 모두 7자이다. 이를 8자로 보는 견해도 있다.[60] 1번째 글자는 祝자,[61] 兜자,[62] 兒자,[63] 見자[64] 읽는 견해가 있으나, 여기에서는 兒자설에[65] 따른다. 2번째 글자는 奄으로 표기되어 있으나, 奄자로 읽는다.[66]

제④행은 모두 8자이다. 6번째 글자는 但자로 적고 있다. 이를 見자일 가능성을 제시한 견해도 있으나,[67] 이 글자는 値佛聞法이란 관용구로 불상조상기에 자주 나오고 있어서[68] 値자로 읽는 견해에[69] 따르겠다.

제⑤행은 모두 8자이다. 3번째 글자는 切로 되어 있으나 切자의 이체이다.[70]

57) 中吉功, 앞의 책, 1971, 30쪽에서는 충주 부근의 사지에서 발견되었다고 하였다.
58) 黑板勝美, 「朝鮮三國時代に於ける唯一の金銅佛」 『考古學雜誌』 15-6, 1925.
59) 곽동석, 앞의 논문, 1993, 9쪽.
60) 한국고대사회연구소편, 앞의 책, 1992, 133쪽.
61) 黑板勝美, 앞의 논문, 1925, 355쪽.
62) 田中俊明, 앞의 논문, 1981, 169쪽.
63) 황수영편저, 앞의 책, 1976, 239쪽.
64) 久野健 등, 앞의 책, 1976, 25쪽.
65) 황수영편저, 앞의 책, 1976, 239쪽.
66) 황수영편저, 앞의 책, 1976, 239쪽.
67) 熊谷宣夫, 앞의 논문, 1960.
68) 한국고대사회연구소편, 앞의 책, 1992, 134쪽.
69) 한국고대사회연구소편, 앞의 책, 1992, 134쪽.

⑤	④	③	②	①	
法	願	兒	佛	建	1
一	生	奄	弟	興	2
切	生	造	子	五	3
衆	世	釋	清	年	4
生	世	迦	信	歲	5
同	値	文	女	在	6
此	佛	像	上	丙	7
願	聞		部	辰	8

이 建興五年銘金銅佛光背의 조상기를 해석하면 다음과 같다.

'建興五年丙辰年에[71] 佛弟子인 淸信女[72]上部兒奄이 釋迦文像을[73] 만
듭니다. 원컨대 태어나는 세상마다 佛을 만나고, 法을 듣게 하옵소서.
一切의 중생도 이 원과 같이 하옵소서.'

5) 癸未銘金銅三尊佛立像

이 불상은 국보 제72호로 澗松美術館에 소장되어 있다. 높이는
17.5cm이다. 호남선 지역에서 출토되었고 전해지고 있다.[74] 舟形光背
에 시무애여원인의 본존불과 좌우에 협시보살이 배치되어 있는 一光三
尊의 형식이다. 광배와 양 보살상 사이에 한 틀에서 주조되었고, 다시
본존불과 광배가 한 틀로 주조되었다. 광배는 본존 주위에 굵은 융기
선으로 두광과 신광을 나타내고, 그 안에 역시 융기문으로 인동당초문
을 양각하고 있다. 그 여백에 연주문처럼 생긴 문양을 가득채우고 있
다. 명문 가운데 문제시되는 글자만을 판독하면 다음과 같다.

제①행은 모두 7자이다. 1번째 글자는 계로 되어 있으나 癸자의 이

---

70) 宇野雪村篇, 앞의 책, 1986, 51쪽 등.

71) 일반적으로 596년으로 보고 있다.

72) 在家의 여자 불교신자. 三歸五戒를 받고, 정절한 믿음을 갖춘 여자를 말한다.(한국고대사회
연구소편, 앞의 책, 1992, 134쪽.) 청신녀란 말은 용문석굴의 조상기에도 자주 보인다.(水
野淸一·長廣敏雄, 앞의 책, 1941, 275쪽의 北魏淸信女黃法僧造無量壽像記 등.)

73) 大西5修也,「釋迦文佛資料考」『佛敎藝術』187, 1989, 187쪽에서는 釋迦文이란 구절이 竺法護
譯,『彌勒下生經』과 관련이 있다고 하면서, 덕흥리 벽화 고분의 묵서명에도 釋迦文佛弟子란
구절이 나온다고 하였다.

74) 한국고대사회연구소편, 앞의 책, 1992, 162쪽.

체이다. 냉수리비 등에서도 나온다.

제②행은 모두 5자이다. 판독에 다른 이견이 없다.

제③행은 모두 4자이다. 3번째 글자는 훈자로 보이기도 하나 단정
은 유보하며, 여기에서는 모르는 글자로 본다. 여기에서 앞에서 판독
한 내용을 중심으로 전문을 제시하면 다음과 같다.

③	②	①	
父	日	癸	1
趙	寶	未	2
△	華	年	3
人	爲	十	4
	亡	一	5
		月	6
		一	7

이 癸未銘金銅三尊佛立像 조상기를 해석하면 다음과 같다.

'癸未年에75) 寶華가76) 亡父趙△이란 사람을 위해 만들었다.'

6) 鄭智遠銘金銅三尊佛立像

1919년 부여 부소산성 사비루에서 발견된 높이 8.5cm의 금동불이
다. 현재 보물 156호로 국립부여박물관에 소장되어 있다. 주형광배에
시무외여원인의 수인을 취하고 있는 본존입상 좌우의 협시보살이 함께
붙어서 주조된 1광3존 형식이다. 광배의 윗부분에는 화불이 1구가 있
다. 대좌에는 연화문이 음각되어 있다. 광배 뒷면에는 조상기가 있는
조상기 문제되는 글자를 중심으로 판독해 보자.

제①행은 6자, 제②행은 6자, 제③행은 4자로 판독에는 별다른 이견
이 없다. 판독문의 전체를 제시하면 다음과 같다.

---

75) 563년설(김원룡,『한국미술사』, 1980, 72쪽.)과 623년설(황수영,『불탑과 불상』, 1974, 140
쪽)이 있으나 여기에서는 전자에 따른다.
76) 여자의 인명으로 추정한 견해가 있다.(한국고대사회연구소편, 앞의 책, 1992, 162쪽.) 삼
국 시대 조상기의 발원자의 인명과 비교할 때 남자의 인명으로 추정된다.

③	②	①	
早	趙	鄭	1
離	思	智	2
三	敬	遠	3
途	造	爲	4
	金	亡	5
	像	妻	6

　이 명문에서 鄭氏, 趙氏의 성이 백제에서 확인되지 않는 점에서 그
들을 중국인으로 본 가설이 있다.[77] 이들이 과연 중국계 귀화인인가
하는 문제는 앞으로의 과제이다. 여기에서는 불상은 진짜이나[78] 鄭智
遠이나 趙思敬이란 성명은 관등이나 부명이 없는 평민이 가질 수 있는
姓이 아니라서[79] 근대에 와서 불상 값을 올리기 위해 써넣은 것으로
보인다.

　명문을 해석하면 다음과 같다.

　'정지원이 亡妻 조사경을 위해 금상을 만드니, 빨리 三途를 떠나게
하옵소서.'

7) 甲申銘金銅釋迦像

　1920년경에 알려진 이 유물은 1933년 학계에 소개되었다.[80] 이
불상의 크기는 높이 5.5cm이다. 방형의 대좌 위에 결가부좌한 석가여
래가 사무외여원의 수인을 취하고 있다. 주형광배의 뒷면에 음각한 조
상기가 있다. 이 명문의 조상기를 다음과 같다.[81]

④	③	②	①	
(離)	(正)	(施)	甲	1
(苦)	(遇)	造	(申)	2
(利)	諸	釋	年	3
△	佛	加	△	4

---

77) 홍사준,「백제 사택지적비에 대하여」『역사학보』6, 254~255쪽.
78) 6세기 백제 불상으로 보인다.
79) 일반 백성이 성을 사용한 시대는 고려 시대부터이다.

	永	像	△	5

이 불상의 조상기를 해석하면 다음과 같다.

'甲(申)年에82) △△가83) 釋加像을 施造하니, 諸佛을 바르게 만나서 길이 苦利△에서 떠나게 하옵소서'

Ⅳ. 명문의 제작 시기

이 불상은 1878년 법륭사에서 일본 왕실에 헌납한 이른바 48體佛로 가운데 하나이다. 이 불상에 대해서는 종래에는 뚜렷한 연구도 없이 은연중에 일본에서 제작된 것으로 보아 왔다.84)

1947년에 와서야 이 명문과 조각에 대해 고구려제일 가능성이 조심스럽게 제시되었다.85) 여기에서는 이 명문의 生生世世와 見佛聞法이 고구려와 백제 불상 명문에서 보이는 점에 의해 甲寅年을 백제 위덕왕 41년으로 또는 고구려 영양왕 5년으로 추정하고 나서, 광배에 있는 여러 가지의 악기를 지니고 있는 비천과 그 정상에 幡를 거꾸로 하는 탑형 등에 따라 북위의 양식을 직접 전해 받은 고구려제일 가능성이 엿보이지만 그 정확한 제작지에 대해서는 후고를 기다린다고 조심스럽게 의견을 개진하고 있다.

1949년에는 이 광배가 天宮과 天人을 함께 주조한 등의 이유로 일본에서 제작된 것이 아니라는 전제 아래 그 제작국으로 백제·고구려·

80) 樋本杜人, 「有銘佛像の一資料」 『博物館報』 5, 1933.

81) 전문은 樋本杜人, 앞의 논문, 1933, 23쪽에서 전제하였고, 제②행의 4번째 글자인 加자의 판독에는 한국고대사회연구소편, 앞의 책, 1992, 165쪽에 따랐다.

82) 624년설이 제기된 바 있다.(熊谷宣夫, 앞의 논문, 1960, 5쪽.) 전대구 출토라는 전제 아래 고신라 제품일 가능성도 조금 있음을 조심스럽게 제시하면서, 그 시기를 7세기 중엽으로 본 가설도 있다.(中吉功, 앞의 책, 1971, 42쪽).

83) 이 부분은 본 불상을 만든 발원자의 인명으로 판단된다.

84) 654년(白雉 5년)이란 견해가 있다.(熊谷宣夫, 앞의 논문, 1960, 223쪽 참조.)
    이 밖에도 654년의 일본 제작으로 보는 견해는 岡崎敬·平野邦雄篇, 『古代の日本-研究資料-』 9, 1971, 417쪽에도 있다. 594년설 뿐만 아니라 534년설과 634년설을 소개하고 있다. (齊藤忠, 『朝鮮古代·日本金石文資料集成』, 1983, 37쪽 참조.)

85) 小林剛, 「御物金銅佛像」 『國立博物館學報』 10, 1947.

중국을 들었다. 조상기에 연호가 없는 점에서 중국제는 아니고, 고구려나 백제에서 제작된 것으로 보는 견해가 나왔다.86) 여기에서는 供養者 王延孫을 귀화인으로 보았고, 광배에서 孔의 위치에 근거해 三尊佛이라고 추정하였다. 계속해서 이러한 유례로 백제의 建興四年銘丙辰像(596)과 정지원명불상, 고구려의 景四年銘辛卯像(571)을 들면서 북위→고구려→백제→일본으로 북위 불상 東漸을 설정하고 있다.

1960년에는 갑인명광배명을 景四年辛卯銘과 建興五年銘光背와 비교해서 1광3존광배란 점과 生生世世 구절 등에 근거해서 고구려제나 백제제일 가능성이 강력하게 주장되었다.87) 이러한 가운데에서 우리나라에서 1976년에 간행된 『한국금석유문』에88) 이 광배의 명문이 수록되었고, 그 뒤에 이어서 『한국금석전문』에도89) 실렸고, 『역주 한국고대금석문(1)』에서도 이 명문을 백제 부분에서 다루고 있다.90)

한편 일본학계에서는 1977년 연호 사용에 근거해 갑인명광배를 백제에서 제작되었을 가능성을 시사한 견해가 나왔다.91) 곧 고구려에서는 독자적인 연호를 확실하게 사용한 예가 있다. 광개토태왕비에 보이는 永樂이 그 뚜렷한 증거이다. 고구려의 조상명에도 연호를 사용하고 있는데, 延嘉七年歲在己未·永康七年歲次·景四年在辛卯 등에서 전부 연호로 시작해 歲次·歲在의 형식을 취하고 있다. 그런데 백제 관련의 조상기명에서는 연호가 보이지 않고, 鄭智遠爲亡妻·癸未年十一月一日·甲△年△△施造釋迦像 등에서 干支로 시작하는 형식을 취하고 있다. 곧 사택지적비의 甲寅年正月九日·무령왕릉 매지권의 乙巳年八月十二日과 丙午年十二日에서 年干支로 시작해 月日로 계속되는 형식을 취하고 있다. 이상에 근거해서 백제에서 6세기 이후에 逸年號가 실제로 존재할 수 있을까하는 의문을 표시하였다. 전 충주에서 출토된 建興五年銘光背에 建興五年歲在丙辰이라고 연호로 시작한 고구려 조상명의 형식을 답습

---

86) 水野淸一, 「飛鳥·白鳳佛の系譜」 『佛敎藝術』 4, 1949.
87) 熊谷宣夫, 앞의 논문, 1960.
88) 황수영편저, 앞의 책, 1976.
89) 허흥식편저, 앞의 책, 1984, 50~51쪽.
90) 한국고대사회연구소편, 앞의 책, 1992, 163~164쪽.
91) 大西修也, 「百濟佛立像と一光三尊形式」 『ミューヅアム』 315.

하고 있어서 백제계라 단정하기 어렵고, 나아가서 甲寅年三月六日로 시작하는 갑인년명광배도 고구려계라기 보다는 백제 계통의 작품으로 볼 수 있지 않을까하는 의문을 표시하였다.

이렇게 甲寅年銘光背의 광배에 근거한 고구려계 또는 백제계로 보는 견해가 대립되는 가운데에서 止利式1광3존상에 대한 일본에의 계보를 상정함과[92] 함께 일본 飛鳥 미술의 흐름을 양→백제→일본으로 설정하여 甲寅年銘光背를 백제나 일본에서 제작된 것으로 본 견해가 나왔다.[93] 여기에서는 백제의 금석문 자료에 확실한 연호가 없는 점과 왕 연손의 고향을 『일본서기』 등의 문헌을 통한 추적과[94] 함께 이 문제에 접근하였다. 전자에 대한 전거를 『翰苑』, 蕃夷部, 백제조의 因四仲而昭敬 隨六甲以標年이란 구절과 그 註에 括地志曰 百濟四仲之月 祭天及五帝之神 冬夏鼓角 奏歌舞 春秋奏歌而已 解陰陽五行 用宋元嘉曆 其紀年無別號 但數六甲爲次第란 구절에 근거해서 백제에서 연호가 사용되지 못했음을 보충하고 있다. 곧 『括地志』는 貞觀 16년(642)에 완성된 당대의 지리서로 백제에서는 송의 元嘉曆을 사용함과 그 기년에는 별도의 연호를 세우지 않고, 干支에 의한 연대를 표기했음을 알 수 있다. 아울러 六甲이란 甲子, 甲戌, 甲午, 甲辰, 甲寅의 類라고 부연 설명하고 있다.

나아가서 전 충주 출토의 建興五年丙辰銘光背가 백제제가 아님은 명백하며, 광배의 정확한 수집지가 충북 충주시 노원면(충주에서 서북으로 약 20km에 위치)이란 점에서 신라 제품이라고 주장하였다.[95] 곧

---

92) 吉村怜,「法隆寺獻納御物王延孫造光背考」『佛敎藝術』190, 1990, 21쪽에서 그 계보를 坂田寺丈六木像(567)→王延孫造光背(594)→飛鳥大佛(606)→法隆寺釋迦三尊佛(623)→戊子년銘釋迦像로 설정하고 있다.

93) 吉村怜, 앞의 논문,1990. 이 견해의 미술사적문제점에 대해서는 곽동석, 앞의 논문, 1993, 12~13쪽에서 적절한 비판을 받은 바 있다.

94) 고구려의 王高德(『해동고승전』)·王山岳(『삼국사기』,예지)·王辯那(『삼국사기』,위덕왕 45년조) 등의 예(한국고대사회연구소편, 앞의 책, 1992, 164쪽.) 등은 고려하지 않았다. 岡崎敬·平野邦雄篇, 앞의 책, 414쪽에서도 『新撰姓氏錄』에는 高麗國より出するんとして王氏の名が見え 高句麗人と考えられるが,他の造像銘に比べて銘文としてきったく日本風のところがないことも注意されぅ'라고 하였다.

95) 불상의 출토 위치에 근거한 제작국의 추정은 다소의 위험성이 따른다. 가령 전술한 연가7년명금동여래입상은 경남 의령군에서 출토되었으나 명문에 의해 고구려 불상이다. 만약에

『삼국사기』에 의하면, 신라에서 법흥왕 23년(536)에 建元이란 연호를 사용했고, 建興五年丙辰은 596년이 된다. 596년 당시 신라 국경은 임진강 보다도 조금 북쪽에 있었고,『삼국사기』권44, 거칠부전에 나오는 竹嶺以北高峴以內十郡은 현재 충북·경기도 전역으로 이들 지역은 완전히 신라 지배하에 있었다. 建興이란 연호는 신라 진평왕의 건복(진평왕 6년, 584)에 뒤이어진 일연호로 진평왕 14년(592)에 개원했다고 보아서 建興五年銘光背를 신라제라고 단정하고 있다. 이렇게 建興五年銘光背가 기왕의 견해처럼96) 고구려 제품일 때에는 일본 불교 미술의 원류를 梁을 원조로 백제를 거쳐서 일본으로 온 가설과 모순되기 때문이다. 建興五年銘光背는 연호에 근거해 그 제작국을 찾을 것이 아니라, 이 불상의 조상기에 나오는 上部兒奄이란 인명 표기에 근거해서 찾아야 된다. 이 때에는 이 불상의 조상기가 신라에서 제작되었다고 볼 수 없고, 建興도 신라 연호가 될 수가 없다.97) 이 上部가 출신지로 나오는 인명은 고구려나 백제의 인명 표기로 판단되는 바, 건흥5년명광배의 제작은 고구려나 백제에서 했지, 신라에서는 할 수가 없다. 사실 위와 같은 방법에 근거해서 연호의 유무에 따라 연호가 있으면 고구려제, 연호가 없으면 백제제라는 등식이 반드시 성립되는지를 검토해 보자.98) 고구려의 경우는 『삼국사기』·『삼국유사』·『일본서기』·『한서』·『삼국지』·『오대사』·『수서』·『당서』 등의 문헌에 연호를 사용했다는 기록은 없다. 永樂·延壽·延嘉 등 확실한 고구려 일연호가 존재하고 있다. 그렇

이 불상에 명문이 없다면 어떻게 신라의 것이 아닌 고구려의 것으로 볼 수가 있을까? 실제로 연가7년명금동여래입상에 대해 김원룡,「三國時代의 佛像について」『東洋學術研究』29-1, 1990에서는 '若し銘文がなかったなら確かな古新羅佛ときめつけられてしまったことであろう' 라고 하였다. 강우방, 앞의 논문, 1990, 138쪽에서 '만일 경남 의령에서 출토된 연가7년 명금동여래입상에 명문이 없었다면 신라작으로 결정지었을 가능성이 많다'고 하였다.
고신라에서는 1광3존불이 나온 예가 없어서 건흥5년명금동불을 신라작으로 보기에는 문제가 많다. 이 불상은 고구려제일 가능성이 가장 크다고 생각된다.

96) 熊谷宣夫, 앞의 논문, 1960 등.
97) 建興五年銘光背에 나오는 上部란 출신지부명은 고신라나 통일 신라에서 사용한 적이 없기 때문이다.
98) 우연일지는 몰라도 한국고대사회연구소편, 앞의 책, 1992에서도 불상 조상기의 구분을 연호가 있으면, 고구려제, 연호가 없으면 백제제로 보고 있다. 大西修也, 앞의 논문, 1989, 64~65쪽에서도 연호의 유무로 제작국을 논하고 있다.

다고 고구려의 모든 금석문 자료에서 반드시 年號+歲次(歲在)+年干支+月+日의 형식을 취하는 것은 결코 아니다. 가령 평양성석각의 乙丑年五月八日·己丑年三月一日·丙戌十二月中, 태천농오리마애석각의 乙亥年八月, 호우총 출토 호우 명문의 乙卯年, 덕흥리 벽화 고분 묵서명의 太歲在己酉二月二日辛酉 등에서는 연호가 사용되지 않고 있다.

백제의 경우 七支刀 명문에 나오는 泰和四年五月十六日丙午의 泰和에 대해 중국 연호설과 백제 연호설로 나누어지고 있다.99) 백제 금석문의 예는 고구려나 신라에 비해 그 수나 양이 절대적으로 부족하기 때문에 연호가 없으면 백제 불상이라는 관점은 신중히 검토되어야 할 것이다.100) 연호 문제와 함께 백제 금석문에 있어서 지표가 되는 인명 표기를 검토해 보자. 직명+출신지명+관등명+인명을 갖춘 예가 고구려와 신라의 경우는 많으나 백제의 경우는 최근에 들어와 그 숫자가 증가하고 있는 목간을101) 제외할 때 단 1예도 없다.102) 이 때에 백제 금석문에서는 고구려나 신라에서와 같이 인명 표기 기재가 없다는 단

---

99) 이에 대해서는 한국고대사회연구소편, 앞의 책, 1992, 177쪽 참조.

100) 전술한 바와 같이 확실한 고구려 연호로는 永樂·延壽·延嘉가 있다. 불상조상기에 나오는 建興·景·永康의 연호는 고구려와 백제 중에 어느 나라 연호인지를 알 수 있는 자료는 없다. 七支刀 명문의 泰和와 함께 建興도 백제의 일연호일 가능성도 고려해야 할 것이다. 岡岐敬,「三世紀より七世紀の大陸における國際關係と日本-紀年銘をもつ考古學的資料を中心として-」『日本の考古學』Ⅳ-古墳時代(上)-, 1985, 631쪽에서는 建興을 백제 연호로 보고 있다. 建興이 고구려인지 백제인지는 불분명하다.

101) 지금은 임혜경,「미륵사지 출토 백제 문자자료」『목간과 문자』13, 2014에만 해도 금제 소형판에 中部德率支受施金壹兩의 中部(출신부명) 德率(관등명) 支受(인명), 청동합에 上部達率目近의 上部(출신부명) 達率(관등명) 目近(인명) 등이 있다. 또 나주 복암리의 軍那德率至安를 지명+관등명+인명으로 보고 있으나 軍那는 출신부명이 아니므로 관직명으로 보인다.

102) 연호 유무에 의한 고구려제와 백제제의 구분은 앞으로 출현될 금동불 조상기의 증가나 고고미술 자료의 출현에 따라 서로 모순되는 현상이 일어날 수 있어서 재고가 요망된다. 가령 景四年銘金銅三尊佛立像의 辛卯年을 571년의 고구려 제품으로 단정하면, 같은 고구려 平壤城石刻의 己丑年은 569년에 비정되고 있어서(田中俊明,「高句麗長安城城壁石刻の基礎的硏究」『史林』68-4, 1985), 이 때에는 景二年에 해당되는 569년에 왜 景이란 연호가 왜 사용되지 못했는지에 대한 해명이 필요하다. 이러한 모순은 平壤城石刻의 연대를 6세기 후반으로 볼 수 없는 증거로 이해되지만(김창호,「백제와 고구려·신라 금석문의 비교-인명 표기를 중심으로-」『백제연구총서』3, 1993, 126~128), 만약에 그 반대로 평양성석각을 6세기 후반으로 고정할 때에는 景四年銘金銅三尊佛立像의 辛卯年은 571년이므로 景의 연호는 고구려의 것이 아니고, 景四年銘金銅三尊佛立像도 고구려제가 아니라는 모순이 생긴다. 평양성석각의 연대를 6세기 전반으로 보아야 된다.

185

정은 성립되기 어려울 것이다. 673년에 작성된 癸酉銘阿彌陀三尊佛碑像에서 많은 신라식 인명 표기와 함께 達率身次란 백제식 인명 표기가 나오기 때문이다.103) 마찬가지로 백제에서 확실한 연호 사용 예가 없는 점에 근거하여 연호가 붙어 있는 조상기를 소유한 불상을 무조건하고 고구려제로 단정하는 것은 재고의 여지가 있는 듯하다.104)

앞에서 살펴본 것처럼 甲寅年銘光背 명문에 生生世世·見佛聞法이란 구절과 一光三尊에 의한 형식에서 그 제작지가 일본이 아닌 고구려나 백제로 지목되어 왔다. 生生世世·見佛聞法이란 구절은 중국의 龍門石窟 조상기 등에도 보이기105) 때문에 반드시 고구려나 백제 제품으로 단정하기도 어렵게 된다. 그렇다고 중국 제품으로 보려고 하면 조상기 자체에 연호가 없어서 문제가 된다.

불상 자체는 어디에서 제작되었는지에 대해서는 미술사에 소양이 부족해 감당할 수가 없지만,106) 명문 자체에서 볼 때에는 고구려나 백제에서 문장이 지어지고 새겨진 조상기로 보기에는 문제가 있는 듯하다. 그 이유를 제시하면 다음과 같다.

첫째로 갑인명광배의 명문은 판독에 어려움이 있는 글자는 단 1자도 없는 점이 특이하다. 연가7년명금동여래입상의 제③행의 13번째 글자, 제④행의 4번째와 5번째 글자, 영강7년광배의 제⑤행의 1번째 글자, 건흥5년광배의 제③행의 1번째 글자, 경4년명광배 제②행의 1번째 글자 등은 아직까지도 무슨 글자인지 읽을 수 없는 글자도 있다. 이에 비해 갑인명광배의 명문은 59자 가운데에서 단 1자도 판독에 어려운 글자가 없다.

---

103) 김창호, 「癸酉銘阿彌陀三尊佛碑像의 명문」, 『신라문화』8, 1991.
104) 연호가 없이 연간지로 시작되는 조상기가 음각된 금동불도 고구려에서 제작될 가능성이 있어서 앞으로 신중한 검토가 이루어져야 할 것이다. 가령 곽동석, 앞의 논문, 1993에서는 一光三尊의 형식을 중요시하여 연간지가 없는 癸未銘金銅三尊佛立像, 甲寅銘金銅光背 등도 고구려 제품으로 추정하고 있다.
105) 水野淸一·長廣敏雄, 앞의 책, 1941, 304쪽의 北魏仙和寺尼道僧略造彌勒像記 및 309쪽의 東魏曇靜造釋迦像記. 天和二年銘造像記에도 나온다.(奈良國立文化財研究所 飛鳥博物館, 앞의 책, 1976, 92쪽.)
106) 우리나라 미술사학계에서는 이 갑인명금동광배를 594년의 고구려 제품으로 보고 있다. (강우방, 앞의 논문, 1982 및 곽동석, 앞의 논문, 1993 등)

둘째로 갑인명광배의 명문 제①행에 弟子란 말이 나오는데, 이는 연가7년명금동여래입상 제②행에서 第子라고 나오고, 건흥5년명금동불광배의 제②행에서는 佛第子라고 나온다. 단양적성비에서는 兄弟가 兄第로 적혀 있다.

셋째로 奉이란 글자의 사용이다.107) 한국 고대 금석문에서는 奉자의 사용이 국왕과 관련되는 경우에 한하여 사용되고 있다.108) 삼국시대의 불상 조상기에는 奉爲라는 구절은 없고, 爲가 나온다.

넷째로 父母란 구절이 나왔으나 亡자가 수반되지 않는 점이다. 영강7년명광배의 亡母, 정지원명불상의 亡妻趙思敬, 경4년명불상의 亡師父母, 계미명불상의 亡父趙△人의 예와는 차이가 있다. 갑인명광배에서는 願父母承此功德現身安隱이라고 표기되어 있다. 承과 現身이란 말도 우리나라의 삼국 시기 조상기에서는 사용된 예가 없다.

다섯째로 佛자의 이체인 仏자의 사용이다. 우리나라의 삼국 시기 조상기에서는 전부 佛자를 사용하고 있다. 조상기에서도 佛로 쓴 것이 7예, 仏로 쓴 예가 1예가 있다.109) 佛의 이체인 仏은 당고조가 쓴 예 등이 있기는 하지만,110) 見佛聞法의 관용구에 佛을 仏로 쓴 점은 이해가 되지 않는다.

여섯째로 金銅이란 단어의 사용이다. 이에 대해 상세히 검토하기 위해 우리나라의 고려까지의 관계 자료를 뽑아서 제시하면 다음과 같다.111)

全金彌陀像六寸一軀 (경주구황동석탑사리함명, 신라 헌강왕 5년)
冬十………入唐 金銀佛像 (『삼국사기』,헌덕왕 2년)

---

107) 고대 일본의 금석문에서 奉자가 나오는 예는 다음과 같다. 奈良國立文化財研究所 飛鳥博物館, 앞의 책, 1976, 105쪽의 大阪 野中寺彌勒菩薩半跏像의 명문 및 奈良長谷寺法華說相圖의 명문 등.
108) 문무왕릉비에 최초로 奉자가 나오고 있다.
109) 水野淸一·長廣敏雄, 앞의 책, 1941, 455쪽.
110) 藤原楚水,『書道六體大字典』,1980, 42쪽. 伏見沖敬篇, 앞의 책, 1984, 92쪽에 4예(北齊張龍伯造像 등)
111) 진홍섭편저,『한국미술사자료집성(1)』-삼국 시대~고려 시대-, 1987에서 발췌하였다.

今夫都城之北 寺有王輪………寺有毘盧遮那佛丈六金像一軀 (『동국이상국집』권25, 왕륜사장륙금상영험수습기)

煥然金像 (『동국이상국집』권40, 석도소, 제축, 왕륜사장륙상출한기양 제사축)

金身丈六像 (『신증동국여지승람』권16, 보은현, 불우, 법주사)

乃鑄丈六玄金像 (지증대사적조탑비, 신라 경명왕 8년)

鑄銅佛四十 (『고려사』, 열전권35, 백선연)

範銅作佛三千餘軀 (『동사강목』권13상, 충선왕 5년 정월조)

坐有金佛五軀 (『속동문선』권25, 錄, 遊金剛山記)

寺有金佛一軀 (『신증동국여지승람』권42, 우봉현, 불우, 금신사)

金像伺煥炳 (『신증동국여지승람』권4, 개성부상, 울우, 금종사)

有小銅佛 (『속동문선』권25, 록, 유금강산기)

有銅佛三軀 (『오산설초고림』)

竝金像一軀 (『동문선』권64, 기부, 승가사굴중수기)

위에서 보는 바와 같이 우리나라에서 고려시대까지의 문헌이나 금석문 자료에서 金銅이란 용어는 사용되지 않고 있다.112) 더구나 6세기의 조상기인 정지원명금동불조상기에서는 金像이라고 표기하고 있다. 金銅이란 용어는 중국에서 白居易의 春深詩에 蘭麝熏行被 金銅釘坐車라고 해서 나온다. 여기에서의 金銅이란 말은 金과 銅이란 뜻이다.113) 현재의 『辭海』 등 우리가 쉽게 접할 수 있는 중국의 모든 사전에서도 金銅을 수록하지 않고 있다. 중국에서 현재에는 鎏金을 금동이란 뜻으로 사용하고 있고, 『說文解字』에는 錯 金塗也라고 되어 있다.114) 일본에서는 『續日本書紀』, 寶龜 11年 3月 戊辰조에 出雲國云 金銅鑄像一龕………漂着海濱에서 처음으로 보이고 있다. 寶龜 11年은 780

---

112) 『동문선』에도 金銅이란 용어는 사용되지 않고 있다. 또 金色, 滿金, 巍巍金像의 용어가 나오지만 像의 종류는 알 수가 없다고 하면서 王輪寺毘盧遮那佛은 앞의 책, 권67에 丈六毘盧遮那金像一軀 혹은 同願願欲鑄成金像으로 표기되었다고 하였다.(곽동석, 「불교조각」, 『강좌미술사』1, 1993, 77쪽 등 참조.)

113) 諸橋轍次, 『漢和大辭典』권11, 1968, 477쪽.

114) 일본에서도 760년의 『造金堂所解』에 金을 塗한다는 뜻으로 사용된 金塗란 구절이 나오고 있다.(小林行雄, 『古代の技術』, 1976, 206쪽.)

년이고, 여기의 金銅은 金鍍金이란 뜻으로 사용되고 있다. 금동으로 된 불상을 鑄造해서 금부처란 뜻의 정지원명금동불조상기에서와 같이 金像이라고 하지 않고 金銅釋迦像이라고까지 표기했을까하는 의문이 생긴다.

갑인명광배의 명문 자체에서만 보면, 고구려에서 새겨졌을 가능성은 거의 없게 된다.115) 나아가서 갑인년명광배 명문의 제작 시기는 金銅이란 말로 볼 때, 일본에서 제작되었고, 아무리 앞 당겨도 780년을 소급할 수 없게 된다. 그렇다면 결국 갑인년명광배의 甲寅年은 834년 이후가 된다.116) 이 불상에 있어서 불상의 제작과 조상기의 제작 시기를 분리해서 연구되어야 할 것으로 판단된다. 실물을 직접 조사하지 못해서 이른바 鑴刻法으로117) 새긴 명문이 언제 음각했는지 그 정확한 시기를 추정할 수가 없다. 사진상으로 볼 때,118) 우리나라 삼국 시대 불상의 조상기에 새기는 방법과는 다소의 차이가 있었을 것으로 판단된다.

V. 맺음말

일본 東京國立博物館에 소장되어 있는 갑인년명석가상광배의 뒷면에는 조상기가 음각으로 새겨져 있다. 이 조상기에는 王延孫이란 이름과 生生世世란 구절 등과 1광3존이라는 불상 형식에 근거해 그 제작지를 고구려로 보는 가설이 제기되었다. 이 불상의 조상기에는 고대부터 현대까지의 중국 문헌과 고대부터 고려 시대까지 문헌에서도 사용예가 없는 金銅이란 단어가 나오고 있다. 그 밖에 奉자의 사용과 弟子를 第

---

115) 현재까지 발견된 1광3존은 우리나라에서 21예, 일본의 2예(法隆寺金堂釋迦三尊像, 戊子年 銘一光三尊像)가 있다. 東京國立博物館에 소장된 이른바 獻納寶物143호인 금동3존불입상은 7세기 백제작으로 추정되고 있다.(곽동석, 앞의 논문, 1993, 9쪽.) 갑인년명석가광배는 1 광3존의 출토예나 雲氣文 등 미술 양식으로 볼 때 고구려에서 만들어진 것으로 추정된다.
116) 이렇게 갑인년명광배에서 상의 제작은 600년경으로 조상기의 제작 시기는 834년 이후로 볼 때, 200여 년이 지난 뒤에 조상기를 새로 쓴 이유가 구체적으로 밝혀지지 않는다면 조상기의 제작 시기는 19세기일 가능성도 있다.
117) 奈良國立文化財硏究所 飛鳥博物館, 앞의 책, 1976, 95쪽 참조.
118) 奈良國立文化財硏究所 飛鳥博物館, 앞의 책, 1976, 11쪽 및 12쪽.

子로 쓰지 않는 점에서 보면, 조상기 자체의 문장을 짓고, 글자를 새긴 곳은 고구려가 아닌 일본이라고 판단된다.

이 조상기에 나오는 갑인년이란 연간지의 연대도 일본에서 최초로 금동이란 말이 사용된 『續日本書紀』의 관련 구절을 참조할 때, 780년을 소급할 수 없어서 834년이나 그 이후가 된다. 이렇게 되면 지금까지의 연구 성과와는 달리 갑인년명석가상광배는 광배의 조상기 제작과 광배의 제작을 분리해서 접근할 필요가 생긴다. 1광3존의 형식은 우리나라 삼국 시대에는 21예가 있으며, 일본에는 2례밖에 없는 점과 雲氣文의 문양과 透彫 기술 등에 따르면, 갑인년명석가상광배의 제작은 고구려에서 만들어진 것으로 보거나, 고구려 기술자가 일본에 가서 제작한 것으로 해석할 수밖에 없다. 갑인년명석가상광배의 조상기가 새겨진 정확한 시기에 대해서는 앞으로 일본의 관계 전문가에 의해서 상세한 연구가 이루어지길 바랄 뿐이다.

제2장

백제의 금석문

제1절. 백제 금석문의 인명표기

I. 머리말

삼국시대 금석문에는 인명을 기록하는 방법이 독특하다. 고구려와 백제에서는 직명+부명+관등명+인명의 순서로 기재되고, 신라에서는 직명+출신지명+인명+관등명의 순서로 기재된다. 이러한 인명표기 방식은 중국이나 일본에도 없는 독특한 방법이다. 직명과 부명과 관등명은 이 시기의 역사 복원에 중요하다.

1991년까지만 해도 백제 금석문의 인명표기는 673년의 癸酉銘阿彌陀三尊佛碑像의 達率身次가 유일한 예였다. 현재에는 익산 미륵사 서탑의 금제사리봉안기를 비롯한 많은 예가 알려져 있다. 목간의 예를[1] 제외해도 인명표기가 나오는 금석문 예가 상당수 있다. 이들 자료를 정리해 보는 것도 백제 역사상 복원에 도움이 될 것 같아서 이를 정리해 보고자 한다.

여기에서는 먼저 사택지적비의 인명표기를 살펴보겠고, 다음으로 익산 미륵사지 출토 금석문, 陵寺昌王명석조사리감, 癸酉銘阿彌陀三尊佛碑像, 武寧王陵 출토 銀釧銘, 백제 七支刀 명문의 인명표기, 武寧王의 墓誌銘, 鄭智遠銘金銅三尊佛立像의 명문, 마지막으로 왕흥사 청동사리기 명문을 살펴보고자 한다.

---

[1] 능산리 297번 목간에 △城下部對德疏加鹵가 직명+부명+관등명+인명으로 된 유일한 예이다. 이 외에도 인명표기가 나오는 예로 나주 복암리 목간 등이 있다.

II. 사택지적비의 인명표기

백제사에 있어서 신라에서와 마찬가지로 외위가 존재했다는 점은 한 번도 거론된 적이 없지만 주변의 소국을 정복하는 과정에서 지방민에 대한 여러 가지 우대책이 나왔을 가능성도 있다. 여기에서는 백제지방민의 인명 표기 문제를 한번 검토해보고자 한다. 신라 금석문의 경우 지방민의 인명 표기에는 출신지명으로 성촌명이 기록되는 점에 근거할 때, 그 가능성이 있는 자료로 砂宅智積碑를 들 수가 있다. 설명의 편의를 위해 우선 관계 전문을 제시하면 다음과 같다.

	1	2	3	4	5	6	7	8	9	10	11	12	13	14
①	甲	寅	年	正	月	九	日	奈	祇	城	砂	宅	智	積
②	慷	身	日	之	易	往	慷	體	月	之	難	還	穿	金
③	以	建	珍	堂	鑿	玉	以	立	寶	塔	巍	巍	慈	容
④	吐	神	光	以	送	雲	義	義	悲	懇	含	聖	明	以

위의 명문인 砂宅智積과『일본서기』, 皇極紀 元年(642년, 의지왕2년) 秋七月조의 乙亥年饗百濟使人大佐平智積等朝란 구절을 비교해 砂宅智積과 智積은 동일인이라고 보아서, 사택지적비의 甲寅年을 백제 의자왕 14년(654년)으로 비정하였다.[2] 의자왕2년에 대좌평의 관등명을 지니고 倭國에 사신을 갔던 砂宅智積은 그 뒤에 관직에서 물러나 의자왕14년(654년)에는 奈祇城으로 은거한 것으로 추정된다. 내지성은 충남 부여에서 서쪽으로 30리쯤 떨어진 恩山面 內地里로 추정해 왔으나[3] 그 정확한 위치는 알 수 없다. 사택지적비에는 奈祇城砂宅智積라는 인명

---

2) 홍사준, 「백제 사택지적비에 대하여」『역사학보』6, 1954.
藤澤一夫, 「百濟砂宅智積建堂搭記碑考-貴族道寺事情徵證史料-」『アジア文化』8-3, 1972.
關晃, 「百濟砂宅智積造寺碑について」『玉藻』24, 1989.
3) 홍사준, 앞의 논문, 1954, 256쪽.
노중국, 『백제정치사연구』, 1988, 186쪽.
그런데 內地里는 1914년의 행정 구역 개편시 內垈里와 地境里의 머리 글자를 따서 조합한 里名이다.(한글학회, 『한국지명총람』4, (충남편 상), 1974, 480쪽) 이에 따라 이도학, 「방위명 부여국의 성립에 관한 검토」『백산학보』38, 1991, 16쪽에서는 奈祇城의 內地里 비정에 반대하고 있다.

표기가 나온다. 奈祇城은 백제의 部名이 아니라 지방의 성명이기 때문에 위의 해석에는 문제점이 내포되어 있다. 奈祇城砂宅智積에서 砂宅智積이 大佐平이란 최고의 관등명을 가졌던 사람의 앞에 어떻게 출신지명이 올 자리에 部名이 오지 않고, 城名이 왔는지가 궁금하다. 奈祇城砂宅智積은 신라의 금석문의 예에 따른다면 관등명 조차 없는 낮은 신분의 지방민으로 볼 수밖에 없다. 곧 奈祇城 출신의 지방민으로 해석할 수가 있다.

그런데 실제로 사택지적비 자체의 4·6변려체의 對句的인 표현이나 도교적인 요소로 볼 때[4] 奈祇城砂宅智積을 지방민의 인명 표기로 단정하기도 어렵다. 砂宅智積이 大佐平까지 승급한 사람이라면 그의 출신은 분명히 백제의 중앙 5부 가운데 하나일 것이다. 또 642년에 가지고 있었던 大佐平이란 관등명이 654년에는 大佐平砂宅智積이라고 표기되지 않은 숨은 이유가 궁금하다. 720년에 작성된 甘山寺阿彌陀如來造像記에 ~重阿湌金志全~任執事侍郎 年六十七懸車致仕~亡考仁章一吉湌~라고 기록된 예가 있어서 더욱 의문은 커진다.

사택지적비에서 砂宅智積은 관직명이나 관등명이 없고, 출신부가 5부의 하나도 아니다. 다만 奈祇城이란 城名만 나오고 있다. 이 당시 고구려·신라 금석문의 예에 근거하면 최소한으로 △部大佐平砂宅智積이라고 기록되어야 할 것이다. 관등명조차 없이 奈祇城砂宅智積이라고 인명이 표기된 까닭은 무엇일까?『일본서기』에 근거해 砂宅智積 등이 641년 11월에서 642년 1월 사이에 걸쳐서 내란을 일으키다가 실패한 것으로 추정한 견해가 있다.[5] 이에 따르면 砂宅智積은 642년의 반란 이후 관직과 관등을 빼앗기고, 奈祇城에 귀양을 가서 削奪官職되어서 인명을 적었기 때문에 大佐平이란 관등명이 砂宅智積碑에 적히지 못한 것으로 추정된다.

이렇게 사택지적비의 奈祇城 부분을 해결하고 나면 백제나 고구려 금석문에서 지방민의 인명 표기 방법이 궁금해진다. 아직까지 그러한

---

4) 高僑工,「桑津遺跡から日本最古のきじない札」『葦火』35, 1991, 2~3쪽에서 7세기 전반 목간이 소개되고 있다. 여기에서는 도교계 부적이 그려져 있다. 사택지적비를 도교적이라는 가설을 보다 힘을 얻게 되었다.
5) 浜田耕策,「大和改新と朝鮮三國」『歷史讀本』29-17, 1984.

예가 고구려나 백제의 금석문에서는 한 번도 나온 적이 없지만, 고구려나 백제 금석문에서는 직명+성촌명+인명의 순서[6]로 기재될 것이다. 사택지적비의 전문을 해석하면 다음과 같다.

甲寅年[7] 정월 9일 奈祇城의[8] 砂宅智積은[9] 몸이 날로 쉽게 가고 달로 돌아오기 어려움을 슬프게 여겨 금을 뚫어 珍(金)堂을 세우고 옥을 다듬어 寶塔을 세우니 巍巍한 그 慈容은 神光을[10] 토하여 써 松雲하는 듯하고 그 悲貌는 聖明을 含하여 써 ……

III. 익산 미륵사출토 금석문

1. 사리봉안기

우선 설명의 편의를 위해 사리봉안기의 전문을 제시하고, 단락을 나누고, 이를 해석하면 다음과 같다.

---

6) 금산 금령산성에서 作人那魯城移文의 예가 있다. 作人은 직명, 那魯城은 출신지, 移文은 인명이다.

7) 비의 건립 연대이다. 『翰苑』주에 인용된 「括地志」에는 '(百濟) 其紀年 無別號 但數六甲爲次第'라고 하여 백제에서는 연대를 표기함에 있어 연호를 사용하지 않고 6甲干支만 사용했음을 전하는데, 사택지적비는 바로 이러한 사실을 보여주는 것이라 하겠다 또 『翰苑』주에 인용된 「括地志」에는 '(百濟) 其紀年 無別號 但數六甲爲次第'라고 하여 백제에서는 연대를 표기함에 있어 연호를 사용하지 않고 6甲干支만 사용했음을 전하는데, 사택지적비는 바로 이러한 사실을 보여주는 것이라 하겠다

8) 사택지적의 관련이 있는 곳으로 부여읍 서쪽 30리의 부여군 恩山面 內地里로 비정하는 견해가 있다

9) 이 비의 願主로 사택은 성, 지적은 이름으로 추정되고 있다. 砂宅이란 성은 백제의 八大姓의 하나인 沙氏와 같은 것으로, 沙宅·沙吒로 표기되기도 하였다. 智積이란 이름은 『日本書紀』24 皇極 2년(642, 의자왕 2) 2월 무자조와 7월 을해조에 보이는데, 전자는 백제 사신이 와서 전년 11월에 大佐平 智積이 죽었음을 전하는 것이고, 후자는 백제에서 사신으로 온 大佐平 智積 등을 향응했다는 것이다. 이들 기록에 보이는 지적이 동명이인이라면 몰라도, 같은 인물이라면 전자의 기록이 잘못된 것이다. 그리고 『일본서기』의 智積이 사택지적과 같은 인물이라면, 사택지적은 의자왕 때 활약한 인물이라고 할 수 있다.
사택지적은 백제의 大姓八族에 속하는 인물이며, 大佐平(=상좌평)이었던 점으로 미루어, 백제의 최고급 귀족이었다고 할 수 있다. 그가 "금을 뚫어 珍(金)堂을 세우고, 옥을 다듬어 寶塔을 세우는 것"이 가능할 수 있었던 것도, 이러한 대귀족으로서의 경제력이 있었기 때문일 것이다.

10) 불가사의한 빛.

〈전 면〉

⑪	⑩	⑨	⑧	⑦	⑥	⑤	④	③	②	①	
淨	民	受	積	我	遍	遂	樹	是	感	竊	1
財	棟	勝	德	百	神	使	遺	以	應	以	2
造	梁	報	女	濟	通	光	形	託	物	法	3
立	三	於	種	王	變	曜	八	生	現	王	4
伽	寶	今	善	后	化	五	斛	王	身	出	5
藍	故	生	因	佐	不	色	利	宮	如	世	6
以	能	撫	於	平	可	行	益	示	水	隨	7
己	謹	育	曠	沙	思	遠	三	滅	中	機	8
亥	捨	萬	劫	乇	議	七	千	雙	月	赴	9

〈후 면〉

⑪	⑩	⑨	⑧	⑦	⑥	⑤	④	③	②	①	
俱	並	虛	界	后	正	寶	陛	盡	願	年	1
成	蒙	空	而	即	法	曆	下	用	使	正	2
佛	福	而	恒	身	下	共	年	此	世	月	3
道	利	不	明	心	化	天	壽	善	世	廿	4
	凡	滅	明	同	蒼	地	與	根	供	九	5
	是	七	若	水	生	同	山	仰	養	日	6
	有	世	金	鏡	又	久	岳	資	劫	奉	7
	心	久	剛	照	願	上	齊	大	劫	迎	8
		遠	等	法	王	弘	固	王	無	舍	9
										利	10

이제 전문을 해석할 차례가 되었다. 전문을 3개의 단락으로 나누어 제시하면 다음과 같다.

A. 竊以 法王出世 隨機赴感 應物現身 如水中月 是以 託生龍宮 示滅雙樹 遺形八斛 利益三千 遂使 光曜五色 行遶七遍 神通變化 不可思議

B. 我百濟王后 佐平沙乇積德女 種善因於曠劫 受勝報於今生 撫育萬民 棟梁三寶 故能 謹捨淨財 造立伽藍 以己亥年正月廿九日 奉迎舍利

C. 願使 世世供養 劫劫無盡 用此善根仰資 大王陛下 年壽與山岳齊固 寶曆共天地同久 上弘正法 下化蒼生 又願 王后即身心同水鏡 照法界而恒明 身若金剛等 虛空而不滅 七世久遠 並蒙福利 凡是有心 俱成佛道

이를 해석하면 다음과 같다.

"가만히 생각하옵건대, 法王께서 세상에 나오시어 根機에 따라서 感應해 옵시고, 物에 應하여 몸을 드러내시니, 마치 물속의 달과 같으셨다. 이에 王宮에 託하여 태어나 雙樹에 示滅하시고, 形骸를 8斛을 남기시어, 三千大千世界에 利益되게 하셨다. 드디어 五色을 빛나게 하고, 돌아가기를 7번하니, 神通함과 變化는 不可思議한 것이었습니다.

우리 百濟王后께서는 佐平인 沙壬積德의 따님으로, 과거 曠劫 동안에 善因을 심었기에, 今生에 뛰어난 보답을 받게 되었는데, 萬民을 撫育하고, 三寶를 棟梁으로 삼으셨다. 故로 能히 淨財를 희사하시어 伽藍을 세우셨으니, 己亥年 정월 29일에 舍利를 받들어 맞이하셨다.

願하옵대 世世로 供養하고, 劫劫이 다 함이 없도록 이 善根으로 받들어 資를 삼아, 大王陛下께서는 年壽가 山岳과 같이 齊固하시고, 寶曆[治世]이 함께 天地와 같이 영구하시어 위로는 正法을 넓히고, 아래로는 蒼生을 교화시키기 바랍니다. 또 바라옵건대, 王后 身心이 水鏡과 같이 法界를 비추어 항상 밝으시고, 몸은 金剛처럼 허공과 같이 不滅하시고, 七世 영원토록 아울러 福利를 입으시고, 무릇 이 有心들도 함께 佛道를 이루도록 해주시기 바랍니다."

佐平沙壬智德이란 인명이 나올 뿐이다. 佐平은 관등명, 沙壬智德은 인명은 姓(沙壬)이 포함된 인명이다. 관직명과 출신부명은 없다. 國王의 國舅인 沙壬智德이 佐平이란 관등명만 있고, 그 흔한 출신부도 없는 것은 579년 당시에[11] 佐平沙壬智德의 출신부가 각 부의 화합을 위해 일부로 쓰지 않았을 것이다.

2. 소형금판 등[12]

---

11) 김창호, 『고신라 금석문과 목간』, 2018, 298쪽.
12) 임혜경, 「미륵사지 출토 백제 문자자료」 『목간과 문자』13, 2014.

中部德率支受施金一兩(앞면)
惊(뒷면)

下部比致夫及父母妻子(앞면)
同布施(뒷면)

이 명문에서 惊자의 의미는 잘 알 수 없으나 시주자의 인명 외자로 밖에 볼 수가 없는 것이고, 다른 도리가 없다. 中部(부명)+德率(관등 명)+支受(인명)으로 구성되어 있고, 소형금판명문은 中部德率支受가 施金一兩을 시주했고, 惊도 참가했다가 된다.

다음 명문인 下部比致夫及父母妻子는 下部(부명)+比致夫(인명)과 그의 父母와 妻子란 뜻이다. 下部比致夫及父母妻子同布施는 下部比致夫와 그의 父母와 妻子는 同(金一兩)을 보시했다고 해석된다. 이 보시자는 관 등명이 없는 평민인 데에도 불구하고 포시를 금으로 1兩이나 하고 있다.13) 평민이 금으로 보시하는 것은 당시 백제 사회의 신분제에서 계급 구분이 심하지 않았음을 말해 주고 있다. 미륵사 청동함에 다음과 같은 명문이 나온다.

上部達率目近(청동합)

上部達率目近의 上部(출신부명)+達率(관등명:16관등 중 2관등)+目近(인명)이 있다. 達率이란 높은 관등의 소유자도 금을 보시하지 않고 있다.

Ⅳ. 陵寺 昌王명석조사리감

이 창왕명사리감은 명문이 있기 때문에 능사 출토 유물 중 가장 중요한 것의 하나이다.14) 이 명문은 사리감의 정면 양쪽에 음각된 두

---

13) 두 개의 소형금판 무게가 금 1兩으로 보인다.
14) 누구를 위한 능사인지가 문제가 되나 567년은 성왕이 죽은지 554년이므로 13년이나 지

줄의 명문이다. 이를 판독해 제시하면 다음과 같다.[15]

	1	2	3	4	5	6	7	8	9	10
①	百	濟	昌	王	十	三	季	太	歲	在
②	丁	亥	妹	兄	公	主	供	養	舍	利

昌王은 『삼국사기』, 백제본기, 위덕왕조에 '威德王 諱昌 聖王之元子也'라고 되어 있어서 위덕왕임을 쉽게 알 수가 있다. 昌王의 昌은 위덕왕의 휘호이다. 제①행의 7번째 글자는 季자의 이체로 통일 이전 금석문에서는 고구려의 안악3호분 묵서명(357년)과 신라의 봉평비(524년)의 예만 있고, 백제의 예는 없었는데 이번에 백제의 예도 있게 되었다. 제②행의 4번째 글자는 兄자의 이체로 적혀 있다. 이 명문 자체의 20자는 판독에 전혀 이견이 없다. 이 명문의 해석에도 별로 어려움이 없으나 제②행의 妹兄公主의 부분 해석이 문제가 된다. 이 妹兄公主를 妹인 兄公主로 해석하기 쉬우나 이는 관등명+인명으로 된 백제 금석문이다. 妹인 兄公主로 해석하면 妹=兄公主가 되어 한 사람의 인명표기로 兄(공주 이름)+公主(관등명류)가 되어 백제 금석문의 관등명류+인명과는 서로 반대가 된다. 따라서 妹兄公主는 妹兄과 公主로 해석할 수밖에 없다. 百濟昌王十三季太歲在丁亥妹兄公主供養舍利는 '百濟昌王十三季太歲在丁亥(567년)에 妹兄과 公主가 供養한 舍利이다'란 뜻이 된다.

V. 癸酉銘阿彌陀三尊佛碑像

지금까지 백제 금석문에 있어서 백제 시대의 관등명이 포함된 인명표기는 1991년에만 해도[16] 단 한 예도 발견되지 않다.[17] 백제 당시

났고, 성왕의 릉은 수릉으로 웅진성 송산리5호분이다. 능사는 결국 위덕왕의 매형과 공주가 마련한 것으로 위덕왕을 위해 세운 것이다.

15) 종서를 횡서로 바꾸었다.

16) 이 논문(김창호, 「癸酉銘阿彌陀三尊佛碑像의 명문」『신라문화』, 1991)은 1991년에 처음 발표되었다.

에 만들어진 금석문은 아니지만 백제 멸망 직후인 673년에[18] 백제 유민들에 의해 만들어진 것으로 간주되는 癸酉銘阿彌陀三尊佛碑像의 명문에 백제인의 인명 표기가 나오므로 자료부터 제시하면 〈표 1〉과 같다.

〈표 1〉 癸酉銘阿彌陀三尊佛碑像의 인명 분석표[19]

	人名	官等名	備考
1	△△	弥△次	及伐車(及伐干?)
2	△△正	乃末	
3	牟氏毛	△△	乃末로 복원
4	身次	達率	유일한백제관등명
5	日△	△	大舍의 합자로 복원
6	眞武	大舍의합자	
7	木△	大舍의합자	
8	興次	乃末	
9	三久知	乃末	
10	豆兔	大舍의합자	
11	△△	△	大舍의 합자로 복원
12	△△	△△	△師로 복원
13	△△	大舍의합자	
14	夫△	大舍의합자	
15	上△	△	大舍의 합자로 복원
16	△△	△	大舍의 합자로 복원
17	△△	△師	
18	△△	大舍의합자	
19	△△	大舍의합자	
20	△力	△	大舍의 합자로 복원
21	△久	大舍의합자	
22	△惠	信師	
23	△夫	乃末	
24	林許	乃末	
25	惠明	法師	
26	△△	道師	
27	普△	△△	△師로 복원

17) 지금은 임혜경, 앞의 논문, 2014에만 해도 몇 예가 소개되어 있다.
18) 이 癸酉年을 한 갑자 올려서 613년으로 보면, 당시 백제에 신라 인명을 사용할 수 없고, 한 갑자 내려서 733년으로 보면, 이 때에는 達率이란 백제 관등을 사용할 수가 없다. 따라서 癸酉年은 673년으로 볼 수밖에 없다.
19) 비문의 읽는 순서에 따라서 1~7은 향좌측면, 8~27은 배면, 28~31은 향우측면, 정면은 32·33의 순서로 기재되어 있다.

	人名	官等名	備考
28	△△	△	大舍의 합자로 복원
29	△△	大舍의 합자	
30	使三	大舍의 합자	
31	道作公		公이 관등명인지도 알 수 없음
32	△氏	△△	인명인지 여부 불확실
33	述況	△△	인명인지 여부 불확실

〈표 1〉에서 향좌측면의 1~3의 인명을 제외한[20] 모든 사람들은 전부 백제계 유민들로 추정된다. 〈표 1〉에 나오는 대부분의 사람들은 乃末·大舍 등의 신라 관등을 가지고 있지만, 유독 達率身次만은 백제 관등명을 가지고 있다. 그리고 인명 표기의 기재 방식도 인명+관등명의 신라식이 아니라 관등명+인명의 독특한 순서로 기재되어 있다. 이 자료에 따르면 백제 금석문의 인명 표기에서 관등명+인명의 기재 순서는 고구려 금석문의 인명 표기 순서인 관등명+인명의 인명 기재 순서와 꼭 같음을 알 수가 있다. 출신지명에 해당되는 부명의 문제는 673년 당시에 이미 신라에서는 금석문 자체의 인명 표기에서 부명이 사라진 시기이므로[21] 백제 금석문의 인명 표기를 직명+부명+관등명+인명의 순서로 기재되는 것으로 복원할 수가 있다.

VI. 武寧王陵 출토 銀釧銘

명문은 庚子年二月多利作大夫人分二百卅主耳이다. 은팔찌의 내면에 새기고 있다. 庚子年은 520년으로 판단된다. 大夫人은 君大夫人이란 용어가 백제에서 나오는데, 義慈王의 왕후인 恩古를 君大夫人이라고 했다.[22] 二百卅主의 主는 은무게를 나타내는 하나치이다.[23] 多利는 銀釧(은팔찌)을 만든 사람의 인명이다. 이 명문은 다음과 같이 해석된다.

---

20) 향좌측면은 1~7번 인명으로 이 가운데 1~3명의 인명은 신라인일 가능성도 있다. 왜냐하면 1번의 弥(그칠 미의 훈과 급의 음은 음상사이다.) 弥△次는 及伐車와 동일한 관등이라면 673년 당시에 백제인으로서는 받을 수가 없는 신라 관등이기 때문이다.
21) 김창호, 「이성산성 출토의 목간 연대 문제」 『한국상고사학보』10, 1992 참조.
22) 이용현, 「미륵사 건립과 사택씨」 『신라사학보』16, 2009, 70쪽.
23) 耳자는 종결을 뜻하는 어조사이다.

庚子年(520년) 二月에 多利가 만들었고, 大夫人의 몫(分)은 二百卅主(팔 찌에 든 은의 양)이다.[24]

VII. 백제 七支刀 명문의 인명표기

설명 편의를 위해 七支刀에 새겨진 전문을 제시하면 다음과 같다.[25]

이면	표면		이면	표면		이면	표면		이면	표면	
	侯	28	爲	支	19	濟	丙	10	先	泰	1
	王	29	倭	刀	20	王	午	11	世	△	2
	△	30	王	△	21	世	正	12	以	四	3
	△	31	旨	辟	22	子	陽	13	來	年	4
	△	32	造	百	23	奇	造	14	未	△	5
	△	33	△	兵	24	生	百	15	有	月	6
	作	34	△	宜	25	聖	練	16	此	十	7
			△	復	26	音	銕	17	刀	六	8
			世	供	27	故	七	18	百	日	9

七支刀 명문에 있어서 인명과 관련되는 부분은 이면의 百濟王世子奇 生聖音故爲倭王旨부분이다. 이에 대해서는 여러 가지 견해가 발표된 바 있다.[26] 예를 들면 奇生을 百濟王世子의 인명으로 보아 貴須(近仇首)와 연결시키고, 旨를 倭王의 인명으로 보아 倭의 五王 가운데 하나인 贊 과 연결시키고 있다.[27] 이 경우에도 聖音과 故爲 부분의 해석이 어색 하다. 가령 旨자를 嘗자로 보기 위해 고전에서 그 유례가 거의 없으므 로 현대 중국의 白話文 예까지 들고 있다.[28] 七支刀 명문에 나오는 이 부분이 과연 인명인지 여부를 백제 금석문의 인명 표기를 통해서 검토 해 보자.

---

24) 고구려에서 銀의 무게는 서봉총 은합 명문에 三斤六兩이라고 해서 斤兩制가 실시되었음을 알 수 있다.
25) 본 명문의 판독 제시는 지금까지 발표된 선학들의 논문과 石上神宮, 『石上神宮の社寶』, 1986에 실린 글자 사진과 奈良國立博物館, 『發掘された古代の在銘遺寶』, 1989, 36~37쪽 의 사진 등을 참조하였다.
26) 이에 대한 체계적인 정리는 神保公子, 「七支刀研究の歩み」 『日本歷史』 301, 1973 참조.
27) 三品彰英, 「石上神宮七支刀」 『日本書紀朝鮮關係記事考證』上, 1961, 194쪽.
28) 宮崎市定, 『謎の七支刀』, 1983, 110~112쪽.

미륵사 출토 금제소형판에 中部德率支受施金壹兩의 中部(출신부명) 德率(관등명) 支受(인명), 청동합에 上部達率目近의 上部(출신부명) 達率 (관등명) 目近(인명) 등이 있다.[29] 또 나주 복암리의 목간에 軍那德率 至安를 지명+관등명+인명으로 보고 있으나 軍那는 출신부명이 아니므 로 관직명으로 보인다. 또 능산리 297번 목간의 △城下部對德疎加鹵에 서 관직명, 소속 지명(부명)과 관등명, 인명이 기록되어 있는 점으로 보아,[30] 나성대문을 통과할 때 사용된 관인의 신분증명서일 가능성이 높다. 따라서 이 능산리 297호 목간 역시 나성대문의 금위와 관련된 목간일 수 있다라고 하였다. 이 능산리 297호 목간은 △城(직명)+下部 (부명)+對德(관등명)+疎加鹵(인명)으로 구성되어 있어서 평범한 인명의 전형적인 예로 백제 금석문과 목간에서 직명+부명+관등명+인명으로 구성된 유일한 예이다. △城(직명)이 나성대문의 禁衛와 관련된 직명이 라고 단정할 수는 없다.

백제의 인명표기는 직명+부명+관등명+인명의 순서로 기재되며, 고 구려의 인명표기 순서와 동일하다. 신라 금석문의 인명표기는 직명+출 신지명+인명+관등명의 순서로 기재되어 고구려와 백제의 인명표기는 관등명+인명의 순서가 서로 반대이다.

百濟王世子奇生聖音故爲倭王旨에서 百濟王世子奇와 倭王旨가 인명표 기이다. 이렇게 외자로 된 인명표기가 있는지가 문제이다. 충주고구려 비에서 太子共=古鄒加共, 寐錦忌의 예가 있다. 寐錦忌은 눌지왕의 祗子 가 忌이고, 訥祗寐錦이 고구려식 인명표기로 충주고구려비에서 寐錦忌 가 되었다. 百濟王世子奇의 奇자는 百濟王子인 昆支의 支자와 같고, 倭 王旨는 倭 五王 가운데 하나인 齊와 같다. 그래서 칠지도가 5세기 중 엽에 만들어진 것으로 본다.

VIII. 武寧王陵의 墓誌銘

---

29) 임혜경, 「미륵사지 출토 백제 문자자료」『목간과 문자』13, 2014.
30) 윤선태, 『목간이 들려주는 백제 이야기』, 2007, 144~145쪽.

관계 전문부터 제시하면 다음과 같다.

買地券							墓誌石						
⑥	⑤	④	③	②	①		⑥	⑤	④	③	②	①	
不	買	土	百	乙	錢	1	登	癸	日	卯	麻	寧	1
從	申	伯	濟	巳	一	2	冠	酉	壬	年	王	東	2
律	地	土	斯	年	万	3	大	朔	辰	五	年	大	3
令	爲	父	麻	八	文	4	墓	十	崩	月	六	將	4
	墓	母	王	月	右	5	立	二	到	丙	十	軍	5
	立	上	以	十	一	6	志	日	乙	戌	二	百	6
	券	下	前	二	件	7	如	甲	巳	朔	歲	濟	7
	爲	衆	件	日		8	左	申	年	七	癸	斯	8
	明	官	錢	寧		9		安	八				9
		二	訟	東		10		厝	月				10
		千	土	大		11							11
		石	王	將		12							12
				軍		13							13

寧東大將軍이란31) 남조 梁으로부터의 爵號로 관등명류이고, 斯麻王은32) 諱號로 인명이다. 이 인명은 관등명류+인명이다. 百濟斯麻王이라고 백제를 넣은 것이 눈에 띈다.

IX. 鄭智遠銘金銅三尊佛立像의 명문

③	②	①	
早	趙	鄭	1
離	思	智	2
三	敬	遠	3

---

31) 寧東大將軍은 무녕왕 21년(梁 普通 2년) 梁에 使節을 보냈을 때 양 武帝로부터 받은 '使持節都督百濟諸軍事寧東大將軍'(『梁書』列傳 48 諸夷 百濟條)의 略稱이다. 『三國史記』에 나오는 '行都督百濟諸軍事鎭東大將軍百濟王'의 칭호를 먼저 받았다가 梁과 우의를 지킨 공으로 이 작호를 받은 것으로 보인다.

32) 『三國史記』 백제본기에 무녕왕의 諱가 '斯摩'라고 되어 있는 것에서 무녕왕임이 확인된다. 麻와 摩로 서로 다른 것은 借音으로 記寫한 데서 말미암은 것으로 이 묘지의 것이 더 정확하다 할 것이다. 諡號인 무녕을 사용하지 않고 왕의 諱를 붙여 斯麻라 한 까닭은 葬後에 비로소 시호를 지어 바쳤기 때문으로 보이며, 또 漢式 이름인 隆을 쓰지 않은 것은 당시 중국에 보내는 외교문서에는 중국식 성명을 쓰고, 본국에서는 백성까지도 왕의 이름을 피휘하지 않고 고유한 백제식 이름을 쓴 데서 말미암은 것으로 보인다.

塗	造	爲	4
	金	亡	5
	像	妻	6

1919년 부여 부소산성 送月臺(지금의 泗沘樓)에서 출토된 높이 8.5cm 의 금동불상인데, 보물 196호로서 현재 국립부여박물관에 소장되어 있다. 舟形光背 施無畏 與願印의 본존 입상과 두 협시보살이 한 데 붙어서 주조된 이른바 一光三尊 형식이며, 광배의 윗부분에는 化佛 한 구가 있다. 대좌에는 연화문이 음각되어 있다. 부여에서 출토된 점이나 양식적 특징으로 미루어 백제의 작품으로 여겨지고 있으며, 제작연대는 6세기로 추정되고 있다.

불상은 진짜이나 鄭智遠이나 趙思敬이란 성명은 관등이나 부명이 없는 평민이 가질 수 있는 姓이 아니라서33) 근대에 와서 불상 값을 올리기 위해 써넣은 것으로 보인다.

X. 부여 왕흥사 청동합 명문

충남 부여군 규암면 신리에 위치한 사적 제427호 부여 왕흥사는 백제의 대표적인 왕실 사찰이다. 2007년 목탑터에서 발견한 왕흥사지 사리기(보 물 제1767호)에는 백제 昌王이34) 죽은 왕자를 위해 丁酉年 二月 十五日에 절을 창건했다는 명문이 새겨져 있어서 학계의 주목을 받았다. 우선 설명 의 편의를 위해 왕흥사 청동합 명문의 전체를 제시하면 다음과 같다.

王興寺 舍利盒 명문

⑥	⑤	④	③	②	①	
神	利	子	王	十	丁	1
化	二	立	昌	五	酉	2
爲	枚	刹	爲	日	年	3
三	葬	本	亡	百	二	4
	時	舍	王	濟	月	5

---

33) 일반 백성이 성을 사용한 시대는 고려 시대부터이다.
34) 昌王의 昌은 威德王(諡號)의 諱號이다.

이 명문의 전체부터 해석하면 '丁酉年(577년) 二月 十五日에 백제 昌王이 죽은 왕자를 위해 사찰을 세웠는데 본래 장사시에 舍利 2매를 넣었는데 신이 조화를 부려 3매가 되었다.'가 된다.

왕흥사 목탑 사리공에서 출토된 청동사리합 명문에 丁酉年이란 연간지가 나와 577년이란 절대 연대를 갖게 되었다. 왕흥사 목탑은 『삼국사기』권27, 백제본기 5에 무왕 즉위1년(600년)∼무왕 35년(634년) 사이에 건립된 것이 되어 있어서 문헌을 믿을 수 없게 한다. 이 점은 중요한 것으로 문헌을 중심으로 한 연구의 한계를 밝혀주는 것이다.

이 명문의 인명표기는 제②·③행에 나오는 百濟王昌이다.35) 전형적인 백제 금석문과 같은 관등명류+왕명이다. 577년 당시는 백제도 太王制를 사용했을 터인데 그 증거가 없다.

XI. 맺음말

먼저 砂宅智積碑의 奈祇城砂宅智積을 城名(奈祇城)+인명(砂宅智積)이 나와서 642년 반란 후 大佐平이었던 사택지적이 削奪官職을 당하고, 출신지명을 성명으로 쓴 것으로 보았다.

익산 미륵사출토 금석문을 조사하였다. 국왕의 國舅이었던 佐平沙乇智德이 나오는데, 직명과 출신부명이 없다. 출신부명이 없는 점은 주목되는 바, 부의 융합책의 일환으로 보인다. 소형 금판 등에 나오는 다른 3명의 인명표기는 부명+(관등명)+인명으로 되어 있다.

그 다음으로 陵寺 昌王명석조사리감의 명문인 百濟昌王十三季太歲在丁亥妹兄公主供養舍利에서 문제가 되는 것은 妹兄公主이다. 이를 妹인 兄公主로 풀이하기도 하나 그러면 兄公主가 인명+관등명류가 되어서 백제 금석문의 인명표기 순서와 반대이다. 이 妹兄公主를 妹兄과 公主로 해석할 도리밖에 없다. 따라서 百濟昌王十三季太歲在丁亥(567년)에 妹兄과 公主가 供養한 舍利이다로 해석된다.

그 다음으로 癸酉銘阿彌陀三尊佛碑像의 인명표기는 30여명의 인명이

---

35) 휘호가 나오는 예로 중요하다.

인명+관등명의 순서로 기재된데 대해 達率身次만이 백제식으로 관등명 +인명의 순서로 기재되어 있다. 達率身次는 상당 기간 백제 금석문의 인명표기에 대한 중요한 자료가 되었다.

그 다음으로 武寧王陵 출토 銀釧銘은 庚子年二月多利作大夫人分二百卅主耳이다. 이 가운데 多利가 은팔찌를 만든 장인의 이름이다. 主는 은의 무게를 나타내는 하나치이다. 庚子年二月多利作大夫人分二百卅主耳를 해석하면 庚子年(520년)二月에 多利가 만들었고, 大夫人의 몫(分) 二百卅主(팔찌에 든 은의 양)이다가 된다.

그 다음으로 백제 七支刀 명문의 인명표기에 살펴보기로 하자. 七支刀 명문에서 인명표기와 관련되는 부분은 百濟王世子奇生聖音故爲倭王旨이다. 百濟王世子奇(昆支)와 倭王旨(齊)가 인명표기이다. 倭 五王중 한 명인 齊는 칠지도를 5세기 중엽으로 보는 중요한 근거가 된다.

그 다음으로 武寧王陵 墓誌銘의 인명표기에 대해 조사할 차례가 되었다. 寧東大將軍百濟斯麻王에서 寧東大將軍은 중국 남조 梁나라로부터 받은 官爵으로 관등명류이고, 百濟斯麻王은 왕명이다.

그 다음으로 鄭智遠銘金銅三尊佛立像의 명문 인명에 대해서 조사할 차례가 되었다. 鄭智遠과 趙思敬이란 인명표기에 鄭과 趙의 성이 사용되고 있어서, 이는 백제 시대에는 불가능하여 불상은 진짜이므로 근대에 새겨 넣은 것으로 판단된다.

마지막으로 왕흥사 청동사리기의 명문을 조사하였다. 百濟王昌이란 백제왕의 인명은 관등명류+왕명(이름)으로 백제 금석문의 인명표기의 전형적인 예이나 577년 당시에도 太王制의 증거가 없다.

제2절. 미륵사지 서탑 출토 사리봉안기

Ⅰ. 머리말

국립문화재연구소에서는 2001년부터 미륵사지 석탑 해체조사 및 보수정비를 시행해 왔었다. 2009년 1월 14일 미륵사지 서탑 1층을 해체 수리하면서 심주석 상면 중앙의 사리공 내부에서 금제사리호, 금제사리봉안기 등 유물 500여 점이 수습되었다. 동년 1월 18일 현장설명회를 통해 공개되었다.36) 사리봉안기에 나오는 己亥年을 639년으로37) 보아서 백제사 내지 미륵사 연구에 장애가 되는 듯하다.

여기에서는 먼저 사리봉안기의 명문을 판독과 해석을 하겠으며, 다음으로 은제관식 2점을 은제관식이 나온 송림사의 명문석과 비교해서 살펴보겠고, 마지막으로 『삼국유사』권2, 무왕조를 검토하여 미륵사가 과연 백제 무왕 때 창건되었는지 여부를 검토해 보고자 한다.

Ⅱ. 명문의 판독과 해석

전면 제①행은 모두 9자이다.38) 1번째 글자인 竊자는 구멍 穴밑이

---

36) 국립문화재연구소,『(익산미륵사지석탑)舍利莊嚴』,2009년 1월 18일자.
37) 본고를 작성하게 된 이유이지만, 미륵사지 서탑 사리봉안기의 己亥年을 무왕 19년(639)이 아닌 위덕왕 15년(579)이기 때문이다.
   또 문경현,「백제 무왕과 선화공주고」『신라사학보』19, 2010, 346쪽에서는 무왕대에 왕흥사가 건립된 점, 무왕대 13번의 전쟁 기사가 『삼국사기』에 나오는 점, 익산 제석사의 창건도 『觀世音應驗記』에 따르면, 639년인 점 등에서 미륵사 서탑 사리봉안기의 己亥年을 무왕 19년(639)이 아닌 위덕왕 15년(579)으로 보았다.
38) 이용현,「미륵사 건립과 사택씨-사리봉안기를 실마리로 삼아-」『신라사학보』16, 2009, 48쪽에 실린 글자 실측도를 이용하였다.

아닌 갓머리(宀) 밑에 읽기 힘들게 이체로 적혀 있다.

전면 제②행은 모두 9자이다. 이체자로 쓰인 글자가 없어서 읽기가 쉽다.

전면 제③행은 모두 9자이다. 3번째 글자인 託자는 乇의 오른 쪽 아래 ㄷ부분에 점(.)을 찍고 있다. 8번째 글자인 滅자는 삼수(氵)가 없이 戊의 안쪽에도 하늘 천(天)을 넣고 있다.

전면 제④행은 모두 9자이다. 1번째 글자인 樹자는 나무 목(木)과 마디 촌(寸) 사이의 부분이 복잡하게 되어 있는 이체이다.

전면 제⑤행은 모두 9자이다. 4번째 글자는 耀자로 읽기도 하나,[39] 曜자가 분명하다.

전면 제⑥행은 모두 9자이다. 1번째 글자인 遍자는 冊부분의 가로로 긋는 선이 없다.

전면 제⑦행은 모두 9자이다. 3번째 글자인 濟자는 약체로 적힌 이체이다.

전면 제⑧행은 모두 9자이다. 9번째 글자인 劫자는 힘력(力)부분이 칼도(刀)로 되어 있다.

전면 제⑨행은 모두 9자이다. 판독에 다른 견해가 없다.

전면 제⑩행은 모두 9자이다. 1번째 글자인 民자는 오른 쪽 옆에 점(·)이 찍혀 있다. 3번째 글자인 梁자는 樑자의 약체이다.

전면 제⑪행은 모두 9자이다. 9번째 글자인 亥자는 이체로 적혀 있다. 신라 중고 금석문인 남산신성비(591년)의 辛亥年에 나오는 亥자와는 차이가 있다.[40]

후면 제①행은 모두 10자이다. 4번째 글자는 卄자로, 고대에서는 반드시 二十이 아닌 卄으로 적는다.

후면 제②행은 모두 9자이다. 3·4번째 글자인 世世는 신라 금석문이라면 世〻로, 7·8번째 글자인 劫〻으로 각각 표기했을 것이다.

후면 제③행은 모두 9자이다. 3번째 글자인 此자는 실수를 해서 2

---

39) 이용현, 앞의 논문, 2009, 48쪽.
40) 손환일,「백제 미륵사지 서원 석탑 금제사리봉안기와 금정명문의 서체」『신라사학보』16, 2009, 91쪽.

번째 글자인 用자와 4번째 글자인 善자의 오른 쪽 빈 공간에 적고 있다.[41]

후면 제④행은 모두 9자이다. 4번째 글자인 壽자는 약체로 적혀 있고, 8번째 글자인 齊자도 약체로 약체로 적혀 있다. 9번째 글자인 固자는 입구(口)의 마지막 획순인 옆으로 끗는 한일(一) 부분이 없다.

후면 제⑤행은 모두 9자이다. 2번째 글자인 曆자는 厂 안쪽의 벼화(禾)가 아닌 나무 목(木)으로 되어 있다.

후면 제⑥행은 모두 9자이다. 판독에 다른 견해가 없다.

후면 제⑦행은 모두 9자이다. 판독에 다른 견해가 없다.

후면 제⑧행은 모두 9자이다. 8번째 글자인 剛자의 岡부분은 罡으로 되어 있어서 고구려 광개토태왕의 시호인 國罡上廣開土境平安好太王의[42] 罡과 같다.

후면 제⑨행은 모두 9자이다. 5번째 글자인 滅자는 삼수(氵)가 없이 戌의 안쪽의 자획도 다른 이체이다.

후면 제⑩행은 모두 8자이다. 3번째 글자인 福자는 오른 쪽 위의 한 일(一)부분이 復자의 오른 쪽 윗부분처럼 되어 있다.

후면 제⑪행은 모두 4자이다. 판독에 다른 견해가 없다. 이상의 판독 결과를 중심으로 봉안기 전문을 제시하면 다음과 같다.

(전면)

⑪	⑩	⑨	⑧	⑦	⑥	⑤	④	③	②	①	
淨	民	受	積	我	遍	逢	樹	是	感	竊	1
財	棟	勝	德	百	神	使	遺	以	應	以	2
造	梁	報	女	濟	通	光	形	託	物	法	3
立	三	於	種	王	變	曜	八	生	現	王	4
伽	寶	今	善	后	化	五	斜	王	身	出	5
藍	故	生	因	佐	不	色	利	宮	如	世	6
以	能	撫	於	平	可	行	益	示	水	隨	7

---

41) 이렇게 실수를 해서 오른 쪽 빈 공간에 적는 예는 창녕비와 울주 천전리서석 을묘명과 낭혜화상비에도 보인다.
42) 광개토태왕비에 나온다.

己	謹	育	曠	沙	思	遠	三	滅	中	機	8
亥	捨	萬	劫	乇	議	七	千	雙	月	赴	9

(후면)

⑪	⑩	⑨	⑧	⑦	⑥	⑤	④	③	②	①	
俱	並	虛	界	后	正	寶	陸	盡	願	年	1
成	蒙	空	而	即	曆	下	用	此	使	正	2
佛	福	而	恒	身	共	年	此	世	世	月	3
道	利	不	明	同	化	天	如	善	世	廿	4
	凡	滅	身	水	蒼	地	如	根	供	九	5
	是	七	若	鏡	生	同	仰	養	日		6
	有	世	金	照	又	久	岳	資	劫	奉	7
	心	久	剛	法	願	上	齊	大	劫	迎	8
		遠	等	王	弘	固	王	無	舍		9
									利		10

이제 전문을 해석할 차례가 되었다. 우선 전문을 3개의 단락으로 나누어서 제시하면 다음과 같다.

A.竊以 法王出世 隨機赴感 應物現身 如水中月 是以 託生王宮 示滅雙樹 遺形八斛 利益三千 逐使 光曜五色 行遶七遍 神通變化 不可思議

B.我百濟王后 佐平沙乇積德女 種善因於曠劫 受勝報於今生 撫育萬民 棟梁三寶 故能 謹捨淨財 造立伽藍 以己亥年正月廿九日 奉迎舍利

C.願使 世世供養 劫劫無盡 用此善根仰資 大王陛下 年壽與山岳齊固 寶曆共天地同久 上弘正法 下化蒼生 又願 王后即身同水鏡 照法界而恒明 身若金剛 等 虛空而不滅 七世久遠 並蒙福利 凡是有心 俱成佛道

이 사리봉안기의 전문을 해석하면 다음과 같다.

'가만히 생각하옵건대, 法王께서 세상에 나오시어 根機에 따라서 感應하옵시고, 物에 應하여 몸을 들어내시니, 마치 물속의 달과 같으셨다. 이에 王宮에 託하여 태어나 雙樹에 示滅하시고, 形骸 8斛을 남기시어, 三千大天世界에 利益이 되게 하셨다. 드디어 五色을 빛나게 하시고, 돌아가기를 7번하시니, 神通함과 變化는 不可思議한 것이었습니다.

우리 百濟王后께서는 佐平인 沙乇積德의 따님으로, 과거 曠劫 동안에 善因을 심었기에, 今生에 뛰어난 보답을 받게 되었는데, 萬民을 撫育하고, 三寶를 棟梁으로 삼으셨다. 故로 能히 淨財를 희사하시어 伽藍을 세우셨으니, 己亥年 정월 29일에 舍利를 받들어 맞이하셨다.

願하옵건대 世世로 供養하고, 劫劫이 다 함이 없도록 이 善根으로 받들어 資를 삼아, 大王陛下께서는 年壽가 山岳과 같이 齊固하시고, 寶曆[治世]이 함께 天地와 같이 영구하시어 위로는 正法을 넓히고, 아래로는 蒼生을 교화시키기 바랍니다. 또 바라옵건대 王后의 身心은 水鏡과 같이 法界를 비추어 항상 밝으시고, 몸은 金剛처럼 허공과 같이 不滅하시고, 七世 영혼토록 아울러 福利를 입으시고, 무릇 이 有心들도 함께 佛道를 이루도록 해주시기 바랍니다.'

III. 은제관식

사리봉안기의 己亥年이란 절대 연대를 확정할 수 있는 자료로 은제관식을[43] 들 수가 있다. 이에 대한 관계 전문가의 견해부터[44] 들어보기로 하자. 사리봉안기와 함께 500여 점의 유물이 출토되었다. 그 가운데에서 은제관식은 2점이 출토되었다. 그 출토 정황부터 살펴보기로 하자.

은제관식 2점은 국보 11호로 지정된 미륵사지 서탑을 해체 복원하는 과정에서 발견되었다.[45] 1층 심주석에 마련된 방형 사리공(한변 24.8cm 깊이 27cm) 내부에서 출토되었는데, 사리공 바닥에는 방형의 판유리가 깔려 있었고, 그 위에 원형 합 6개가 가지런히 배치되어 있었다. 합 사이에는 녹색의 유리구슬과 호박, 옥구슬 460여 점이 가

---

43) 고분에서 출토예가 많고, 연구도 활발하다.
　　최종규, 「백제 은제관식에 관한 고찰」, 『미술자료』47, 1991.
　　이남석, 「고분 출토 관식의 정치사적 의미」, 『백제문화』24, 1995.
　　박보현, 「은제관식으로 본 백제의 지방지배에 관한 몇 가지 문제」, 『과기고고』5, 1999.
　　山本孝文, 『삼국시대 율령의 고고학적 연구』, 2006.
44) 이한상, 「미륵사지 석탑 출토 은제관식에 대한 검토」, 『신라사학보』16, 2009. 이 장에서 은제관식에 관한 유물 부분은 이 논문에서 발췌하였다.
45) 국립문화재연구소, 『미륵사지 석탑 사리장엄』, 2009.

득 채워져 있었으며, 사리공 남쪽에 은제관식과 금제 소형판이, 북쪽
에 도자 5자루, 서쪽에 도자 2점이 각각 놓여 있었다. 남쪽 벽면에 비
스듬하게 금제사리봉안기가 세워져 있었고, 정중앙에 금동제사리호가
정치된 상태로 발견되었다.

사리봉안기에 의하면 백제 좌평 沙乇積德의 딸인 백제 왕후가 재물
을 희사하여 가람을 창건하고, 己亥年에 사리를 奉迎하였다고 하며, 유
물의 출토 상태로 본다면, 은제관식 2점은 이때에 공양된 것으로 볼
수 있다.

유물의 구성을 보면, 사리봉안기와 사리호 이외에 각종 유리구슬,
관식, 대금구(과판, 대단금구, 족집게) 등의 장신구와 은합, 동합, 금제
소형판, 금사의 존재가 눈에 띈다. 이러한 유물 구성은 부여 능사목탑
지(567년),[46] 왕흥사 목탑지,[47] 송림사 전탑(624년),[48] 황룡사지 목
탑지(643년 이후)[49] 등 6~7세기 백제와 신라의 사리공양품 구성과
유사하다.

백제의 은제관식은 은판에 좌우 대칭의 도안을 그린 다음 끌로 오
려냈으며, 오려낸 장식의 좌우를 접어 단면 ∧자 모양으로 각이 지게
만들었다. 아래쪽에는 관모의 전면에 끼울 수 있는 가삽부가 마련되고
있고, 중앙의 줄기 맨 꼭대기에는 꽃봉오리 모양의 장식을 표현하였
다. 중앙의 줄기에서 좌우로 곁가지를 1단 또는 2단으로 내고, 그 끝
을 꽃봉오리 모양으로 표현한 것이 많다. 미륵사지 서탑의 출토품도
기왕의 은제관식과 형태가 동일하다. 다만 가삽부의 길이가 조금 짧
고, 꽃봉오리 모양 장식의 상부가 위로 조금 길쭉하게 돌출된 정도의
차이가 있을 뿐이다.

미륵사지 서탑에서 출토된 2점의 은제관식을 편의상 관식A, 관식B

46) 국립부여박물관,『능사-부여 능산리사지 발굴조사 진전보고서-』,2000.
47) 이한상, 앞의 논문, 2009, 123쪽에서 왕흥사 목탑 건립 시기는 577년이다. 왕흥사 목탑
  사리공에서 출토된 청동사리합의 명문에 丁酉年이란 연간지가 나와 577년이란 절대 연대
  를 갖게 되었다. 왕흥사 목탑은 『삼국사기』권27, 백제본기5에 무왕즉위 1년(600)~무왕
  35년(634) 사이에 건립된 것으로 되어 있어서 문헌을 믿지 못하게 한다.
48) 김창호,「경북 칠곡 송림사의 창건 연대」『한국 고대 불교고고학의 연구』,2007.
49) 김정기 등,『황룡사』,1983.

로 구분하여 설명하기로 한다. 관식A의 길이는 13.4cm, 줄기의 꼭대기에 꽃봉오리 모양 장식이 1개, 좌우의 곁가지에 꽃봉오리 모양 장식 각 2개씩을 갖추고 있다. 꽃봉오리 모양 장식은 윗부분이 뾰족하면서 길쭉하다. 줄기 하부 곧 가삽부는 검은 색조를 띠는데, 이 관식이 사용하였기 때문에 남은 흔적으로 보인다. 관식B는 관식A보다 조금 작고, 꽃봉오리 모양 장식이 3개에 불과하다. 맨 위에 위치한 꽃봉오리 모양 장식에는 보수의 흔적이 있다.

백제의 은제관식 가운데 지판이 두꺼운 것은 부여 하황리,50) 미륵사지 서탑 출토품에 한정된다. 이를 주목한다면, 백제 은제관식은 곁가지의 수량과 관식 제작에 소요된 은 양의 과다가 소유자의 격 곧 관등의 고저를 반영해 주는 요소로 보인다.

지금까지 발굴된 은제관식 가운데 하황리 석실, 능산리 36호분 동쪽 유해부 출토 관식의51) 도안이 가장 복잡하며, 나주 복암리3호분 5석실 관식은52) 기본 도안이 앞의 2예와 비슷하나, 줄기에서 파생되어 나온 엽문 가운데 1개가 생략되어 있다. 미륵사지 서탑, 논산 육곡리7호분,53) 나주 복암리3호분 16호석실, 남원 척문리,54) 염창리III-72호분 관식은55) 기본적인 도안이 동일하며, 부여 능안골36호 남성 유해부 출토품에 비해 간단하다. 부여 능산리36호분 서쪽 유해부 출토 관식은 좌우에 곁가지가 없어서 매우 간략하다. 이 관식은 뚜렷하게 형식의 변화가 없어서 고고학적인 형식 분류에 대한 일치된 의견은 없다.56)

7세기 후반,57) 8세기 전반,58) 8세기,59) 9세기60) 등으로 편년되어

---

50) 홍사준,「부여 하황리 백제고분 출토의 유물」,『연제고고논집』, 1962.
51) 국립부여문화재연구소,『부여 능산리공설운동장 신축예정부지 백제고분1·2차 긴급발굴조사 보고서』, 1998.
52) 국립문화재연구소,『나주 복암리3호분』, 2001.
53) 안승주·이남석,『논산 육곡리 백제고분 발굴보고서』, 1998.
54) 홍사준,「남원 출토 백제 飾冠具」『고고미술』7-1, 1968.
55) 공주대학교박물관,『염창리 고분군』, 2003.
56) 형식 분류와 유형 설정을 혼동하는 경우도 있다.
57) 최원정,「칠곡 송림사 오층석탑 불사리장엄구의 연구」, 대구카톨릭대학교 석사학위 논문, 57~58쪽.

온 송림사 전탑에서도[61] 은제관식이 출토되었다. 여기에서는 전탑에서 나온 것으로 추정되는 명문석의 판독부터 시작해 보기로 하자.

1997년 여름에 송림사 마당에서 글자가 음각된 명문석이 습득되어 현재 위덕대학교 박물관에 전시되고 있다. 가로 7.8cm, 세로 8.7cm, 두께 1.4cm인 방형의 직육면체인 명문석은 전면이 마연되어 있다. 명문은 우에서 좌로 기록되어 있다. 이 명문들은 글자를 새기고 나서도 글자가 있는 면이 마연되었기 때문에 글자를 읽기가 매우 힘들다.

제①행은 모두 5자이다. 1번째 글자인 道자는 쉽게 읽을 수가 있다. 2번째 글자인 使자도 쉽게 읽을 수가 있다. 3~5번째 글자는 읽기가 어렵다. 이 부분은 신라 중고 인명 표기 방식에 따르면,[62] 부명이 올 자리이므로 신라 6부의 부명과 관련지어 판독해 보자. 3번째 글자는 沙자의 일부 획이 남아 있다. 4번째 글자는 자획이 없다. 5번째 글자는 阝부분만 남아 있다. 그렇다면 4번째 글자도 喙자로 추독할 수 있다.

제②행은 모두 7자이다. 1번째 글자는 자획이 뚜렷하나 읽을 수 없다. 2~5번째 글자는 자흔조차 남아 있지 않다. 7번째 글자는 申자가 분명하다. 6번째 글자는 ㅓㅣ식으로 되어 있는 바, 申자와 함께 연간지이므로 甲, 乙, 丙, 丁, 戊, 己, 庚, 辛, 壬, 癸의 10자 가운데에서 찾으면 甲자에 가장 가깝다.

제③행은 모두 8자이다. 1번째 글자는 年자이다. 2번째 글자는 十자이다. 3번째 글자는 一자이다. 4번째 글자는 月자이다. 5번째 글자는 卄자이다. 6번째 글자는 一자이다. 7번째 글자는 日자이다. 8번째 글

　　　金關恕,「松林寺塼塔發見の遺寶」『朝鮮學報』18, 1961.
58) 谷一尙,「松林寺のガラス製舍利容器」『論叢 佛教美術史』,1986, 291쪽.
　　　강우방,『한국 불교의 사리장엄』,1993, 51쪽.
　　　박홍국,『한국의 전탑 연구』,1998, 139쪽.
59) 김재원,「송림사전탑」『진단학보』29·30, 1966, 28쪽.
60) 진홍섭,『국보』5, 1992, 212쪽.
61) 송림사는 908년경에 지어진 崔致遠의 新羅壽昌郡護國城八角燈樓記에 따르면, 摩頂溪寺로 불리었다.(김창호「新羅壽昌郡護國城八角燈樓記의 분석」『한국 고대 불교고고학의 연구』,2007, 391쪽.)
62) 김창호,「신라 중고 금석문의 인명 표기(1)」『大丘史學』23, 1983.

자는 자획은 분명하나 읽을 수 없었다.

제④행은 모두 몇 자인지 정확히 알 수가 없다. 1번째 글자는 大자이다. 6번째쯤에 一자가 있다. 이상의 판독 결과를 제시하면 다음과 같다.

④	③	②	①	
大	年	△	道	1
	十	△	使	2
	一	△	(沙)	3
	月	△	△	4
	卄	△	β	5
一	一	•|•		6
	日	申		7
	△			8

여기에서는 은제관식이 나온 송림사 전탑의 연대를 알아보기 위해 먼저 사리장엄구 가운데 舍利器의 연판에 주목하고자 한다. 여기의 연판은 한 가운데를 오똑하게 해서 분리하고 있다. 이러한 형식의 연판은 고신라 기와에서 다량으로 출토되고 있다. 이 형식의 기와는 고구려나 백제 양식에서 벗어나, 신라화한 기와로 보고 있다. 그 제작 시기는 대략 584년에 시작하여 7세기 전반 경까지 계속 제작되고 있다고 한다.63) 물론 기와의 문양과 금동판의 문양을 비교하는 것은 다소의 문제가 있으나,64) 그 연대를 600년경으로 보아도 될 것이다.

다음으로 銀製鍍金樹枝形裝飾具(은제관식)와 비슷한 형식의 것으로

---

63) 김성구,「신라 와당의 편년과 그 특성」『기와를 통해 본 고대 동아시아 삼국의 대외 교섭』,2000, 160쪽.

64) 馬目順一,「慶州飾履塚古墳新羅墓の研究-非新羅系遺物の系統と年代-」『古代探叢』1, 1980에서 식리총의 연대를 475~500년 사이로 보았다. 식리총에서 출토된 식리에 연주문이 있는데, 기와고고학에서는 연주문이 있으면 통일 신라로 편년하고 있다. 재질이 다른 유물을 통한 연대 설정은 주의가 요망된다. 특히 고분고고학에서 금속기를 토기가 서로 다른 지역의 절대 연대 설정에 이용하고 있으나 조심하지 않으면 안된다. 가령 풍소불 등자에 의해 등자의 상한을 415년으로 보아 왔으나 태왕릉(414년)에서 더 발전된 형식의 금동목심등자가 나왔기 때문이다. 98호 남분 연대도 402년에 죽은 내물왕릉으로 볼 수밖에 없어서 문제이다.

216

부여 하황리, 남원 척문리, 논산 육곡리, 나주 흥덕리 등 6세기 백제 고분에서 출토된 바 있고,65) 그 사용 시기는 6세기가 중심이나 7세기까지 사용되었을 가능성도 제기하고 있어서,66) 송림사에서 나온 은제관식의 연대를 600년경으로 볼 수가 있다.

마지막으로 명문석의 문자를 통해 은제관식의 연대를 조사해 보자. 명문의 道使(沙喙部) △△△△△에서 道使는 직명, (沙喙部)는 출신지명, △△△는 인명, △△는 관등명이다. 道使는 441년에 작성된 중성리비에서는 奈蘇毒只道使, 443년에 작성된 냉수리비에서는 耽湏道使, 524년에 작성된 봉평비에서는 居伐牟羅道使와 悉支道使, 561년에 작성된 창녕비에서는 道使, 591년에 작성된 남산신성비에서는 제1비에 奴含道使와 營坫道使, 제2비에 阿旦兮村道使, 仇利城道使, 荅大支村道使, 제5비에 ~道使幢主, 668년으로 추정되는67) 이성산성 목간에서는 南漢山城道使, 湏城道使가 각각 나왔는데, 인명 표기가 아닌 창녕비의 예를 제외하면, 지명과 함께 나오고 있다. 이 道使를 보면, 명문의 작성 연대는 州郡縣制가 확립되는 685년이 하한이다.68) 沙喙部란 부명에 근거할 때, 그 하한은 661년이다.69) 명문에 나오는 (甲)申年과 관련을 지우면, 624년, 564년, 504년, 444년 등이 그 대상이 된다. 사리봉안기의 연판 무늬, 은제관식의 연대 등을 참작하면, 624년만이 그 대상이 될 수 있다. 그렇다면 후행하는 송림사의 은제관식이 624년이므로

---

65) 최종규, 「백제 은제관식에 관한 고찰-백제 금공(1)-」『미술자료』7, 1991, 88~91쪽.

66) 최종규, 앞의 논문, 1991, 92쪽.

67) 김창호, 「이성산성 출토 목간의 연대 문제」『한국상고사학보』10, 1992.

68) 藤田亮策, 『朝鮮學論考』, 1953, 339쪽.

69) 이렇게 되면 고고학에서의 절대 연대 설정이 문제가 된다. 가령 태왕릉을 안악3호분(357년)의 연꽃봉오리와 연화문와당의 비교로 소수림왕릉, 고국왕릉 등(4세기 후반)으로 보아 왔으나, 집안고구려비(491~519년)의 발견으로 광개토태왕릉(414년)이 분명하다.(김창호, 「집안고구려비를 통해 본 여제 왕릉 비정 문제」『고고학탐구』17, 2015, 37쪽.) 금관총의 경우 475~500년 사이로 편년해 왔으나, 금관총 출토의 3루환두대도 검초 단금구에 尒斯智王이란 명문이 나와서 이를 훈독과 반절로 보면 넛지왕이 되고, 이 넛지왕은 눌지왕이 된다. 그러면 금관총은 넛지왕(눌지왕)이 되어 458년이란 절대 연대를 갖게 된다.(김창호, 「신라 금관총의 尒斯智王과 적석목곽묘의 편년」『신라사학보』32, 2014) 그러면 17~42년의 절대 연대가 달라지게 된다. 일본의 경우 이나리야마고분 철검 명문의 獲加多支鹵大王을 雄略으로 볼 때, 辛亥年이 471년으로 해석되지만, 검릉형행엽과 f자형비가 세트를 이루므로 礫梛의 연대는 6세기 전반이다. 당연히 471년의 철검은 전세된 것이다.

이보다 선행하는 미륵사지 서탑의 은제관식의 연대인 己亥年을 무왕 19년(639)보다 1갑자 올려서 위덕왕 15년(579)으로 보아야 될 것이다.[70] 항상 고고학에서는 잔존 요소가 늦게까지 남아있기 때문에 미륵사지 서탑의 은제관식의 연대를 579년으로 보아도 아무런 문제가 없다.

IV. 『삼국유사』, 무왕조의 검토

우선 『삼국유사』권2, 무왕조의 전문을 제시하면 다음과 같다.

武王(古本作武康 非也 百濟無武康)
　　第三十 武王名璋 母寡居 築室於京師南池邊 池龍交通而生 小名薯童 器量難測 常掘薯 賣爲活業 國人因以爲名
　　聞新羅國眞平王第三公主善花(一作善化)美艶無雙 剃髮來京師 以薯餉閭里群童 群童親附之 乃作謠 誘群童而唱之云 善花公主主隱 他密只嫁良置古薯童房乙 夜矣卯乙抱遣去如 童謠滿京 達於宮禁 百官極諫 竄流公主於遠方將行 王后以純金一斗贈行 公主將至竄所 薯童出拜途中 將欲侍衛而行 公主雖不識其從來 偶爾信悅 因此隨行 潛通焉 然後知薯童名 乃童謠之驗 同至百濟 出母后所贈金 將謀計活 薯童大笑曰 此何物也 主曰 此是黃金 可致百年之富 薯童曰 吾自小掘薯之地 委積如泥土 主聞大驚曰 此是天下至寶 君今知金之所 則此寶輸送父母宮殿如何 薯童曰 可 於是聚金 積如丘陵 詣龍華山師子寺知命法師所 問輸金之計 師曰 吾神力可輸 將金來矣 主作書餠金置於師子前 師以神力 一夜置新羅宮中 眞平王異其神變 尊敬尤甚 常馳書問安否 薯童由此得人心 卽王位
　　一日王與夫人 欲幸師子寺 至龍華山下大池邊 彌勒三尊出現池中 留駕致敬 夫人謂王曰 須創大伽藍於此地 固所願也 王許之 詣知命所 問塡池事以神力一夜頹山塡池爲平地 乃法像彌勒三會 殿塔廊 各三所創之 額曰彌勒

---

70) 전남 지역에서 579년 이전의 기와가 보이지 않는 점은 지방 관아도 기와가 나오지 않고, 寶器로서의 기와 사용도 없었다고 판단된다. 579년 이후에는 전남 지방에 기와가 나오고 있다. 실제로 전남 지역에 가람은 백제 시대에는 없다.

寺(國史曰 王興寺) 眞平王遣百工助之 至今存其寺 (三國史記 云 是法王之 子 而此傳之獨女之子 未詳)

무왕조에 나오는 서동요는 4구체라 신라 향가 가운데 가장 오래된 것으로 이해되어 왔다. 우선 서동요를 현대말로 풀이하여 제시하면 다음과 같다.

善花公主님은
남 몰래 시집을 가두고
薯童房을
밤에 몰래 안고 간다.

선화공주는 신라 진평왕(579~632년)의 셋째 딸이고, 백제 무왕의 재위가 600~641년이므로 적어도 무왕의 재위보다 빠른 600년 이전에 서동요를 지은 것이 된다. 서동은 나중에 백제 무왕이 되므로 서동과 선화공주의 로맨스는 너무 나이 차이가 있어서 성립이 불가능하다. 그래서 무왕 대신에 선화공주의 상대자를 동성왕(479~501년)을 지목한 가설이 제기되었다.71)

이렇게 백제 무왕과 신라 선화공주 사이의 나이 차를 극복하기 위해 서동을 원효로 보는 가설이 나왔다.72) 여기에서는 서동 설화의 내용과 『삼국유사』권4, 의해5, 元曉不覇조의 내용을 비교 분석하여, 두 설화의 구조와 내용이 8가지 점에서 비슷하다는 것에 착안하여 나왔다. 계속해서 서동은 백제 무왕이 아닌 원효이고, 선화공주는 요석공주로 보아야 한다고 주장하였다.

1980년부터 1966년까지 발굴 조사된 미륵사지의 발굴 성과에 의해 미륵사의 창건 연대는 사비성 천도(538년) 이후로 파악되어 선화공주의 파트너로 무왕으로 본 가설이 나왔다.73) 또 『삼국사기』, 백제본기의

71) 이병도,「서동설화의 신고찰」『역사학보』1, 1952.
72) 김선기,「쇼동노래(薯童謠)」『현대문학』51, 1967.
73) 노중국,「삼국유사 무왕조의 재검토-사비시대후기 백제지배체제와 관련하여-」『한국전통문

기록과 『삼국유사』권3, 흥법3, 法王禁殺조의 내용에 근거하여 무왕의 出系를 법왕의 아들로 보고, 서동과는 동일 인물이 아니라는 가설도 제기되었다.[74] 그 밖에도 이 설화에 나오는 서동을 백제 무령왕 (501~523년)으로 보는 가설이 제기되었다.[75]

백제 무왕과 선화공주의 로맨스에 있어서 두 사람의 나이 차이를 극복하지 않고, 그대로 설화를 믿는 것은 무왕조의 해석에 도움이 되지 않는다. 미륵사지 발굴에서도 미륵사의 창건이 사비성 천도(538년) 이후라는 것은 믿지만, 그 창건을 백제 무왕(600~641년)으로 보는 것은 무왕조를 신봉하기 때문에 나온 것이다. 그래서 미륵사지 서탑의 사리봉안기의 己亥年을 639년으로 보아 왔다. 앞에서 살펴 본 것처럼 후행하는 송림사 은제관식의 연대가 624년이므로 기해년은 639년이 아닌 579년이 되어야 한다. 이렇게 되면 사리봉안기의 己亥年에 대해 새로운 관점에서 검토가 요망된다.

서동요의 작성 시기는 대개 신라 진평왕(579~632년)대로 보아 왔다. 그래서 현존하는 가장 오래된 향가의 하나로 자리 매김하고 있다.[76] 그 동안 한번도 당시의 자료인 금석문이나 고문서 등과 비교 검토된 바가 없다. 여기에서는 당대의 자료인 금석문과의 비교를 위해 서동요의 원문을 다시 한 번 제시하면 다음과 같다.

화연구』2, 1986. 이에 대해서 쓴 논문이 몇 편이 있으나(노중국,「백제 무왕과 지장법사」,『한국사연구』107, 1999 등) 백제 무왕, 미륵사, 선화공주 등에 관한 견해는 한결 같아서 여기에서는 주로 노중국, 앞의 논문, 1986을 이용하였다. 이 논문에서는 익산의 쌍릉을 무왕릉으로 해석하고, 선화공주와 서동의 로맨스도 인정하는 등 사료 비판에 다소의 문제가 있는 듯하다. 쌍릉을 무왕릉으로 보게 되면, 삼국 시대 왕릉 가운데에서 수도를 떠나서 지방에 무덤이 조영되는 유일한 예가 된다. 따라서 익산 쌍릉은 무왕릉이 아니고, 무왕릉은 부여 능산리 고분군 가운데 하나일 것이다. 미륵사의 규모로 익산 천도설을 주장하고 있지만, 익산에 조방제의 흔적이 없어서 익산 천도설은 하나의 설일 뿐이다.

74) 강봉원,「백제 무왕과 서동의 관계 재검토-신라와 백제의 정치·군사적 관계를 중심으로-」,『백산학보』63, 2002. 여기에서는 무왕대의 신라와의 전쟁 회수가 13번이나 있어서 무왕조의 진평왕대 백제 왕실과의 혼인, 미륵사 창건에 신라에서의 장인 파견, 백제에서 신라로 금을 보내는 것 등은 역사적 사실이 아니라고 주장하였다.

75) 사재동,「서동설화연구」『장암지헌영선생화갑기념논총』,1971.
사재동,「무강왕 전설의 연구」,『백제연구』5, 1974.

76) 향가 가운데 가장 오래된 것으로 신라 진평왕대의 彗星歌를 들고 있다. 그 다음이 서동요이다.

善花公主主隱 他密只嫁良置古 薯童房乙 夜矣卯乙抱遣去如

여기에서 고신라 금석문과 다른 점은 隱과 乙은 吐 또는 조사의 사용과 善花公主主隱에서 뒤의 主를 님이란 존칭으로 보아서 善花公主님은이라고 풀이한 점이다.

먼저 지금까지 고신라 금석문에서는 님 등의 존칭이 사용된 예가 없다.[77]

다음으로 吐라고 불리는 조사에[78] 대해 조사해 보자. 善花公主主隱에 나오는 주격조사는[79] 당시의 금석문이나 고문서에 있어서 고신라는 사용한 예가 없다. 그런데 통일 신라 이후의 향가에서 사용한 예가 있어서 이를 뽑아서 제시하면 다음과 같다.

> 二兮隱吾下於叱古 吾兮隱誰支下焉古　　(處容歌)
>
> 唯只伊吾音之叱恨殷㬢陵隱　　(遇賊歌)
>
> 生死路隱　　(祭亡妹歌)
>
> 吾隱去內如辭叱都　　(祭亡妹歌)
>
> 造將來臥乎隱惡寸隱　　(懺悔業障歌)

---

77) 울주 천전리서석 원명(525년)의 於史鄒安郎主之(主는 三으로 읽어야 한다.)로 읽어서 主를 님으로 풀이하고 있다. 문경현,「울주 서석명기의 신검토」『경북사학』10, 1987에서 主자의 판독에도 문제가 있으며, 於史鄒女郎을 妹의 인명으로 보고 있다. 於史鄒女郎은 河伯女郎이 河伯의 따님으로 읽는 점에 따를 때, 於史鄒의 따님이 되어 妹의 인명일 수가 없다. 노중국,「금석문·목간 자료를 활용한 한국 고대사 연구 과제와 몇 가지 재해석」『한국고대사연구』57, 2010, 28쪽에서 七王等의 王을 님의 뜻을 가진 존칭으로 보고 있다. 沙喙部至都盧葛文王에 뒤이어 나오는 6명의 관등에는 干支가 포함되어 있다.『광주천자문』에 임금 왕의 훈을 귀추라고 되어 있다. 이 귀추는 간지와 같다. 따라서 王은 님의 뜻으로 풀 수가 없다, 금석문에서 존칭이 사용된 예로는 갈항사 석탑기(758년이후에서 785~798년 사이에 추기) 照文皇太后君於在於의 君자와 개선사 석등기(891년)에 景文大王主 文懿皇太后主의 主자 등이 있다.

78) 삼국 시대 조사로는 충주고구려비(458년경)의 五月中, 평양성석각(506년)의 丙戌十二月中, 신라 적성비(545년이나 그 직전)의 △月中, 성산산성 164번 목간의 三月中, 순흥 벽화 고분(599년)의 己未中 등의 中자가 처격조사로 사용되고 있다.

79) 갈항사 석탑기에 나오는 娚者零妙寺言寂法師在於 姉者照文太后 君於在於 妹者敬信大王於在也에서 3번 나오는 者자는 주격조사로 판단된다. 홍기문,『리두연구』,1957, 133쪽에서는 者를 주격 토라고 하였다.

221

灯炷隱須彌也 灯油隱大海逸留去也　　(廣修供養歌)

이상과 같은 향가의 예를 제외하면, 고려 시대부터 한문의 吐에 隱자가 尸(은)으로 표기되어 주격 조사로 쓰인다. 삼국 시대 특히 백제에서 部자가 尸로 표기되고 있어서 차이가 있다.

그 다음으로 목적격 조사인 薯童房乙의 乙에 대해 검토해 보기로 하자. 목적격 조사인 乙자의 예는 금석문이나 고문서 등의 당시 자료로는 고신라는 물론 통일 신라의 예도 없다. 고려 시대에 지어진 향가 2예를 제시하면 다음과 같다.

法雨乙乞白乎叱等耶　　(請轉法輪歌)
手乙寶非鳴良爾　　(請佛住世歌)

위의 향가들은 다 아는 바와 같이 고려 초의 화엄종 승려인 均如(923~973년)가 지은 普賢十願歌 가운데 여섯 번째(請轉法輪歌)와 일곱 번째(請佛住世歌)의 노래이다. 고신라와 통일 신라에서는 乙자를 목적격 조사로 사용한 예는 없다.

乙을 목적격 조사로 사용한 예는 칠곡 약목 정토사 형지기(1031년)가 있다. 관계 부분을 적기하면 다음과 같다.

石塔伍層乙成是白乎願表爲遣
本貫同郡乙勸爲

위의 자료들에 근거하면 서동요는 고려 광종대(949~975년)에 지어진 향가로 판단된다.[80] 서동요는 역사적인 사실이라기보다는 고려 초에 만들어진 로맨스에 향가로 변신해 우리 문학 세계를 풍요롭게 했다. 흔히 위대한 사랑 이야기는 소설에서나 가능하고, 不朽의 여인상을 그려낸 작가는 하숙집의 하녀밖에 모른다고 한다. 백제 최대의 사

---

80) 앞으로 자료가 나오면, 서동요가 고려 태조(918~943년) 때에 지어진 것으로 보아도 좋다고 판단하고 싶다.

찰인 미륵사의 창건과 어우러진 서동과 선화공주의 로맨스는 미륵하생경이 유행한 고려 초의 미륵사가 미륵도량으로서[81] 큰 역할을 하면서 후백제인과 신라인이 함께 고려인화하는 데에서 나온 것으로 해석이 가능하다.

미륵사지 서탑에서 나온 사리봉안기의 己亥年을 무왕조에 근거하여 639년으로 보아 왔다. 이는 무왕의 재위 기간이 600~641년 사이이므로 언 듯 보기에 타당한 것 같다. 그러나 은제관식 가운데 가장 늦은 칠곡 송림사 출토품이 가장 늦고, 624년이란 절대 연대를 갖고 있어서 이보다 선행하는 미륵사지 서탑의 은제관식은 639년이[82] 아닌 579년으로 보아야 한다. 무왕대에는 신라와의 전쟁 기사가 13번이나,[83] 백제 역사상 전쟁 기사가 제일 빈번하게 나온다. 전쟁을 하면서 두 절을[84] 짓는 것은 어렵다.[85]

사비성 시대 국찰인 정림사와 미륵사를 비교하면, 회랑 안의 면적은 정림사가 1,318평이고, 미륵사가 7,770평으로 미륵사의 규모가 정림사의 규모에 비해 6배나 된다. 요사채 등을 포함하면, 미륵사가 10배 이상이나 크다. 백제에서 제일 큰 가람을 익산에다 건립한 것은 나름

---

81) 후삼국 시대의 신라 수도였던 경주에서조차도 미륵하생경에 의한 미륵상이 단석산에 만들어졌다. 이에 대해서는 김창호, 「경주 단석산 신선사 마애거상의 역사적 의미」『한국 고대 불교고고학의 연구』, 2007 참조. 후삼국(고려와 후백제)에서는 국경 지역에 충남 은진미륵상 등 미륵상을 많이 조성하였다.

82) 사리봉안기의 己亥年을 639년으로 보게 되면, 무왕의 왕비가 의자왕의 어머니, 선화공주, 교기의 어머니, 사탁적덕의 딸 등으로 4명이나 되나, 사탁적덕의 딸을 의자왕의 모후나 교기의 어머니로 보면 3명이 된다.(김수태, 「백제 무왕대의 미륵사지 서탑 사리 봉안」『신라사 학보』16, 2009, 11~12쪽.) 무왕의 왕비는 4명일 가능성도 있어서 너무 많다.
또 『觀世音應驗記』에 나오는 百濟武廣王遷都枳慕密地 新營精舍 以貞觀十三年己亥十月云云이란 구절에서 정관13년 己亥도 639년이 되어 제석사도 639년에 창건되어 문제가 된다.

83) 강봉원, 앞의 논문, 2002.
『삼국사기』권27, 백제본기5, 무왕조에 6년, 8년, 12년, 17년, 19년, 24년, 25년, 27년, 28년, 29년, 33년, 34년, 37년에 각각 신라와의 전쟁 기사가 나온다.

84) 미륵사와 제석사를 가리킨다.

85) 미륵사의 백제 무왕대 창건설은 『삼국유사』권2, 무왕조와 『삼국유사』권3, 흥법3, 법왕금살조밖에 없다. 그것도 언제 공사를 시작해서 언제 끝났다는 것이 아니고, 무왕 때라고 되어 있다. 『삼국사기』에도 나오지 않고, 『삼국유사』의 다른 곳에도 나오지 않는다. 무왕조가 후삼국 시대를 반영한 것이므로 그 나름대로의 의의가 있다. 미륵사 무왕대 창건설은 무너졌음으로, 백제 고고학은 기와를 포함하여 극히 일부에서 60년을 소급하게 되었다.

대로의 이유가 있었을 것이다. 흔히 익산 천도설을[86] 주장하지만, 익산에서는 조방제의 흔적이 나오지 않아서 믿을 수 없다. 나주 반남 신촌리, 나주 복암리 등의 고분군은[87] 그 출토 유물이나 봉분의 크기가 사비성 능산리에 있는 백제 왕릉에 뒤지지 않는다. 반남 신촌리 고분군은 그 숫자나[88] 그 크기에 근거할 때, 백제에 복속된 시기를 문헌의 통설대로 4세기 근초고왕대로[89] 한정할 수가 없다. 579년 미륵사 창건 당시에 곡창 지대인 전남 마한은[90] 아직도 그 세력을 유지하고 있었다. 그래서 당시 백제 최남단에다[91] 백제 역사상 제일 큰 가람을 건립하면서 마한 너희들도 이런 규모의 종교 건물을[92] 가질 있느냐고 묻는 정치적이면서 종교적인 승부수로 판단된다.

---

86) 『觀世音應驗記』에 나오는 百濟武廣王遷都枳慕密地 新營精舍 以貞觀十三年己亥十月云云이란 구절에 근거하여 무광왕을 무왕으로, 지모밀을 익산의 고명인 모지밀로, 정사를 제석정사인 제석사로 보았다. 정관13년 기해는 639년으로, 제석사가 이때에 건립되었다는 확증이 없고, 제석사 보다 그 규모가 훨씬 큰 미륵사에 대한 언급이 없고, 익산 도성제의 필수 요건인 조방제의 흔적이 없어서 신봉할 수 없다.
87) 이들 고분군을 임영진은 마한으로 보고 있다.
88) 나주 반남 신촌리 고분군은 고분의 봉분에 있어서 부여의 백제 왕릉인 능산리 고분군의 봉분보다 그 크기가 더 크다. 고분의 숫자에서도 마찬가지이다.
89) 문헌에서는 마한 땅의 완전 정복을 4세기 근초고왕대로 보고 있으나, 4세기에는 백제에 기와도 없고, 철제무기도 별로 알려진 것이 없다.
90) 光州, 咸平, 靈光, 靈巖, 海南 등 전남 지역에서는 500년경에 전방후원형 고분이 있다. 이들 지역을 포함하여 전남 지역을 마한으로 부르고 있다. 이들 정치체의 선조가 광개토태왕비에 나오는 왜와 관련될 가능성이 있다. 400년 전후의 제철 기술이나 선박 기술로 볼 때, 일본의 야마도(大和) 조정에서 고구려와 대결할 수 있을 정도의 대군을 이끌고 바다를 건너오기는 어렵다.
91) 전남 마한 지역에는 가람을 세울 수 없어서 백제의 최남단인 익산에다 미륵사를 세웠을 것으로 판단된다. 579년이란 시기는 후장인 고총고분 시대가 끝나고, 비용 절감이 가능하고 추가장이 가능한 횡혈식석실분 시대로 바뀌어서 고분의 제의가 바뀌었다.(김창호,「고고학 자료로 본 신라사의 시대 구분」『인하사학』10, 2003.) 신라의 경우 520년 전후에 적석목곽묘에서 횡혈식석실분으로 바뀌면서 장례에 드는 비용이 절감되어 주변 지역으로 정복이 가능하였다. 이에 비해 대가야는 멸망할 때까지 고비용의 수혈식석곽묘를 사용하여 신라에게 멸망을 당했다.
92) 고분 자체가 장송 의례, 토착 신앙 등의 종교체로 일본에 있어서 전방후원분의 수장권 계승 의례도 전방후원분의 정상에서 시행되었다고 한다.

V. 맺음말

먼저 미륵사지 서탑 출토의 사리봉안기에 나오는 명문을 이체자 중심으로 판독하고, 전문을 해석하였다.

다음으로 미륵사지 서탑에서 출토된 2점의 은제관식 연대를 반출 유물인 사리봉안기에 있는 己亥年을 639년으로 보아 왔다. 그런데 은제관식 가운데 가장 늦은 형식이 칠곡 송림사에서 나왔다. 이보다 선행하는 미륵사지 서탑의 은제관식은 639년으로 볼 수만 없다. 이 송림사의 은제관식은 624년이란 절대 연대를 갖는다. 그렇다면 미륵사지 서탑의 己亥年은 639년이 아닌 579년이 되어야 한다.

마지막으로 이두로 된 서동요에 주격 조사인 隱과 목적격 조사인 乙을 금석문과 고문서에서 그 예를 검토하였다. 고신라 시대에는 그 예가 없고, 고려 초에 만들어진 향가와 고문서에서 나왔다. 그래서 서동요가 고려 초에 선화공주와 서동의 로맨스로 후백제인과 신라인의 고려인화를 위해 지어진 것으로 보았다. 따라서 미륵사 창건이 백제 무왕대란 설은 무너지게 되었다. 백제에서 가장 큰 미륵사가 579년 당시 수도였던 사비성이 아닌 익산에 창건한 것은 전남 마한인에 대한 백제의 종교적이고, 정치적인 승부수로 보인다.

제3절. 금산 금령산성 출토 문자 자료

I. 머리말

충청남도 금산군 남이면 역평리와 건천리 일대 성재산(438m) 정상부에 위치한 백령산성은 둘레 207m의 소규모 테뫼식[1] 석축 산성이다. 백령산성은 그 주변에 해발 700m정도의 高峰이 둘러싸고 있어서 시야 확보에 제약이 있지만 산성이 입지한 능선 일대를 장악하여 주변부에 대한 제한사항을 극복하고 있다. 또한 산간 사이에 형성된 통로에 소재하여 關門 역할(길목 차단 기능)을 했던 것으로 파악된다.[2] 백령산성이 자리한 능선은 충남 연산·논산(황산벌)과 전북 무주를 잇는 교통로 상에 있기 때문에 일찍이 炭峴으로 비정되기도 하였다.[3]

백령산성에 대한 조사는 2003년 정밀 지표조사와 시굴조사를 시작으로 전체적인 현황을 확인하였고, 이후 시행된 2004년의 1차 발굴조사와 2005년의 2차 발굴조사를 통해[4] 그 내부 구조와 부대시설을 파악하게 되면서 구체적인 산성의 형태를 이해할 수 있었다.

이러한 조사 내용을 바탕으로 백령산성은 단일 토층만이 나타나고 층위내의 출토 유물 연대가 백제시대의 것으로만 비정됨에 따라 백제 泗沘城시대에 조성되어 사용된 유적으로 파악된다.[5] 발굴된 유물은 다량의 기와류·토기류와 소량의 목기류와 철기류로, 조사된 유물들의

---

1) 우리나라의 고대 산성은 크게 2종류로 대별된다. 골짜기와 산등성이를 에워싼 포곡식과 하나의 산봉우리만을 8부 능선에서 둘러싼 테뫼식이 있다.
2) 최병화, 「금산 백령산성의 구조와 성격」『호서고고학』17, 2007, 178쪽.
3) 성주탁, 「백제 탄현 소고」『백제논총』2, 1999.
4) 충청남도역사문화연구원·금산군, 『금산 백령산성 1·2차 발굴조사 보고서』, 2007.
5) 강종원·최병화, 『그리운 것들은 땅속에 있다』, 2007, 178쪽.

양상이 백제시대로 한정된다는 점에서 백제시대 산성의 구조와 축조 방법과 배경, 사용 시기 등을 규명하는데 중요한 의미를 지닌다.6) 계단식의 북문, 저수용 목곽고, 배수 시설, 보도시설, 온돌 시설 및 주공 등이 확인되었고, 다량의 명문와를 포함한 기와편과 토기류, 묵서 판목 등의 문자 자료 유물이 출토되었다.

여기에서는 명문을 銘文瓦, 印刻瓦, 墨書木板으로 나누어서 살펴보고, 다음으로 이들 명문들의 제작 시기를 年干支명기와를 토대로 살펴보고자 한다.

II. 명문의 판독과 해석

1. 銘文瓦

(1) 上水瓦作명음각와

가) 上水瓦作명음각와(등면)

백령산성 정상부에 조성된 木槨庫 내부에서 출토된 上水瓦作명음각와는 발견 당시 반파된 상태였지만 수습된 이후 접합되었는데, 길이 21.3cm, 두께 0.8~2.0cm였다. 고운 점토를 사용해 제작된 음각와는 표면은 회청색, 속심은 흑회색을 띤다. 음각와의 표면에는 물손질한 흔적과 손으로 누른 자국, 도구흔 등이 혼재하고, 모두③행으로 총 19자 정도의 명문이 확인되었다.7)

명문은 등면과 측면에 殘存하는데, 등면의 명문은 그 자형이 대체적으로 명확한 반면 측면의 명문으로 추정되는 일련의 자형은 알아보기 어렵다. 음각된 목필이나 철필과 같은 끝이 가늘고 뾰족한 도구를 이용해 刻書했던 것으로 추정된다. 이러한 예는 백제 미륵사지에서 나온

---

6) 충청남도역사문화연구원·금산군, 앞의 책, 2007.
7) 作人那魯城移文은 지방 출신의 제와장으로 무령왕릉의 와박사와 비교된다. 곧 무령왕릉 출토 (瓦博)士壬辰年作는 만든 사람이 와박사로 512년에 만들었다고 하므로 523년에 조성된 무령왕릉이 壽陵일 가능성을 보여주고 있다.

景辰年五月卅(日)法得書란 기와 명문이 있다.
지금까지 제시된 판독 결과를 표로서 도시하면 다음과 같다.

연구자		판독안
금산 백령산성1·2차 발굴조사 보고서(2007)[8]	1차	제①행 上水瓦作土(五)十九
		제②행 一(?)夫瓦九十五
		제③행 作△那魯城移△
	2차	제①행 上水瓦作土十九
		제②행 一夫瓦九十五
		제③행 作△那魯城移△
	3차	제①행 上水瓦作土十九
		제②행 一夫瓦九十五
		제③행 那魯城移遷
손환일(2009)[9]	1차	제①행 上水瓦作五十九
		제②행 夫瓦九十五
		제③행 作(人)那魯城移文
강종원(2009)[10]	1차	제①행 上水瓦作土十九
		제②행 一夫瓦九十五
		제③행 那魯城移遷
	2차	제①행 上水瓦作五十九
		제②행 一夫瓦九十五
		제③행 作△那魯城移支
	3차	제①행 上水瓦作五十九
		제②행 夫瓦九十五
		제③행 作(人)那魯城移文
문동석(2010)[11]	1차	제①행 上水瓦作五十九
		제②행 夫瓦九十五
		제③행 作(人)那魯城移文
이병호(2013)[12]	1차	제①행 上水瓦作五十九
		제②행 夫瓦九十五
		제③행 作(人)那魯城移文
이재철(2014)[13]	1차	제①행 上水瓦作五十九
		제②행 夫瓦九十五
		제③행 作(人)那魯城移文

---

8) 충청남도역사문화연구원·금산군, 앞의 책, 2007.
9) 손환일, 「백제 백령산성 출토 명문기와와 목간의 서체」『구결연구』22, 2009.
10) 강종원, 「부여 동남리와 금산 백령산성 출토 목간자료」『목간과 문자』3, 2009.
11) 문동석, 「2000년대 백제의 신발견 문자자료와 연구동향」『한국고대사연구』57, 2010.

이상과 같은 판독을 근거로 음각와를 판독하여 제시하면 다음과 같다.

제①행 上水瓦作五十九
제②행 夫瓦九十五
제③행 作(人)那魯城移文

제②행의 夫瓦의 사전적 의미는 수키와이다.14) 이에 대칭되는 제① 행의 上水瓦는 기와 위로 물이 흘러가는 기와로 암키와를 뜻한다.15) 이를 토대로 음각와 명문을 해석하면 다음과 같다.

上水瓦(암키와) 59장를 만들었고, 夫瓦(수키와) 95장을 만들었는데 作人(직명)은 那魯城 출신의 移文(인명)이다가 된다.16) 이는 지금까지 고구려와 백제 금석문에 나오는 지방민의 유일한 인명표기로 중요하다.

나) 上水瓦作명음각와(측면;위)
竹內△△△로 판독되나 수결로 이해되고 있을 뿐,17) 해석은 되지 않는다.

다) 上水瓦作명음각와(측면;아래)

---

12) 이병호, 「금산 백령산성 출토 문자기와의 명문에 대하여-백제 지방통치체제의 한 측면-」 『백제문화』49, 2013.
13) 이재철, 「금산 백령산성 유적 출토 문자 자료와 현안」 『목간과 문자』13, 2014.
14) 이병호, 앞의 논문, 2009, 252쪽.
15) 이병호, 앞의 논문, 2013, 252쪽.
16) 이병호, 앞의 논문, 2013, 252쪽에서 那魯城에서 기와가 제작된 것으로 보고 있으나 이는 인명 표기의 일부로 移文의 출신지일 뿐이다. 作人那魯城移文은 직명+출신성명+인명으로 된 인명표기로 지방민도 제와장이 되어 6세기 후반에는 기와의 제작에 관계했다는 중요한 증거이다. 移文 등의 기와 제작은 백제 왕경인(5부인)과는 관계가 없이 지방민이 전담했다고 판단된다. 물론 조와에는 국가의 감독을 받았음을 물론이고, 삼국시대 기와가 지방민에 의해서도 만들어졌다는 중요한 증거가 된다.
17) 이재철, 앞의 논문, 2014, 192쪽.

글자가 10자 정도가 더 있으나 판독이 어렵다.

(2) 上卩명음각와

上卩명음각와는 목곽고가 위치한 지역의 표토층에서 2점(2가지 유형)이 수습되었다. 上卩명음각와 1점은 길이 7.3cm, 두께 1.1~1.4cm이고, 다른 上卩명음각와 한점은 길이 8.8cm였다. 명문은 무문의 평기와에 刻字한 것으로 上卩의 2자가 확인된다. 上部란 왕경 5부 가운데 하나이다.

(3) 右(?)四(皿)명음각와

무엇을 의미하는지는 알 수가 없다.

2. 印刻瓦

(1) 丙자명기와

丙자명와는 남문지 내부 매몰토층에서 발견된 2점을 포함해 발굴과정에서 총 3점이 수습되었다. 丙자명와는 그 크기가 길이 24.5cm, 두께 1.0~1.9cm이고, 다른 하나는 12.8 cm, 두께 1.0~1.6cm이고, 또 다른 하나는 길이 8.5cm, 너비 4.6cm, 두께 0.93~1.3cm이다. 印章의 지름은 2.1cm정도이고, 양각된 丙자의 지름은 1.7cm정도이다. 인장의 크기나 인장 안 字形 등을 감안할 때, 모두 동일한 消印으로 추정된다. 丙자명와의 丙자는 栗峴△ 丙辰瓦와의 관련성으로 보아 丙辰年을 나타내기 위한 것으로 보인다.[18]

(2) 栗峴△ 丙辰瓦명기와

栗峴△ 丙辰瓦명기와는 목곽고 내부와 그 주변에서 총 12점이 출토되었다. 회백색의 무문으로 수키와가 많다. 명문은 양각된 형태로 가로X세로 5cm의 방형 구획을 나누어서 세 글자씩 縱書했으며, 栗峴△

---

18) 이병호, 앞의 논문, 2013, 68~69쪽.

丙辰瓦로 판독된다.

이는 '율현△가19) 병진년에 만든 기와이다.'란 뜻이다.

(3) 耳淂辛 丁巳瓦명기와

耳淂辛 丁巳瓦명기와는 조사 지역의 북문과 북쪽 성벽 일대에서 출토되었다. 총18점으로 암키와가 다수를 이룬다. 방형 구획을 나누어서 세로로 3자씩 2행의 형태로 모두 6자이다. 이 명문와는 부여 쌍북리에서 출토된 丁巳瓦 葛那城명기와가 있어서 대비된다. 명문의 내용에서 丁巳瓦는 기와의 제작 시기를 葛那城(충청남도 논산의 皇華山城으로 비정됨)은 그 소요처를 표기한 것으로 파악되고 있다.

이를 해석하면 '이득신이 정사년에 만든 기와이다.'가 된다.

(4) 戊午瓦 耳淂辛명기와

戊午瓦 耳淂辛명기와는 목곽고와 남문·북문, 치 등에서 총23점이 확인되었다. 제작기법은 앞서 살펴본 栗峴△ 丙辰瓦명기와와 耳淂辛 丁巳瓦명기와 동일했을 것으로 보인다. 가로×세로 4.5cm정도의 방형 구획을 기준으로 세 글자씩 縱書되었는데, 耳淂辛 丁巳瓦명기와는 반대로 干支를 나타내는 부분인 戊午瓦가 먼저 기록된 점이다.

이를 해석하면 '무오년에 만든 기와는 이득신이 만들었다.'가 된다.

3. 목간

(1) 墨書木板

백령산성 정상부에 조성된 木槨庫 내부에서 기와편, 토기편, 목재, 철기 등과 함께 묵서목판이 출토되었다. 묵서목판은 목곽고의 바닥면에서 수습되었다. 출토 당시 반파되어 둘로 나누어진 상태였지만 원래 한 개체였던 것으로 추정된다. 목판은 두께 0.8cm, 너비 13cm, 길이 23cm로 앞면 우측 상부에 2행의 묵흔이 확인된다. 2행의 묵흔 이외

---

19) 耳淂辛과 함께 기와를 만든 기술자인지 감독자인지는 후고를 기다린다.

에도 글자로 추정되는 형태가 보이지만 잔존상태가 좋지 않아서 무슨 글자인지 알 수 없다.

판독이 불가능하여 해석도 할 수 없다.

연구자	판독안
금산 백령산성1·2차발굴조사 보고서(2007)	앞면;우측 상단에 세로로 2줄의 흔적이 남아있으나 그 내용은 잔존상태가 좋지 않아 명확하지 않음. 墨書 흔적 발견 후 적외선 촬영 결과, 쓰형태의 字形을 확인했지만 그 외에는 남아있는 흔적이 분명하지 않아 판독이 어려움 뒷면;墨書의 잔흔이 확인되지 않음.(하부에서 11.5cm의 거리에 너비 2.0cm, 깊이 0.2cm의 홈 관찰)
손환일(2009)	1행;(居)行二百 2행;以備 그 외 孟, (高)
강종원(2009)	△行二百 以△만을 확인. 내용에 대한 의미 파악은 단편적인 것이라 불가능함
이용현(2009)	1행;△長二百 2행;以滴
문동석(2010)	△行二百 以△만이 확인되며, 備, 孟, 高 등이 보임
이재철(2014)	1행;行, 竹, 長으로 판독되는 글자는 長보다는 行 또는 竹일 가능성이 큼 2행;備 또는 滴자로 판독되는 글자는 좌변에 亻또는 氵으로 보인다. 우측의 자형은 广+向으로 추정함

III. 기와 제작 시기

금산 백령산성에서 발굴 조사된 여러 문자 자료들은 산성의 축조 시기와 주체, 배경 등을 알 수 있는 중요한 자료이다. 백령산성의 유물들을 두루 고려할 때, 백령산성은 사비성시대에 축조된 것이다. 干支에 대한 비정 문제는 丙辰명, 丁巳명, 戊午명의 간지는 1년의 시차를 두고 3년간에 계속되고 있다. 사비성 시대란 점을 염두에 두고 이들 간지의 연대를 살펴보면 丙辰年는 536년(성왕14년), 596년(위덕왕43년), 656년(의자왕16년)이고, 丁巳年은 537년(성왕15년), 597년(위덕왕44년), 657년(의자왕17년)이고, 戊午年은 538년(성왕16년), 598

년(위덕왕45년), 658년(의자왕18년)이다.

이들 가운데 戊午年이란 연간지는 538년으로 성왕15년(538년) 春三月로 웅진성에서 사비성으로 천도할 시기와 맞물려 있어서 백령산성의 축조는 어려웠을 것이다.

남는 것은 병진명의 경우 596년과 656년뿐이다. 과연 이들 가운데 어느 쪽이 백령산성의 축조와 관련이 되는지를 금석문 자료를 통해 검토해 보자. 미륵사 출토 기와 가운데 다음과 같은 명문 기와가 있다.

景辰年五月卄(日)法淂書

7번째 글자인 日자는 파실되고 없으나 전후 관계로 보아서 日자로 복원하였다. 景자는 庚의 音借로 보고 있으나 잘못된 것이고, 景자는 丙자의 피휘이다. 丙자는 唐高祖의 父名이 昞자인 까닭으로 인해 丙자까지도 景자로 바꾸었다고 한다.[20] 그러면 결국은 위의 명문은 丙辰年으로 볼 수가 있고, 동시에 당나라가 618~907년까지 존속했으므로 656년, 716년, 776년, 836년, 896년 등이 그 대상이 된다. 이와 관련되는 금석문 자료를 적기해 제시하면 다음과 같다.

> 卄五日景辰建 大舍韓訥儒奉　　(682년, 문무왕릉비)
> 神龍二年景午二月五日　　(706년, 神龍二年銘金銅舍利方函)
> 永泰二年丙午　　(766년, 永泰二年銘塔誌)
> 永泰△年丙午　　(818년, 柏栗寺 石幢記)
> 寶曆二年歲次丙午八月朔六辛丑日~　　(827년, 中初寺幢竿支柱)
> 會昌六年丙寅九月移　　(846년, 法光寺石塔誌)
> ~秋九月戊午朔旬有九月丙子建~　　(884년, 寶林寺 普照禪師彰聖塔碑)
> 丙午十月九日建~　　(886년, 沙林寺 弘覺禪師碑)

682년 7월 25일에[21] 건립된 문무왕릉비와[22] 706년에 만들어진 神

---

20) 葛城末治, 『朝鮮金石攷』, 1935, 72쪽.
　　陳新會, 『史諱擧例』, 1979, 18~19쪽.

龍二年銘金銅舍利方函의 자료에서만 각각 丙辰을 景辰으로 丙午를 景午로 피휘하고 있을 뿐이다. 766년에 만들어진 永泰2년명 탑지의 丙午, 818년에 만들어진 백률사석당기의 丙午, 846년에 만들어진 법광사 석탑지의 丙寅, 884년에 만들어진 보림사 보조선사창성탑비의 丙子, 886년에 만들어진 사림사 홍각선사비의 丙午 등에서는 피휘가 시행되지 않고 있다. 기와에 나오는 景辰(丙辰)年이란 연간지는 700년 전후에서 찾아야 될 것이다. 그 대상이 될 수 있는 것으로 656년, 716년, 776년 등이 그 대상이 될 수 있다. 596년은 618년에 당나라 건국되었기 때문에 제외된다. 776년의 경우는 766년의 永泰2년명탑지 丙午에 의해 제외하면 656년과 716년이 남는다.

716년은 미륵사 명문 기와 자료에서 開元四年丙辰명 기와 가운데 元四年丙의 부분이 남아 있어서23) 716년에는 丙자가 피휘되지 않았음을 알게 되었다. 따라서 景辰年은 656년임을 알게 되었다. 그렇다면 丙辰瓦명기와는 656년일 수는 없고, 536년일 수도 없고,24) 596년일 수밖에 없다. 丁巳年은 597년으로, 戊午年은 598년으로 각각 볼 수가 있다.

Ⅳ. 맺음말

上水瓦作명기와의 上水瓦는 夫瓦(수키와)에 대칭되는 용어로 위로 물이 내려가는 기와란 뜻으로 암키와를 가리킨다. 栗峴△ 丙辰瓦명기와는 栗峴△이 丙辰年에 만든 기와란 뜻이다. 耳淂辛 丁巳瓦명기와는 耳淂辛이 丁巳年에 만든 기와란 뜻이다. 戊午瓦 耳淂辛명기와는 戊午年에 기와를 耳淂辛이 만들었다로 해석된다.

丙辰年, 丁巳年, 戊午年의 연간지가 3년 사이에 나란히 위치하고 있

21) 김창호, 「문무왕릉비에 보이는 신라인의 조상 인식」『한국사연구』53, 1986.
22) 문무왕릉비는 사천왕사에 서 있었고, 산골처는 대왕암이다. 이를 잘못 해석하여 종종 대왕암을 문무왕릉으로 보는 가설이 나오고 있다. 이는 잘못된 것이다.
23) 국립부여문화재연구소, 『彌勒寺遺蹟發掘調査報告書』Ⅱ, 1996, 圖版199의 ②.
24) 戊午年명기와는 538년이라서 538년 春三月의 사비성 천도와 서로 충돌하게 되고, 사비성 시대 기와에 있어서 너무 빨리 지방 기와가 등장한다.

다. 丙辰年은 536년, 596년, 656년이 그 대상이 되나 536년(戊午年은 538년임)은 성왕의 사비성 천도(538년)로 볼 때 성립되기 어렵고, 656년은 丙辰의 丙자가 景자로 피휘가 되지 않아서 성립되기 어려워 596년으로 볼 수밖에 없다. 왜냐하면 618년에 건국된 唐나라 高祖의 父名이 昞이므로 丙자를 景자로 피휘를 했는데, 656년에는 백제에서 피휘를 한 예가 있어서 병진년은 596년으로 볼 수밖에 없다. 따라서 丁巳年은 597년으로, 戊午年은 598년으로 각각 볼 수가 있다.

제4절. 익산 미륵사지 출토 景辰銘기와

I. 머리말

한국 삼국 시대 기와는 크게 두 가지 부류로 나눌 수 있다. 고구려와 백제에서 만들었든 통쪽기와 신라에서 만들었던 원통기와가 그것이다. 전자와 후자의 기와 제작 방법에는 차이가 있다. 전자는 나무로 엮어서 기와의 아래쪽이 넓게 되는데 대해 후자는 오히려 아래쪽이 위쪽보다 넓은 모습이다. 전자의 경우에는 모골흔이 기와의 안쪽에 남고, 후자의 경우에는 삼베흔이 기와 안쪽에 남는다. 신라의 경우 통쪽으로 만든 기와가 발견된 없었으나 최근에 경마장 유적에서 발견된 바가 있다. 익산 미륵사지의 발굴 조사에 의해 알려진 기와 가운데 원통기와가 발견되어서 신라 기와의 기원이 벡제일 가능이 있어서 이를 중심으로 몇 가지 소견을 밝혀 보고자 한다.

II. 자료의 소개

全北 益山市 金馬面 箕陽里에 소재한 彌勒山의 남쪽 기슭에 위치하고 있으며, 기양리 23번지 일대에 위치한 미륵사는 백제 무왕의 천도 전설과[1] 함께 통일 신라의 報德國과 관련되어 온 곳이다.[2] 미륵사는 백제 시대에 창건되어 통일 신라 시대, 고려 시대에 까지 계속 번성하였고, 조선 시대에는 16세기까지는 절이 있었으나, 17세기에는 이미

---

1) 『삼국유사』와 관세음응험기 등에 근거하여 주장되고 있다.
2) 王宮里寺址의 王宮과 관련되는 지도 알 수 없다.

폐사되고 동탑과 서탑, 동과 서의 당간지주만이 유존하고 있었다고 한다. 1970년대 들어와 원광대학교 마한·백제문화연구소에서 소규모 발굴 조사가 진행되었고, 1980년부터 1994년까지 15년간 국립부여문화재연구소에 의해 전면적인 발굴조사가 실시되었는데 유구의 면적은 70,810평, 출토 유물은 18,170점이다. 여기에서는 미륵사의 사역 남쪽 연목지 등의 유구 가운데 북측 구릉와적층에서 출토된 명문와에 대해 간단히 소개하기로 한다.

이 곳에서 출토된 명문와는 모두 221점으로 그 가운데 여러 가지 종류의 인각와가 204점으로 가장 많고, 사찰 이름인 彌勒寺이거나 그 앞에 접두사를 治 또는 大 등을 붙인 명문이 7점 그리고 金馬渚란 지명에 官이란 일반 명사가 합성된 명문 1점이 확인되었다. 또한 기와가 마르기 전에 직접 쓴 명문도 11점이 확인되었다. 우선 명문을 기와가 마르기 전에 음각으로 쓴 명문을 살펴보기 위해 관계 전문을 제시하면 다음과 같다.

庚辰年五月二十△法得書[3]

모두 3조각으로 각각 와적층에서 출토되었는데, 명문이 중심층으로 연결되어 일부 복원이 가능하다.

명문은 암키와 등(背)에 기와가 마르기 전 날카로운 도구를 사용하여 한 줄로 내려 썼다. 내용은 어떤 시기에 누구가 기와를 만들고 이를 썼다로 보인다. 臩은 庚을 음차했다고 생각하고,[4] 庚辰이란 간지를 五月二十과 함께 사용해 년, 월, 일을 표기한 것으로 해석했다. 그런데 그 다음의 글자는 기와가 깨어져 결실되어 보이지 않고, 그 아래 法得

---

3) 卄은 삼국시대, 통일 신라 시대에는 반드시 卄으로 표기되나 고려 시대에는 卄과 二十이 공존되고 있다.
4) 이는 후술한 바와 같이 잘못된 가설이다. 현재 발굴보고서 등에서 이러한 잘못은 당연한 것으로 보인다. 문헌사가들도 사료 비판을 무시한 예가 있으므로 구체적인 전거가 없이 대표적인 것만 제시하기로 한다. 한국고대사연구소에서 편찬한 『역주 한국고대금석문』Ⅲ에 보면 臩午에 대해 피휘를 모르고서 해석한 예가 있으며, 신라의 太祖星漢을 허구로 단정하고서 자설을 전개한 경우도 종종 있다. 특히 경기도 포천 반월산성 출토의 馬忽受蟹口草를 고구려기와로 보고 있으나, 후고구려인이 만든 기와이다.

書라는 명문은 뚜렷하게 보이고 있다.

이 기와의 등문양은 세선으로 아주 가늘며, 내면 역시 0.6mm ×
0.3mm크기이고, 작은 크기의 포목흔이 많이 남아있다. 포목흔으로
보아서 평직으로 직조된 상태인데, 그 상면 일부는 비와 같은 도구로
쓸어낸 흔적도 보여지고 있다. 또한 제작시에 와통은 원통와통을 이용
하였으며, 태토는 고운 점토에 굵은 모래와 잔 모래가 많이 들어 있
다. 이와 같은 특성을 지닌 기와는 일반적으로 통일신라 기와로 판단
할 수 있는데, 지금까지 조사된 기와 가운데 동질의 기와로는 開元四
年銘瓦를 들 수가 있다. 따라서 위의 庚辰年銘瓦의 제작 시기는 통일
신라 초기로 볼 수가 있으며 開元四年인 716년을 전후로 庚辰의 연간
지를 찾을 수 있다. 이 기와 제작에 사용된 와통이 통쪽와통이 아닌
원통와통이므로 716년 이후의 庚辰인 740년으로 볼 수 있겠다.

잔존 기와의 크기는 24.5cm × 16.5cm이고, 두께는 1.8cm이며, 색
조는 밝은 갈색이다. 이 밖에 이 와적층에서는 음각으로 직접 쓴 6점
이나 있었는데 모두 통일 신라 시대에 제작된 암·수키瓦片이라는 공통
점을 지니고 있었다. 하지만 대부분 조그만 파편들이었는데 그 중에
한자씩 남은 ~謝寸~作 ~ 등이 있고, 2자 이상으로 된 명문도 있으나
단편적인 것이어서 해석은 거의 불가능하다.

Ⅲ. 景辰年명문의 검토

우선 명문을 보고서 사진과 실견에[5] 의해 판독해 전문을 제시하면
다음과 같다.

景辰年五月卅(日)法得書

7번째 글자인 日자는 파실되고 없으나, 전후 관계에 따라 日자로 추
독하였다. 景자를 庚자의 音借로 본 가설은 한자문화권 어디에도 없는

---

5) 1999년 4월 17일 국립부여문화재연구소에서 실견하였다.

새로운 가설이라 따를 수 없고, 景은 丙의 避諱이다. 丙자는 唐高祖의 父名이 昞인 까닭으로 인해 丙자까지도 景자로 바꾸었다한다.[6] 그러면 결국 위의 명문은 丙辰年이므로 656년, 716년, 776년 등이 그 대상이 될 수가 있으므로 이에 대해서 살펴보기 위해 관련 금석문 자료를 제시하면 다음과 같다.

후면⑩卄五日景辰建碑 大舍臣韓訥儒奉 　(682년, 文武王陵碑)

①神龍二年景午二月八日 　(706년, 神龍二年銘金銅舍利方函)

①永泰二年丙午 　(766년, 永泰二年銘塔誌)

5면⑥永泰△年丙午~ 　(818년, 柏栗寺石幢記)

①寶曆二年歲次丙午八月朔六辛丑日~ 　(827년, 中初寺幢竿支柱)

②會昌六年丙寅九月~ 　(846년, 法光寺石塔誌)

③~中和四年歲次甲辰季秋九月旬有九日丙子建~ 　(884년, 寶林寺普照禪師彰聖塔誌)

전면㉛丙午十月九日建 　(886년, 양양 선림원지 弘覺禪師碑)

지금까지 알려진 자료에서 피휘제가 실시되고 있는 예는 통일 신라에서 2예밖에 없다. 곧 682년에 만들어진 문무왕릉비에서는 景辰이 있고, 706년에 만들어진 신룡2년명금동사리방함의 景午가 그것이다. 766년에 만들어진 영태2년명탑지의 丙午, 818년에 만들어진 백율사석당기의 丙午, 846년에 만들어진 법광사석탑지의 丙寅, 884에 만들어진 보조선사창성탑비의 丙子, 866년에 만들어진 양양 선림원지 홍각선사비의 丙午 등에서는 피휘제가 시행되지 않고 있다.

기와의 景辰年은 지금까지 丙자인 피휘 예에서 볼 때 700년 전후에서 찾을 수 있다. 그 대상이 될 있는 것으로 656년과 716년이 있다. 596년도 대상이 될 수가 있으나 당 건국이 618년이므로 제외시키는 것이 옳다. 716년은 미륵사 자료의 開元四年丙辰명기와에서 元四年丙의 부분만이 남아 있어서[7] 716년에는 丙자의 피휘가 실시되지 않았음을 알 수 있다. 따라서 景辰年은 656년임이 분명하게 되었다. 656

---

6) 葛城末治,『朝鮮金石攷』, 1935, 72쪽, 陳新會,『史諱擧例』, 1979, 18~19쪽.
7) 국립부여문화재연구소,『미륵사유적발굴조사보고서Ⅱ』, 1996, 圖版199의 ②.

년은 백제 의자왕16년, 신라 무열왕3년으로 아직 백제가 멸망되기 이전이므로 이 기와는 백제의 기와가 분명하게 되었고, 백제의 원통기와가 존재함을 분명히 밝혀주는 예이다. 금석문 자료에서는 백제에서 피휘가 최초로 확인함과 동시에 우리 손에 의해 만들어진 한국 최초의 피휘 사례로 주목되어야 할 것이다.[8]

IV. 고신라 기와의 원향

주지하는 바와 같이 고구려와 백제 기와는 대개 통쪽으로 만든 통쪽기와이고, 신라 기와는 원통으로 만든 원통기와가 주류를 이루고 있어서 신라의 평기와 가운데 암기와의 기원이 문제이다. 수키와는 고구려, 백제, 신라 모두 원통으로 만든 기와이지만 유독 암키와에 있어서 왜 신라의 기와는 고구려·백제와 차이가 있는지는 의문이 있어 왔다. 미륵사지 기와에 있어서 암기와(평기와)가 절반 이상이 원통에 의해 만들어졌지만 늘 백제 기와와 통일 신라 기와의 구분이 어려웠고, 또 수많은 기와에 대한 조사는 겨우 발굴자에 의해 진행되었고, 체계적인 연구는 연구자의 빈곤 등으로 인하여 단서조차 잡지 못하고 있다. 기와 요지 등의 발굴 성과는 있으나 이에 따르는 연구 성과는 못미치고 있는 듯하다.

경주 지역에 있어서 기와의 등장은 대개 550년경으로 보아 왔다.[9] 경주 지역에서 출토되고 있는 암막새형 寶器나[10] 고구려계 수막새의 연대 설정 등 많은 어려움이 산적해 있다. 하지만 경주 지역에 있어서 백제계 수막새의 숫자는 고구려계 수막새보다 압도적으로 우세하다. 신라의 수막새 기원도 백제 기와에 찾아야 될 것이다. 신라의 기와에 있어서 수막새가 기와의 유입과 궤를 같이하는지는 알 수 없지만 문제는 암막새의 경우이다.

---

8) 종래 백제 말기의 국제 정세를 보통 돌궐+고구려+백제+왜와 당+신라의 관계로 보고 있으나 656년 기와에서 피휘가 사용되고 있어서 재고가 요망된다.
9) 조성윤,「新羅 瓦」의 始原 問題,『신라문화』58,2021 에 따르면 5세기 4/4분기이다.
10) 이는 기와가 아니다.

신라 기와에서 암막새는 통일 신라 초에 등장하는 그 문양은 완성된 형태로 그 시기는 7세기로 보고 있다. 지금까지 삼국 시대 암막새로는 군수리 폐사지의 예가11) 있다. 이 암막새의 문양은 손가락으로 눌러서 만들었다. 백제 지역에서 익산 제석사지의 발굴 결과 백제의 완벽한 암막새가 층위에 의해 제시되고 있다.12) 이 암막새는 위와 아래의 연주문이 없고 턱이 높게 만들어져 있으며, 문양 자체가 경주 금관총의 초두 문양과13) 비슷하다. 이 암막새가 백제 시대의 것일 가능성도 있어서14) 앞으로 통일 신라의 암막새가 갑자기 완성된 단계에서 나타나는 이유가 밝혀지기를 기대한다. 신라의 암기와의 경우에 있어서 그 제작 기술이 어디에서 왔는지 잘 알 수가 없으나 미륵사 출토의 기와에서 656년 백제에서 제작된 원통으로 만든 기와 출토되고 있기 때문에 신라의 기와가 백제에서 왔다고 추정해 두고자 한다.

V. 맺음말

첫째로 전북 익산시 미륵사에서 景辰이란 연간지가 새겨진 원통으로 만들어진 암기와가 발견되었다. 景辰의 景을 庚의 음차로 보고 그 연대를 740년으로 추정하여 통일 신라 기와로 보았다. 景辰의 景은 丙의 피휘로 682년에 작성된 문무왕릉비 등의 예가 있다. 신라에서는 700년 전후의 금석문에서 나오고 있어서 景辰 곧 丙辰은 656년, 716년, 776년 등이 그 대상이 된다. 776년은 766년에 만들어진 영태2년 명탑지에 丙午가 있어서 제외되고, 716년의 경우는 미륵사 출토 기와 명문에 716년에 제작된 開元四年丙辰 중 元四年丙의 예가 있어서 성립되기 어렵다. 결국 景辰 곧 丙辰은 656년(백제 의자왕 16년)이 된다. 미륵사에서 출토된 원통기와가 백제 시대에 만들어진 확실한 예로 해

---

11) 조선고적연구회,「부여군수리폐사발굴조사」,『1936년도유적조사보고』, 1937, 도판62의 3·4·5.
12) 원광대학교 박물관,『개교 50주년기념 박물관도록』, 1986, 208쪽.
13) 이에 대해서는 馬目順一,「慶州金冠塚 古新羅墓龍華文銅鐎斗覺書」『古代探叢』Ⅱ를 참조. 초두의 연대를 6세기 1/4분기로 보아왔으나 458년 이전이다.
14) 같은 문양의 기와편이 미륵사에서도 출토된 바 있으나 그 층위는 백제 시대의 것이 아니라고 한다.

석되어 신라의 암기와가 백제에서 온 것이 된다.

둘째로 신라에서 고식 단판 6세기 전반~7세기 전반, 신식 단판 7세기 후반(의봉사년개토명, 습부명, 한지명 암키와), 중판은 7세기후반~9·10세기로 판단하고 있다. 지방은 중판이 7세기 후반~8세기에, 경주를 제외한 지방에서는 장판이 9세기 전반부터 출토된 것으로 보고 있어서 문제가 된다. 왜냐하면 景辰명기와는 장판타날기와로 그 시기는 656년이기 때문이다.

셋째로 景辰(丙辰)이란 피휘제는 삼국시대의 전무후무한 유일한 예로 고구려와 신라 금석문에도 없고, 백제에서도 단 1밖에 없다.

넷째로 656년 당시의 국제 정세를 돌궐+고구려+신라+왜와 당+신라의 대립 관계로 보아 왔으나 景辰명기와 볼 때 당과 백제의 관계가 재고되어야 한다.

242

제5절. 부여 궁남지 출토 315호 목간

I. 머리말

지금까지 목간은 부여 관북리에서 10점, 부여 궁남지에서 3점, 부여 능사에서 153점,[1] 부여 쌍북리 102번지에서 2점, 부여 쌍북리 현내들 9점, 부여 쌍북리 280-5번지 3점, 부여 쌍북리 119센터 4점, 부여 쌍북리 뒷개 2점, 부여 쌍북리 328-2번지 3점, 부여 쌍북리 184-11번지 2점, 부여 쌍북리 201-4번지 2점, 부여 구아리 9점, 금산 백령산성 1점, 나주 복암리 13점 등이 각각 출토되었다. 전부 사비성 시대의 목간이 있을 뿐, 웅진성 시대나 한성 시대의 목간은 아직까지 발굴 조사된 바가 없다.

궁남지는 충청남도 부여군 부여읍 동남리에 속해 있는 유적이다.[2] 부여읍 남쪽에 넓게 형성된 개활지에 위치한다. 이 일대는 본래 상습적으로 침수가 일어나는 저습지였는데, 1965~1967년에 복원하여 현재와 같은 모습을 갖추었다. 『삼국사기』에는 634년(무왕 35) 대궐 남쪽에 못을 팠는데 20여 리 밖에서 물을 끌어 들이고 못 가운데 方丈 仙山을 모방하여 섬을 쌓았다고 기록되어 있으며, 『삼국유사』에는 武王의 어머니가 京師의 남쪽 못 가에 살았는데 용과 관계하여 무왕을 낳았다는 전승이 실려 있다. 이러한 문헌 기록을 참조하여 1960년 대 후반에 진행된 복원 작업 이후 이 일대를 궁의 남쪽에 있는 못이라는

---

1) 국사편찬위원회 한국사데이터베이스에서는 29점만이 소개되어 있다. 글자가 있는 목간은 29점분으로 판단된다.
2) 이하의 머리말 부분은 기경량, 「궁남지 출토 목간의 새로운 판독과 이해」, 『목간과 문자』, 13, 2014을 참조하였다.

의미로 '宮南池'라 부르게 되었다. 현재 사적 제135호로 지정되어 있다. 궁남지 유적은 1990~1993년 국립부여박물관에 의해 3차에 걸쳐 조사가 이루어졌다. 1990년에는 궁남지 서편, 1991~1992년에는 궁남지 동북편을 조사하였으며, 1993년에는 궁남지 동남편을 조사하였다. 이들 조사에서 백제시대 수로와 수전 경작층 등을 확인하였고, 각종 토기와 벽돌, 목제품 등이 출토되었다. 1995~2006년에는 국립부여문화재연구소에 의해 8차에 걸친 조사가 이루어졌다. 1995년에는 궁남지 내부를 조사하였는데, 저수조와 짚신, 사람 발자국 흔적을 비롯하여 西卩後巷명 목간(궁남지 315)이 출토되었다. 1997년에는 궁남지 서북편 일대를 조사하였고, 1998~2001년에는 궁남지 북편에 대한 조사가 이루어졌다. 특히 2001년 조사에서는 재차 목간이 출토되었고, 각종 목제품과 철도자·토기 등이 수습되었다. 2003~2006년에는 궁남지 남편 일대를 조사하였다. 1995년도에 발굴 조사된 궁남지 315 목간에 대해 검토해 보고자 한다.

그러기 위해서는 먼저 지금까지 나온 판독문을 검토하여 신 판독문을 제시하고, 다음으로 인명 표기를 고구려, 신라 금석문의 인명 표기와 비교해 검토하겠고, 그 다음으로 묵서명의 해석을 하겠으며, 마지막으로 묵서의 작성 연대를 살펴보고자 한다.

II. 지금까지의 판독

지금까지 나온 백제 목간 가운데 가장 중요한 목간의 하나로 궁남지315호 목간을 들 수가 있다.

우선 판독을 검토해 보기로 하자.

앞면 제①행은 모두 15자로 9번째 글자를 卩자로 읽는 견해와3) 丁자로 읽는 견해가4) 있다. 여기에서는 卩자로 읽는다. 11번째 글자는

---

3) 최맹식·김용민, 「부여궁남지 내부발굴 조사개보-백제목간 출토의의와 성과」, 『한국상고사학보』 20, 1995, 488쪽.
　박현숙, 「궁남지출토백제목간과 왕도5부제」 『한국사연구』 92, 1996.
4) 이용현, 『한국목간 기초연구』, 2006, 483쪽.
　윤선태, 앞의 책, 2007.

活로 읽거나[5] 삼수(氵)가 없는 舌자로 본 견해가[6] 있다. 여기에서는 活자로 읽는다. 12번째 글자는 모르는 글자로 보거나[7] 于자로 보거나[8] 率자로 본 견해가[9] 있다. 여기에서는 率자로 본다. 13번째 글자를 前자로 읽는 견해가[10] 있으나 모르는 글자로 본다. 14번째 글자는 後자로 읽는 견해와[11] 畑자로 읽는 견해가[12] 있다. 여기에서는 모르는 글자로 본다. 15번째 글자는 丁자로 읽는 견해와[13] 卩자로 읽는 견해가[14] 있다. 여기에서는 丁자로 읽는다.

앞면 제②행은 모두 17자이다. 6번째 글자는 中자[15] 또는 小자로 읽어 왔다.[16] 여기에서는 小자로 읽는다. 그 외는 모든 글자 판독에 전혀 다른 견해가 없다.

　　박민경, 「백제 궁남지 목간에 대한 재검토」 『목간과 문자』 4, 2009, 63쪽.
　　이경섭, 『신라 목간의 세계』, 2013, 307쪽.
　　기경량, 앞의 논문, 2014, 120쪽.
 5) 최맹식·김용민, 앞의 논문, 1995, 488쪽.
　　박현숙, 앞의 논문, 1996.
　　기경량, 앞의 논문, 2014, 120쪽.
 6) 이용현, 앞의 책, 2006, 483쪽.
 7) 이용현, 앞의 책, 2006, 483쪽.
　　윤선태, 앞의 책, 2007.
　　박민경, 앞의 논문, 2009, 63쪽.
　　이경섭, 앞의 책, 2013, 307쪽.
 8) 기경량, 앞의 논문, 2014, 120쪽.
 9) 최맹식·김용민, 앞의 논문, 1995, 488쪽.
10) 최맹식·김용민, 앞의 논문, 1995, 488쪽.
11) 최맹식·김용민, 앞의 논문, 1995, 488쪽.
12) 기경량, 앞의 논문, 2014, 120쪽.
13) 이용현, 앞의 책, 2006, 483쪽.
　　윤선태, 앞의 책, 2007.
　　박민경, 앞의 논문, 2009. 63쪽.
　　이경섭, 앞의 책, 2013, 307쪽.
　　기경량, 앞의 논문, 2014, 120쪽.
14) 최맹식·김용민, 앞의 논문, 1995, 488쪽.
15) 최맹식·김용민, 앞의 논문, 1995, 488쪽.
　　박현숙, 앞의 논문, 1996.
16) 이용현, 앞의 책, 2006, 483쪽.
　　윤선태, 앞의 책, 2007.
　　박민경, 앞의 논문, 2009. 63쪽.
　　이경섭, 앞의 책, 2013, 307쪽.
　　기경량, 앞의 논문, 2014, 120쪽.

먼저 앞면과 뒷면을 보는 이유는 앞면에 나오는 巴達巴斯卩가 목간의 주인공이고, 앞면에는 글자가 있는 줄을 피해서 구멍이 뚫려 있고, 글자가 앞면에 많고, 뒷면은 없어도 될 내용이 적혀 있기 때문에 목간의 주인공이 나오는 巴達巴斯卩가 나오는 부분을 앞면으로 본다.

뒷면은 모두 제①행으로 5자뿐이다. 2번째 글자는 卩자로 읽는 견해와[17] 田자로 읽는 견해와[18] 十자로 읽는 견해와[19] 모르는 글자로 본 견해가[20] 각각 있다. 여기에서는 卩자로 읽는다. 4번째 글자는 卩자로 읽는다. 5번째 글자는 利자로 읽는 견해와[21] 夷자로 읽는 견해가 있어 왔다.[22] 여기에서는 夷자로 읽는다. 이상의 판독 결과를 제시하면 다음과 같다.

```
        1      5        10        15
앞면   西部後巷巴達巴斯卩依活率△△丁
       歸人中口四 小口二 邁羅城法利源畚五形
뒷면   西(卩)丁卩夷
```

Ⅲ. 인명 표기의 분석

삼국시대 금석문의 인명 표기가 가장 많이 알려진 신라의 예부터 살펴보기로 하자. 고신라 금석문의 인명 표기는 직명·출신지명·인명·관등명의 차례로 적힌다.[23] 이러한 인명 표기를 적는 순서를 보면 크게

---

17) 최맹식·김용민, 앞의 논문, 1995, 488쪽.
    박현숙, 앞의 논문, 1996.
    이용현, 앞의 책, 2006, 483쪽.
18) 이경섭, 앞의 책, 2013, 307쪽.
19) 기경량, 앞의 논문, 2014, 120쪽.
20) 박민경, 앞의 논문, 2009. 63쪽.
21) 윤선태, 앞의 책, 2007.
22) 이용현, 앞의 책, 2006, 483쪽.
    박민경, 앞의 논문, 2009. 63쪽.
    이경섭, 앞의 책, 2013, 307쪽.
    기경량, 앞의 논문, 2014, 120쪽.
23) 김창호, 「신라 중고 금석문의 인명 표기(Ⅰ)」 『대구사학』 22, 1983.

다음과 같이 3가지로 나누어진다.

첫째로 남산신성비 제3비의 예와 같이 직명·출신지명·인명·관등명의 순서로 적되, 출신지명이 한 비의 구성원 전부가 동일하기 때문에 인명 표기 앞에 출신지명인 部名이 단 한번만 나오고 있다.[24]

〈 표 1 〉 남산신성비 제3비의 인명 분석표

職名	部名	人名	官等名
部監等	喙部	△△	大舍
위와 같음	위와 같음	仇生次	大舍
文尺	위와 같음	仇△	小舍
里作上人	위와 같음	只冬	大舍
위와 같음	위와 같음	文知	小舍
文尺	위와 같음	久匠	吉士
面石捉人	위와 같음	△△△	△
위와 같음	위와 같음	△△者△	大鳥
△石捉人	위와 같음	△下次[25]	△
小石捉上人	위와 같음	利△	小鳥

둘째로 창녕비의 예처럼 인명 표기는 직명·출신지명·인명·관등명의 순서로 기재하되 직명만이 동일한 경우에 한하여 생략된다.

〈 표 2 〉 창녕비의 인명 분석표

직명	부명	인명	관등명
(大等)	~	~智	葛文王
위와 같음	~	~	~
위와 같음	(沙喙)	屈珎智	大一伐干
위와 같음	沙喙	△△智	一伐干
위와 같음	(喙)	(居)折(夫)智	一尺干

김창호, 「신라 중고 금석문의 인명 표기(II)」, 『역사교육논집』 4, 1983.
24) 이 점에 대한 최초의 착안은 이문기, 「금석문 자료를 통하여 본 신라의 6부」, 『역사교육논집』 2, 1981이다.
25) △부분은 사람 인변(亻)에 망할 망(亡) 밑에 계집 녀(女)한 글자이다.

위와 같음	(喙)	(內禮夫)智	一尺干
위와 같음	喙	(比次)夫智	迊干
위와 같음	沙喙	另力智	迊干
위와 같음	喙	△里夫智	(大阿)干
위와 같음	沙喙	都設智	(阿)尺干
위와 같음	沙喙	△△智	一吉干
위와 같음	沙喙	忽利智	一(吉)干
위와 같음	喙	尔利△次公	沙尺干
위와 같음	喙	△△智	沙 尺
위와 같음	喙	△述智	沙尺干
위와 같음	喙	△△△智	沙尺干
위와 같음	喙	比叶△△智	沙尺干
위와 같음	本彼	夫△智	及尺干
위와 같음	喙	△△智	(及尺)干
위와 같음	沙喙	刀下智	及尺干
위와 같음	沙喙	△尸智	及尺干
위와 같음	喙	鳳安智	(及尺)干
△大等	喙	居七夫智	一尺干
위와 같음	喙	△未智	一尺干
위와 같음	沙喙	吉力智	△△干
△大等	喙	未得智	(一)尺干
위와 같음	沙喙	壬聰智	及尺干
四方軍主	比子伐軍主	沙喙	登△△智	沙尺干
	漢城軍主	喙	竹夫智	沙尺干
	碑利城軍主	喙	福登智	沙尺干
	甘文軍主	沙喙	心麥夫智	及尺干
上州行使大等	沙喙	宿欣智	及尺干
위와 같음	喙	次叱智	奈末
下州行使大等	沙喙	春夫智	大奈末
위와 같음	喙	就舜智	大舍
于抽悉支河西阿郡使大等	喙	比尸智	大奈末
위와 같음	沙喙	湏兵夫智	奈末
旨爲人	喙	德文兄	奈末

248

比子伐停助人	喙	覓薩智	大奈末
書人	沙喙	導智	奈舍(大舍)
村主		奀聰智	述干
위와 같음		麻叱智	述干

셋째로 적성비의 예처럼 인명 표기는 직명·출신지명·인명·관등명의
순서로 기재된다. 그 가운데에서 먼저 직명은 동일한 경우에 생략되
고, 다음으로 출신지명은 동일한 직명 안에서만 생략되고 있다. 고신
라 금석문은 대부분 적성비와 같은 인명 표기 방식을 가지고 있다.

〈 표 3 〉 적성비의 인명 분석표

職名	部名	人名	官等名
大衆等	喙部	伊史夫智	伊干支
위와 같음	(沙喙部)	豆弥智	波珎干支
위와 같음	喙部	西夫叱智	大阿干支
위와 같음	위와 같음	(居柒)夫智	大阿干支
위와 같음	위와 같음	內礼夫智	大阿干支
高頭林城在軍主等	喙部	比次夫智	阿干支
위와 같음	沙喙部	武力智	(阿干支)
鄒文村幢主	沙喙部	導設智	及干支
勿思伐(城幢主)	喙部	助黑夫智	及干支

고구려 금석문의 인명 표기는 그 정확한 실체 파악이 어렵다. 광개
토태왕비(414년), 충주고구려비(449년 이후), 집안고구려비(491년이
후)[26] 가운데 충주고구려비의 인명 표기만이 알려져 있다. 충주고구려
비의 인명 분석표를 제시하면 다음의 〈 표 4 〉와[27] 같다.

---

26) 집안고구려비에 의하면 문자왕 이전의 20명 왕묘에 세워진 수묘비에는 인명 표기가 있다
고 한다.
27) 김창호, 「충주고구려비의 재검토」 『한국학보』 47, 1987, 142쪽에서 전제하였다.

<표 4〉충주고구려비의 인명 분석표

職名	部名	官等名	人名
		(寐錦)	忌
		(太子)	共
	前部	太使者	多于桓奴
	(위와 같음)	主簿	貴德
新羅土內幢主	下部	拔位使者	補奴
		(古鄒加)	共
古牟婁城守事	下部	大兄	△△

위의 〈표 4〉에서 보면 신라 금석문의 인명 표기에서와 같이 인명이 집중적으로 나열되어 있지 않아서 그 규칙성을 찾기 어렵다. 〈표 4〉에 따르면 고구려 금석문의 인명 표기는 직명·부명·관등명·인명의 순서로 기재됨을 분명히 알 수가 있다. 전면에서 인명 표기가 계속해서 나열되어 있는 寐錦忌·太子共·前部太使者多于桓奴·主簿貴德의[28] 경우에 있어서 寐錦忌나 太子共의 경우는 부명이 없어도 그들의 신분이 部를 초월한 존재로 쉽게 납득이 되지만, 主簿貴德의 경우는 前部太使者多于桓奴와 함께 연이어 기록된 점에서 보면, 오히려 출신부명도 같은 것이 아닐까 추정된다. 이렇게 충주고구려비의 인명 표기들을 해석하고 나면, 그 인명 표기 자체는 신라 금석문의 인명 표기 방식 가운데 적성비식과 비슷함이 간파된다. 하지만 고구려와 신라의 금석문에 있어서 인명 표기에 관등명과 인명의 기재 순서에 차이가 있다. 곧 고구려의 경우는 관등명이 인명의 앞에 적히나 신라의 경우는 인명이 관등명의 앞에 적히어서 그 순서가 서로 바뀌어 있다.

이제 백제 금석문의 인명 표기에 검토할 차례가 되었다. 지금까지 백제 금석문에 있어서 백제 시대의 관등명이 포함된 인명 표기는 1998년까지만 해도[29] 단 한 예도 발견되지 않는다.[30] 백제 당시에 만

---

28) 이 부분의 판독 문제점에 대해서는 김창호, 앞의 논문, 1987, 140쪽 참조.
29) 이 계유명아미타삼존불비상에 관한 논문은 1991년에 처음 발표되었다.
30) 지금은 임혜경, 「미륵사지 출토 백제 문자자료」『목간과 문자』, 13, 2014에만 해도 금제 소형판에 中部德率支受施金壹兩의 中部(출신부명) 德率(관등명) 支受(인명), 청동합에 上部達率目近의 上部(출신부명) 達率(관등명) 目近(인명) 등이 있다. 또 나주 복암리의 軍那德

들어진 금석문은 아니지만 백제 멸망 직후인 673년에 백제 유민들에 의해 만들어진 것으로 간주되는 癸酉銘阿彌陀三尊佛碑像의 명문에 백제 인의 인명 표기가 나오고 있으므로 관계 자료부터 제시하면 〈 표 5 〉 와 같다.

〈 표 5 〉癸酉銘阿彌陀三尊佛碑像의 인명 분석표31)

	人名	官等名	備 考
1	△△	弥△次	及伐車(及干 ?)
2	△△正	乃末	
3	牟氏毛	△△	乃末로 복원
4	身次	達率	백제 관등명
5	日△	△	大舍의 합자로 복원
6	眞武	大舍의 합자	
7	木△	大舍의 합자	
8	与次	乃末	
9	三久知	乃末	
10	豆兎	大舍의 합자	
11	△△	△	大舍의 합자로 복원
12	△△	△△	△師로 복원
13	△△	大舍의 합자	
14	夫△	大舍의 합자	
15	上△	△	大舍의 합자로 복원
16	△△	△	大舍의 합자로 복원
17	△△	△師	
18	△△	大舍의 합자	
19	△△	大舍의 합자	

率至安를 지명+관등명+인명으로 보고 있으나 軍那는 출신부명이 아니므로 관직명으로 보인다.
31) 비문의 읽는 순서에 따라서 1~7은 향좌측면, 8~27은 배면, 28~31은 향우측면, 정면은 32·33의 순서로 기재되어 있다.

20	△力	△	大舍의 합자로 복원
21	△久	大舍의 합자	
22	△惠	信師	
23	△夫	乃末	
24	林許	乃末	
25	惠明	法師	
26	△△	道師	
27	普△	△△	△師로 복원
28	△△	△	大舍의 합자로 복원
29	△△	大舍의 합자	
30	使三	大舍의 합자	
31	道作公		公이 관등명인지도 알 수 없음
32	△氏	△△	인명인지 여부 불확실
33	迊況	△△	인명인지 여부 불확실

〈표 5〉에서 향좌측면의 1~3의 인명을 제외한[32] 모든 사람들은 전부 백제계 유민들로 추정된다. 〈표 5〉에 나오는 대부분의 사람들은 乃末·大舍 등의 신라 관등을 가지고 있지만, 유독 達率身次만은 백제 관등명을 가지고 있다. 그리고 인명 표기의 기재 방식도 인명+관등명의 신라식이 아니라 관등명+인명의 독특한 순서로 기재되어 있다. 이 자료에 따르면 백제 금석문의 인명 표기에서 관등명+인명의 기재 순서는 고구려 금석문의 인명 표기 순서인 관등명+인명의 인명 기재 순서와 꼭 같음을 알 수가 있다. 출신지명에 해당되는 부명의 문제는 673년 당시에 이미 신라에서는 금석문 자체의 인명 표기에서 부명이 사라진 시기이므로[33] 백제 금석문의 인명 표기를 직명+부명+관등명+인명의 순서로 기재되는 것으로 복원할 수가 있다.

---

32) 향좌측면은 1~7번 인명으로 이 가운데 1~3명의 인명은 신라인일 가능성도 있다. 왜냐하면 1번의 弥(그칠 미의 훈과 급의 음은 음상사이다)△次는 及伐車와 동일한 관등이라면 673년 당시에 백제인으로서는 받을 수가 없는 신라 관등이기 때문이다.

33) 김창호, 「이성산성 출토의 목간 연대 문제」『한국상고사학보』10, 1992 참조.

신라 금석문에 있어서 6부인(왕경인)이 직명+부명+인명+경위명의 순서로 표기가 기록되는데 대해, 지방민은 직명+성촌명+인명+외위명의 순서로 기재된다. 이들 지방민의 인명 표기는 중성리비(441년), 냉수리비(443년), 봉평비(524년), 적성비(545년이나 그 직전), 창녕비(561년) 등 당대의 국왕과 고급 중앙 관료와 함께 기재되기도 하지만, 영천청제비 병진명(536년), 월지 출토비(536~540년경), 명활산성비(551년), 대구무술명오작비(578년), 남산신성비(10기:591년) 등에서와 같이 그 인명의 수에서 6부인을 능가하는 경우도 있다. 이들 지방민의 인명이 기록된 금석문들은 신라의 지방제도, 역역 체제, 외위 등의 해명에 중요한 실마리가 되어 왔다.

따라서 백제 금석문의 인명 표기는 고구려 금석문의 인명 표기와 함께 직명+부명+관등명+인명의 순서이고, 신라 금석문의 인명 표기는 직명+부명+인명+관등명의 순서이다. 丁과 관등명류도 인명의 앞에 와야 된다. 인명의 뒤에 오는 것은 신라식이다. 구리벌 목간으로 추정되는 35번 목간 內恩知奴人居助支 負를 內恩知의 奴人인 居助支가 負(짐)를 운반했다로 해석하고 있으나,[34] 居助支가 노인이 아니다. 內恩知가 奴人이다. 奴人은 一伐 등의 외위까지도 가질 수 있는 사람이고, 노인은 관등명류이므로 內恩知가 奴人이고, 짐꾼인 居助支의 負(짐)이다로 해석되어, 居助支는 內恩知 奴人의 짐꾼으로 해석해야 된다. 짐의 주인은 물론 內恩知 奴人이다. 또 적성비에서 子, 小子, 女, 小女가 모두 관등명류로 인명의 다음에 온다.[35] 궁남리315호 목간에서도 丁자가 丁을 나타내려고 하면 인명의 앞에 와야 된다. 그러한 예를 백제 금석문이나 목간에서는 찾을 수 없다.[36]

이렇게 丁자로 읽으면 두 명의 丁에게 歸人인 中口 四와 小口 二와 邁羅城의 法利源에 있는 畓 五形을 주었다고 해서 그 나누어진 숫자가

---

34) 전덕재, 「함안 성산산성 목간의 연구현황과 쟁점」『한국목간학회 학술대회 자료집』, 2007, 78쪽.
35) 김창호, 『고신라 금석문의 연구』, 2007, 49쪽.
36) 궁남지315 목간의 뒷면을 西(阝)丁部夷로 읽는다면 西(阝)의 丁인 阝夷가 되어 유일한 丁의 인명 표기가 나온 예가 된다.

불분명하다.

Ⅳ. 묵서명의 해석

먼저 이 목간의 앞면과 뒷면을 다시 한 번 제시하면 다음과 같다.

앞면 西卩後巷巳達巳斯卩依活率△△丁
　　　歸人中口四 小口二 邁羅城法利源畓五形
뒷면 西(卩)丁卩夷

邁羅城의 위치를 전남 장흥 회령으로 보거나[37] 전북 옥구로 보기도
했고,[38] 충남 보령으로 비정하기도 했고,[39] 충남 진천에 비정하기도
했다.[40] 邁羅城의 위치가 여러 가지설로 나누어져 있고, 목간의 주인
공인 巳達巳斯卩가 西卩後巷소속이므로 전라도에까지 가서 논농사를 짓
기보다는 왕경이나 왕경 근처에서 농사를 지은 것으로 판단된다. △△
丁를 거느리고 활약한 데에 의거하여 巳達巳斯卩가 ~이하의 상을 받았
다.

法利源은 虎岩山城 제2우물지에서 출토된 숟가락에 仍伐內力只乃末
△△源란 명문이 있어서 源을 우물 이름으로 해석하고 있다. 법리원도
우물 이름으로 보인다. 논농사는 물이 많이 필요하다. 물이 나오는 샘
이 있다면 논농사에 더할 것이 없이 좋을 것이다.

본 목간의 주인공인 巳達巳斯卩는 西卩後巷이라고 소속부와 巷까지
나온다. 이에 비해 歸人인 中口 四(人)과 歸人인 小口 二(人)은 소속부
나 소속항이나 인명도 없다. 中人 四(人)과 小人 二(人)은 △△丁를 거
느리고 활약한 데에 의거하여 巳達巳斯卩가 받은 상으로 노예로 짐작
된다.

---

37) 末松保和, 『新羅史の諸問題』, 1954, 112쪽.
38) 천관우, 『고조선사·삼한사의 연구』, 1989, 405~406쪽.
39) 이병도, 『한국고대사연구』, 1976, 265쪽.
40) 정인보, 『조선사연구』, 1935.

이제 목간의 전문을 해석할 차례가 되었다.

앞면: 西阝 後巷의 巳達巳斯阝가 △△丁를 거느리고 활약한 데에 의거하여 巳達巳斯阝가 歸人인 中口 四(人), (歸人인) 小口 二(人)과 邁羅城의 法利源의 畓五形을 (상으로) 받았다.
뒷면: 西(阝)의 丁인 阝夷(인명)이다.[41]

V. 작성 연대

먼저 이 목간의 巳達巳斯가 아니고, 巳達巳가 인명으로 보아서 『삼국사기』, 백제본기, 성왕28년조(550년)의 春正月 王遣將軍達巳 領兵一萬 攻取高句麗道薩城의 기사에서 등장하는 達巳와 동일인이라고 보아서 550년에 주목하여 6세기 중후반으로 보았다.[42]

다음으로 백제 왕도6부제 연구에 기반으로 605년을 상한으로 잡아 7세기 초중반으로 잡았다.[43]

궁남지의 조성 연대는 『삼국사기』, 백제본기, 무왕35년(634년)조에 의하면 三月 穿池於宮南 引水二十餘里 四岸植以楊柳 水中築島嶼 擬方丈仙山이라 하여 궁남지의 조성을 알리고 있다. 고로 목간의 조성을 634년으로 보면서 백제 멸망을 하한으로 보아서 대략 7세기 2/4분기에서 7세기 3/4분기까지로 보았다.[44]

백제 궁남지는 634년에 만들어졌고, 백제 멸망기까지 있었으므로 그 시기는 백제 무왕35년(634년) 전후에서 백제 말망기까지로 볼 수가 있다.

---

41) 백제의 천하관과는 아무런 관련이 없다.
42) 최맹식·김용민, 앞의 논문, 1995.
43) 박현숙, 앞의 논문, 1996.
44) 이용현, 앞의 책, 2006, 509쪽.

Ⅵ. 맺음말

먼저 앞면 제①행의 15자를 검토하여 9번째 글자는 尸자로 보았고, 15번째 글자를 丁자로 보았다. 앞면 제②행의 17자를 검토하였다. 뒷면 제①행의 5자를 西(尸)丁部夷로 읽고서 인명 표기로 보았다.

다음으로 인명 표기를 살펴보았다. 고구려와 백제는 모두 직명+출신부명+관등명+인명의 순서이고, 신라는 직명+출신부명+인명+관등명의 순서로 기재된다. 앞면 제①행의 巳達巳斯尸依活率△△丁이 巳達巳斯丁依活△△△丁으로 판독되지 않고 있는 바, 丁이 사람[丁男]을 가리키려고 하면 丁巳達巳斯丁依活(率△△)이 되어야 한다.

그 다음으로 목간 전문을 해석하였다.

　　앞면: 西尸 後巷의 巳達巳斯尸가 △△丁를 거느리고 활약한 데에 의거하여 巳達巳斯尸가 歸人인 中口 四(人), (歸人인) 小口 二(人)과 邁羅城의 法利源의 畲五形을 (상으로) 받았다.
　　뒷면: 西(尸)의 丁인 尸夷(인명)이다.

마지막으로 목간의 제작 시기를 백제 궁남지는 634년에 만들어졌고, 궁남지가 백제 말기까지 있었으므로 그 시기는 백제 무왕35년 (634년)서 백제 멸망기까지로 잡아서 634년에서 660년까지로 보고자 한다.

제3장

신라 금석문과
무덤

제1절. 월성해자 신1호 목간의 신검토

I.머리말

신라 목간은 경산 소월리, 경주 월지, 경주 전인용사지, 국립경주박물관 부지내 유적, 김해 봉황동 유적, 울산 반구동 유적,[1] 인천 계양산성 유적, 함안 성산산성 유적, 경주 월성해자 유적, 경주 황남동376번지 유적, 창녕 화왕산성 유적, 하남 이성산성 유적, 미륵사지 유적 등에서 출토되고 있다. 경산 소월리, 경주 월성해자 유적, 함안 성산산성 유적, 하남 이성산 유적을 제외하고 대개 통일 신라 시대의 것이다.

고신라의 목간은 함안 성산산성 유적이라는 목간의 보고에 힘입어 이를 주축으로 국내에서만 4권의 단행본이 간행되었다.[2] 목간의 연구는 대단히 활발하다. 그럼에도 불구하고 함안 성산산성 목간의 넘버링이 불명확한 점은 한국 목간 연구의 일단을 보여주는 것으로 판단된다. 국사편찬위원회 한국사데이터베이스에서는[3] 지금까지 출토된 성산산성 목간의 번호를 붙여서 연구의 실마리를 제공하고 있으나 잘 이용되지 않고 있다.

---

1) 국사편찬위원회 한국사데이터베이스의 해설에는 고려시대로 되어 있다. 목간의 李나 金이 姓이라면 고려시대로 보인다.
2) 이용현, 『한국목간기초연구』, 신서원 2007.
   윤선태,『목간이 들려주는 백제 이야기』,주류성, 2007.
   이경섭, 『신라 목간의 세계』, 경인문화사, 2013.
   김창호,『한국고대목간』,주류성, 2020.
   외국에서는 다음과 같은 단행본이 나와 있다.
   橋本 繁, 『韓國古代木簡の硏究』, 2014, 吉川弘文館.
3) 김창호, 「함안 성산산성 목간의 신고찰」『문화사학』, 49, 한국문화사학회, 2018 참조.

신라 왕경의 월성해자 목간은 고신라의 것만 발견되고 있으며, 통일 신라의 것은 발견되지 않고 있다. 동궁·월지의 유적에서는 통일 신라의 것이 대부분인 점은 무엇인가를 암시하고 있는 듯하다. 월성이나 그 주변에서는 전랑지만큼 규모가 큰 단일 건물지가 없다. 첨성대와 월성 사이에서도 전랑지만큼 큰 건물지가 1개도 없다. 이러한 점은 월성해자 목간이 고신라라는 점과 관련할 때 재미난 결론에 도달할 수가 있다. 7세기부터 9세기 말까지의 신라 왕궁이 전랑지일 가능성이 있다. 월성과 월성해자와 그 주위에서만 발견되는 在城명 기와는 후삼국 기와로 보이기 때문에 후삼국 시대에는 월성이 신라의 정궁일 가능성이 커서 더욱 그러하다.[4]

여기에서는 먼저 판독과 기왕의 해석을 소개하겠으며, 다음으로 월성해자 신1호 목간의 干支가 경위일 때를 검토하고, 그 다음으로 外位로서의 干支를 신1호 목간을 살펴보겠으며, 그 다음으로 6세기 전반 금석문의 관등명 변화를 살펴보고, 마지막으로 월성해자 신1호 목간의 제작 연대를 검토하고 목간의 전문을 해석해 보고자 한다.

II. 지금까지 연구

국립경주문화재연구소에서는 월성해자에서 2015년부터 2017년까지 진행한 발굴 조사를 통해 목간으로 추정되는 유물이 57점이 출토되었고, 그 가운데 묵서가 있는 것이 7점이 출토되었다.[5] 기존의 연구 성과를 제시하면 다음과 같다. 국립경주문화재연구소에서는 다음과 같은 판독을 제시하였다.[6]

(A)△△△
古拿村行兮豕 ………………… ····書△
△只△ ·································谷△

---

4) 김창호, 『한국 고대 불교고고학의 연구』, 서경문화사, 2007, 158쪽.
5) 전경효, 「신 출토 경주 월성 해자 묵서 목간 소개」 『목간과 문자』20, 2018, 62~63쪽.
6) 전경효, 앞의 논문, 2018, 66~68쪽.

(B) 功以受汳荷四煞功卄二以八十四人越蒜山走入葱(파손)
受一伐代成年往留丙午年干支受
△二

A면에서는 村이라는 글자가 들어났다. B면에서는 상대적으로 많은
글자가 등장하는데 功, 煞, 蒜山, 一伐, 丙午年 등이 있다. 이들 가운데
병오년을 제외한 나머지는 금석문이나 문헌에 등장하며, 병오년은 월
성 해자 목간에서 처음으로 등장한 완전한 형태의 干支이다. 목간의
다른 목간 함께 그 개요를 소개하였다.

여기에서는 功은 6세기 금석문 가운데 525년(법흥왕 12년)에 세워
진 울주천전리각석의 食多煞作功人, 578년(진지왕 3년)에 세워진 대구
무술명오작비의 功夫, 798년(원성왕 14년)에 새겨진 영천청제비 貞元
銘의 功夫 등의 사례가 있다. 금석문에 나타나는 功의 의미로 보아 목
간의 功은 특정한 업무나 노동을 의미하는 표현일 가능성이 크다. 煞
은 殺의 異體字인데, 503년(지증왕 4년)에 세워진[7] 영일냉수리신라비
의 煞牛(소를 잡다), 524년에 세워진 울진봉평비의 煞斑牛(얼룩소를 잡
다), 앞에서 언급한 울주천전리각석의 食多煞作功人 등의 사례가 보인
다. 이러한 사례로 추정한다면 목간의 煞은 동물을 죽여서 잔치를 하
며 축제를 벌린다는 의미일 것이다. 蒜山은 『三國史記』 新羅本紀와 地
理志, 列傳 등에 등장한다. 신라본기에는 蒜山城, 지리지에는 蒜山縣,
열전에는 蒜山이라 나오는데 그중에 산산현과 산산은 함경남도 원산으
로 추정되며 산산성은 신라와 백제의 국경에 있었던 성으로 추정된다.
이 밖에 조선시대 자료인 『新增東國輿地勝覽』,『大東地志』 등의 지리서
에 의하면 함경도 덕원, 평안도 상원, 전라도 화순, 경상도 김해, 황해
도 황주와 봉산 등 여러 곳에서 蒜山이 확인된다. 그런데 『三國史記』
地理志의 산산현은 경덕왕대에 바뀐 지명이었으므로, 봄 2월에 백제가
웅현성과 송술성을 쌓아 산산성, 마지현성, 내리서성의 길을 막았다.

계속해서 一伐은 신라가 지방 유력자에게 부여한 外位이다. 전체 11

---

7) 필자는 냉수리비의 건립 연대를 443년으로 보고 있다.

개의 관등 가운데 8번째에 위치한다. 674년에 외위를 폐지할 때 17등급의 京位 가운데 14번째인 吉次(또는 吉土)에 견주고 있다. 일벌은 『삼국유사』에 의하면 217년의 기록에 등장한다. 다만 여기서 일벌은 사람 이름인지 관등인지 논란이 있다. 한편 441년에 건립된 것으로 추정되는 포항중성리신라비에는 壹伐로 표기되었다. 중성리비의 壹伐은 외위가 아닌 경위인 점이 주목된다. 이 밖에 524년 봉평비에는 一伐이 나온다. 578년의 오작비에는 一伐이 많이 나온다. 남산신성비 제9비(591)에는 一伐로 표기되었으며, 목간과 같이 붙어 있는 형태를 띠고 있다. 丙午年은 목간의 제작 연대를 알려주는 간지이다.

또 丙午年은 목간의 제작 연대를 알려주는 간지이다. 정확한 시점은 알 수 없지만 해자 목간의 연대 연구 성과를 감안한다면 526년(법흥왕 13년) 또는 586년(진평왕 8년)일 가능성이 크다고 판단된다. 병오년이라는 표현 자체는 월성 해자 목간에서 출토된 목간 가운데 완전한 형태의 간지라는 점에서 의의가 있다. 즉 기존에 출토된 20호 목간에서 '△子年'이라는 표현이 나왔지만 앞 글자가 파손되었으므로 구체적인 시점을 알 수 없었다. 이번에 출토된 목간은 완전한 형태의 간지를 가지고 있다. 비록 이 목간의 정확한 제작 시점은 알 수 없지만 6세기 중반~7세기 중반 무렵에 제작되었을 것이라고 추정하는 월성 해자 목간 제작 연대 연구 성과를 뒷받침할 수 있는 자료라는 점은 확실하다.

이에 뒤이어 목간 전문가의 견해가 발표되었다.[8] 그 판독문부터 제시하면 다음과 같다.

(A)△△△
古拿村行兮豕 ……………… ····書△
△只△ ……………………………………
(B)功以受浿荷四煞功廿二以八十四人越蒜山走入葱艾(파손)
受一伐戌戌年往留丙午年干支受

---

8) 윤선태,「월성 해자 목간의 연구 성과와 신 출토 목간의 판독」,『목간과 문자』20, 2018.

留二

代成을 戊戌年으로 읽었다. 뒷면 제②행의 6번째 글자가 年이 아니라도 戊戌로 읽을 수 있을지가 의문이다. 필자는 이 부분을 古(沽)孔으로 읽는다. 또 새로 발굴한 목간 新1호는 기본형으로 하단의 일부가 파손되었다. 앞면, 뒷면 모두 각각 3행으로 서사되었는데, 내용상 장부용 문서 목간이 확실하다. 앞면은 묵흔이 많이 사라져 내용 이해가 어렵지만, 다행히도 뒷면의 묵서가 비교적 잘 남아 있어 용도 추정에 큰 어려움이 없다. 우선 앞면에 古拿村 등이 기록되어 있고, 뒷면에는 受가 빈번히 기록되어 있다. 발굴 측의 판독문 중 代成은 戊戌塢作碑(578년)에 기록된 戊戌과 흡사하지만 戊戌은 아니고 古(沽)孔으로 판독된다.

뒷면 2~3행을 受一伐古(沽)孔年郎留丙午年干支受留二로 새롭게 판독하였다. 受는 기존 출토 문서 목간들에서도 확인되며, 이 목간 역시 지역 단위에 부과된 국가적 책무나 세금을 완수했거나 수납했음을 뜻하는 의미로 사용되었다고 생각된다. 어휘 사용의 측면에서 기존에 출토된 월성 해자 문서 목간들과 긴밀한 연관성을 보여준다. 이에 의거하여 목간 신1호의 묵서를 대략적으로 해석해보면, 이 목간은 古拿村에 할당된 국가적 책무의 완수 사실을 기록한 장부이며, 뒷면의 문맥 이해가 어렵지만, 古(沽)孔年郎이 책무를 받아 머무름을 두 번 해서 완수하였다(受留二)라는 의미로 추정된다.

외위 干支 표기가 사용되었다는 점에서 창녕진흥왕순수비의 외위 '述干' 표기에 의거해 이 목간의 작성 연대를 561년 이전으로 보아, 戊戌年은 518년(법흥왕 5년)이고 丙午年은 526년(법흥왕 13년)으로 파악할 수도 있다.

이제 목간 신1호의 사례를 하나 더 고려하면, 신라에서는 561년 이전인 540년경에 干支가 있고, 540년경 이후에서 干支가 나온 예는 전혀 없었다. 외위에서 干支가 소멸되는 예는 540년경이다.[9]

---

9) 김창호『한국고대목간』, 2020, 30쪽

석문안10)

·「△△△[   ]
古拿村(行)兮(豕)[ ]書△
△只△[   ]谷△
·「功以受波珎日煞功十二以八十四人足蒜山走入△×
受一伐戊戌年位留丙午年干支受
留二

　해자 목간의 연대 연구 성과를 감안한다면 526년(법흥왕 13년)일
가능성이 크다고 판단된다. 병오년이라는 표현 자체는 월성 해자 목간
에서 출토된 목간 가운데 완전한 형태의 干支라는 점에서 의의가 있
다. 즉 기존에 출토된 20호에서 △子年이라는 표현이 나왔지만 앞 글
자가 파손되었으므로 구체적인 시점을 알 수 없었다. 이번에 출토된
목간은 완전한 형태의 간지를 가지고 있다. 비록 이 목간의 정확한 제
작 시점은 알 수 없지만 6세기 중반을 하한으로 추정할 수가 있다.
이 견해의 특징은11) 波珎日을 彼日로 본 점이다. 금석문에서는 彼日이
波日로 기재된다. 명활산성비가 그 예이다. 彼日=波日임은 널리 알려진
사실이다. 波珎日을 彼日로 보기보다는 功以受波珎을 공으로써 저 보
배를 얻었다로 해석된다. 여기에서 외위에 대해 부언하면 냉수리비의
須支一今智의 一今智와 중성리비의 走斤壹金智의 壹金智를 동일한 것으
로 본 것을 들 수 있다. 일금지가 외위라면 한자가 다른 예가 있어야
된다. 곧 지금까지 외위에서 한자가 달리 나온 예가 없어서 외위설을
따를 수 없다.
　또 다른 하나는 居伐尺이다. 봉평비와 성산산성 216-W66. 丘伐未
那早尸智居伐尺奴(앞면) (能)利智稗石 '丘伐의 未那의 早尸智居伐과 尺奴
(能)利智가 낸 稗 1石이다.' 또는 '丘伐의 未那의 早尸智와 居伐尺과 奴
(能)利智가 낸 稗 1石이다.' 봉평비 제⑧행의 16번째 글자, 17번째 글

---

10) 橋本 繁, 「월성해자 신 출토 목간과 신라 외위」『목간과 문자』24, 2020.
11) 橋本 繁, 앞의 논문, 2020.

자, 18번째 글자에서 16번째 글자는 곧게 내린 尸에 가(可)가 들어가 있는데 정(丁)의 갈고리 궐(亅)이 생략되고 없고, 17번째에는 글자가 없고, 18번째 글자는 尺자이다. 그래서 居伐尺아니라 阿尺으로 본다. 따라서 11외위이외의 외위는 금석문이나 목간에 없었다고 본다. 경위 와 외위에 공통적으로 나오는 干支는 외위에도 있다. 이는 대략 540 년경을 하한으로 한다.

다음은 목간을 이르게 본 가설이 나왔다.12) 이에 대해서 살펴보기로 하자.

앞면 ① △△△~

② 古拿村(行)分(豕)~書

③ △~

뒷면 ① 功以受汳荷四煞功卅二以八十四人越蒜山走入蕙 (艾)(파손)

② 受一伐古(沽)孔年往留丙午年干支受

③ 留二

앞면은 묵흔이 많이 사라져 읽기 어렵지만 뒷면의 묵흔이 잘 남아 있어서 목간의 용도 추정에 도움이 된다. 앞면에는 古拿村이 기록되어 있고, 뒷면의 중요한 기록은 受+人數의 서식과 受一伐代成(→戊戌)年往 留丙午年干支과 受+留二의 내용으로 적혀 있다. 뒷면 제②행은 당초 代成이라고 읽고 있으나 戊戌로 읽고 있다.13) 이 목간을 대체로 해석 하면 古拿村에 국가적 책무가 할당되었고, 이를 완수하기 위해 戊戌年 에 一伐(외위 소지자)이 머물렀고, 丙午年에는 干支(외위 소지자)가 (와 서) 留二의 국가적 책무(受)를 하였다로 추론할 수 있겠다.14)

외위로 干支 표기가 보인다는 점에서 기존의 자료들과 비교 연관 지으면, 551년 이전의 표기가 되어 戊戌年은 518년(법흥왕5년)이고, 丙午年은 526년(법흥왕13년)으로 파악할 수 있다. 그러나 이 번 월성

---

12) 김창호, 앞의 책, 2020.
13) 윤선태, 앞의 논문, 2017, 75쪽.
14) 윤선태, 앞의 논문, 2017, 75쪽.

해자 신목간1호의 내용은 법흥왕대라기 보다는 무술명오작비(578년)과 남산신성비(591년)와 유사하다는 점에서 목간 신1호의 戊戌年은 578년이고, 丙午年은 586년으로 볼 여지가 충분하다. 이제 목간신1호로 인해 561년 이후에도 干支외위가 干으로 일괄하여 엄격하게 사용하지 않았다고 주장하면서 壬子年으로15) 잘못 판독한16) 2016-W155 王子年△(改)大村△刀只(앞면) 米一石(뒷면)를 예로17) 들었다.18)

뒷면 제②행에 나오는 干支는 경위 一伐干支, 伊干支, 迊干支, 波珎干支, 大阿干支, 阿干支, 一吉干支, 沙干支, 及干支와 외위 嶽干支, 述干支, 高干支, 貴干支, 撰干支, 上干支, 下干支와 관계가 없이 경위명과 외위명에 모두 나오는 관등명이다.19) 이렇게 되면 목간에서 경위명과

---

15) 이는 王子年(△)로 판독되며, 郡名이거나 그 일부이다.

16) 월지에서 출토된 雙鹿寶相華文塼에 나오는 전명을 辛亥로 읽어서 그 연대를 711년으로 보고 있으나 이는 도저히 辛亥로 읽을 수가 없고, 三川卄方으로 읽혀지며, 알천·서천·남천의 3천(의 사람들·곧 신라의 6부 사람들이)이 20방으로 나누어 일을 했다(와전을 만들었다)는 뜻이다. 方의 예로는 영천청제비 병진명(536년)의 △二百八十方이 있고, 창녕비(561년)의 四方軍主(四方은 王畿를 제외한 전국을 네 方으로 나누었다는 뜻)가 있다. 기와를 습부와 한지부만이 만들지 않고, 탁부, 사탁부, 본피부, 모탁부도 참가했음을 나타내주고 있다. 20방은 당시에 와전을 만들던 가마의 숫자이다. 습비부는 망성요만으로도 많다. 이 망성요에서는 儀鳳四年皆土란 신라 최고 최대의 요이기 때문에 三川(탁부 등)이 참가했다. 이는 신라가 협업을 하면서 분업을 하는 모습을 엿볼 수 있다. 그 시기는 儀鳳四年(679년)皆土와 비슷한 7세기 후반으로 보인다.

17) 잘못된 가설인 592(또는 532년)년설을 추정하였다. 532년이면 금관가야 멸망 때에 아라가야가 멸망되었으므로 금관가야처럼 그 멸망시기가 사서에 나와야 되고, 592년이면 그 시기가 너무 늦다. 거듭 이야기하지만 壬子年이란 판독은 잘못된 것이다. 王子年(△)으로 읽어서 郡名으로 보아야 한다. 245점 전후의 함안 성산산성 목간에서 연간지가 나온 예가 전무하다. 4면으로 된 문서 목간에서는 연간지가 앞으로 나올 가능성이 있다. 이용현,「함안 성산산성 목간의 연대-壬子年 해석을 중심으로-」『신라사학보』50, 2020에서는 王子年을 壬子年으로 읽고서 부엽토층을 600년경으로 본 고고학자의 견해에 근거하여 그 연대를 592년으로 보았다. 그런데 부엽토층에 대한 것은 어려운 문제이다. 금관총에서 3루환두대도의 검초 단금구에 尒斯智王이란 명문이 나왔다. 이는 훈독과 반절로 읽으면 넛지왕이 된다. 넛지왕은 마립간 시대의 왕명 가운데 訥祇麻立干에 가장 가깝다. 그렇다면 5세기 4/4분기로 편년되어 온 금관총이 458년이 되어 4~8세기 토기·고분을 30년 가량 소급해야 하므로 壬子年의 592년설은 성립될 수가 없다.

18) 윤선태, 앞의 논문, 2017, 75쪽.

19) 합천매안리대가야비에 辛亥年△月五日而△村四十干支란 명문이 나왔다. 40명의 간지는 대가야의 왕경인과 지방민이 공존하는 예로 보이며, 辛亥年은 471년으로 짐작된다. 辛亥年은 아무리 늦게 잡아도 531년이다. 四十을 卅으로 쓰는 것은 광개토왕비(414년) 1예, 백제 쌍북리 구구단 목간에서 5예, 695년의 신라 둔전문서에서 卅의 2예, 영천청제비 정원14년비(798년) 1예, 울주 석류굴 제8광장 신라 석각문 1지굴 7)과 함께 11예가 있다. 卅을 四十

265

외위명이 공존한 예가 있는지가 문제가 된다.

성산산성 목간IV-597 正月中比思(伐)古尸次阿尺夷喙 (앞면)
羅兮落及伐尺幷作前瓷酒四斗甕 (뒷면)

위 목간은 正月에 比思(伐)의 古尸次 阿尺의 夷(동료, 무리)와 喙(部)
의 羅兮落 及伐尺(경위)이 아울러 前瓷酒 四斗甕을 지었다로 해석되며,
경위를 가진 자와 외위를 가진 자가 공존하고 있다. 그것도 阿尺의 동
료(또는 무리)와 及伐尺(경위)이 함께 나오는데, 阿尺이 외위라도 及伐
尺의 관등은 경위이지만 어느 경위에 해당하는지 모르고 있다.

간지를 외위로 볼 때와 경위로 볼 때로 나누어 살펴야 함으로 다음
장에서 각각 살펴보기로 하자.

Ⅲ. 干支가 경위일 때

이 월성해자 신1호목간은 경위일 가능성도 있다. 그렇다고 외위일
가능성이 없는 것도 아니다. 이를 증명할 수 있는 자료가 목간에서는
발견할 수가 없다. 금석문 자료를 실증적인 측면에서 치밀하게 따져야
알 수가 있다. 그럼 먼저 441년 포항중성리신라비의 인명 분석표부터
살펴보기 위해 관계 자료부터 제시하면 다음의 〈 표 1 〉과 같다.

〈표1〉 중성리비 인명분석표

직 명	출신지명	인 명	관 등 명
	(喙部)	折盧(智)	王
	喙部	習智	阿干支
	沙喙	斯德智	阿干支
	沙喙	尒抽智	奈麻

으로 표기한 예는 없다. 이는 卌의 용례로 볼 때 辛亥年△月五日而△村四干支로 판독될 수
밖에 없다.

	喙部	牟智	奈麻
夲牟子	喙	沙利	
위와 같음	위와 같음	夷斯利	
白爭人	喙	評公斯弥	
위와 같음	沙喙	夷須	
위와 같음	위와 같음	牟旦伐	
위와 같음	喙	斯利	壹伐
위와 같음	위와 같음	皮末智	
위와 같음	夲波	喙柴	干支
위와 같음	위와 같음	弗乃	壹伐
위와 같음	위와 같음	金評△	干支
使人		祭智	壹伐
奈蘇毒只道使	喙	念牟智	
	沙喙	鄒須智	
	위와 같음	世令	
	위와 같음	干居伐	
	위와 같음	壹斯利	
	蘇豆古利村	仇鄒列支	干支
	위와 같음	沸竹休	
	위와 같음	壹金知	
	那音支村	卜步	干支
	위와 같음	走斤壹金知	
	위와 같음	珎伐壹昔	
		豆智	沙干支
		日夫智	
	(沙喙)	牟旦伐	
	喙	作民	沙干支
使人		卑西牟利	
典書		與牟豆	

267

	沙喙	心刀哩	

중성리비에는 모르는 관등명이 두 가지가 나온다. 壹伐과 干支가 그 것이다. 喙 斯利나 使人 祭智은 모두 壹伐이란 관등명을 가지고 있다. 모두가 경위이나 그 정확한 실체는 모르고 있다. 夲波 喙柴나 夲波 金評△는 모두 왕경인으로 경위를 가져야 되나 干支만을 가지고 있어서 어느 경위와 일치하는 지도 알 수 없다. 蘇豆古利村 仇鄒列支나 那音支村 卜步는 모두 干支를 가지고 있으나 어느 외위와 동일한지는 알 수가 없다.

다음에는 443년에 건립된 포항냉수리신라비의 인명 표기에 대해 알아보기 위해 인명을 분석해 제시하면 다음의 〈표 2〉와 같다.

〈표 2〉포항냉수리비의 인명 분석표[20]

직 명	출신지명	인 명	관 등 명	비 교
	喙	斯夫智	王	實聖王
	위와 같음	乃智	王	訥祇王
	珎而麻村	節居利		비의 주인공
	沙喙	至到盧	葛文王	
	위와 같음	斯德智	阿干支	
	위와 같음	子宿智	居伐干支	
	喙	尒夫智	壹干支	
	위와 같음	只心智	居伐干支	
	本彼	頭腹智	干支	
	위와 같음	斯彼暮斯智	干支	
		兒斯奴		
		末鄒		
		斯申支		
典事人	沙喙	壹夫智	奈麻	
위와 같음	위와 같음	到盧弗		

268

위와 같음	위와 같음	須仇你		
위와 같음	喙	心訾公		耽須道使
위와 같음	喙	沙夫那		
위와 같음	위와 같음	㫍利		
위와 같음	沙喙	蘇那支		
村主		臾支	干支	
		須支壹今智		

　냉수리비에서 㫍彼暮㫍智가 本彼 頭腹智와 함께 本彼 頭腹智干支의 干支와 本彼 㫍彼暮㫍智干支의 干支란 그 정체를 알 수 없는 경위명을 가지고 있다. 그래서 어느 경위와 일치하는 지도 알 수 없다. 村主 臾支도 干支란 경위와 꼭 같은 모습의 외위명을 가지고 있다. 중성리비와 냉수리비는 진골과 4두품에 해당되는 관등명이 없고, 그 주인공이 각각 牟旦伐과 節居利로 뚜렷하다.21) 이제 524년에 작성된 울진봉평신라비의 인명 표기를 제시할 차례가 되었다. 봉평비의 인명 분석표를 제시하면 다음의 〈표 3〉과 같다.

〈표3〉 울진봉평비의 인명분석표

직 명	출신지 명	인 명	관 등 명	비 고
	喙部	牟卽智	寐錦王	法興王
	沙喙部	徙夫智	葛文王	沙喙部의 長
	本波部	△夫智	五△△	本波部의 長
干支岑	喙部	美㫍智	干支	
위와 같음	沙喙部	而粘智	太阿干支(경 5)	

---

20) 斯夫智, 斯德智, 斯彼暮斯智(뒤의 글자), 斯申支, 斯利의 斯자는 모두 신라 조자인 㫍이다. 인명인 兒斯奴의 경우는 신라 조자가 아닌 斯자로 적고 있다. 이 신라 조자는 함안 성산산성 목간에도 나와서 목간의 연대가 540년경으로 볼 수가 있다.
21) 5세기 금석문인 중성리비와 냉수리비에서는 도사가 나올 뿐, 군주는 나오지 않는다. 6세기 금석문에서는 군주가 반드시 나온다.

269

위와 같음	위와 같음	吉先智	阿干支(경 6)	
위와 같음	위와 같음	一毒夫智	一吉干支(경 7)	
위와 같음	喙(部)	勿力智	一吉干支(경 7)	
위와 같음	위와 같음	愼宍智	居伐干支(경 9)	
위와 같음	위와 같음	一夫智	太奈麻(경 10)	
위와 같음	위와 같음	一尒智	太奈麻(경 10)	
위와 같음	위와 같음	牟心智	奈麻(경 11)	
위와 같음	沙喙部	十斯智	奈麻(경 11)	
위와 같음	위와 같음	悉尒智	奈麻(경 11)	
事大人	喙部	內沙智	奈麻(경 11)	
위와 같음	沙喙部	一登智	奈麻(경 11)	
위와 같음	위와 같음	具次	邪足智(경 17)	
위와 같음	喙部	比須婁	邪足智(경 17)	
居伐牟羅道使		卒次	小舍帝智(경13)	
悉支道使		烏婁次	小舍帝智(경13)	
	居伐牟羅	尼牟利	一伐(외 8)	
	위와 같음	弥宜智	波旦(외 10)	彼日로 보임
	위와 같음	組只斯利		
	위와 같음	一全智		
阿大兮村使人		奈尒利		杖六十의 杖刑
葛尸條村使人		奈尒利	阿尺(외 11)	
男弥只村使人		翼糸		杖百의 杖刑
위와 같음		於卽斤利		杖百의 杖刑
悉支軍主	喙部	尒夫智	奈麻(경 11)	
書人		牟珎斯利公	吉之智(경 14)	
위와 같음	沙喙部	善文	吉之智(경 14)	
新人	喙部	述刀	小烏帝智(경16)	
위와 같음	沙喙部	牟利智	小烏帝智(경16)	

270

	居伐牟羅	異知巴	下干支(외 7)	
	위와 같음	辛日智	一尺(외 9)	

봉평비에서는 진골과 4두품에 해당되는 관등이 나타나고, 비의 주인
공도 없고, 5세기 금석문에서 나오지 않던 軍主도 나온다. 阿大兮村使
人 奈尒利의 杖六十의 杖刑, 男弥只村使人 翼糸 杖百의 杖刑, 男弥只村
使人 於卽斤利 杖百의 杖刑의 실체는[22] 비의 건립 목적과 관련이 있을
듯하나 풀리지 않은 수수께끼이다. 〈 표 3 〉에서는 확실한 干支를 갖
고 있는 왕경인으로 喙部美昕智 干支가 있다. 봉평비에서는 진골에 해
당되는 경위명과 4두품에 해당되는 경위명이 나오고, 외위에 해당되는
干支는 없다.

Ⅳ. 外位로서의 干支

앞에서 살펴보았던 蘇豆古利村 仇鄒列支나 那音支村 卜步는 모두 중
성리비에서 干支를 가지고 있으나 어느 외위와 동일한지는 알 수가 없
다. 냉수리비에서는 村主 與支 干支의 예가 있으나 어느 외위와 동일
한지를 알 수가 없다.

외위가 나오는 확실한 예로 영천청제비병진명(536년)을 들 수가 있
다. 우선 인명 분석표를 제시하면 다음의 〈 표 4 〉와 같다.

〈표4〉영천청제비병진명의 인명분석표

職名	出身地名	人名	官等名
使人	喙	△尺利智	大舍第
위와 같음	위와 같음	尺次鄒	小舍第
위와 같음	위와 같음	述利	大烏第
위와 같음	위와 같음	尺支	小烏
위와 같음	위와 같음	未第	小烏

---

22) 杖刑을 받은 3명에게는 외위가 없어도 削奪官職을 당한 것으로 볼 수는 없다. 왜냐하면 ~
   使人의 직명은 가지고 있기 때문이다.

一支△人		次弥尒利	
위와 같음		乃利	
위와 같음		內丁兮	
위와 같음		使伊尺	
위와 같음		只伊巴	
위와 같음		伊卽刀	
위와 같음		衆礼利	
위와 같음		只尸△利	干支
위와 같음		徙尒利	

영천청제비 병진명에서 외위를 가진 것은 一支△人 只尸△利 干支의 예가 있다. 영천청제비 병진명에서 두 번 나오는 小烏에 524년의 봉평비에 나오는 小烏帝智처럼 帝智 또는 第 또는 之가 없어서 476년이라 아니라 536년이 옳다.[23] 외위로서 干支가 나오는 최후의 예는 월지 출토비이다. 이는 536년을 상한으로 한다. 영천청제비 병진명(536년)에서는 길이를 나타내는 하나치가 得으로 나오는데 대해 월지 출토비에서는 步로 나와서 월지 출토비는 536년을 소급할 수가 없다.

월지 출토비의 비편을 제시하면 다음과 같다.

④	③	②	①	
一	一	干	村	1
伐	尺	支	道	2
徒	豆	大	使	3
十	婁	工	喙	4
四	知	尺	部	5
步	干	佷		6
	支	兮		7
		之		8

豆婁知干支가 외위에 干支만 있는 금석문에서 최후의 예이다. 이는

---

23) 필자는 김창호, 『고신라 금석문의 연구』, 서경문화사, 2007, 109쪽에서 476년으로 보았으나 이는 잘못된 것으로 536년으로 바로 잡는다.

외위에서 경위와 구분이 되지 않는 干支란 외위의 최후의 시기이다. 그 구체적 시기는 알 수 없으나 536년을 상한으로 한다. 하한은 성산 산성 목간에 근거할 때 540년경이다. 제③행의 豆婁知 干支는 그 외위 에서 마지막으로 나오는 확실한 예이다.

V. 6세기 전반 금석문의 관등명 변화

봉평비에 나오는 관등명을 경위 17관등과 외위 11관등과 비교해 도시하면 다음의 〈표 5〉와 같다.

〈표 5〉 봉평비에 나오는 관등명을 경위17관등과 외위 11관등과 비교표

봉평비	京位名	外位名	봉평비
	1.伊伐飡		
	2.伊飡		
	3.迊飡		
	4.波珍飡		
太阿干支	5.大阿飡		
阿干支	6.阿飡		
一吉干支	7.一吉飡	1.嶽干	
	8.沙飡	2.述干	
居伐干支	9.級伐飡	3.高干	
太奈麻	10.大奈麻	4.貴干	
奈麻	11.奈麻	5.撰干	
	12.大舍	6.上干	
小舍帝智	13.舍知	7. 干	下干支
吉之智	14.吉士	8.一伐	一伐
	15.大鳥	9.一尺	一尺
小鳥帝智	16.小鳥	10.彼日	波旦(彼日)
邪足智	17.造位	11.阿尺	阿尺

경위가 대부분 완성된 봉평비에는 그의 대부분 완성된 경위가 나온

다. 干支가 봉평비보다 늦은 금석문 자료에서는 경위가 나오지 않는
다. 영천청제비 병진명(536년)에 외위가 一支△人 只尸△利 干支의 인
명 표기로 나오고, 536년을 상한으로 하는24) 월지 출토비에 豆婁知
干支로 나온다.25) 월지 출토비의 연대를 536~545년으로26) 볼 수가
있다. 545년 직전에 세워진 적성비에서는 경위로 伊干支(2관등), 波珍
干支(4관등), 大阿干支(5관등), 阿干支(6관등), 及干支(9관등), 大舍(12관
등), 大鳥之(15관등)이 나오고, 외위로 撰干支(5관등), 下干支(7관등),
阿尺(11관등)이 각각 나온다. 적성비에서는 경위나 외위가 미분화된
것으로 보이는 干支가 나오지 않는다. 적성비 단계에서는 경위와 외위
가 모두 완성되었음을 의미한다.

신라 경위 성립에 중요한 자료가 성산산성 목간에서 최근에 두 자
료가 나왔다.

먼저 Ⅳ-597번 목간으로 正月中比思(伐)古尸次阿尺夷喙(앞면) 羅兮落
及伐尺幷作前瓷酒四斗瓮(뒷면)을 해석하면, 正月에 比思(伐)의 古尸次 阿
尺(외위)의 夷(무리, 동료)와 喙(部)의 羅兮落 及伐尺이 함께 만든 前瓷
酒의 四斗瓮이다가 된다.

다음으로 2017년 1월 4일자. 『연합뉴스』, 인터넷 판에 목간 내용이
판독되어 실려 있다.27) 이는 뒤에 2016-W150으로 명명되었다.

제1면 三月中眞乃滅村主 憹怖白
제2면 △城在弥卽尒智大舍下智前去白
제3면 卽白先節六十日代法稚然
제4면 伊毛羅及伐尺寀言△法卅代告今卅日食去白之

이를 中, 白, 食去, 稚然 등의 이두에 주목하여 해석하면 다음과 같
다.28)

---

24) 영천청제비 병진명에는 길이를 나타내는 하나치로 신라 고유의 淂이 사용되고 있으나, 월
   지 출토비에서는 步가 사용되고 있기 때문이다.
25) 김창호, 앞의 책(고신라 금석문의 연구), 2007, 183쪽.
26) 정확히 이야기하면 536~540년경까지이다.
27) 제2면과 제4면은 서로 바꾸었다.

3월에 眞乃滅村主인 憹怖白이 △城(此城으로 성산산성을 의미?)에 있는 彌卽介智 大舍下智(경위 12관등)의 앞에 가서 아뢰었습니다. 먼저 때에 六十日代法이 덜 되었다고 해서 伊毛羅 及伐尺에게 寀(祿俸)에 말하기를 △法 30代를 告하여 30일을 먹고 갔다고 아뢰었습니다.

여기에서 大舍下智란 경위명은 524년의 봉평비 小舍帝智, 525년의 울주 천전리서석 원명에 나오는 大舍帝智와 함께 오래된 관등명이다. Ⅳ-597번 목간과 사면으로 된 문서 목간에 나오는 及伐尺은 금석문이나 목간에서 처음으로 나오는 경위명이다.[29] 이 경위명을 통설대로 성산산성 목간 연대를 560년으로 보면 신라에 있어서 경위가 외위보다 늦게 완성된 것이 된다. 及伐尺은 안라국의 멸망 시기와 궤를 같이 한다. 안라국의 멸망을 금관가야의 멸망 시기인 532년을 소급할 수가 없다. 『三國史記』 권34, 잡지3, 지리1, 康州 咸安조에 咸安郡 法興王以大兵 滅阿尸良國 一云阿那加耶 以其地爲郡가[30] 중요한 근거이다. 阿那加耶(안라국)은 고령에 있던 대가야와 함께 후기 가야의 대표적인 나라이다. 그런 안라국에[31] 대한 신라의 관심은 지대했을 것이다. 성산산성은 539년 안라국(아나가야)이 멸망되자 말자 신라인에 의해 석성으로 다시 축조되었다. 신라의 기단보축이란 방법에[32] 의한 성산산성의 석성 축조는 540년경으로 볼 수가 있다.[33] 성산산성 목간의 연

---

28) 이 목간의 현재까지 연구 성과에 대해서는 이수훈, 「함안 성산산성 출토 4면 목간의 '代'-17차 발굴조사 출토 23번 목간을 중심으로-」『역사와 경계』 105, 부산경남사학회, 2017 참조.

29) 及伐尺이란 경위명이 목간에나 금석문에 나오면, 그 시기는 540년경이다.

30) 조선 초에 편찬된 편년체 사서인 『東國通鑑』에서는 安羅國(阿尸良國)의 신라 통합 시기를 구체적으로 법흥왕26년(539년)이라고 하였다. 이는 고뇌에 찬 결론으로 판단된다. 법흥왕의 제삿날은 음력으로 539년 7월 3일이다.

31) 414년에 세워진 광개토태왕비의 永樂9年己亥(399년)조에도 任那加羅(金官伽倻)와 같이 安羅人戍兵이라고 나온다. 安羅人戍兵의 安羅는 함안에 있었던 安羅國(阿羅加耶)을 가리킨다.

32) 석성 축조에 있어서 基壇補築은 外壁補强構造物, 補築壁, 補助石築, 城外壁補築 등으로도 불리며, 신라에서 유행한 석성 축조 방식이다. 경주의 명활산성, 보은의 삼년산성, 충주산성, 양주 대모산성, 대전 계족산성, 서울 아차산성, 창녕 목마산성 등 신라 석성의 예가 있다.

33) 성산산성 출토된 목제 유물의 방사선탄소연대 측정 결과는 박종익, 「咸安 城山山城 發掘調査와 木簡」『韓國古代史硏究』 19, 한국고대사학회, 2000, 10쪽에서 방사선탄소연대 측정 결과를 1992년에는 270~540년으로, 1994년에는 440~640년으로 각각 나왔다. 이경섭, 「함안 성산산성 목간의 연구형황과 과제」『신라문화』 23, 동국대학교 신라문화연구소,

대도 540년경으로 볼 수가 있다. 그래야 신라에 있어서 경위의 완성을 적성비의 건립 연대인 545년이나 그 직전인 것과 대비시켜서 540년경으로 볼 수가 있다. 그렇지 않고 목간의 연대를 통설처럼 560년으로 보면 신라 경위의 완성을 560년으로 보아야 되고, 540년경에 완성되는 외위보다 늦게 경위가 완성되게 된다. 따라서 성산산성의 목간의 제작 시기는 늦어도 540년경으로 볼 수가 있고, 경위의 완성 시기도 540년경으로 볼 수가 있다.

540년대 국가 차원의 금석문이 발견되지 않아서 단정할 수는 없지만 540년경에 경위가 완성되었고, 536년 이후 545년 이전에 외위도 경위와 거의 동시에 외위가 완성되었을 것이다. 봉평비(524년)에서 경위 17관등인 邪足智(17관등) 비롯한 小烏帝智(16관등), 吉之智(14관등), 小舍帝智(13관등), 奈麻(11관등), 太奈麻(10관등), 居伐干支(9관등), 一吉干支(7관등), 阿干支(6관등), 太阿干支(5관등)이 나와 대부분의 경위가 완성되었다. 경위로 干支가 나와 전부 완성되지는 못했다. 외위는 536년을 상한으로 하는 월지 출토비에서 干支가 나와[34] 536년 이후에 가서야 외위가 완성된 것으로 볼 수밖에 없다. 京位와 外位가 거의 동시에 완성으로 볼 수가 있다. 520년의 율령 공포와 관등제인 경위와 외위의 완성과는 전혀 관련이 없다.[35] 그 단적인 예가 524년 작성

2004, 216쪽에 따르면, 270~540년, 440~640년이라고 한다.

34) 월지 출토비에 豆婁知干支란 인명 표기가 나온다. 이는 월지 출토비의 축성의 수작 거리를 步로 표현한데 대해, 536년의 영천청제비 병진명에서는 거리 단위를 신라 고유의 하나치인 淂을 사용하고 있어서 월지 출토비는 536년을 소급할 수 없다. 536년 이후까지도 干支란 경위와 미분화된 외위를 사용하고 있어서 외위제의 완성에 걸림돌이 된다. 干支가 551년의 명활산성비에서는 下干支가 나와서 소멸된 것으로 판단된다. 현재까지 540년경의 금석문 자료가 없지만 신라 금석문에서 외위인 干支의 소멸을 540년경으로 보고 싶다. 또 주보돈, 「雁鴨池 出土 碑片에 대한 一考察」『大丘史學』27, 대구사학회, 1985에서는 월지 출토비를 명활산성비로 보았으나, 이 비는 명활산성비보다는 시기상으로 앞선 비석이다. 551년의 명활산성비가 古阤門 근처를 수리한 비(김창호, 「명활산성작성비의 재검토」『金宅圭博士華甲紀念文化人類學論叢』, 金宅圭博士華甲紀念文化人類學論叢編纂委員會, 1989)로 분석되어(그래서 명활산성작성비라 부르지 않고, 명활산성비라 부른다) 본래의 명활산성을 축조할 때의 비석인지도 알 수 없다.

35) 其俗呼城曰健牟羅, 其邑在內曰啄評, 在外曰邑勒, 亦中國之言郡縣也. 國有六啄評, 五十二邑勒. 土地肥美, 宜植五穀. 多桑麻, 作縑布. 服牛乘馬. 男女有別. 其官名, 有子賁旱支, 齊旱支, 謁旱支, 壹告支, 奇貝旱支. 其冠曰遺子禮, 襦曰尉解, 袴曰柯半, 靴曰洗. 其拜及行與高驪相類. 無文字, 刻木為信. 語言待百濟而後通焉(『梁書』, 신라전).

276

의 봉평비에 干支란 경위가 남아 있고, 536년을 상한으로 하는 월지 출토비에 경위와 외위가 아직까지 미분화한 干支가 나오는 점이다.36) 따라서 540년경에 경위와 외위가 거의 동시에 완성되었다고 볼 수 있다. 이를 증명하는 것이 545년이나 그 직전에 만들어진 적성비이므로, 적성비에 나오는 관등명을 표로써 제시하면 다음의 〈표 6〉과 같다.

〈표 6〉 적성비의 관등명

적성비	京位名	外位名	적성비
	1. 伊伐湌		
伊干支	2. 伊湌		
	3. 迊湌		
波珎干支	4. 波珍湌		
大阿干支	5. 大阿湌		
阿干支	6. 阿湌		
	7. 一吉湌	1. 嶽干	
	8. 沙湌	2. 述干	
及干支	9. 級伐湌	3. 高干	
	10. 大奈麻	4. 貴干	
	11. 奈麻	5. 撰干	撰干支
大舍	12. 大舍	6. 上干	
	13. 舍知	7. 干	下干支
	14. 吉士	8. 一伐	
大烏之37)	15. 大烏	9. 一尺	

여기에서는 "子賁旱支, 齊旱支, 謁旱支, 壹告支, 奇貝旱支."라는 관등이 검출되는데, 이것은 각각 伊伐湌(1관등), 迊湌(3), 阿湌(6), 一吉湌(7), 級伐湌(9)에 비정되며, 또 521년의 신라 상황을 나타낸다. 521년 당시에 4두품의 관등인 大舍, 舍知, 吉士, 大烏, 小烏, 造位가 없었다고 단정할 수 없고, 5두품에 해당되는 奈麻는 5세기부터 있었고, 524년의 봉평비에서는 奈麻와 함께 太奈麻가 나오고 있어서 문제가 된다.

36) 외위로 연대를 추정하는 것은 干支만 나오면 5세기에서부터 540년까지로 판단되고, 외위의 ~干支에서 支가 551년의 명활산성비의 下干支를 마지막으로 종언을 고하게 된다. ~干支로 외위가 나오면 6세기 초반에서부터 551년까지이다. 一伐, 一尺, 彼日, 阿尺이 나오면 6세기 전반에서 673년까지이다.

	16. 小烏	10. 彼日	
	17. 造位	11. 阿尺	阿尺

봉평비에서와 마찬가지로 적성비에서는 진골과 4두품에 해당되는 관등이 있다. 적성비에서는 경위와 외위가 모두 완성된 것으로 판단된다. 앞에서 경위와 외위가 540년경에 거의 동시에 완성되었다고 본 것은 타당하다고 보인다.

Ⅵ. 월성해자 신1호목간의 제작 연대

월성해자의 신1호목간의 제작 시기는 干支가 중요하다. 一伐은 591년의 남산신성비에 나오고 있으므로 그 하한은 591년 전후이다. 干支는 京位일 때 441년에서 524년까지이고, 外位는 441경에서 536년을 상한으로 하는 월지 출토비가 있다. 그렇다고 一伐 때문에 干支의 연대를 5세기로 볼 수는 없다. 一伐이 524년의 봉평비에는 나오고, 중성리비와 냉수리비의 5세기 금석문에서는 나오지 않는다. 干支가 京位와 外位에 동시에 나오는 정체불명의 관등명이 아니라 貴干支 등과 같은 것으로 볼 수는 없다. 곧 貴干 등과 같은 것으로 보아서 戊戌年을 578년, 丙午年을 586년으로 단정했으나 그렇게 볼 수는 없다. 그렇게 되면 월성해자 신1호 목간을 6세기 후반으로 보아야 된다. 干支가 京位와 外位가 구분이 없이 나오는 자료는 외위의 경우 536년을 근처를 상한으로 하고 하한은 540년경이고, 京位로서의 干支는 524년이 하한이다.

신라에서 관등제의 어미에 붙는 支·帝智·弟 등의 소멸의 열쇠는 함안 성산산성 목간이 쥐고 있다. 왜냐하면 524년의 봉평비, 545년이나 그 직전인 적성비, 561년의 창녕비가 있어서 이들 관등에 붙는 어미인 支·帝智·弟 등의 소멸은 524년에서 545년 사이로 짐작된다. 이 사

---

37) 之자는 적성비의 맨 마지막에 나오므로 종결사로 판단된다. 大舍도 관등명에 之자를 동반하지 않았는데, 大烏가 之자를 동반할 수 없다. 아마도 공간이 넓어서 之자를 써넣은 종결사로 판단된다.

이로 보이는 支·帝智·第의 소멸에 대해 알아보기 위해 함안 성산산성 목간의 관등명에 대해 살펴보기로 하자. 우선 관등명이 나오는 예부터 제시하면 다음과 같다.

4. 仇利伐/仇失了一伐/尒利△一伐
5. 仇利伐 △德知一伐奴人 塩 (負)
14. 大村伊息知一伐
23. ~△知上干支
29. 古阤新村智利知一尺那△(앞면) 豆兮利智稗石(뒷면)
72. ~△一伐稗
2007-8. ~△一伐奴人毛利支 負
2007-21. ~豆留只(一伐)
2007-31. 仇利伐 仇阤知一伐奴人 毛利支 負
IV-597. 正月中比思(伐)古尸次阿尺夷喙(앞면) 羅兮落及伐尺 作前瓷酒四斗瓮(뒷면)
V-166. 古阤伊未知上干一大兮伐(앞면) 豆幼去(뒷면)[38]
2016-W89. 丘利伐/卜今智上干支 奴/△△巴支 負
2016-W150. 三月中眞乃滅村主憬怖白(제1면)
　　　　　△城在弥卽尒智大舍下智前去白之(제2면)
　　　　　卽白先節六十日代法稚然(제3면)
　　　　　伊毛罹及伐尺寀言△法卅代告今卅日食去白之(제4면)

위의 자료들은 지금까지 경위와 외위가 나오는 목간의 전부이다. 대개 一伐(4번, 5번, 14번, 72번, 2007-8번, 2007-21, 2007-31), 上干支(23번), 一尺(29번), 阿尺(IV-597), 上干(V-166)은 外位이고, 及伐尺(IV-597, 2016-W150)과 大舍下智(2016-W150)가 京位이다. 그 가운데 上干, 一伐, 一尺, 阿尺은 연대 설정에 도움이 되지 않는다. 왜냐

---

38) 536년 영천청제비 병진명(536년)에서는 大鳥第로 나오고, 小鳥는 第가 붙어있지 않다. 545년이나 그 직전에 세워진 적성비에서는 낮은 大鳥之가 있으나 大舍는 아무런 존칭어가 없다. 따라서 540년경에도 上干에 支가 없는 외위명도 있었음을 알 수 있다.

하면 이들 외위명에서는 존칭의 뜻이 붙는 접미사가 없었기 때문이다. 또 이 가운데에서 弥卽尒智大舍下智는 弥卽尒智大舍와 下智인지39) 弥卽尒智大舍下智인지가40) 문제가 된다. 眞乃滅村主憹怖白이 아뢰는 대상이 弥卽尒智大舍와 下智가 되면 경위도 없는 下智에게도 아뢰는 문제가 생겨서 大舍下智로 합쳐서 경위명으로 본다. 이렇게 보면 大舍下智는 545년이나 그 직전인 적성비의 大舍보다 앞선다. 이는 성산산성에서만 나오는 유일한 예이다. 그 소멸 시기가 문제이다. 이는 경위 及伐尺과 함께 없어지는 시기가 문제이다.

23번 목간의 △知上干支은 干支로 끝나는 외위명이 나와서 그 시기는 551년의 명활산성비에서 나온 下干支에 근거할 때, 551년이 하한이다. 종래 오작비(578년) 제③행의 大工尺仇利支村壹利力兮貴干支△上△壹△利干를41) 大工尺인 仇利支村의 壹利力兮貴干支와 △上△壹△利干으로 분석해 왔으나 大工尺인 仇利支村의 壹利力兮貴干과 支△上(干)과 壹△利干으로 본 견해가 나왔다.42) 이렇게 보는 쪽이 오히려 타당할 것 같다. 그러면 금석문에서 관등명의 끝에 붙는 干支의 支자가 소멸하는 시기를 명활산성비의 작성 시기인 551년으로 볼 수가 있다. 따라서 上干支로 보면 성산산성의 목간의 하한은 551년이다.

또 만약에 종래의 통설처럼 성산산성의 목간 제작 시기를 560년으로 보면 신라 관등제의 완성도 560년으로 보아야 된다. 지금까지 금석문 자료로 볼 때, 신라 금석문에서 관등제의 완성은 적성비 작성 이전으로 볼 수가 있다. 그렇다면 언제까지 올라갈 수가 있을까? 아무래도 아라가야 멸망 시기인 539년 곧 540년경을 하한으로 볼 수가 있다. 월성해자 신1호 목간의 제작 시기는 524년경에서 540년경까지로 한정할 수 있다. 종래에 구체적으로는 586년으로 보아왔다. 월성해자 신1호 목간의 丙午年을 586년으로 볼 경우에는 신라의 17관등제의

---

39) 이수훈, 앞의 논문, 2017, 170쪽.
40) 김창호, 『고신라 금석문과 목간』, 주류성출판사, 2018, 217쪽.
41) 판독은 한국고대사회연구소, 『역주 한국고대금석문』, II(신라I, 가야편), 1992, 98쪽에 따랐다.
42) 전덕재, 「함안 성산산성 목간의 연구 현황과 쟁점」 『한국목간학회 학술대회자료집』, 2007, 한국목간학회, 69쪽.

완성을 586년 이후로 보아야하기 때문에 문제가 노정된다. 신라의 관등제 완성은 아무리 늦게 잡아도 545년이나 그 직전인 적성비보다 늦을 수는 없다. 결론적으로 丙午年은 526년으로 보아야 한다. 목간의 작성 시기는 결국 526년이 된다. 이를 판독하여 해석하면 다음과 같다.

(A)①△△△ ……………………………………

②古拿村(行)兮(豸) …………… ‥‥書△

③△只△ …………………………………

(B)①功以受波珎日煞功十二以八十四人足蒜山走入△

②受一伐古(沽)孔年郎留丙午年干支受

③留二

'……古拿村…… 功으로 저 보배를 받고, 日煞功(하루에 죽인 공)으로 十二인을 죽이고, 써 八十四人을 足蒜山에 走入케하여(달아나서 도망가게 하여)~했다. 一伐를 받은 古(沽)孔年郎은 더디게 丙午年(526년)에 干支를 받았다.'

부연해서 설명하면, 6세기 후반인 干은 오작비(578년), 남산신신성비(591)에 나오고, 이에 대응되는 下干支는 봉평비(524), 적성비(545년이나 그 직전), 명활산성비(551), 이에 대응하는 경위인지 외위인지 모르는 干支는 중성리비(441년), 냉수리비(443년)가 있고, 울진봉평비(524년)에서는 경위로, 영천청정비 병진명(536년)에서도 외위로, 월지출토비(536년이 상한)은 외위가 있을 뿐이다. 월성해자 신 목간1호는 丙午가 526년이 될 수밖에 없다.

Ⅶ. 맺음말

먼저 월성해자 목간 新1호를 소개하였고, 그 가운데 戊戌年을 578년, 丙午年을 586년으로 본 가설을 소개하였다. 또 하나의 신설은 波珎日을 彼日로 본 점이다. 금석문에서는 彼日이 波日로 기재된다. 명활산성비가 그 예이다. 이는 저 보물로 해석된다.

다음으로 경위로서의 干支를 조사하였다. 441년의 중성리비, 443년의 냉수리비, 524년의 봉평비에 경위로서의 干支가 나오고 있어서 新 1호 목간의 干支를 524년을 하한으로 볼 수가 있다.

그 다음으로 外位로서의 干支를 조사하였다. 441년의 중성리비, 443년의 냉수리비, 536년의 영천청제비 병진명, 536년을 상한으로 하는 월지 출토비 등이 있다. 그렇다면 외위로서의 干支의 연대는 536년을 상한으로 하므로, 외위의 완성 시기는 적성비의 건립 시기인 늦어도 545년이나 그 직전으로 편년되는 545년경으로 볼 수가 있다.

마지막으로 월성해자 목간 新1호 목간의 연대는 함안 성산산성 목 간의 연대와 관련이 있다. 성산산성 목간에는 一伐, 一尺, 阿尺 등과 함께 上干支도 나와서 그 시기를 551년을 하한으로 한다. 또 及伐尺 (京位), 大舍下智(京位:12등급)가 나오고 있다. 대사하지는 오래된 관등 으로 545년에는 이미 소멸된 것이고, 干支와 급벌척은 신라의 관등명 에는 없다. 그 소멸시기를 540년으로 추정하였다. 그래서 丙午年은 526년을 보고, 신1호 목간의 전문을 해석하였다. 목간의 작성 시기는 결국 526년으로 보았다.

제2절. 함안 성산산성 목간의 제작 시기

I.머리말

함안 성산산성에서는 245점의 목간이 출토되었다. 단일 유적에서 나온 목간으로는 그 수나 양에서 단연 일등이다. 성산산성 목간은 제작 시기는 조금씩의 차이가 있으나 폐기 시기는 동일하다. 그래서 일괄 유물이라는 고고학적인 용어를 사용하고 있다. 목간의 길이가 너무 길어서 차고 다니기에 불편한 성산산성 목간은 하찰이 아닌 물품꼬리표로 판단된다. 목간 연구에 있어서 가장 중요한 것은 대부분이 인명표기이므로 인명에 대한 이해이다. 仇利伐 목간에 나오는 奴人이 포함된 목간을 잘못 해석한 경우가 많았다. 이는 인명 표기에 관한 견해의 차이이다.

함안 성산산성 목간에서 중요한 것의 하나로 그 제작 시기를 들 수가 있다. 대개 『日本書紀』에 의해 560년경으로 보아왔다. 목간의 연대를 560년경으로 보면, 신라 관등제의 완성도 560년경으로 보아야 한다. 최근에는 王子年을 壬子年으로 잘못 읽고서 그 연대를 592년으로 보고서 잘못된 고고학적인 가설을 인용하였다. 곧 부엽토층에서 나온 단각고배의 연대를 7세기 전반으로 보고서 목간의 연대를 592년으로 보았다. 그렇게 되면 신라 관등제도 592년이나 7세기 전반에 완성된 것이 된다. 신라의 관등제는 545년이나 그 직전에 세워진 적성비 단계에서는 완성되었다고 본다. 524년 봉평비 단계에서는 대부분의 관등이 완성되었다.

고고학에 있어서 층위는 정확하게 1층, 2층, 3층 등으로 나누어진다. 그 때 층위는 형식에 우선하지만 함안 성산산성 발굴에서는 유물 포함층은 단순히 1층밖에 없었다. 그래서 6세기 중엽, 6세기 후엽, 7세기 전반이라는 토기 연대에 있어서 6세기 중엽, 6세기 후엽의 토기가 모두 7세기 전반에 목간 출토층인 부엽토층에 매몰될 수가 없다. 목간은 동일한 시기에 폐기된 일괄 유물이지만 토기는 각 시대별로 버려져서 묻히지 모두 한꺼번에 7세기 전반에 묻히는 것은 아니다. 7세기 전반에 모두 묻혔다는 근거는 고고학적인 유물 어디에도 없다.

여기에서는 먼저 선학들의 연구 성과를 일별해 보기로 한다. 다음으로 592년으로 단정한 壬子年說을 검토하기로 한다. 마지막으로 함안 성산산성 목간의 제작 시기를 검토해 보기로 하겠다.

II. 지금까지의 연구

지금까지 성산산성 목간의 제작 연대에 대한 중요한 가설은 다음과 같다. 532년에서 551년 사이로 추정한 견해가 있고,[1] 540년대부터 561년 사이로 추정한 견해가 있고,[2] 560년대로 추정되며, 아무리 늦어도 570년 이후로는 내려가지 않을 것으로 본 견해가 있고,[3] 557년에서 561년 사이로 추정한 견해가 있고,[4] 561년에서 그리 멀지 않는 시기로 추정한 견해가 있다.[5] 또 하찰에 나타난 호적 작성을 전제로

---

1) 김창호, 「함안 성산산성 출토 목간에 대하여」『함안성산산성』 1, 1998,
2) 이성시, 「韓國木簡연구현황과 咸安城山山城출토의 木簡」『한국고대사연구』 19, 2000, 107쪽.
3) 주보돈, 「함안 성산산성 출토 목간의 기초적 검토」『한국고대사연구』 19, 2000, 67쪽. 이는 64쪽에서 『日本書紀』 19, 欽明紀23년(562년)조의 挾注로 인용되어 있는 一本에 任那가 전부 멸망했다는 기사를 토대로 559년을 安羅(阿尸良國)의 멸망 시점 또는 그 하안으로 본 것에 기인하고 있다. 이는 후술하는 바와 같이 『삼국사기』에서의 阿尸良國(안라국) 멸망 기사보다 『일본서기』를 더 신봉한 결과로 잘못된 방법이다.
4) 이용현, 「함안 성산산성 출토 목간에 대한 종합적 고찰」,고려대학교 박사학위 청구 논문, 2001, 115쪽.
이용현, 「함안 성산산성 출토 목간과 6세기 신라의 지방 경영」『동원학술논집』 5, 2003, 50~53쪽.
5) 윤선태, 「신라 중고기의 村과 徒」『한국고대사연구』 25, 2002, 148쪽에서 이 목간은 561년이 시점이나 그에서 그리 멀지 않는 시기에 작성되었다고 할 수 있다고 하였다.
이경섭, 「함안 성산산성 목간의 연구 현황과 과제」『신라문화』 23, 2004, 218 쪽에서는 목

한 신라의 치밀한 지방 지배 방식에 기초하여 성산산성 목간의 작성 연대를 584년(진평왕6년) 調府 설치 이후로 보기도 했다.6) 신라가 안라국을 멸망시킨 시기가 560년이므로 성산산성의 목간을 제작한 시기를 560년이나 그 이후로 볼 수가 있다는 견해를 제시하였다.7) 6세기 550년으로 본 가설도 나왔다.8) 이들 견해 가운데 어느 가설이 타당한지를 목간에서는 그 유례가 적어서 비교가 어려우나 목간을 통해 조사해 보고 나서, 비슷한 시기의 금석문 자료를 통해 검토해 보기로 하자.

함안성산 목간에는 연간지나9) 연호가10) 나오지 않아서 연대 설정에

간의 연대를 561년을 하한으로 하는 몇 연간으로 추정하였다.
이경섭, 「성산산성 출토 하찰목간의 제작지와 기능」 『한국고대사연구』 37, 2005, 115~116쪽에서 목간의 상한 연대를 561년 무렵으로 보았다.

6) 윤선태, 「함안 성산산성 출토 신라목간의 용도」 『진단학보』 88, 1999, 21~ 22쪽에서 584년이라는 견해를 제시하였다. 이는 목간을 가장 늦게 보는 가설이다. 이 견해는 윤선태, 앞의 논문, 2002, 148쪽에서 561년이 시점이나 그에서 그리 멀지 않는 시기에 작성되었다고 할 수 있다고 바꾸었다.

7) 전덕재, 앞의 논문, 2007, 70쪽. 여기에서는 『日本書紀』, 欽明日王23년(562년) 봄 정월조 기사, 즉 신라가 임나관가를 공격하여 멸망시켰다. 一本에 이르기를 21년(560년)에 임나를 멸망시켰다. 임나를 加羅國, 安羅國, 斯二岐國, 多羅國, 率麻國, 古嵯國, 子他國, 散牛下國, 乞湌國, 稔禮國의 十國으로 보고, 560년에 안라국이 신라에 투항했다고 보았다. 이 견해도 『삼국사기』 기록인 법흥왕대(514~539년) 阿尸良國(안라국) 정복설을 무시하고, 『일본서기』에 의해 신라 목간의 연대를 560년으로 보았다.

8) 橋本 繁, 『韓國古代木簡の硏究』, 2014, 14쪽.

9) 손환일, 「한국 목간에 사용된 주제별 용어 분류」 『신라사학보』 26, 2012, 379쪽에서는 乙亥란 연간지가 성산산성 65번 목간에 나온다고 하였다. 乙亥는 555년이 되나 잘못 읽은 것으로 판단된다. 곧 한 면 또는 두 면으로 된 함안 성산산성 목간에서는 연간지가 나온 예가 없기 때문이다. 또 손환일은 『동아일보』 인터넷 판 2017년 3월 6일자에 의하면, 2016-W155 목간에서 王子年△△大村△刀只(앞면) 米一石(뒷면)을 壬子年△改大村△刀只 (앞면) 米一石(뒷면)으로 판독하고서, 壬子年을 532년 또는 592년으로 주장하고 있으나 따르기 어렵다. 만약에 판독이 옳다면 592년설은 대가야 멸망인 562년보다 늦어서 592년 당시에 성산산성을 축조했다고 보기 어려워 성립될 수가 없고, 532년설은 금관가야의 스스로 신라에 귀부하여 멸망한 해이고, 안라국도 532년에 신라에 귀부해 항복했다면 문헌에 기록이 남았을 것인데, 그 기록이 없어서 성립되기 어렵다. 따라서 壬子年의 판독은 잘못된 것으로 성립될 가능성이 전혀 없다. 2016-W155 목간은 王子年△(郡)의 改大村(행정촌) △刀只가 쌀 1석을 냈다로 해석되거나 王子年(군)의 △改大村(행정촌) △刀只가 쌀 1석을 냈다로 해석된다.
△표시 글자는 분명히 있으나, 읽을 수 없는 글자의 표시이다.
앞으로 사면으로 된 문서 목간에서 연간지가 나올 가능성이 있다. 1면 또는 앞뒷면으로 된 물품꼬리표 목간에서는 연간지가 나올 가능성은 전혀 없다. 앞으로 발굴 조사가 기대

어려움이 대단히 크다. 우회적인 방법이긴 하지만, 성산산성 목간에 나오는 관등명을 고신라의 금석문과 비교해 연대를 검토할 수밖에 없다. 一伐이란 외위 등이 몇 번 나오지만, 4번 목간의 仇利伐/仇失了一伐/尒利△一伐,[11] 5번 목간의 仇利伐△德知一伐奴人 塩, 14번 목간의 大村伊息知一伐, 23번 목간의 ~知上干支, 29번 목간의 古阤新村智利知一尺那△(앞면) 豆兮利智稗石(뒷면), 72번 목간 ~△一伐稗, 2007-8번 목간의 ~△一伐奴人 毛利支 負, 2007-31번 목간의 仇利伐 仇阤知一伐 奴人 毛利支 負, 2007-21번 목간의 ~豆留只一伐, Ⅳ-597 正月中比思(伐)古尸次阿尺夷喙(앞면) 羅兮落及伐尺幷作前瓷酒四斗瓮(뒷면), Ⅴ-166번 목간의 古阤伊未妍知上干一木兮伐(앞면)豆幼去(뒷면), 2016-W66.丘伐未那鄒早尸智居伐尺奴(앞면) (能)利智稗石(뒷면), 2016-W89 丘利伐/卜今智上干支奴/△△巴支 등 연대 설정에 결정적인 도움이 되지 않는다. 一伐은 봉평비(524년)에 나오는 것이 그 연대가 가장 빠르다. 一伐이외에 목간에는 一尺과[12] 阿尺도[13] 나온다. 이들 一尺과 阿尺이란 외위명은 524년에 작성된 봉평비에 나온다. 23번 목간의 △知上干支나 2016-W89번 丘利伐/卜今智上干支奴/△△巴支 負에서[14] 干支로 끝나는 외위명이 나와서 그 시기는 551년의 명활산성비에서 나온 下干支에 근거할 때, 551년이 하한이다. 종래 오작비(578년) 제③행의 大工尺仇利支村壹利力兮貴干支△上△壹△利干를[15] 大工尺인 仇利支村의

되는 바이다.

10) 성산산성 목간에서 연호가 나올 가능성은 거의 없다고 사료된다.

11) / 표시는 할서[두 줄로 쓰기]를 표시하는 것으로 본고 전체에 적용된다.

12) 29번 古阤新村智利知一尺那△(앞면) 豆兮利智稗石(뒷면)이 그것이다. 이는 古阤(군명) 新村(행정촌) 智利知 一尺과 那△(행정촌) 豆兮利智가 낸 稗 1石이다로 해석된다.

13) Ⅳ-597번 목간으로 正月中比思(伐)古尸次阿尺夷喙(앞면) 羅兮落及伐尺幷作前瓷酒四斗瓮(뒷면)을 해석하면, '正月에 比思(伐)의 古尸次 阿尺(외위)의 夷(무리라는 뜻이다. 이에 대해서는 후술하기로 한다)와 喙(部)의 羅兮落 及伐尺이 함께 만든 前瓷酒의 四斗瓮이다.'가 된다. 여기에서는 비사(벌) 출신의 古尸次 阿尺의 무리가 나온다.
    Ⅳ-597번 목간의 (伐)처럼 ( )속의 글자는 확정된 글자가 아니고, 그 가능성이 있는 글자의 표시이거나 추독한 글자의 표시이다.

14) 양석진·민경선, 「함안 성산산성 출토 목간 신자료」『목간과 문자』 14, 2015에 의거하였다.

15) 판독은 한국고대사회연구소, 『역주 한국고대금석문』Ⅱ(신라Ⅰ, 야면), 1992, 98쪽에 따랐다.

壹利力兮貴干支와 △上△壹△利干으로 분석해 왔으나 大工尺인 仇利支村의 壹利力兮貴干과 支△上(干)과 壹△利干으로 본 견해가 나왔다.[16) 이렇게 보는 쪽이 오히려 타당할 것 같다. 그러면 금석문에서 관등명의 끝에 붙는 干支의 支자가 소멸하는 시기를 명활성비의 작성 시기인 551년으로 볼 수가 있다.

그런데 성산산성 목간의 연대 설정에 중요한 자료가 2017년 1월 4일 공포되었다. 『경향신문』, 2017년 1월 4일자에 실린 것을 발췌하여 옮기면 다음과 같다.[17)

6세기 신라, 중앙과 지방 지배체계 확립 시사란 제목으로 국립가야문화재연구소는 4일 경남 함안 성산산성(사적 67호)에서 최근 2년간 발굴조사 결과 6세기 중반에 제작된 23점의 목간을 새로 발굴했다며, 그 중 4개면에 글자가 쓰인 막대 모양의 사면목간에는 율령과 행정체계를 통한 신라 지방 체계, 조세 체계 등을 규명하는 내용을 확인했다고 밝혔다.

국립가야문화재연구소는 길이 34.4cm, 두께 1~1.9cm의 사면목간에는 眞乃滅 지방의 지배자가 잘못된 법을 집행한 뒤, 이를 중앙(경주)에 있는 大舍下智(원문에는 大舍로 17관등 중 12등급의 관등명) 관리에게 두려워하며, 올린 보고서 형식의 56자가 쓰였다며 구체적으로 及伐尺 관등의 伊毛羅라는 사람이 60일간 일을 해야 하는데, 30일 만에 일을 했다는 내용이라고 설명했다.[18)

---

16) 전덕재, 앞의 논문, 2007, 69쪽.
17) 도재기 선임기자가 쓴 기사로 『경향신문』, 2017년 1월 4일자 인터넷 판을 이용하였다.
18) 2017년 1월 4일자 『연합뉴스』 인터넷 판에 다음과 같은 문서 목간 내용이 실려 있다. 그 뒤에 2016-W150으로 부르고 있다.
제1면 三月中眞乃滅村主 憹怖白
제2면 △城在弥卽尓智大舍下智前去白之
제3면 卽白先節六十日代法稚然
제4면 伊毛羅及伐尺寀言△法卅代告今卅日食去白之
이 사면 목간을 2017년 1월 4일자 『뉴시스통신사』 인터넷 판에는 면별로 나누어서 다음과 같이 해석하고 있다(제2면과 제4면을 바꾸어서 잘못 해석하였다).
제1면 3월에 眞乃滅村主가 두려워 삼가 아룁니다.
제2면 伊毛羅及伐尺이 △法에 따라 30대라고 해 지금 30일을 먹고 가버렸다고 아뢰었습니다.
제3면 앞선 때에는 60일을 代法으로 했었는데, 제가 어리석었음을 아룁니다.

국립가야문화재연구소측은 당시 왕경 거주의 관등명인 大舍下智

제4면 △성에 계신 弥卽尒智大舍와 下智 앞에 나아가 아룁니다.
2016-W150 목간[23번 목간을 제2면과 제4면을 바꾸어서 中, 白, 節, 稚然 등의 吏讀에 주목하여 다시 해석하면 다음과 같다.
3月에 眞乃滅村主 憹怖白이 △城(此城으로 城山山城?)에 있는 弥卽尒智 大舍下智의 앞에 가서 아룁니다. 즉 앞선 때의 六十日代法 덜 되었다고 (아룁니다.) 伊毛羅 及伐尺에게 녹봉에 말하기를 △法卅日代를 告해서 卅日食을 먹고 갔다고 아뢰었습니다. 卅代나 六十日代法도 그 자세한 내용은 알 수 없지만 寀(녹봉)에 관계되는 것이다. 곧 眞乃滅村主인 憹怖白이 伊毛羅及伐尺(경위)에게 올린 寀(녹봉)에 관한 것이 문서목간 내용의 전부이다. 행정촌의 촌주로 보이는 眞乃滅村主인 憹怖白이 외위를 갖지 않는 점도 주목된다(이성산성 무진년명 목간에서의 村主는 인명 표기에서 출신지명, 인명, 외위명을 생략하고, 南漢道使와 須城道使와 함께 村主라는 직명만 기록하고 있어서 농포백의 경우 외위를 갖고 있는 데에도 불구하고, 무진년명 이성산성 목간에 의하면, 목간에서 외위를 생략했다고 본다). 弥卽尒智大舍下智에서 大舍下智라고 관등명이 나오는 것도 유일하다. 伊毛羅 及伐尺의 及伐尺(경위)은 Ⅳ-597호 목간에 喙(部) 羅分落 及伐尺에 이어서 두 번째로 나온다.
목간의 내용에서 보면 보고를 받는 최고 높은 자는 弥卽尒智大舍下智가 아니라 伊毛羅及伐尺이다. 따라서 伊毛羅及伐尺의 及伐尺은 Ⅳ-597호 목간의 비교와 사면 목간 자체의 내용으로 보면 경위명이다.
村主가 나오는 것으로 443년 냉수리비의 村主 臾支 干支, 540년경의 성산산성 목간의 眞乃滅村主憹怖白, 561년 창녕비의 村主 △聰智 述干 麻叱智 述干, 591년 남산신성비 제1비의 郡上村主 阿良村 今知 撰干 漆吐(村) △知尒利 上干, 二聖山城 목간(608년)의 戊辰年正月十二日朋南漢城道使(제1면) 須城道使村主前南漢城火~(제2면) ~浦~(제3면) 등이 있다. 眞乃滅村主만이 지명과 공반되고 있고, 인명이 공반한 촌주가 등장하면서 외위가 없는 경우는 그리 흔하지 않다. 眞乃滅의 위치는 알 수가 없으나 함안 성산산성 근처일 것이다.
또 윤선태, 「咸安 城山山城 出土 新羅 荷札의 再檢討」『사림』 41, 2012, 163~164쪽 및 175쪽에서는 2007-24번 목간 及伐城文尸伊急伐尺稗石을 急伐尺을 及伐尺과 동일한 외위명으로 보았다. 及伐尺은 경위명이고, 急伐尺은 외위명이 아닌 인명으로 판단된다. 또 2007-23번 목간에 나오는 及伐城文尸伊稗石에서 2007-24번 목간의 及伐城文尸伊急伐尺稗石에서 文尸伊는 동일인이다(이수훈, 「城山山城 木簡의 城下麥과 輸送體系」『지역과 역사』 30, 2012, 170쪽에서 2007-7번 목간과 2006-61목간에서 공통적으로 나오는 斯珎于도 동일인으로 보았다. 이는 2007-61번 買谷村物礼利(앞면) 斯珎于稗石(뒷면)과 6-7번 買谷村古光斯珎于(앞면) 稗石(뒷면)에서 斯珎于는 동일인이다(전덕재, 앞의 논문, 2008, 33쪽에서 최초로 2007-23호 목간과 2007-24호 목간에 文尸伊가 동일인으로 나오고, 2007-61번 목간과 2006-7번 목간에서 斯珎于가 동일인으로 등장한다고 하였다. 계속해서 서로 다른 목간에서 각각 동일인이면서 稗를 두 번 냈다고 하였다). 이는 하찰이 아니라는 증거가 될 수 있다. 왜냐하면 하찰이라면 2인 공동의 명패가 아닌 단독 명패가 필요하다. 곧 斯珎于의 경우 2007-61번과 2006-7번의 稗石을 하나의 공진물로 합쳐서 하면 가능한 데에도 불구하고 유사 쌍둥이 목간으로 기록하고 있다. 바꾸어 말하면 이 2쌍의 유사 쌍둥이 목간은 7쌍의 쌍둥이 목간과 함께 최초의 발송지에서부터 같이 공물을 같은 곳에 넣어서 만든 것이라기보다는 최종 도착지에서 앞서서 존재하고 있었던 공물이 남아서 최종적으로 쌍둥이 목간과 유사 쌍둥이 목간이 되어서 공진물과 함께 남아 있다가 최후를 맞게 되었다. 곧 산성의 축조 후와 다른 245점 이상의 목간들과 함께 공진물은 남기고, 목간들은 동일한 시각에 목간으로서의 생명을 다하게 되어 함께 의도적으로 동문지 근처에 묻힌 것으로 판단된다.

와[19] 지방민의 관등명인 及伐尺이 목간으로[20] 확인되기는 처음이라며, 목간에는 60일대법 등 갖가지 법률 용어, 관등명, 당시 생활문화상을 보여주는 표현 등이 나온다고 덧붙였다.

여기에서 중요한 것은 大舍下智라는 경위가 등장하는 점이다. 이는 함안 성산산성 목간에서는 처음으로 등장하는 것이다. 이는 금석문 자료에도 나온 예가 없다. 524년의 봉평비에는 小舍帝智가 나와서 大舍가 있었다면 大舍帝智로 표기되었을 것이다. 울주 천전리서석 원명(525년)에 나오는 大舍帝智와 함께 大舍下智는 오래된 관등명의 잔재이다. 536년의 영천청제비 병진명에는 大舍第가 나온다.[21] 大舍로는 545년이나 그 직전에[22] 세워진 적성비에도 나온다. 大舍는 561년에 세워진 창녕비에도 나온다. 568년에 세워진 마운령비와 황초령비에도 각각 나온다. 大舍는 591년에 세워진 남산신성비 제1비, 제3비, 제4비, 제5비에도 각각 나온다. 그렇다고 성산산성의 목간 연대를 591년까지 내려다 잡을 수는 없다. 2016-W150번 목간의 大舍下智를 大舍로 끊으면, 신라의 관등제에 있어서 경위의 완성 시기는 545년이나 그 직전이 되어 외위보다 늦게 된다. 大舍下智로 보아야 신라의 경위는 540년경에 완성된 것이 된다. 大舍下智로 보면 울주 천전리서석 원명(525년)의 大舍帝智와 같이 고식 관등명이기 때문이다.

성산산성에 나오는 及伐尺을 봉평비 제⑧행의 16~18번째의 글자가 阿尺이나[23] 居伐尺으로 읽어서[24] 외위 11관등에는 없는 동일한 외위

---

19) 일부에서는 大舍와 下智로 나누어서 해석하고 하고 있다. 彌卽尒智大舍와 下智 앞에 眞乃滅村主인 悕怖白이 경위도 없는 下智 앞에 나아가 아뢸 수는 없을 것이다. 下智의 下는 579년의 익산 미륵사 서탑의 사리봉안기의 大王陛下의 下와 같이 임금님의 거처를 나타내 大舍帝智의 帝와 통한다. 大舍下智의 下智는 大舍帝智의 帝智와 마찬가지로 大舍란 관등명에 붙는 것으로 판단된다. 大舍下智로 합쳐서 하나의 경위명으로 보고, 彌卽尒智 大舍下智를 한 사람의 인명 표기로 보아야 할 것이다.

20) 이는 사면 목간의 자체 해석에서도 지방민의 외위가 아니라 6부인을 위한 경위가 되어야 한다. 이는 후술한 바와 같이 왕경인(6부인)을 위한 경위명이다.

21) 영천청제비 병진명의 건립 연대를 김창호, 앞의 책, 2007(고신라 금석문의 연구), 109쪽 등에서 476년으로 보아 왔으나 이는 잘못된 것이다. 영천청제비 병진명의 건립 시기를 536년으로 바로 잡는다. 왜냐하면 영천청제비 병진명에서는 小烏가 나오는 데 대해 봉평비(524년)에서는 小烏帝智가 나오고 있어서 영천청제비 병진명이 봉평비보다 늦은 것이 되기 때문이다.

22) 김창호, 『삼국시대 금석문 연구』, 2009, 235쪽.

289

로 보고 있다.[25] 그런데 IV-597호 목간에 正月中比思(伐)古尸次阿尺夷喙
(앞면) 羅兮落及伐尺幷作前瓷酒四斗瓮(뒷면)을[26] 해석하면, 正月에[27] 比
思(伐)의 古尸次 阿尺(외위)의 夷와[28] 喙(部)의 羅兮落 及伐尺이 함께
만든 前瓷酒의 四斗瓮이다란 뜻이 된다. 따라서 及伐尺은 외위가 아니
라 경위가 된다. 그렇다면 2016-W150의 급벌척 관등의 伊毛羅란 사
람도 경위를 가진 왕경인(6부인)으로 판단된다. 伊毛羅 급벌척은 성산
산성 목간에서 나온 인명 중에 가장 높은 사람 가운데 한 명임은 사
면 목간의 내용으로 분명하다. 及伐尺은 냉수리비(443년)의 居伐干支,
울주 천전리서석 추명(539년)의 居伐干支, 적성비(545년 직전)의 及干
支, 창녕비(561년)의 及尺干, 북한산비(561~568년)의 及干, 마운령비
(568년)의 及干, 황초령비(568년)의 及干, 『東蕃風俗記』(594년)의 級伐
干 등의 유사한 예가 있으나 級伐湌과 동일한 관등으로는 볼 수가 없
다. 왜냐하면 干자조차 及伐尺이란 관등명에 포함되어 있지 않기 때문
이다.

---

23) 18번째 글자는 있는지 없는지 알 수가 없고, 伐자는 아니다. 원래부터 글자가 없었을 가
능성이 크다. 17번째 글자인 居자도 尸밑에(尸의 밑으로 긋는 획은 바로 그었다) 입구
(口)를 하고 있어서 居자도 아니다. 아마도 봉평비의 阿자가 제②행의 19·25번째 글자에
서 尸밑에 옳을 가(可) 대신에 입구(口)만을 합자한 것이라서 阿를 쓰다가 만 것으로 보
인다. 10)번 목간(2016-W66)은 未那가 어떤 방향이나 위치를 표시하는 땅이나 들을 의
미하는 땅이름에 더하게 되었고, 거벌척이 외위가 아님을 알게 되었다. 이를 해석하면
丘伐 未那 早尸智와 居伐尺과 奴能利知가 낸 稗 一石이다.
24) 윤선태, 「울진 봉평신라비의 재검토」 『동방학지』 148, 2009, 15쪽.
　　윤선태, 앞의 논문, 2016, 397~398쪽.
25) 윤선태, 앞의 논문, 2009, 15쪽.
　　이용현, 「律令 제정 전후의 新羅 官等-중고 초기 문자자료를 통해-」 『목간과 문자』 15,
　　2015, 90쪽.
　　윤선태, 앞의 논문, 2016, 397~398쪽.
26) 전덕재, 「한국의 고대목간과 연구동향」 『목간과 문자』 9, 2012, 24쪽에서 正月에 比思伐
古尸次 阿尺과 夷喙, 羅兮△, 及伐只 등이 함께 어떤 술 4개(또는 4斗의) 瓮을 만들었다
고 해석하였다. 及伐尺(及伐只)을 인명으로 보고 있다.
27) 正月中은 六月十日(IV-600호 목간), 二月(IV-602호 목간)이 함께 확인되고 있는데, 이는
성산산성에서 단 기일 내에 축성이 쉬지 않고, 지속적으로 실시되었음을 의미한다. 왜냐
하면 음력 正月인 한 겨울에도 공진물을 바치고 축성을 하고 있기 때문이다.
28) 『禮記』에 나오는 在醜夷不爭에서와 같이 무리 또는 동료를 나타내는 것으로 보인다. 이 글
자에 대한 신중한 판독이 요망된다. 이 글자가 及伐尺이 경위냐 외위냐의 분기점이 될
수가 있기 때문이다.

290

이는 중성리비(441년)에 2번이나 나오는 壹伐과[29] 마찬가지로 17
관등에는 없는 경위명으로 볼 수밖에 없다. 及伐尺이란 경위명의 연대
를 늦게 잡으면 신라 경위명의 형성 시기를 늦게 잡아야 된다. 성산산
성 목간 연대를 560년으로 보면 신라 관등제의 완성도 561년 창녕비
에 와서야 비로소 완성되게 된다. 신라 관등제의 완성은 아무리 늦게
잡아도 545년이나 그 직전에 세워진 적성비에서는 경위가 완성되었다
고 볼 수가 있다.

성산산성 목간에서 나오는 관등명은 경위로 及伐尺, 大舍下智가 있
고, 외위로는 上干支, 一伐, 一尺, 阿尺이 있다. 이들은 가운데 외위는
上干支를[30] 제외하고, 524년의 봉평비에도 나오고 있다. 경위 及伐尺
와 大舍下智는 그 유례가 금석문에서는 없다. 인명 표기가 245여점의
목간에서 많이 있으나 관등을 가진 지방민이 13명 가량으로 적은 것
은 당연한 결과로 주목된다.

신라 관등제에는 왕경 6부인에게 주는 경위와 지방민에게 주는 외
위가 있다. 경위와 외위의 발전 순서에 대해서는 다양한 견해가 나와
있다.[31] 여기에서는 중성리비(441년),[32] 냉수리비(443년),[33] 봉평비
(524년)를 중심으로 살펴보기로 하자. 중성리비에서는 阿干支(두 번),
奈麻(두 번), 壹伐(두 번), 干支(두 번), 沙干支(두 번)이 나오고 있다.

---

29) 중성리비에서는 지방민을 위한 외위명으로도 干支가 두 번 나오고 있다.
30) 봉평비에는 上干支 대신에 下干支가 나온다.
31) 노태돈, 「蔚珍 鳳坪新羅碑와 新羅의 官等制」『韓國古代史研究』 2, 1989.
　　김희만, 「영일 냉수리비와 신라의 관등제」『경주사학』 9, 1990.
　　김희만, 「함안 성산산성 출토 목간과 신라의 외위제」『경주사학』 26, 2007.
　　하일식, 「포항중성리비와 신라 관등제」『韓國古代史研究』 56, 2009.
　　노태돈, 「포항중성리신라비와 外位」『韓國古代史研究』 59, 2010.
　　박남수, 「〈포항 중성리신라비〉에 나타난 신라 6부와 관등제」『사학연구』 100, 2010.
　　이부오, 「智證麻立干代 新羅 六部의 정치적 성격과 干支-포항 중성리비를 중심으로-」『신
　　라사학보』 28, 2013.
　　이부오, 「신라 非干 外位 편성 과정과 壹金知」『한국고대사탐구』 21, 2015.
　　윤선태, 「신라 외위제의 성립과 변천-신출 자료를 중심으로-」『제8회 한국목간학회 학술
　　회의 신라의 관등제와 골품제』, 2015.
　　이용현, 앞의 논문, 2015.
　　이부오, 「6세기 초중엽 新羅의 干群 外位 재편과 村民의 동원」『신라사학보』 36, 2016.
32) 김창호, 「포항 중성리 신라비의 재검토」『신라사학보』 29, 2013.
33) 김창호, 「迎日冷水里碑의 建立 年代 問題」『九谷黃鍾東教授停年紀念史學論叢』, 1994.

291

壹伐과 干支는 17관등 가운데 어느 경위와 같은지도 모르고, 干支는 지방민을 위한 외위로도 나오고 있다. 곧 干支는 6부인과 지방민 모두에게 나와서 아직까지 경위와 외위가 미분화한 상태이다. 냉수리비에서는 阿干支(한 번), 居伐干支(두 번), 壹干支(한 번), 干支(두 번)이 나오고 있다. 干支는 지방민에게도 한 번이 나와서[34] 아직까지 경위와 외위가 미분화한 상태이다. 봉평비에서는 경위에 干支(한 번), 太阿干支(한 번), 阿干支(한 번), 一吉干支(두 번), 太奈麻(두 번), 奈麻(여섯 번), 邪足智(두 번), 小舍帝智(두 번), 吉之智(두 번), 小烏帝智(두 번)이 나오고 있다. 외위로는 下干支, 一伐, 一尺, 波旦(日), 阿尺이 나오고 있다. 경위에서는 干支라는 잔존 요소가 있어서 경위도 干支만을 제외하면, 대부분 완성된 것으로 보인다.[35] 524년 당시에 외위가 어느 정도 완성되었다.[36]

성산산성의 목간 연대를 결정할 차례가 되었다. 大舍下智만의 예로 볼 때에는 영천청제비 병진명에서는 大舍第로 나오기 때문에, 병진명의 작성 연대인 536년을 소급할 수가 있다. 干支로 끝나는 외위로는 봉평비(524년)에서 下干支로, 적성비(545년이나 그 직전)에서도 下干支, 撰干支로, 명활산성비(551년)에서 下干支로 각각 나오고 있다. 大舍下智로 보면 545년 이전으로 볼 수가 있다. 干支로 끝나는 외위 때문에 무조건 연대를 소급시켜 볼 수도 없다. 及伐尺으로 보면, 及伐尺 干支에서 干支 또는 干이란 단어조차 탈락되고 없어서, 그 유사한 예조차도 찾기 어렵다. 及伐尺이 신라 경위에는 없는 관등명으로 그 시기를 늦게 잡으면 신라의 경위명의 완성 시기도 늦게 잡아야 된다. 그래서 그 연대를 阿尸良國(안라국)의 멸망이 금관가야의 멸망인 532년을 소급할 수가 없다. 524년의 봉평비를 통해 볼 때 干支란 경위명을

---

34) 냉수리비 상면에 나오는 壹今智를 외위로 보기도 하나 문헌에 나오는 11외위 이외의 외위는 없다고 본다. 壹今智는 인명이다.
35) 신라 경위와 외위의 형성 시기에 대해서는 금석문 자료에 근거하는 한 신라의 경위와 외위는 540년경에 거의 동시에 완성되었을 것이다.
36) 신라 외위의 완성은 536년 이후로 추정되는 월지 출토비에서 豆婁知 干支가 나와서 536년 이후로 볼 수가 있다. 늦어도 545년이나 그 직전에 세워진 적성비에 撰干支, 下干支, 阿尺의 외위가 나와서 545년이 그 보다는 외위의 완성이 앞설 것이다.

제외하고, 경위 17관등이 거의 완성되었음을 알 수가 있다. 따라서 성
산산성 목간 연대를 늦게 잡아도 법흥왕의 마지막 재위 시기인 539년
으로 볼 수가 있다.[37] 종래 사료로 인정하지 않았던 『삼국사기』 권34,
잡지3, 지리1, 康州 咸安조에 咸安郡 法興王 以大兵 滅阿尸良國 一云阿
那加耶 以其地爲郡가[38] 중요한 근거이다. 阿那加耶(안라국)은 고령에
있던 대가야와 함께 후기 가야의 대표적인 나라이다.[39] 그런 안라국
에[40] 대한 신라의 관심은 지대했을 것이다. 성산산성은 539년 안라국
(아나가야)가 멸망되자 말자 신라인에 의해 석성으로 다시 축조되었다.
신라의 기단보축이란 방법에[41] 의한 성산산성의 석성 축조는 540년경
으로 볼 수가 있다.[42] 성산산성 목간의 연대도 540년경으로 볼 수가

---

37) 왕흥사 목탑 사리공에서 출토된 청동사리합 명문에 丁酉年이란 연간지가 나와 577년이란
절대 연대를 갖게 되었다. 왕흥사 목탑(왕흥사란 가람)은 『삼국사기』 권27, 백제본기 5,
무왕조에 무왕1년(600년)~무왕35년(634년) 사이에 건립된 것으로 되어 있어서 문헌을
믿을 수 없게 한다. 또 봉평비(524년)에 나오는 悉支軍主는 그 때에 州治가 三陟이라고
문헌에는 없고, 광개토태왕비(414년), 충주고구려비(449년 이후), 집안고구려비(491년
이후, 김창호, 「집안고구려비를 통해 본 麗濟 王陵 비정 문제」『考古學探究』, 2015), 중
성리비(441년), 냉수리비(443년), 봉평비(524년), 적성비(545년 직전), 창녕비(561년),
북한산비(561~568년), 마운령비(568년), 황초령비(568년)의 건립에 대해서도 문헌에는
없다. 따라서 함안 성산산성 출토 목간의 제작 시기를 『일본서기』에 의한 방법론은 문
제가 있다고 판단된다. 곧 『일본서기』 권19, 欽明日王22년(561년)에 나오는 故新羅築於
阿羅波斯山 以備日本란 구절과 『日本書紀』 19, 欽明紀23년(562년)조의 挾注로 인용되어
있는 一本에 任那가 전부 멸망했다는 기사를 토대로 560년을 安羅의 멸망 시점 또는
그 하안으로 본 것에 기인하는 점 등에 근거해 성산산성 목간의 상한 연대를 560년으
로 보는 것이다.
38) 조선 초에 편찬된 편년체 사서인 『東國通鑑』에서는 安羅國(阿尸良國)의 신라 통합 시기를
구체적으로 법흥왕26년(539년)이라고 하였다. 이는 고뇌에 찬 결론으로 판단된다. 법흥
왕의 제삿날은 음력으로 539년 7월 3일이다.
39) 전기 가야를 대표하는 나라로는 고령에 있었던 대가야와 김해에 있었던 금관가야를 들 수
가 있다.
40) 414년에 세워진 광개토태왕비의 永樂9年己亥(399년)조에도 任那加羅(金官伽倻)와 같이 安
羅人戍兵이라고 나온다. 安羅人戍兵의 安羅는 함안에 있었던 安羅國(阿羅加耶)을 가리킨
다.
41) 석성 축조에 있어서 基壇補築은 外壁補强構造物, 補築壁, 補助石築, 城外壁補築 등으로도 불
리며, 신라에서 유행한 석성 축조 방식이다. 경주의 명활산성, 보은의 삼년산성, 충주산
성, 양주 대모산성, 대전 계족산성, 서울 아차산성, 창녕 목마산성 등 신라 석성의 예가
있다.
42) 성산산성에서 출토된 목제 유물의 방사선탄소연대 측정 결과는 박종익, 「咸安 城山山城 發
掘調査와 木簡」『韓國古代史硏究』 19, 2000, 10쪽에서 방사선탄소연대 측정 결과를
1992년에는 270~540으로, 1994년에는 440~640으로 각각 나왔다. 이경섭, 앞의

있다.43) 그래야 신라에 있어서 경위의 완성을 적성비의 건립 연대인 545년이나 그 직전과 대비시켜서 540년경으로 볼 수가 있다. 그렇지 않고 목간의 연대를 통설처럼 560년으로 보면 신라 경위의 완성을 560년으로 보아야 되고, 540년경에 완성되는 외위보다44) 늦게 경위가 완성되게 된다. 따라서 신라 관등제인 경위와 외위는 540년경에 거의 동시에 완성되었고 볼 수가 있으며, 성산산성의 목간의 제작 시

논문, 2004, 216쪽에 따르면, 270~540년, 440~640년이라고 한다.

43) 그런데 성산산성의 목간이 출토된 부엽층의 시기에 대해서는 고고학적인 견해는 다음과 같은 두 가지 가설이 있다. 최근 부엽층 안에서 목간과 함께 공반 출토된 신라의 완을 7세기 전반으로 편년하고, 이에 의거하여 산성의 초축을 7세기 전반 늦은 시기로 보고 있다(이주헌 「함안 성산산성 부엽층과 출토유물의 검토」 『목간과 문자』, 14, 2015, 51~65쪽). 또 부엽층에서 출토된 토기는 6세기 중엽을 중심으로 하나 연대 폭이 특히 넓으며, 성벽 초축은 6세기 중엽에, 내보축을 덧붙이고 부엽층을 조성한 동벽의 개축 시기는 7세기 초에 이루어졌다는 가설도 있다(윤상덕, 「함안 성산산성 축조 연대에 대하여」 『목간과 문자』, 14, 2015, 72~92쪽). 이 두가지 가설은 모두 목간이 나온 성산산성의 동벽 부엽층의 초축을 7세기 전반 내지 7세기 초로 보고 있다. 목간 자체로는 540년경에 제작된 것임으로 60년 이상의 차이가 있다. 6~7세기 토기 편년은 아직까지 절대 연대 자료가 부족한 점이 하나의 문제점일 것이다. 가령 5세기 4/4분기(475~499년)로 알려진 금관총이 尒斯智王(눌지왕)이란 명문이 나와 458년의 눌지왕이란 무덤으로 비정되면서(김창호, 「신라 금관총의 尒斯智王과 적석목곽묘의 편년」 『신라사학보』 32, 2014) 그 편년이 17~42년이 소급하게 되었다. 동문지 근처의 부엽층 연대 폭은 6세기 중엽을 중심으로 하나 그 연대 폭은 넓다고 한 견해도(윤상덕, 앞의 논문, 2015) 있으나 목간은 성산산성의 축조한 때(초축)에 있어서 처음으로 돌로 쌓은 경우만을 한정하기 때문에 그 시기는 짧았다고 판단된다. 또 완과 고배 등을 중심으로 한 고고학적 형식론에 의해 목간의 절대 연대를 7세기 초 또는 7세기 전반으로 보는 것은 재고의 여지가 있다. 이 시기에 절대 연대를 말해주는 고고학적인 자료가 거의 없다. 또 문자 자료에 의한 절대 연대에 대한 결론은 고고학적인 형식론에 우선한다는 점은 재언을 요하지 않는다.

44) 월지 출토비에 豆婁知干支란 인명 표기가 나온다. 이는 월지 출토비의 축성의 수작 거리를 步로 표현한데 대해, 536년의 영천청제비 병진명에서는 거리 단위를 신라 고유의 하나치인 淂을(淂의 길이가 구체적으로 얼마인지는 알 수가 없다) 사용하고 있어서 월지출토비는 536년을 소급할 수 없다. 536년 이후까지도 干支란 경위와 미분화된 외위를 사용하고 있어서 외위제의 완성에 걸림돌이 된다. 干支가 551년의 명활산성비에서는 下干支가 나와서 소멸된 것으로 판단된다. 현재까지 540년경의 금석문 자료가 없지만 신라 금석문에서 외위인 干支의 소멸을 540년경으로 보고 싶다. 왜냐하면 545년이나 그 직전에 건립된 적성비 단계에서는 경위와 외위가 완성되었을 것이기 때문이다. 또 주보돈, 「雁鴨池 出土 碑片에 대한 一考察」 『大丘史學』 27, 1985에서는 월지 출토비를 명활산성비로 보았으나, 이 비는 명활산성비보다는 시기상으로 앞선 비석이다.

551년의 명활산성비가 古陀門 근처를 수리한 비(김창호, 「명활산성작성비의 재검토」 『金宅圭博士華甲紀念文化人類學論叢』, 1989)로 분석되어(그래서 명활산성작성비라 부르지 않고, 명활산성비라 부른다) 본래의 명활산성을 축조할 때의 비석인지도 알 수 없다.

기는 540년경으로 볼 수가 있다.[45]

이러한 가설에 의하지 않고, 고고학자의 부엽토층을 6세기 말로 보는 것과 2016-W155의 王子年△改大村△刀只(앞면) 米一石(뒷면)을 壬子年△改大村△刀只(앞면) 米一石(뒷면)으로 잘못 읽고서 壬子年을 592년으로 본 것에 기초하여 함안 성산산성 목간 245점의 연대를 592년경으로 보았다. 이 가설에 대해서는 장을 달리하여 상론하겠다.

Ⅲ. 壬子年說의 검토

2016-W155(219)王子年△改大村△刀只(앞면) 米一石(뒷면)을 壬子年 △改大村△刀只(앞면) 米一石(뒷면)으로 잘못 읽은 것은 함안 성산산성 에서 단각고배를 반출한 부엽토층의 연대이므로 먼저 부엽토층의 연대 에 대한 여러 가설을 살펴보기로 한다.

함안 성산산성 목간의 6세기 중엽설은[46] 고고학쪽에서 이의를 제기 한 가설이 나왔다.[47] 여기에서는 목간 출토층에서 나온 토기 편년을 토대로 7세기 전반설을 주장하였다. 또 성산산성 초축 당시 유수에 취 약에 취약한 계곡부의 지형을 극복하기 위해 초축 당시부터 이중으로 축조했을 가능성이 높다고 했다.[48]

이러한 주장은 문헌적 기록에 바탕을 추정에 대한 토대를 정면으로 배치되는 것이어서 문헌사학자에게 경종이 되었다. 곧 부엽토층 내 출 토 기종 중 소형완은 6세기 중엽, 6세기 후엽, 7세기 초로 볼 수 있 고,[49] 공반되는 이중원문의 印花文施釉陶器는 7세기 이후로 편년되기 때문에,[50] 소형완은 인화문 유개합과 공반되고 있으므로 소형완은 인

---

45) 지금까지 장황하게 제시한 540년경설은 김창호,『한국고대목간』,2020, 78~90쪽 참조.
46) 이성시,「韓國木簡연구현황과 咸安城山山城출토의 木簡」『한국고대사연구』19, 2000, 107 쪽.
   橋本 繁,『韓國古代木簡の硏究』, 2014, 14쪽.
47) 이주헌,「함안 성산산성 부엽층과 출토유물의 검토」『목간과 문자』14, 2015, 55쪽.
48) 이주헌, 앞의 논문, 2015, 61쪽.
49) 윤상덕, 앞의 논문, 2015.
50) 홍보식,「신라후기양식토기와 통일신라양식토기의 연구」『가야고고학 논총』3, 2002 등.

화문유개합과 동시기이거나 이보다 한 단계 늦은 시기일 것이므로 7세기 초이후일 가능성이 높다고 하였다.[51]

이렇게 고고학에서 가장 중요한 편년 방법인 토기 편년을 바탕으로 7세기 초로 본 것은 대단히 중요하다. 유구에 대한 해석의 여부는 차치하고, 종래 아무런 의심이 없이 믿어왔던 문헌의 통설 곧 6세기 중엽설에 근본적인 의문을 제기한 점에서 성산산성 목간 연구에 있어서 크다란 전환점이 되었다고 본다. 이러한 고고학적인 연구 성과에 따르면, 성산산성의 목간들은 7세기 전반의 늦은 시기를 하한으로 폐기한 것이 된다.

애초 이러한 성산산성 목간의 7세기 전반설은 충격적이었으나 종래 통설과 너무나도 동떨어진 것이었고, 반대로 고고학적 토기편년이 근본적으로 잘못되어 있을 수도 있었고, 토기편년이 50년 혹은 그 이상으로 올려서 연대를 잡을 수도 있다고 보았다. 이러한 사정 때문에 7세기 전반설은 문헌사가에 의해 주목을 받지 못하고, 오히려 문헌사가에 의해 7세기 전반설에 대한 반론만 나왔다.

함안 성산산성 목간 245점은 모두 예외가 없이 부엽토층에서 군집되어 출토되었다. 곧 신라의 각 지방에서 보내어진 공물에 함안 성산산성에서 제작되어 공물에 붙인 목간들은 일괄적으로 폐기되면서 부엽토층의 부엽자재의 일부로 재활용한 것이다. 壬子年 592년은 목간 제작 연대를 나타내므로 목간의 폐기 곧 부엽토층에 대한 매립 연대의 상한이 된다. 목간의 매립은 592년에 이루어진 것이다. 592년은 동시에 목간 제작의 기준 연대이기도 한데, 성산산성 목간에 기년 혹은 시기가 나온 것은 없다.

그리하여 245점의 목간이 나온 부엽토층이나 출토 토기 가운데 가장 늦은 인화문시유도기를 토대로 성산산성 목간의 연대를 7세기 전반으로 보고서 2016-W155(219) 壬子年△改大村△刀只(앞면) 米一石(뒷면)을 壬子年△改大村△刀只(앞면) 米一石(뒷면)으로 잘못 읽은 것은 함안 성산산성에서 목간 연대 해결에 중요한 실수였다. 부엽토층을 폐

<hr/>

51) 이주헌, 앞의 논문, 2015, 63쪽.

기하고 나서 같은 시간에 덮은 것은 아니다. 목간을 폐기하여 동문 근처에 버리고 나서, 그냥 두었기 때문에 7세기 전반 토기도 나오고, 6세기 중반이나 6세기 후반의 토기도 나온다. 이들 시기가 다른 토기가 전부 7세기 전반에 동시에 매립되었다고는 생각되지 않는다. 그래서 성산산성 목간 연대를 7세기 전반으로 볼 수가 없다. 목간은 동시에 폐기되어 묻혔지만, 토기는 몇 번에 걸쳐서 폐기한 것으로 해석된다. 따라서 성산산성 목간의 7세기 전반설은 성립될 수가 없다.

이러한 토기 편년은 금관총의 尒斯智王명 3루환두대도 검초 단금구가 나오지 않을 때 이야기이다. 尒斯智王명문은 1921년 금관총 발굴에서 그 존재를 알지 못 하다가 2013년에 와서야 그 존재를 알게 되었다. 발굴된 지 92년 만에 명문을 발견하였고, 2015년에는 국립중앙박물관과 국립경주박물관의 합동조사단에 의해 尒斯智王刀명명문이 발견되었다. 특히 尒斯智王刀란 명문은 尒斯智王의 칼이란 뜻으로 칼의 주인이 무덤의 피장자임을 밝히고 있다. 尒斯智王刀명문이 나와도 자꾸 음상사란 증거에 의해 異斯夫의 칼로 보고 있으나 이사부는 伊史夫智伊干支라고 545년이나 그 직전에 세워진 적성비에 나와서 왕은 아니다.

尒斯智王이란 명문은 3루환두대도 검초 단금구에 새긴 것으로 고신라 금석문에서 인명에 왕이 붙는 경우에 주목해야 된다. 441년 포항중성리신라비의 折盧(智王), 443년 포항냉수리신라비의 珎夫智王,[52] 乃智王, 524년 울진봉평신라비의 牟卽智寐錦王, 徙夫智葛文王, 535년 울주 천전리서석 을묘명의 法興太王, 539년 울주 천전리서석 추명의 另卽知太王, 徙夫知葛文王, 561~568년 북한산비 眞興太王, 新羅太王, 568년의 마운령비와 황초령비에 각각 나오는 眞興太王뿐이다. 북한산비의 新羅太王을 제외하면 전부 다 인명과 왕이 공존하고 있다.

尒斯智王이나 尒斯智王刀란 명문도 인명+왕이란 명문이다. 이렇게 尒斯智(인명)+王으로 된 인명은 마립간을 칭할 때인 중성리비와 냉수

---

52) 斯夫智王으로 표기하기도 하지만 珎자는 냉수리비와 함안 성산산성 목간에서만 나오는 신라 조자이다.

리비에서 밖에 없다. 尒斯智王은 누구일까? 이사지왕을 訓讀하면 너사지왕이 되고, 다시 半切로 읽으면, 넛지왕이 된다. 麻立干이란 왕호의 사용 시기를 『삼국사기』, 신라본기에서는 눌지마립간, 자비마립간, 소지마립간, 지증마립간으로 되어 있고, 『삼국유사』, 왕력편에서는 내물마립간, 실성마립간, 눌지마립간, 자비마립간, 비처마립간, 지증마립간으로 되어 있어서 약간의 차이가 있다. 학계에서는 『삼국유사』를 취하고 있다.53) 이 가운데에서 눌지왕과 넛지왕은 音相似이다. 그렇게 찾아 왔던 신라 적석목곽묘에서 절대 연대 자료를 금관총에서 찾았다. 4만 여점의 유물을 가진 금관총은 458년에 죽은 눌지왕릉이다. 고신라의 확실한 왕릉으로 태종무열왕릉이 있고, 눌지왕릉인 금관총이 있게 된다.

  금관총이 458년에 죽은 눌지왕릉이므로 적석목곽묘에서 횡혈식석실분으로의 전환 시기를 550년에서 30년을 소급시킨 520년으로 보아야한다. 금관총은 대개 5세기4/4분기로 보아 왔다. 이를 458년으로 보면 종래의 편년과 17~42년의 틈이 생기고, 520년 春正月에 律令 頒布가 있어서 520년으로 본다. 적석목곽묘의 시작은 미추왕은 太祖星漢王이라고 불렀고,54) 그의 능은 『삼국유사』에 陵在興輪寺東이라고 했고, 竹現陵이라고 했고, 『삼국사기』, 신라본기, 味鄒尼師今23년조에서는 大陵이라고 했고, 儒禮尼師今14년조에는 竹長陵이라고 했다. 따라서 미추왕릉은 경질토기와 금제귀걸이 1쌍이 세트를 이루는 고분일 가능성이있다. 그래서 신라 적석목곽묘의 편년을 다음과 같이 본다.

  미추왕릉(太祖星漢王;284년)→황남동 109호 3·4곽(4세기 중엽)→황남동 110호(4세기 후반)→98호 남분(奈勿王陵;402년)→금관총(尒斯智王陵=訥祇王陵;458년)→천마총(5세기 후반)→호우총(510년경)→보문리 합장묘(519년경)→횡혈식석실분(520년 이후;율령 공포)

  동아시아에 있어서 고분 시대의 절대 연대가 출토된 무덤으로는 415년 北燕 馮素弗墓에서는 鐙子이외의 유물은 그 숫자가 많지 않아서 별로 알려지지 않았고, 고구려의 357년 안악3호분, 408년 덕흥리

---

53) 마립간인 매금은 광개토태왕비 경자년(400년)조에 나와서 이는 내물왕(357~402년)을 가리키므로 『삼국유사』쪽이 옳다.
54) 김창호, 「新羅 太祖星漢의 재검토」, 『역사교육논집』5, 1983.

벽화 고분, 414년 태왕릉 등이 있으나 전부 도굴되었고, 백제의 525
년 무령왕릉이 있으나 백제 토기가 1점도 출토되지 않았고, 신라 서봉
총에서 延壽元年辛卯명 은합이 나왔으나 고구려제이고, 475년 호우총
에서 壺杅가 나왔으나 이 역시 고구려제이고, 일본 이나리야마고분의
철검 명문의 辛亥年은 471년이 맞으나 전세되어 6세기 전반 유물과55)
반출했다. 금관총의 절대 연대는 458년이고, 전세가 될 수가 없고, 도
굴되지 않는 유물들로 세기의 발견으로 驚天動地할 고고학적인 사건이
다. 앞으로 4~8세기 유물 편년에 큰 도움이 될 것이고, 앞으로 어쩌
면 거의 영원히 이런 유물을 만날 수가 없을 것이다.56)

그러면 금관총은 訥祗麻立干의 무덤이 되어, 금관총 유물 40,000여
점은 절대 연대를 갖게 된다. 그 연대도 5세기 4/4분기가 아닌 458
년이 되어 적석목곽묘의 연대를 30년 정도 소급하게 된다. 그러면
6~7세기의 단각고배도 그 시기를 30년 정도 소급시켜야 한다. 王子年
을 壬子年으로 잘못 읽고서 함안 성산산성 목간 일괄유물 245점을
592년으로 보았다. 592년에서 30년경을 소급시키면 562년이 되어
592년에 매달릴 수 없다. 부엽토층에서 출토된 단각고배 가운데 6세
기 중엽의 것이 있다고 고고학자는 이야기한다.57) 이것이 최초로 부
엽토층에 버려진 것이다. 6세기 중엽에서 금관총의 尒斯智王명에 의해
30년을 소급시키면 그 연대는 520년경이58) 된다. 따라서 함안 성산
산성 부엽토 출토의 단각고배 편년에 의해 그 시기를 7세기 전반으로
본 가설은 성립될 수가 없고, 王子年을 壬子年으로 잘못 읽어서 592년
으로 보는 것은 성립될 수가 없다.

Ⅳ. 성산산성 목간의 연대

---

55) f자형비와 검릉형행엽과 공반했다. 이렇게 세트를 이루면, 그 시기는 6세기 전반이다.
56) 적석목곽묘의 발굴에서 금제귀걸이 1쌍 없이 발굴한 예는 황남동100호(검총)이 유일하다.
    유해부에 도달하지 못하고 발굴을 끝낸 것으로 재발굴되어야 한다. 이에 대해서는 김창호,
    「慶州 皇南洞 100號墳(劍塚)의 재검토」『한국상고사학보』8, 1991 참조.
57) 윤상덕, 앞의 논문, 2015.
58) 이때는 아직까지 안라국이 멸망되기 이전이므로 고려의 대상이 될 수가 없다.

이제 함안 성산산성 목간 일괄유물인 245점의 연대를 조사할 차례가 되었다. 목간의 연대는 먼저 목간 안에서 찾아야 한다. 목간 밖에서 그 연대를 찾으면 목간의 연대를 7세기 전반에 의지하여 잘못 읽은 壬子年에 의해서 592년으로 볼 수가 있다. 성산산성의 목간은 대개 6세기 중엽으로 보아 왔다. 6세기 중엽설은 561년의 창녕비를 의식한 대세론적인 가설이다. 고고학적인 결론의 이용은 고고학의 연구자가 아니면 우를 범하기 쉽다. 부엽토층 토기 편년에 의한 함안 성산산성 목간의 7세기 전반설이 그 대표적인 예이다. 여기에서는 성산산성 목간에 있어서 절대 설정에 중요한 외위가 나오는 목간 전부를 제시하면 다음과 같다.

4.仇利伐/仇失了一伐/尒利△一伐
5.仇利伐 △德知一伐奴人 塩 (負)
13.大村伊息知一代
23.~△知上干支
29.古阤新村智利知一尺那△(앞면) 豆于利智稗石(뒷면)
72.~△一伐稗
2007-8.~△一伐奴人毛利支 負
2007-21.~豆留只(一伐)
2007-31.仇利伐 仇阤知一伐奴人 毛利支 負
Ⅳ-597.正月中比思(伐)古尸次阿尺夷喙(앞면) 羅兮落及伐尺幷作前瓷酒四斗瓮(뒷면)
V-166.古阤伊未妍上干一大兮伐(앞면) 豆幼去(뒷면)
2016-W89.丘利伐/卜今智上干支奴/△△利巴支負

위의 12개의 자료에서 一伐, 一尺, 阿尺은 524년 울진봉평염제신라비에서 나와서 연대 설정에 별로 도움이 되지 않는다. 연대 설정에 중요한 자료는 上干支이다. 그런데 V-166.古阤伊未妍上干一大兮伐(앞면) 豆幼去(뒷면)에서는 上干으로 支자가 탈락하고 없다. 이를 근거로 성산산성 목간 연대를 늦게 잡을 수도 있다. 문제는 관등명의 끝자가 탈락 되고 없는 예가 있는지가 문제이다. 그러한 예를 신라 금석문에서는 찾을 수 없고, 고구려 평양성 성벽석각 제3석에 그러한 예가 있어서 이를 제시하면 다음과 같다.

⑥	⑤	④	③	②	①	
節	位	內	向	卅	己	1
矣	使	中	△	一	丑	2
	价	百	下	日	年	3
	文	頭	二	自	三	4
	作	上	里	此	月	5
				下		6

우선 전문의 해석하여 제시하면 '己丑年(509년) 3월 21일에 이곳으 로부터 △쪽을 향하여 아래로 2리를 內中百頭 上位使(者) 价文이 作節 했다.'가 된다. 上位使는 고구려의 관등명으로 者자가 탈락한 것이다. 고구려에서 上位使者라는 관등명은 고구려가 망할 때까지 존속했던 것 이고, 上干支의 支자는 551년에 탈락할 것이다. V-166.번 목간에 나 오는 上干도 上干支와 같은 것이다. 그러면 성산산성 목간에서 외위 上干支가 나오는 목간은 3예가 된다. 上干支에서 支자가 탈락하고 上 干이 되는 시기는 550년경이다. 이제 성산산성 목간에서 나오는 경위 에 대해 알아보기 위해 그 예를 제시하면 다음과 같다.

Ⅳ-597.正月中比思(伐)古尸次阿尺夷喙(앞면)
　　　　羅兮落及伐尺并作前瓷酒四斗瓮(뒷면)
2016-W150.
　　　제1면 三月中眞乃滅村主 憹怖白
　　　제2면 △城在弥卽尒智大舍下智前去白之
　　　제3면 卽白先節六十日代法稚然
　　　제4면 伊毛羅及伐尺寀言△法卅代告今卅日食去白之

먼저 大舍下智란 경위명은 525년 울주 천전리서석 원명의 大舍帝智와 같은 유이다. 그래서 함안 성산산성 목간의 연대를 6세기 전반으로 볼 수가 있다. 다음으로 두 번이나 나오는 及伐尺이란 관등명은 문헌에는 없는 경위명이다. 이는 경위명인 壹伐, 干支와 같은 것으로 524년 봉평비에 干支가 잔존하고 있다. 『삼국사기』 권34, 잡지3, 지리1, 康州 咸安조에 咸安郡 法興王 以大兵 滅阿尸良國 一云阿那加耶 以其地爲郡가59) 중요한 근거이다. 阿那加耶(안라국)은 고령에 있던 대가야와 함께 후기 가야의 대표적인 나라이다.60) 그런 안라국에 대한 신라의 관심은 지대했을 것이다. 성산산성은 539년 안라국(아나가야)가 멸망되자 말자 신라인에 의해 석성으로 다시 축조되었다. 신라의 기단보축이란 방법에 의한 성산산성의 석성 축조는 540년경으로 볼 수가 있다.61) 성산산성 목간의 연대도 540년경으로62) 볼 수가 있다.

V. 맺음말

먼저 함안 성산산성 출토 목간의 제작 시기에 대한 선학들의 경해를 일별하였다. 대개 6세기 중엽으로 보아 왔다.

다음으로 592년의 壬子年說이 성산산성의 목간 출토층인 부엽토층을 근거로 하였다. 곧 부엽토층에서 출토된 단각고배가 6세기 중엽, 6세기 후엽, 7세기 전반으로 편년됨을 근거로 목간의 연대를 592년으로 보려고 했다. 단각고배는 7세기 전반에 한꺼번에 부엽토층에 매몰되는 것이 아니라 토기의 편년처럼 6세기 중엽에 묻히는 것, 6세기

---

59) 조선 초에 편찬된 편년체 사서인 『東國通鑑』에서는 安羅國(阿尸良國)의 신라 통합 시기를 구체적으로 법흥왕26년(539년)이라고 하였다. 이는 고뇌에 찬 결론으로 판단된다. 법흥왕의 제삿날은 음력으로 539년 7월 3일이다.
60) 전기 가야를 대표하는 나라로는 고령에 있었던 대가야와 김해에 있었던 금관가야를 들 수가 있다.
61) 성산산성은 백제의 공략을 대비하여 축조한 것이지 589년 중국 수의 건국에 따라 돌궐+고구려+백제+왜와 수+신라로 보고 있으나 지나친 해석이다. 수와 신라는 화친 관계이기 때문이다.
62) 경위인 及伐尺의 소멸 시기가 540년경이다. 이를 560년대로 보면 561년 창녕비 등 560년대 금석문에서 그 경위명이 보여야 한다.

후엽에 묻히는 것, 7세기 전반에 각각 묻히는 것이 있어서 목간의 연대를 7세기 전반으로 볼 수가 없다. 또 금관총이 458년 눌지왕릉이므로 적석목곽묘에서 횡혈식석실분으로의 전환 시기를 550년에서 30년을 소급시킨 520년으로 보아야 한다. 금관총은 대개 5세기4/4분기로 보아 왔다. 이를 458년으로 보면 종래의 편년과 17~42년의 틈이 생기고, 520년 春正月에 律令 頒布가 있어서 횡혈식 석실분의 등장은 520년으로 본다. 그래서 성산산성 단각고배를 모두 30년정도 소급시켜야 한다. 그러면 목간의 연대는 6세기 중엽(550년경)에서 30년을 소급시키면 520년이 된다.

먼저 3번이나 나오는 上干支는 그 연대를 551년경으로 볼 수가 있다. 또 大舍下智란 경위명은 525년 울주 천전리서석 원명의 大舍帝智와 같은 유이다. 그래서 함안 성산산성 목간의 연대를 6세기 전반으로 볼 수가 있다. 다음으로 두 번이나 나오는 及伐尺이란 관등명은 문헌에는 없는 경위명이다. 이는 경위명인 壹伐, 干支와 같은 것으로 524년 봉평비에 干支가 잔존하고 있다. 『삼국사기』 권34, 잡지3, 지리1, 康州 咸安조에 咸安郡 法興王 以大兵 滅阿尸良國 一云阿那加耶 以其地爲郡가 중요한 근거이다. 阿那加耶(안라국)은 고령에 있던 대가야와 함께 후기 가야의 대표적인 나라이다. 그런 안라국에 대한 신라의 관심은 지대했을 것이다. 성산산성은 539년 안라국(아나가야)가 멸망되자 말자 신라인에 의해 백제 침략에 대비하여 석성으로 다시 축조되었다. 신라의 기단보축이란 방법에 의한 성산산성의 석성 축조는 540년경으로 볼 수가 있다. 성산산성 목간의 연대도 540년경으로 볼 수가 있다.

제3절. 금석문 자료에 나타난 訥祗王

I. 머리말

訥祗麻立干(417~458년) 때에는 一善郡 毛禮家에 있던 墨胡子가 왕녀의 병을 고쳐다는 전설이 있는 이외에 별로 뚜렷한 행적은 없다. 그럼에도 불구하고 눌지마립간 대에는 나오는 금석문 자료가 많다. 포항중성리신라비(441년), 포항냉수리신라비(443년), 금관총 환두대도 검초단금구의 尒斯智王명문(458년), 충주고구려비(458년 경) 등이 그것이다. 이들 금석문 가운데에서 금문인 금관총 검초 환두대도 단금구의 명문을 제외하면 전부가 석문이다.

이들 금석문들은 한 번도 한꺼번에 다뤄진 적이 없다. 금석문의 연구는 관계전문가에 의해 꾸준히 연구되어야 한다. 발견 당시에 한 번 보고 연구를 했다가는 그 다음에는 잃어버리고, 연구를 하지 않는 경향이 있다. 그래서 금석문 연구는 답보 상태를 면하지 못하고 있다. 우리나라에는 금석문 연구 전문가가 없다. 참으로 가슴 앞은 일이지만, 금석문 연구를 하기 위한 학회도 없다.

금석문의 연구는 고려 시대를 중심으로 활발히 연구되고 있다.[1] 개인적인 노력의 결과로 학회가 없이 내놓은 업적으로 높이 평가된다. 한국 고대사 연구에 있어서도 금석문이 차지하는 비중은 대단히 크다. 금석문의 중요성을 말해주는 자료가 최근에 백제의 금문에서 나왔다. 이를 소개하면 다음과 같다.

---

1) 허흥식,『한국금석학개론』, 2020.

王興寺 舍利盒 명문

⑥	⑤	④	③	②	①	
神	利	子	王	十	丁	1
化	二	立	昌	五	酉	2
爲	枚	利	爲	日	年	3
三	葬	本	亡	百	二	4
	時	舍	王	濟	月	5

이 명문의 전체부터 해석하면 '丁酉年(577년) 二月 十五日에 백제 昌王이 죽은 왕자를 위해 사찰을 세웠는데 본래 장사시에 舍利 2매를 넣었는데 신이 조화를 부려 3매가 되었다.'가 된다.

왕흥사 목탑 사리공에서 출토된 청동사리합 명문에 丁酉年이란 연간지가 나와 577년이란 절대 연대를 갖게 되었다. 왕흥사 목탑은 『삼국사기』권27, 백제본기 5에 무왕 즉위1년(600년)~무왕 35년(634년) 사이에 건립된 것이 되어 있어서 문헌을 믿을 수 없게 한다. 이 점은 중요한 것으로 문헌을 중심으로 한 연구의 한계를 밝혀주는 것이다.

여기에서는 눌지마립간 시대에 만들어진 금석문 자료를 소개하고 나서 이를 검토하고자 한다. 그러기 위해서 먼저 포항중성리신라비를 소개하고, 다음으로 포항냉수리신라비를 소개하고, 그 다음으로 금관총 환두대도 검초 단금구의 명문을 소개하고, 마지막으로 충주고구려비를 소개하겠다.

II. 중성리비

경북 포항시 흥해읍 중성리에서 2009년 5月에 발견되었다. 그 뒤에 한국고대사학회 등에서 학술대회를 개최해서 많은 성과가 집적되었다.[2] 비석의 모두에 나오는 辛巳年을 441년으로 보는 가설과[3] 501년

---

2) 강종훈, 「포항중성리신라비의 내용과 성격」, 『韓國古代史研究』 56, 2009.
　　권인한, 「포항 중성리신라비의 어문학적 검토」, 『浦項 中城里新羅碑 발견기념 학술심포지엄 발표문』, 국립경주문화재연구소, 2009.
　　李文基,, 「포항中城里新羅碑의 발견과 그 의의」, 『韓國古代史研究』 56, 2009.
　　李泳鎬, 「興海地域과 浦項中城里新羅碑」, 『韓國古代史研究』56, 2009.
　　전덕재, 「포항중성리신라비의 내용과 신라 6부에 대한 새로운 이해」, 『韓國古代史研究』56,

으로 보는 가설로[4] 나누어진다. 이 중성리비에서 눌지왕이 무엇을 했
는지를 알아보기 위해 비석의 전문을 제시하면 다음과 같다.

중성리비 [5]

⑫	⑪	⑩	⑨	⑧	⑦	⑥	⑤	④	③	②	①	
							伐	喙				1
					喙	△	喙	沙				2
		牟	珎	干	鄒	干	斯	利	教			3
	導	旦	伐	支	須	支	利	夷	沙			4
	人	伐	壹	沸	智	祭	壹	斯	喙			5
	者	喙	昔	竹	世	智	伐	利	尒	喙		6
沙	與	作	云	休	令	壹	皮	白	抽	部	辛	7
喙	重	民	豆	壹	干	伐	末	爭	智	智	巳	8
心	罪	沙	智	金	居	使	智	人	奈	智	(年)	9
刀	典	干	沙	知	伐	人	李	喙	麻	阿	(喙)	10
哩	書	支	干	那	壹	奈	波	評	喙	干	(部)	11
△	與	使	支	音	斯	蘇	喙	公	部	支	折	12
	牟	人	宮	支	利	毒	柴	斯	牟	沙	盧	13
	豆	卑	日	村	蘇	只	干	弥	智	喙	(智)	14
	故	西	夫	卜	豆	道	支	沙	奈	斯	(王)	15
	記	牟	智	步	古	使	弗	喙	麻	德		16
		利	宮	干	利	喙	乃	夷	本	智		17

2009.

하일식, 2009, 「포항중성리신라비와 신라 관등제」, 『韓國古代史研究』56, 2009.

高光儀, 「浦項 中城里新羅碑 書體와 古新羅 문자생활」, 『新羅文化』35, 2009.

박남수, 「浦項 中城里新羅碑」의 新釋과 지증왕대 정치 개혁」, 『韓國古代史研究』60, 2009.

윤선태, 「〈포항 중성리 신라비〉가 보여주는 '소리'」, 『신라 최고의 금석문 포항 중성리비와 냉수리비』, 주류성, 2012.

주보돈, 「포항중성리신라비의 構造와 내용」, 『韓國古代史研究』65, 2012.

홍승우, 「〈포항 중성리 신라비〉의 분쟁과 판결」, 『신라 최고의 금석문 포항 중성리비와 냉수리비』, 주류성, 2012.

3) 강종훈, 앞의 논문, 2009.

노중국, 「포항 중성리비를 통해 본 마립간시기 신라의 분쟁처리 절차와 6부체제 운영」, 『한국고대사연구』56, 2010.

김창호, 「포항 중성리 신라비의 재검토」, 『신라사학보』29, 2013.

국사편찬위원회 한국사데이터베이스(홍승우).

4) 대부분 한국고대사가들의 견해이다.

5) 김창호, 「포항 중성리 신라비의 재검토」, 『신라사학보』29, 2013, 613쪽을 중심으로 특히 제 ①행은 새로히 추독하였다.

		白	奪	支	村	念	壹	須	牟	阿	18
		口	尒	走	仇	牟	伐	牟	子	干	19
		若	令	斤	鄒	智	金	旦		支	20
		後	更	壹	列	沙	訝				21
		世	還	金	支						22
		更		知							23

이 중성리비에는 다른 비에는 없던 경위로 壹伐이란 관등명이 나오나 어느 관등명과 같은지는 알 수가 없다. 이 금석문에서는 진골과 4두품에 해당되는 관등이 나오지 않고 있다. 국왕을 隨駕하는 사람도 軍主가 아닌 道使이다. 大等 집단도 없다. 비석의 주인공은 沙喙部 牟旦伐이다. 宮(居館)를 빼앗아 주라는 것이 비석의 주된 내용인 바, 왜 관등도 없는 모단벌에게 沙干支란 적어도 6두품의 관등을 가진 豆智沙干支의 궁을 빼앗아 주는 지 그 이유가 궁금하다.[6] 인명 표기에 있어서 6세기 금석문과 같은 규칙성이 없다.

가장 궁금한 점은 제①행의 辛巳(年喙部)折盧智(王)의 복원부분이다. 이 부분을 葛文王으로 복원하면, 辛巳(年沙喙部)折盧智(葛文王)이 되어 글자가 다 들어갈 공간이 없다. (喙部)折盧智(王)이란 왕명도 訥祗王이나 智證王이[7] 되어야 하지만 연결이 어렵다. 지증왕일 때에는 沙喙部折盧智葛文王이 되어야 하므로 이것이 들어갈 공간이 없다.

중성리비의 중요한 내용은 441년에 豆智 沙干支의 宮(거관)과 日夫智의 宮(거관)을 빼앗아 沙喙部의 牟旦伐에게 주는 것이다. 그런데 6부인으로도 족할 것을 蘇豆古利村의 仇鄒列支 干支, 沸竹休, 壹金智와 那音支村의 卜步 干支, 走斤壹金智, 珎伐壹昔 6명의 지방민은 왜 참가했을까? 지방민을 위한 배려로 당시 干支란 관등이 없던 사람까지도 초청해서 그들의 이름을 중성리비에 적은 것으로 보인다.

중성리비에는 沙喙部 牟旦伐이란 관등명도 없고, 왕실의 소속부인 喙部도 아닌 사람을 위해서 비석을 새겼다. 그 이유가 궁금하다.[8] 중

---

6) 고신라 6부의 위치를 북천, 서천, 남천의 3천으로 둘러싸인 부분으로 보아 왔으나 모단벌의 宮이 중성리비라서 6부의 위치를 보다 넓게 보아야 할 것이다.
7) 501년설로 볼 때이다.
8) 왕비족인 沙喙部에 대한 배려로 보인다.

요한 것은 신라 6부의 위치가 포항 흥해읍 중성리까지로 해석된다. 종래에는 6부의 위치를 어학적인 도움을 받아서 알천(북천), 서천, 남천의 안쪽으로 보아 왔다. 최근에 발견된 711년의 辛亥명보상화문전은 三川卅方으로 다시 판독되었다. 여기에서 三川은 알천(북천, 동천), 서천, 남천을 지칭해서 기와 가마가 20기 작업하고 있다고 해석되고, 그 시기는 680년경이고, 기와 가마가 있는 곳은 알천(북천, 동천), 서천, 남천의 안쪽일 수가 없고, 알천(북천, 동천), 서천, 남천의 바깥쪽으로 보아서 6부의 위치를 보다 넓게 보아야 될 것이다.

III. 냉수리비

포항냉수리신라비는 1989년 4월에 현지 주민에 의해 우연히 발견되었다. 그 연대가 443년이 아니면 503년이다. 건립 연대를 비롯하여 많은 부분에서 논란이 계속되고 있다. 비문의 내용 해결에 중심이 되는 節居利의 財에 대해서는 단서조차 못 잡고 있다. 절거리가 珎而麻村 출신이므로 珎(砂金)과 삼베가 절거리의 財로 짐작된다. 그럼 비석의 전문을 제시하면 다음과 같다.

냉수리비

前面

⑫	⑪	⑩	⑨	⑧	⑦	⑥	⑤	④	③	②	①	
		死	得	爲	支	李	喙	王	癸	麻	斯	1
	教	後	之	證	此	彼	尒	珎	未	村	羅	2
此	耳	△	教	尒	七	頭	夫	德	年	節	喙	3
二	別	其	耳	耶	王	腹	智	智	九	居	珎	4
人	教	弟	別	財	等	智	壹	阿	月	利	夫	5
後	末	兒	教	物	共	干	干	干	廿	爲	智	6
莫	鄒	斯	節	盡	論	支	支	支	五	證	王	7
更	珎	奴	居	教	教	斯	只	子	日	尒	乃	8
導	申	得	利	令	用	彼	心	宿	沙	令	智	9
此	支	此	若	節	前	暮	智	智	喙	耳	王	10
財		財	先	居	世	珎	居	居	至	得	此	11
			利	二		智	伐	伐	都	財	二	12

王	干	干	干	盧	教	王	13
教		支	支		耳	教	14
					文	用	15
						珎	16
						而	17

⑤	④	③	②	①		
故	了	今	支	村	1	
記	事	智	須	主	2	
		此	支	與	3	
		二	壹	支	4	
		人		干	5	上面
		世			6	
		中			7	

⑦	⑥	⑤	④	③	②	①		
事	蘇	喙	你	智	典	若	1	
煞	那	沙	喙	奈	事	更	2	
牛	支	夫	耽	麻	人	導	3	
拔	此	那	須	到	沙	者	4	
語	七	珎	道	盧	喙	教	5	後面
故	人	利	使	弗	壹	其	6	
記	跛	沙	心	須	夫	重	7	
	△	喙	誓	仇		罪	8	
	所		公			耳	9	
	白						10	
	了						11	

이 비문에서 중요한 것은 珎夫智王이 누구인지 하는 점이다. 보통 實聖王으로 보고 있으나 언어학적으로 연결이 어렵다. 珎자의 음이나 훈이 實과 통하고, 夫(=宗)가 聖과 통할 때, 珎夫智王이 實聖王이 된다. 실성왕은 그 재위 기간이 402~417년이므로 절거리가 402년에 교를 받았다고, 그 때 30세라면 503년에는 116~131세가 되는 문제가 생긴다. 신라에 있어서 소속부의 관계는 탁부가 왕족, 사탁부가 왕비족이지 모량부 박씨는 왕비족도 아니고, 세력이 약한 부이다. 沙喙部至都盧葛文王도 지증왕이 아니고, 沙喙部의 장으로서 珎而麻村의 모임에 참가한 것으로 본다. 신라의 국왕으로서 마립간인 자는 모두 喙部 출신이다. 沙喙部출신자는 모두 갈문왕으로 나온다. 이 점이 중요하다. 왜냐하면 사탁부 출신은 왕이 될 수가 없기 때문이다.

냉수리비의 가장 중요한 내용은 節居利가 財를 얻는 證尒이다고 珎夫智王과 乃智王이 각각 내린 教이고, 節居利의 財를 그의 동생인 兒斯奴가 얻는 沙喙部至都盧葛文王 등 七王等이 내린 教이다. 節居利의 財가 얼마나 중요하기에 마립간이 참여하고, 중앙의 고위 관등 소지자가 참가할까? 이는 고구려나 백제의 금석문에서는 나오지 않는 지방민에 대한 배려로 판단된다. 왜냐하면 목간에 써서 주어도 될 것을 영원히 남을 비석에 새겨서 후세에 남겼기 때문이다.

Ⅳ. 尒斯智王명문

尒斯智王명문은 1921년 금관총 발굴에서 그 존재를 알지 못 하다가 2013년에 와서야 그 존재를 알게 되었다. 발굴된 지 92년 만에 명문을 발견하였고, 2015년에는 국립중앙박물관과 국립경주박물관의 합동 조사단에 의해 尒斯智王刀명명문이 발견되었다. 특히 尒斯智王刀란 명문은 尒斯智王의 칼이란 뜻으로 칼의 주인이 무덤의 피장자임을 밝히고 있다. 尒斯智王刀명문이 나와도 자꾸 음상사란 증거에 의해 異斯夫의 칼로 보고 있으나 이사부는 伊史夫智伊干支라고 545년이나 그 직전에 세워진 적성비에 나와서 왕은 아니다.

尒斯智王이란 명문은 3루환두대도 검초 단금구에 새긴 것으로 고신라 금석문에서 인명에 왕이 붙는 경우에 주목해야 된다. 441년 포항 중성리신라비의 折盧(智王), 443년 포항냉수리신라비의 斯夫智王, 乃智王, 至都盧葛文王, 524년 울진봉평신라비의 牟卽智寐錦王, 徙夫智葛文王, 535년 울주 천전리서석 을묘명의 法興太王, 539년 울주 천전리서석 추명의 另卽知太王, 徙夫知葛文王, 561~568년 북한산비 法興太王, 新羅太王, 568년의 마운령비와 황초령비에 각각 나오는 眞興太王뿐이다. 북한산비의 新羅太王을 제외하면 전부 다 인명과 왕이 공존하고 있다.

尒斯智王이나 尒斯智王刀란 명문도 인명+왕이란 명문이다. 이렇게 尒斯智(인명)+王으로 된 인명은 마립간을 칭할 때인 중성리비와 냉수리비에서 밖에 없다. 尒斯智王은 누구일까? 이사지왕을 訓讀하면 너사지왕이 되고, 다시 半切로 읽으면, 넛지왕이 된다. 麻立干이란 왕호의 사용 시기를 『삼국사기』, 신라본기에서는 눌지마립간, 자비마립간, 소지마립간, 지증마립간으로 되어 있고, 『삼국유사』, 왕력편에서는 내물마립간, 실성마립간, 눌지마립간, 자비마립간, 비처마립간, 지증마립간으로 되어 있어서 약간의 차이가 있다. 학계에서는 『삼국유사』를 취하고 있다.9) 이 가운데에서 눌지왕과 넛지왕은 音相似이다. 그렇게 찾았던 신라 적석목곽묘에서 절대 연대 자료를 금관총에서 찾았다. 40,000여점의 유물을 가진 금관총은 458년에 죽은 눌지왕릉이다. 고신라의 확실한 왕릉으로 태종무열왕릉이 있고, 눌지왕릉인 금관총이 있게 된다.

금관총이 458년 눌지왕릉이므로 적석목곽묘에서 횡혈식석실분으로의 전환 시기를 550년에서 30년을 소급시킨 520년으로 보아야 한다. 금관총은 대개 5세기4/4분기로 보아 왔다. 이를 458년으로 보면 종래의 편년과 17~42년의 틈이 생기고, 520년 春正月에 律令 頒布가 있어서 횡혈식석실분의 출현을 520년으로 본다. 적석목곽묘의 시작은 미추왕은 太祖星漢王이라고 불렀고,10) 그의 능은『삼국유사』에 陵在興輪寺東이라고 했고, 竹現陵이라고 했고,『삼국사기』,신라본기, 味鄒尼師今23년조에서는 大陵이라고 했고, 儒禮尼師今14년조에는 竹長陵이라고 했다. 따라서 미추왕릉은 경질토기와 금제귀걸이 1쌍이 세트를 이루는 고분일 가능성이 있다. 그래서 신라 적석목곽묘의 편년을 다음과 같이 본다.

미추왕릉(太祖星漢王;284년)→황남동 109호 3·4곽(4세기 중엽)→황남동 110호(4세기 후반)→98호 남분(奈勿王陵;402년)→금관총(尒斯智王陵=訥祗王陵;458년)→천마총(5세기 후반)→호우총(510년경)→보문리 합장묘(519년경)→횡혈식석실분(520년 이후;율령 공포)

동아시아에 있어서 고분 시대의 절대 연대가 출토된 무덤으로는 415년 北燕 馮素弗墓에서는 鐙子이외의 유물은 그 숫자가 많지 않아서 별로 알려지지 않았고, 고구려의 357년 안악3호분, 408년 덕흥리 벽화 고분, 414년 태왕릉 등이 있으나 전부 도굴되었고, 백제의 525년 무령왕릉의 묘지명이 있으나 백제 토기가 1점도 출토되지 않았고, 신라 서봉총에서 延壽元年辛卯(451년)명 은합이 나왔으나 고구려제이고, 475년 호우총에서 壺杅가 나왔으나 이 역시 고구려제이고, 일본 이나리야마고분의 철검 명문의 辛亥年은 471년이 맞으나 전세되어 6

---

9) 마립간인 매금은 광개토태왕비 경자년(400년)조에 나와서 이는 내물왕(357~402년)을 가리키므로『삼국유사』쪽이 옳다.

10) 김창호,「新羅 太祖星漢의 재검토」,『역사교육논집』5, 1983.

세기 전반 유물과[11] 반출했다. 금관총의 절대 연대는 458년이고, 전세가 될 수가 없고, 도굴되지 않는 유물들로 세기의 발견으로 驚天動地할 고고학적인 사건이다. 앞으로 4~8세기 유물 편년에 큰 도움이 될 것이고, 앞으로 어쩌면 거의 영원히 이런 유물을 만날 수가 없을 것이다.[12]

V. 충주고구려비

충주고구려비는 忠北 忠州市 可金面 龍田里 立石部落에 소재하고 있다. 1979년에 발견되었다. 우선 관계 전문부터 제시하면 다음과 같다.

⑦	⑥	⑤	④	③	②	①		⑩	⑨	⑧	⑦	⑥	⑤	④	③	②	①	
△	△	△	△	△	△	△	1	△	德	夷	大	夷	用	尙	奴	上	五	1
△	△	△	△	△	△	△	2	流	△	寐	位	寐	者	塾	主	下	月	2
△	△	△	△	△	△	△	3	奴	土	錦	諸	錦	賜	上	簿	相	中	3
△	△	△	△	△	△	中	4	扶	境	上	位	遝	之	公	貴	知	高	4
△	△	△	△	△	△	△	5	△	△	下	上	還	隨	看	德	守	麗	5
古	△	△	△	△	△	△	6	△	募	至	下	來	者	節	句	天	太	6
牟	右	△	△	△	△	△	7	△	人	于	衣	節	諸	賜	△	東	王	7
婁	△	△	△	百	△	△	8	盖	三	伐	服	教	△	太	王	來	相	8
城	△	△	△	△	刺	△	9	盧	百	城	兼	賜	△	霍	不	之	王	9
守	△	上	△	△	功	不	10	共	新	教	受	寐	奴	鄒	聆	寐	公	10
事	沙	有	△	△	△	△	11	△	羅	來	教	錦	客	教	△	錦	△	11
下	△	之	△	△	△	△	12	募	土	前	跪	土	人	食	去	忌	新	12
部	斯	△	△	十	△	村	13	人	內	部	營	內	△	在	△	太	羅	13
大	邑	△	△	△	△	舍	14	新	幢	太	之	諸	教	東	△	子	寐	14
兄	△	△	△	△	△	△	15	羅	主	使	十	衆	諸	夷	到	共	錦	15
△	大	△	△	△	△	△	16	土	下	者	二	人	位	寐	至	前	世	16
△	古	△	△	土	土	△	17	內	部	多	月	△	賜	錦	跪	部	世	17
△	鄒	△	△	△	△	△	18	衆	拔	于	卄	支	上	之	營	太	如	18
△	加	東	△	大	節	△	19	人	位	柜	三	告	下	衣	大	使	爲	19
△	共	夷	△	王	人	優	20	先	使	奴	日	大	衣	服	太	者	如	20
△	軍	寐	△	國	刺	沙	21	動	者	主	甲	王	服	建	子	多	兄	21

---

11) f자형비와 검릉형행엽과 공반했다. 이렇게 세트를 이루면, 그 시기는 6세기 전반이다.
12) 적석목곽묘의 발굴에서 금제귀걸이 1쌍 없이 발굴한 예는 황남동100호(검총)이 유일하다. 유해부에 도달하지 못하고 발굴을 끝낸 것으로 재발굴되어야 한다. 이에 대해서는 김창호, 「慶州 皇南洞 100號墳(劍塚)의 재검토」『한국상고사학보』8, 1991 참조.

至	錦	△	土	△	△	22	奪	補	簿	寅	國	教	立	共	우	如	22
于	土	△	△	△	△	23	△	奴	貴	東	土	東	處	諸	桓	弟	23
좌 측 면							전　　면										

우측면 제①행 하단부에 前部가 있고, 후면 마지막 행 중앙부에 巡 자가 있음.

충주고구려비하면 생각나는 것이 寐錦이 이사금과 같다는 설이다. 1979년 충주비의 발견인 이전에는 매금을 마립간과 같다고[13] 본 견해는 없었다. 寐錦에 관한 금석문 자료는 통일신라 말인 924년에 세워진 聞慶 鳳巖寺 智證大師碑에 遍頭居寐錦之尊이라고[14] 나오고, 414년 광개토태왕비 경자년(400년)조에 寐錦이 나오고, 『日本書紀』권9, 神功皇后攝政前紀, 仲哀9년(200년)조에 爰新羅王 波沙寐錦이란 구절이 나온다. 『日本書紀』에 나오는 파사매금은 신봉하고, 광개토태왕비의 경자년(400년)조는 믿지 않았다. 파사이사금은 80~112년이 재위 기간이다. 약 100년 정도의 시기 차이가 남에도 불구하고, 고구려 광개토왕비 경자년조를 믿지 않았다.

다음으로 충주비에서 문제가 되는 것으로 비문에 題額이 있었는지 여부이다. 가장 심도있게 논의한 견해로는 제액을 永樂七年歲在丁酉(丁酉 합자)으로 읽었다.[15] 연간지가 丁酉로 합자된 예는 처음이며, 397년에는 장수왕의 나이가 태자를 거쳐서 고추가로 성장할 만한 나이가 아니다. 충주비의 太子共=古鄒加共=古雛大加助多는 동일인이다. 장수왕은 재위 기간이 412~491년으로 그 기간만도 89년이라서 충주비의 건립 연대를 458년경으로 보면, 광개토태왕이 18세인 391년에 즉위해서 39세인 412년에 죽었다. 그래서 장수왕의 나이를 광개토태왕이

13) 이병도, 「충주고구려비에 대하여」 『사학지』 13, 1979에서 한국 고대사 학자들 가운데에서 최초로 마립간을 매금과 같은 것으로 보았다.
14) 遍頭를 偏頭로 보면, 寐錦之尊의 해석이 어렵다. 아마도 편두를 까까머리의 스님 머리로 보아야 할 것이다. 그러면 그 대상이 되는 것으로 불교를 공인한 법흥왕을 들 수가 있다.
15) 고광의, 「충주 고구려비의 판독문 재검토-題額과 干支를 중심으로-」 『한국고대사연구』 98, 2020.

즉위할 때에 태어났어도 광개토태왕의 사망시인 412년에 21세가 되어 태자를 거쳐서 고추가로 추대될 틈이 없다. 참고로 고추가에 대한 『삼국지』, 위서, 동이전, 고구려조의 기록을 소개하면 다음과 같다.

王之宗族, 其大加皆稱古雛加. 消奴部本國主, 今雖不爲王, 適統大人, 得稱古雛加, 亦得立宗廟, 祠靈星·社稷. 絶奴部世與王婚, 加古雛之號[16]

충주비에 나타나 있듯이 고추가는 태자를 거쳐서 할 수 있는 관직으로 계루부의 대가, 연노부의 적통대인이 고추가가 될 수 있고, 절노부의 대가도 고추가를 칭했다. 이러한 고추가를 칭하기에는 광개토태왕 때에는 불가능하다. 역시 장수로 이름이 나서 시호조차도 장수왕인 그 때에나 가능하다.

개인적으로 삼국 시대의 금석문에는 제액이 없다고 생각한다. 왜냐하면 고구려의 광개토태왕비(414년), 충주고구려비(458년경), 집안고구려비(491~519년), 백제의 익산 미륵사지 사리봉안기(579년), 사택지적비(654년), 신라의 포항 중성리비(441년), 포항 냉수리비(443년), 울진 봉평비(524년), 단양 적성비(545년이나 그 직전), 창녕비(561년), 북한산비(561~568년), 마운령비(568년), 황초령비(568년) 등에서 한 번도 제액이 나온 적이 없다.

충주고구려비에 있어서 제액의 문제를 충주 고구려비 공동 판독안에서 해결해 주고 있다.[17] 4면에 글자가 있는 4면비이므로 후면이 Ⅰ면, 우측면이 Ⅱ면, 전면이 Ⅲ면, 좌측면이 Ⅳ면이 된다. 그래야지 전면의 五月中으로 시작되는 것과 좌측면 제⑦행 마지막에 6자의 글자가 없는 이유가 분명해진다. 지금까지 발견되는 금석문 자료에서 보면, 아마도 삼국시대에 있어서 제액이 있는 비석은 나올 가능성이 없다고

---

16) 이를 해석하면 다음과 같다.
　　'王이 宗族으로서 大加인 자는 모두 古雛加로 불리워진다. 消奴部는 본래의 國主였으므로 지금은 비록 王이 되지 못하지만 그 適統을 이은 大人은 古雛加의 칭호를 얻었으며, (자체의) 宗廟를 세우고 靈星과 社稷에게 따로 제사지낸다. 絶奴部는 대대로 왕실과 혼인을 하였으므로 (그 大人은) 古雛加의 칭호를 더하였다.'
17) 양인호·고태진, 「충주 고구려비 공동 판독안」, 『한국고대사연구』98, 2020.

판단된다.

충주고구려비에는 재미있는 구절이 나오고 있다. 衣服이 그것이다. 이 의복은 신라의 것이 아닌 고구려의 것이기 때문이다. 신라 寐錦의 上下가 와서 얻어서 가는 것으로 2번이나 나온다. 寐錦이란 용어 자체가 비단옷을 입은 사람을 뜻한다. 이 의복은 비단으로 된 고구려 관복으로 보이며, 그 의복을 얻기 위해 신라의 寐錦을 비롯한 上下 관리가 최선을 다하고 있다. 新羅土內幢主란 직명으로 보면, 신라는 고구려에게 영토를 빼앗긴 상황인데도 불구하고, 의복을 얻기 위해 최선을 다하고 있다. 고구려의 의복을 얻어갔다는 이야기는 중성리비나 냉수리비에도 없고, 신라의 어느 금석문에도 없다. 이 시기 적석목곽묘에서는 451년 서봉총의 은합 명문이 있는 은합, 475년 호우총의 호우를 비롯하여 98호 북분의 태환이식, 식리총의 식리 등 고구려제가 많다. 이러한 고구려의 고급 제품을 威勢品 이론으로 설명할 수도 있을 듯하다.

VI. 맺음말

먼저 포항중성리신라비에서는 제①행의 辛巳(年沙喙部)折盧(智葛文王)으로 복원할 공간이 없다는 것이다. 이 부분은 辛巳(年喙部)折盧(智王)으로 복원해야 된다. 그러면 501년설은 성립될 수가 없다. 중성리비에서는 진골과 4두품에 해당되는 관등이 나오지 않고, 마립간의 수가에 軍主가 아닌 道使가 하고 있고, 비문 자체에 牟旦伐이란 주인공이 있다. 이러한 것들은 6세기 금석문과는 차이가 있다.

다음으로 냉수리비에서 중요한 것은 斯夫智王이 누구인지 하는 점이다. 보통 實聖王으로 보고 있으나 언어학적으로 연결이 어렵다. 斯자의 음이나 훈이 實과 통하고, 夫(=宗)가 聖과 통할 때, 斯夫智王이 實聖王이 된다. 실성왕은 그 재위 기간이 402~417년이므로 절거리가 402년에 교를 받았다고, 그 때 30세라면 503년에는 116~131세가 되는 문제가 생긴다. 신라에 있어서 소속부의 관계는 탁부가 왕족, 사탁부가 왕비족이지 모량부 박씨는 왕비족도 아니고, 세력이 약한 부이다. 沙喙部至都盧葛文王도 지증왕이 아니고, 沙喙部의 장으로서 珎而麻村의 모임에 참가한 것으로 본다. 신라의 국왕으로서 마립간인 자는 모두 喙部 출신이다. 沙喙部출신자는 모두 갈문왕으로 나온다. 이 점이 중요하다. 왜냐하면 사탁부 출신은 마립간이나 왕이 될 수가 없기 때문이다.

그 다음으로 금관총 3루환두대도 검초 단금구에 새겨진 尒斯智王명문에 대해 조사할 차례가 되었다. 이 尒斯智王명문을 訓讀하면, 너사지왕이 되고, 이를 半切로 읽으면, 넛지왕이 된다. 尒斯智王은 누구일까? 麻立干이란 왕호의 사용 시기를 『삼국사기』,신라본기에서는 눌지마립간, 자비마립간, 소지마립간, 지증마립간으로 되어 있고, 『삼국유사』,왕력편에서는 내물마립간, 실성마립간, 눌지마립간, 자비마립간, 비처마립간, 지증마립간으로 되어 있어서 약간의 차이가 있다. 학계에서는 『삼국유사』를 취하고 있다. 이 가운데에서 눌지왕과 넛지왕은 音相似이다. 그렇게 찾아 왔던 신라 적석목곽묘에서 절대 연대 자료를 금관총에서 찾았다. 40,000여점의 유물을 가진 금관총은 458년에 죽은 눌지왕릉이다.

금관총(눌지왕릉)은 458년이란 절대 연대를 갖게 된다. 그래서 법흥왕의 520년 春正月 律令 頒布와 관련시키고, 금관총의 연대가 575~500년인 점을 참고하면 17~42년의 틈이 생긴다. 따라서 520년이 적석목곽묘에서 횡혈식석실분으로 바뀌는 때이다. 지금까지 나온 적석목곽묘의 연대를 참조하여 그 편년을 제시하면 다음과 같다.

미추왕릉(太祖星漢王;284년)→황남동 109호 3·4곽(4세기 중엽)→황남동 110호(4세기 후반)→98호 남분(奈勿王陵;402년)→금관총(尒斯智王陵=訥祇王陵;458년)→천마총(5세기 후반)→호우총(510년경)→보문리 합장묘(519년경)→횡혈식석실분(520년 이후;율령 공포)

마지막으로 충주고구려비에 대해 살펴볼 차례가 되었다. 먼저 충주고구려비하면 생각나는 것이 寐錦이 이사금과 같다는 설이다. 1979년 충주비의 발견인 이전에 매금을 마립간과 같다고 본 견해는 없었다.

寐錦에 관한 금석문 자료는 924년에 세워진 **聞慶 鳳巖寺 智證大師碑**에 **逼頭居寐錦之尊**이라고 나오고, 414년 광개토태왕비 경자년(400년)조에 寐錦이 나오고, 『日本書紀』권9, 神功皇后攝政前紀, 仲哀9년(200년)조에 愛新羅王 波沙寐錦이란 구절이 나온다. 『日本書紀』에 나오는 파사매금은 신봉하고, 광개토태왕비의 경자년조는 불신했다. 파사이사금은 80~112년이 재위 기간이다. 약 100년 정도의 시기 차이가 남에도 불구하고, 고구려 광개토태왕비 경자년조를 믿지 않았다.

다음으로 충주비에서 문제가 되는 것으로 비문에 題額이 있었는지 여부이다. 가장 심도있게 논의한 견해로는 제액을 永樂七年歲在丁酉(丁酉 합자)으로 읽었다.[18] 연간지가 丁酉로 합자된 예는 처음이며, 永樂七年(397년)에는 장수왕의 나이가 태자를 거쳐서 고추가로 성장할 만한 나이가 아니다. 충주비의 太子共=古鄒加共=古雛大加助多는 동일인이다. 장수왕은 재위 기간이 412~491년으로 그 기간만도 89년이라서 충주비의 건립 연대를 458년경으로 보면, 광개토태왕이 18세인 391년에 즉위해서 39세인 412년에 죽었다. 그래서 장수왕의 나이를 광개토태왕이 즉위할 때에 태어났어도 광개토태왕의 사망시인 412년에 21세가 되어 태자를 거쳐서 고추가로 추대될 틈이 없다.

충주고구려비에는 재미있는 구절이 나오고 있다. 衣服이 그것이다. 이 의복은 신라의 것이 아닌 고구려의 것이기 때문이다. 신라 寐錦의 上下가 와서 얻어서 가는 것으로 2번이나 나온다. 寐錦이란 용어 자체가 비단옷을 입은 사람을 뜻한다. 이 의복은 비단으로 된 고구려 관복으로 보이며, 그 의복을 얻기 위해 신라의 寐錦을 비롯한 上下 관리가 최선을 다하고 있다. 新羅土內幢主란 직명으로 보면, 신라는 고구려에게 영토를 빼앗긴 상황인데도 불구하고, 의복을 얻기 위해 최선을 다하고 있다. 고구려의 의복을 얻어갔다는 이야기는 중성리비나 냉수리비에도 없고, 신라의 어느 금석문에도 없다.

---

18) 고광의,「충주 고구려비의 판독문 재검토-題額과 干支를 중심으로-」,『한국고대사연구』98, 2020.

제4절. 경주 서악동 4왕릉의 주인공 비정

I. 머리말

신라 1,000년의 고도 경주에는 55명의 왕릉이[1] 있었다. 그 가운데 고신라의 왕릉이 알려진 것은 경주 서악동에 있는 태종무열왕릉뿐이었다. 통일 신라 왕릉으로 확실한 것은 흥덕왕릉비가 발견된 흥덕왕릉뿐이었다. 신라 삼국 통일 초의 문무왕릉은 능비가 발견되었으나 무덤은 없고, 대왕암에 散骨하였고,[2] 능비는 사천왕사에[3] 세웠던 것으로 보인다.[4]

2013년 7월 3일에 국립중앙박물관 보존과학연구실에서 신라 고분의 연구에 획기적인 자료를 발표했다. 금관총 3루환두대도 검초 단금

---

1) 경순왕릉은 경주에 있지 않고, 경기도 연천에 있다.
2) 대왕암을 문무왕의 수중릉으로 보는 것은 잘못된 가설이다.
3) 그래서 문무왕릉비는 두 편 모두 사천왕사 근처에서 발견되었다. 문무왕은 681년 7월 1일에 죽어서 682년 7월 25일에 장사했고, 김인문은 『삼국사기』,김인문전에 따르면, 694년에 죽어서 695년에 京西原인 태종무열왕릉 앞에 장사를 지냈다. 1년간의 殯葬을 했다. 그런데 정현숙,「신라 사천왕사 출토 비편의 새로운 이해-다섯 비편은 신문왕릉비다-」,『목간과 문자』22, 2019에서는 壬辰이 사천왕사 사적비에 나오고, 황복사금동사리함기에서 天授三年壬辰七月二日昇天라고 壬辰年이 나옴으로 해 사천왕사사적비를 신문왕릉비라고 주장하였다. 고구려에서는 석총에서는 2년간의 빈장이 있었고, 토총에서는 3년의 빈장이 있었고, 백제에서는 27개월의 3년상 빈장이다. 신라에서는 1년간의 빈장이 있었다. 삼국 통일의 영주인 문무왕이 동해 대왕암에 산골하고 나서 문무왕의 원당이고 동시에 중대 사찰 가운데 사격이 가장 높았던 사천왕사에 능비를 세웠고, 신문왕은 무덤이 있어서 무덤 앞에 능비를 세워야 한다. 사천왕사사적비가 있어야 되고, 신문왕릉비를 사천왕사에 세울 이유가 전혀 없다. 왜냐하면 문무왕의 경우는 문무왕릉비를 세울 수 있는 무덤이 없어서 사천왕사 당간지주에서 조금 떨어진 그 옆에 세웠기 때문이다. 사천왕사를 태종무열왕의 원당으로 본 가설도 있으나 이는 잘못된 것이다. 중대에 모든 사찰 가운데에서 격이 가장 높던 사천왕사는 삼국 통일의 군주인 문무왕의 원당이다.
4) 이 밖에 신라 왕릉일 가능성이 있는 것으로 통일 전의 선덕여왕릉, 통일 후의 성덕왕릉, 원성왕릉, 헌덕왕릉 등이 있다.

구에서 尒斯智王이란 명문을 발견했다는 것이다. 이는 훈독하면 너사지왕이 되고, 반절로 풀이하면, 넛지왕이 된다. 넛지왕은 눌지왕과 음상사이다. 그러면 금관총은 눌지왕의 무덤이 되고, 5세기 4/4분기로 보아온 금관총은 458년이라는 절대 연대를 가지게 되고, 적석목곽묘, 횡혈식석실분, 기와, 신라토기, 단각고배, 인화문토기, 각종 금속기 등에서 곧 4~8세기 신라 고고학에서 30년씩의[5] 편년을 소급해야 된다.[6] 그래서 그 뒤에 수습 발굴에서 출토된 尒斯智王刀과[7] 함께 驚天動地할 세기의 발견이다.[8]

그래서 고신라 확실한 왕릉으로 눌지왕을 더하게 되었다. 그러면 고신라의 확실한 왕릉은 2기가 된다. 신라의 발굴되지 않는 약 110기의 무덤 가운데는 지증왕까지[9] 22왕릉이 있다. 법흥왕부터는 경주 분지를 떠나서 산악이나 변두리 평지의 횡혈식석실분에 묻혔다. 적석목곽묘에서 횡혈식석실분으로의 전환은 520년이다. 520년 春正月에 율령

---

5) 종래 적석목곽묘와 횡혈식석실분의 교체시기를 대개 550년경으로 보아 왔다. 금관총은 5세기4/4분기에서 458년으로 소급시키면서 17~42년의 간격이 생긴다. 520년 춘정월에 율령은 반포해서 520년을 경계로 해서 그 교체시기를 520년으로 보게 되었다.

6) 동아시아에서 절대 연대를 가진 고분으로 414년 또는 415년인 北燕 풍소불묘, 458년의 금관총, 471년 이나리야마철검 명문, 525년의 백제 무령왕릉이 있으나 백제토기의 반출이 없고, 풍소불묘에서는 등자 이외에 뚜렷한 반출 유물이 없고, 일본의 이나리야마철검은 철검 자체의 辛亥年 연대는 471년이 맞지만 칼 자체는 6세기 전반으로 전세되었고, 곧 함께 나오는 유물은 f자형비와 검릉형행엽이 세트를 이루는 6세기 전반의 유물이고, 525년 무령왕릉에서는 백제토기가 단 1점도 나오지 않고, 무덤의 널에 들어가는 널판도 일본 구주에서 수입한 金松이므로 사치와 방종을 유물을 보아서도 알 수 있고, 금관총의 유물들은 도굴되지 않는 처녀분이었고, 출토 유물도 40,000여 점이나 되고, 그 절대 연대도 458년으로 전세되지 않았다.

7) 이는 尒斯智王의 칼이다로 해석되어 금관총이 넛지왕릉(눌지왕릉)임을 말해 주고 있다. 458년 이전에도 이미 현대와 마찬가지로 兩刃의 劍과 單刃의 刀를 구분하고 있다. 부엌칼을 食刀라고 하지 食劍이라고 부르는 사람은 없다.

8) 우리 생애에 다시는 금관총의 尒斯智王과 같은 문자 자료를 만나기 힘들 것이다. 적석목곽묘를 더 이상 발굴 계획은 없고, 금관총 자료 자체가 발굴된 지 100년가량 만에 발견된 것은 기적에 가깝다. 올해는 2022년이므로 1921년 금관총을 처음 발굴하고 나서 101년이 되었다.

9) 고총고분에 최초로 묻힌 왕으로는 소승불교를 도입하고, 太祖星漢王으로 불리는 미추왕일 가능성이 있다. 김씨 최초의 왕으로 주목해야 할 것이다. 미추왕릉은 문헌에서 『삼국사기』에서는 大陵, 竹長陵, 『삼국유사』에서는 竹現陵이라고 부르고 있고, 陵在興輪寺東이라고 명기하고 있어서 경질토기와 금제귀걸이가 세트를 이루었는지는 알 수가 없으나 고총고분이었던 것은 틀림없다.

을 반포했으므로 그 때에 무덤을 만드는 규제가 들어있었다고 판단된다.

여기에서는 태종무열왕 북쪽에 소재한 4기의 왕릉에 대한 지금까지 선학들의 견해를 살펴보고, 다음으로 4왕릉의 주인공을 제시하고 횡혈식석실분의 채용에 관한 소견을 밝혀 보고자 한다.

II. 지금까지의 연구

추사체와 금석문 학자로 유명한 김정희는10) 한국에서 가장 먼저 경주 서악동 4릉에 대해 주목하였다.11) 김정희는 「신라진흥왕릉고」에서 경주시내 봉황대를 비롯한 동서편 주변에 있는 조산을 옛날 왕릉이라고 한국에서 처음으로 지적하였다. 眞興王陵이 서악리에, 眞智王陵이 永敬寺 북쪽에 있다는 내용을 근거로 영경사 북은 바로 서악리라고 해석하였다. 이어서 文聖王陵과 憲安王陵은 孔雀趾에 있다는 기록 역시 서악리의 다른 표현이라고 보았다. 즉 서악리, 영경사 북쪽, 공작지라 하여 다른 표기를 사용하기는 했지만 모두가 같은 지역이라고 보았다. 그래서 태종무열왕릉 위의 4기의 고분들을 진흥왕릉, 진지왕릉, 문성왕릉, 헌안왕릉으로 각각 비정하였다. 이렇게 하면 문성왕릉과 헌안왕릉이 무열왕릉보다 훨씬 뒤의 왕릉이 되는 문제점이 생긴다. 곧 무열왕릉보다 위에 썼으므로 倒葬이 된다. 신라 시대에는 도장이 문제되는 것이 아니라고 하였다.

결국 이곳 서악리 고분군에서는 진흥왕릉이 먼저 조성되고, 그 뒤에 진지왕릉이 조성되고 나서 그 훗날 무열왕릉 보다 위에 문성왕릉과 헌안왕릉이 조성되었다고 본 것이다. 이렇게 서악리 고분군에서 4왕릉을 추사는 서악리, 영경사 북, 공작지가 같은 곳으로 보고서 진흥왕릉, 진지왕릉, 문성왕릉, 헌안왕릉이라고 비정하였다. 이는 문제가 있는 가설

---

10) 추사 김정희는 『금석과안록』으로 한국 금석학의 비조로 추앙받고 있으나 진흥왕순수비의 인명 표기를 잘못 끊어 읽고 있지만, 북한산비와 황초령비만을 가지고, 이 두 가지의 진흥왕순수비를 신라 진흥왕 때에 만든 것이라고 한 점만으로 높이 평가해야 될 것이다. 추사 김정희는 歲寒圖란 그림을 그려서 화가로도 서예가로서 보다 더 유명하다.

11) 김정희, 「신라진흥왕릉고」, 『신라왕릉』,III, 학술보고서, 경주시·한국전통문화대학교, 2013.

이다.12)

다음은 한국 고대 고분 전문가의 견해를 살펴보기로 한다.13) 여기에선 『화계집』의 「나릉진안설」을 소개 분석하면서, 서악동 고분군은 풍수지리설에 의하여 자리 잡았으며,14) 능선상에 일렬로 근접되어 있어서 혈연적으로 가까운 가족 관계에 있는 사람들의 무덤일 것으로 보았다. 신라 왕릉 가운데 그 주인이 명확한 태종무열왕릉이 가장 밑에 있으므로, 무열왕과 가까운 가족 관계가 있는 왕들의 릉으로 보았다.

결과적으로 제일 뒤의 높은 자리인 1호분15)을 법흥왕릉, 2호분은 진흥왕릉, 3호분은 진지왕릉으로 추정하고 나서 4호분을 문헌에 나오지 않아서 애를 쓴 뒤에 무열왕의 아버지인 문흥대왕릉으로16) 보았다.

다음으로 신라 시대 왕릉으로 학위를 한 젊은 학자의 견해를 조사해 보기로 하자. 여기에서는 김정희의 안 등 기존의 안을 토대로 하여 『화계집』의 「나릉진안설」을 분석하면서 4가지 주안점을 두고서 왕릉 비정에 주력했다.

첫째로 서악동 고분군에서 위에서 아래로 내려오면서 분묘를 축조했다고 할 경우에 있어서 지증마립간으로 추정되는 황남동 125호분(봉황대)이나17) 황남동 130호분(서봉황대)에서 갑자기 고분의 봉분이 절반가량으로 줄어드는 이유를 밝혀야 한다.18)

둘째로 부산 복천동 고분군, 경산 임당동 고분군, 고령 지산동 고분군, 경주 월산리 고분군에서는 고분축조조영 순서가 아래에서 정상부로 올라가면서 시기가 늦어진다는 점을 들었다.

셋째로 4호분이 가장 안정된 공간을 가지고 조영되었고, 1호분이 가장 안정되지 못하여 가장 늦게 조영되었고 해석되는 점이다.

---

12) 강인구,「신라왕릉의 재검토(1)」『고분연구』,2000.
   이근직,「〈화계집〉 나릉진안설 역주」『경주사학』14, 1995.
13) 강인구,「신라왕릉의 재검토(1)」『동방학지』41, 1984.
14) 강인구, 앞의 책, 2000, 455쪽.
15) 무열왕릉 위의 고분 4기 가운데 맨 위에 있는 왕릉이다.
16) 김용춘 또는 김용수를 가리킨다.
17) 지증마립간릉으로 본 것은 따르기 어렵다.
18) 황남동 125호분(봉황대)는 적석목곽묘이고, 선도산 4왕릉은 횡혈식석실분이다. 전자는 후장을 했고, 후자는 추가장과 박장(빈장)을 했기 때문에 봉분의 크기 차이는 당연한 것이다.

넷째로 경주분지 내 고총고분의 경우 이른 시기에 대형분으로 출발하여 시간이 지나면 중·소형분으로 봉분의 규모가 줄어든다는 것이다.

그래서 1호분은 진지왕릉, 2호분은 진흥왕릉, 3호분은 법흥왕비인 보도부인릉, 4호분은 법흥왕릉으로 각각 보았다.

첫째 번과 넷째 번은 함께 황남동 125호분(봉황대)이나 황남동 130호분(서봉황대)의 고분이 표형분이 아닌 단장묘에서 가장 큰 봉황대를 지증왕릉으로 보면서 할 수 없는 이야기이고, 셋째 번 가설에서 4호분이 가장 안정하다는 견해도 1호분이 가장 전망이 좋은 데에 무덤을 썼고, 상대적으로 4호분은 그렇지 않다. 둘째 번에서 고분의 축조 순서를 산아래에서부터 산위로 갔다는 이야기도 수혈식석곽묘에서는 가능한 이야기이다. 지금 논의하고 있는 고분은 횡혈식석실분에 대한 것으로 그 연대나 축조 순서가 다르다.

그 다음으로 경산 임당동 고분을 발굴하면서 고고학을 공부한 학자의 가설이다.[19] 여기에서는 신라 고분의 흐름을 정리 정돈하였다. 서악동 고분군, 태종무열왕릉, 김양묘, 김인문묘 등을 자세히 살폈다. 서악동의 4왕릉의 연구사를 상세히 살펴서 그 결과 1호분을 진흥왕비릉, 2호분을 진지왕릉, 3호분을 진흥왕릉, 4호분을 법흥왕릉으로 각각 비정하였다.

경주 서악동 4왕릉을 『삼국사기』, 신라본기와 『삼국유사』, 왕력과 기이편 기록의 재검토와 애공사와 영경사의 기록에 대한 치밀한 조사와 함께, 경주에 사는 점을 이용한 현지 조사를 통해 서악동 4왕릉 비정에 대한 새로운 가설이 나왔다.[20] 여기에서는 1호분을 법흥왕릉, 2호분은 진흥왕릉, 3호분은 진흥왕비인 사도부인릉, 4호분은 진지왕릉으로 각각 보았다.

당시 월성에서 바라보면 선도산 아래 능선을 따라서 거대한 봉분의 모습을 뚜렷하게 볼 수 있었을 것이다. 이는 월성과 가까운 거리에 위치하며, 고분의 거대한 규모를 잘 들어낼 수 있는 입지 조건과 당대

---

19) 김용성, 「경주 서악동 능원과 그 의의」, 『영남대학교문화인류학과개설40주년기념논총 인류학 고고학논총』, 2012.

20) 최민희, 「경주 서악동고분군에 대한 새로운 왕릉 명칭 비정」, 『신라사학보』40, 2017.

사람들의 인식과 신앙 등을 반영한 것으로 보면서 1호분을 법흥왕릉, 2호분을 문흥왕릉(이장),21) 3호분을 진지왕릉(이장), 4호분을 진흥왕릉으로22) 각각 보았다.23)

서악동 고분군의 4왕릉에 대해 각각 묘역 공간을 살펴본 결과 1호분과 4호분과 태종무열왕릉을 기준으로 각각의 묘역 공간을 가지고 있다. 적어도 1호분과 4호분은 왕릉이며, 2호분과 3호분은 1호분과 혈연관계가 있는 사람으로 볼 수가 있다. 그래서 1호분은 진흥왕릉, 2호분은 태자 동륜묘,24) 3호분은 진지왕릉(이장), 4호분은 법흥왕릉으로 각각 보았다.25)

이상의 여러 견해를 표로서 제시하면 다음의 〈표 1〉과 같다.

〈표 1〉 선도산 4왕릉에 대한 여러 추정안

추정자	1호분	2호분	3호분	4호분	비고
김정희	진흥왕릉	진지왕릉	문성왕릉	헌안왕릉	
강인구	법흥왕릉	진흥왕릉	진지왕릉	문흥왕릉	문흥왕(추존)26)
이근직	진지왕릉	진흥왕릉	법흥왕비릉	법흥왕릉	
김용성	진흥왕비릉	진지왕릉	진흥왕릉	법흥왕릉	
최민희	법흥왕릉	진흥왕릉	진흥왕비릉	진지왕릉	
주보돈	법흥왕릉	문흥왕릉	진지왕릉	진흥왕릉	
황종현	지증왕릉, 법흥왕릉, 진흥왕릉, 진지왕릉27)				
차순철	진흥왕릉	태자 동륜묘	진지왕릉	법흥왕릉	

---

21) 2호분(문흥대왕릉)과 4호분(진흥왕릉)을 서로 바꾸어야 한다.

22) 이렇게 보면 倒葬이라는 문제가 생겨서 따르기 어렵다.

23) 주보돈,「선도산과 서악고분군」『2020 경북문화포럼-신령스런 선도산에서 신라 영웅들의 꿈을 보듬다』,2020.

24) 동륜태자묘설은 다른 고분들이 왕릉이므로 다른 묘와의 비교가 되지 않는다. 곧 동륜태자는 선도산 4왕릉에 들어갈 수가 없다.

25) 차순철,「경주 서악동고분군의 조성과 의의」『신라문화』58, 2021.

26) 1호분을 법흥왕릉, 2호분을 진흥왕릉, 3호분을 진지왕릉, 4호분을 김용춘묘(문흥대왕릉)로 보는 결론이 이동주,『신라 왕경 형성과정 연구』,2019, 110~112쪽에도 있다.

27) 황종현,「신라 횡혈식석실분의 수용과 전개」,계명대학교 박사학위논문, 2020를 보지 못했고, 차순철, 앞의 논문, 2021, 290쪽에서 인용하였다.

III. 4왕릉의 주인공 비정

1호분의 피장자가 가장 높은 항렬인지 아니면 가장 낮은 항렬인지는 왕릉 비정에 가장 중요한 잣대이다. 선도산에 지증왕이 묻혔다고[28] 이야기한 것을 제외하고, 3호분을 문성왕릉으로 4호분을 헌안왕릉으로 본 것을 제외하면 나머지 6명 가운데 3명은 1호분을 법흥왕릉으로 보고 있고, 3명은 4호분을 법흥왕릉으로 보고 있다. 이 문제를 해결할 수 있는 근거는 태종무열왕릉이 쥐고 있다. 무열왕릉 위의 1호분, 2호분, 3호분, 4호분을 차례로 참례하고 나서, 그 다음에 마지막으로 태종무열왕릉을 참례하고 나서, 다시 墓道, 幹道를 거쳐서 서라벌(경주)과 달구벌 간을 잇는 도로로 나오는 것이지, 4호분, 3호분, 2호분, 1호분으로 갔다가 무열왕릉으로 갔다가 墓道로 나와서 다시 간도를 거쳐서 도로로 나가지는 않았을 것이다. 따라서 1호분이 법흥왕 부부릉이다.[29]

2호분은 생각나는 것이 진흥왕의 즉위 나이이다. 『삼국유사』, 기이, 진흥왕조에는 15세설이 있고, 『삼국사기』, 신라본기, 진흥왕즉위조(540년)에는 7세설이[30] 있다. 545년이나 그 직전에 세워진 단양적성비에는 그 서두에 王敎事가 나와서 진흥왕이 직접 적성 경영에 참가했다고 해석되어 15세설이 맞다. 只召太后의 남편인 立宗葛文王은[31] 540년에

---

28) 지증왕릉은 경주시내에 있는 황남동, 황오동, 노동동, 노서동, 인왕동 등의 읍남고분군에 있을 것이다.

29) 이진락,「신라왕릉 전기탐사와 구조해석-경주지역 통일신라시대를 중심으로-」,경주대학교 대학원 문화재학과 박사학위논문이 있다고 하나 보지 못하였고, 이 논문을 본 이동주, 앞의 책, 2019, 111~112쪽에 따르면 '전기탐사 방법을 활용하여 그 조영 시기는 서악동1·2호분이 비슷하며, 3·4호분과 무열왕릉이 비슷한 시기였다.'고 한다. '특히 1호분의 경우 내부 구조가 傳 金庾信墓와 傳 逸聖王陵의 것과 유사한 형태라고 한다. 그렇다면 서악동 고분군의 축조 순서는 위에서 아래로 조형이 된 셈이다.'라고 이동주, 앞의 책, 2019, 112쪽에서는 결론을 내리고 있다.

30) 이 가설은 문헌적으로 풀어서 많은 지지를 받고 있다.
이병도,『한국고대사연구』,1976, 669쪽.
이기백,『신라시대의 국가 불교와 유교』,1978, 70쪽.
村上四男,『朝鮮古代史研究』,1978, 86쪽.
곧 551년에 開國이라고 開元하면서 只召太后의 攝政에서 벗어나 진흥왕이 직접 친정한 것으로 위의 3가지 견해에서는 풀이하고 있다.

이미 죽어서 왕위에도 못 올라가고, 지소태후가 攝政을 했다고 『삼국유사』에 기록되어 있다. 이 지소태후와 입종갈문왕 부부는 진흥왕의 친부모이다. 지소태후의 섭정할 때에 2호분에 입종갈문왕을 이장한 후, 나중에 지소태후가 죽어서 추가장을 한 것으로 추정된다. 3호분은 진흥왕 부부릉으로, 4호분은 진지왕 부부릉으로 각각 추정하는 바이다. 따라서 2호분과 3호분은 봉분의 크기가 작고, 밀착되어 있는 점은 진흥왕의 지소태후와 입종갈문왕 부부릉의 친자로서의 정을 표시한 것으로 보인다. 이렇게 해야 법흥왕 부부, 지소태후와 입종갈문왕 부부, 진흥왕 부부, 진지왕 부부가 모두 성골이다.[32] 이 4왕릉에 문흥대왕은 진골이라서 들어갈 수가 없다.

IV. 횡혈식석실분 채용

적석목곽묘의 소멸을 대개 6세기로 보는 것은 학계에서 의견의 일치를 보이고 있다.[33] 6세기 가운데 언제쯤인지는 조금씩의 의견 차이가 있다. 그 가운데 가장 큰 근거는 호우총의 호우 명문이다. 우선 명문을 제시하면 다음과 같다.

④	③	②	①	
王	土	罡	乙	1
壺	地	上	卯	2
杅	好	廣	年	3
十	太	開	國	4

그릇을 뒤집어서 위에서 보면 16자의 명문과 옆으로 누운 도교의 井벽사마크가 陽鑄되어 있다. 이 명문은 이 고분의 상한 연대를 알려

---

31) 법흥왕의 친동생이기도 하다. 지소태후는 법흥왕의 딸이기도 하다. 지소태후의 남편인 입종갈문왕은 친조카와 결혼한 셈이다. 이 시대는 근친혼이 유행하던 때였다.
32) 聖骨에 대해서는 낭혜화상비에 성골을 聖而라고 표기하고 있고, 울주 천전리서석 을묘명(535년)에 聖法興太王이라고 나와서 聖而=聖이 된다. 그렇지 않으면 을묘명의 聖을 해석할 방법이 없다.
33) 대개 적석목곽묘에서 횡혈식석실분으로의 전환을 550년경으로 보아 왔다. 그러나 이것은 금관총에서 尒斯智王의 명문이 나오기 이전이다.

주는 절대 연대 자료가 될 뿐만 아니라, 신라 고분에서 광개토태왕의 시호가 명기된 고구려 제품이 나왔다는 점에서 중요하고, 당시의 고구려와 신라의 대외 관계 등의 문제에서 중요하다. 부장품 중에는 漆製胡籙도 있었다.34)

이 고분에서는 고구려에서 제작된 고구려의 왕릉 祭器가 어떤 경로로 호우총에 부장되었는지는 알 수 없으나 서봉총의 유명 은합과 함께 고구려의 많은 공예품들이 신라에 입수되었을 것이다. 이 청동호우도 그러한 것 가운데 하나로 보아야 될 것이다.

여기에서 國罡上廣開土地好太王란 시호는 광개토태왕비에는 國罡上廣開土境好太王이라고 나오고 있어서 차이가 있다.35) 5세기중엽 경으로 편년되는36) 모두루총 묘지에는 國罡上廣開土地好太聖王이라고 나온다. 그래서 호우총의 호우 연대를 415년으로 단정할 수도 없다. 또 호우총의 문자 한가운데에는 누워서 있는 ╫마크가 있는데 이 도교 벽사마크는 신라고분에 있어서 520년 이전에는 없다. 따라서 호우총의 호우 연대를 475년으로 볼 수가 있다. 535년으로 보면 호우총의 연대가 535년 이후가 되는 문제가 생긴다.37) 금관총의 연대가 458년이므로 6세기 전반으로 편년되어 온 호우총의 연대가 30년 정도 앞당겨38) 510년경으로 볼 수가 있다.

---

34) 종래에는 이를 方相氏假面으로 인식해 왔으나 이를 호록으로 본 것은 보존과학자였다. 호록의 집성에 대해서는 西岡千繪,「加耶の胡籙」『第18回東アジア古代史・考古學研究交流會豫稿集』,2006 참조, 호록의 복원이나 연대 설정에는 문제가 있다. 복원에 있어서 일본의 하니와 착장 호록 모습이나 357년 안악3호분의 호록 착장 모습을 참조하지 않았다. 호록의 복원에 있어서 중원판상금구에 박힌 못도 중요하다. 鋲이면 리벳으로 가죽 등에 박히고, 釘이면 나무에 박힌다. 중원판상금구의 못은 鋲이다.

35) 광개토태왕비와 호우총의 호우에 있어서 好자가 그 획에 큰 차이가 있다. 그래서 광개토태왕비를 415년으로 보아서 414년의 광개토태왕비와 동일인이 썼다는 가설은 성립될 수 없다.

36) 모두루총 묘지명은 大使者란 관등명이 나오고, 이는 435년의 태천 농오리산성 마애석각에는 小大使者가 나와서 435년을 소급할 수 없다.

37) 乙卯年을 535년으로 보면 호우가 전세될 수 있으므로 호우총의 연대를 535년보다 늦게 잡아야 된다. 횡혈식석실분의 상한은 520년경으로 보아야 함으로 535년 이후는 너무 늦다.

38) 적석목곽묘에서 횡혈식석실분에로의 전환은 종래 대개 550년경으로 보아 왔다. 5세기4/4분기로 편년된 금관총 3루환두대도 검초 단금구에서 尒斯智王이란 명문이 나왔다. 이를 훈독하면 너사지왕이 되고, 이를 다시 반절로 읽으면 넛지왕이 되고, 이는 눌지왕과 음상

326

신라 금석문 가운데 太王이 나온 예를 제시하면 다음과 같다.[39]

①乙卯年八月四日聖法興太王節 (울주 천전리서석 을묘명)
⑥此時共三來另卽知太王妃夫乞支妃 (울주 천전리서석 추명)
①~△興太王及臣等巡狩管境之時記
③~相戰之時新羅太王~ (북한산비)
①~眞興太王巡狩管境刊石銘記也 (황초령비)
①太昌元年歲次戊子~△興太王巡狩△△刊石銘 (마운령비)

천전리서석 을묘명은 법흥왕22년(535년)에 만들어졌고, 천전리서석
추명은 법흥왕26년(539년)에 만들어졌다. 북한산비는 561~568년 사
이에 만들어졌다. 황초령비와 마운령비는 똑같이 568년에 만들어졌다.
위의 금석문 자료에서 보면 법흥왕22년(535년)에 처음 太王이란 용어
가 신라에서 사용되었다. 1988년 발견된 울진봉평신라비에서는 법흥
왕을 牟卽智寐錦王이라고 표기하고 있어서 봉평비의 작성 연대인 524
년 이전에는 太王이란 용어가 사용되었다고 보기가 어렵다. 신라에서
太王制가 실시된 것은 524년 이후이다.
이때에 적석목곽묘에서 횡혈식석실분으로 바뀌었다.[40] 그래서 539
년에[41] 죽은 법흥왕은 태종무열왕릉 뒤 선도산의 1호분에 묻히었다.
법흥왕은 역대 왕 가운데 횡혈식석실분에 묻힌 최초의 신라 임금이다.

사이다. 그래서 금관총은 눌지왕릉이 되어 458년이란 절대 연대가 나와 520년 춘정월의
율령 반포와 함께 적석목곽묘에서 횡혈식석실분로의 전환을 520년으로 보게 되었다.

39) 浜田耕策,「朝鮮古代の〈太王〉と〈大王〉」『响沫集』5, 1987, 391쪽에서는 울주 천전리서석 갑
인명의 甲寅太王寺 安藏 許作에서 寺를 時의 略體로 풀이하고 있다. 이는 일본식 사고로
사실과는 거리가 먼 듯하다. 寺는 절을 의미한다. 이에 대해서는 신종원,「〈道人〉使用例를
통해 본 南朝佛敎와 韓日關係」『韓國史硏究』59, 1987 참조.

40) 신라에서는 520년경에 일제히 적석목곽묘에서 횡혈식석실분으로 바뀌어 노동력과 고비용
에서 벗어났으나 대가야는 신라보다도 일찍 횡혈식석실분을 도입했으나 여전히 고비용의
수혈식석곽묘를 주묘제로 사용해서 562년에는 신라에게 멸망을 당했다. 횡혈식석실분이라
는 묘제는 국왕과 귀족이나 모두 똑같은 묘제를 사용하여 신라를 내부적으로 단결을 가져
와 신라의 삼국통일의 한 요인이 되었다.

41) 문헌에는 법흥왕의 사망한 해를 540년으로 보고 있으나 울주 천전리서석 추명에 의해
539년 7월 3일에 사망한 것으로 보았다.

횡혈식석실분의 채택은 520년 春正月에 頒布된 율령 공포와 관련이 있었는지도 알 수 없다. 520년의 적석목곽묘에서 횡혈식석실분의 전환은 짧은 기간에 이루어진 신라사 전체에서 가장 큰 변화였다.[42]

추가장을 포함해 적석목곽묘에서 횡혈식석실분으로의 변동은 그 축조 비용이 1/10~1/100으로 축소되고, 厚葬에서 薄葬(貧葬)으로 바뀌었다. 가야 지역은 수혈식석곽묘를 유지해 무덤 축조에 비용을 많이 사용한데 대해 신라에서는 무덤 축조에 더는 비용을 절감할 수 있었다. 신라는 520년경에 횡혈식석실분을 사용해 제1차 고대국가 완성기를[43] 맞이하여 대가야와[44] 전쟁에 승리할 수 있었다. 신라가 삼국 통일에 성공할 수 있는 배경은 냉수리비에 나타나는 지방민의 배려와 횡혈식석실분의 채택으로 말미암아 평민과 노예의 노역 등 부담을 덜어주는 데에 있다.

신라사에 있어서 가장 변동은 520년경의 적석목곽묘에서 횡혈식석실분으로의 바뀜이 있고, 이때에 寐錦王에서 太王으로 바뀐 점이다. 이러한 변동과 궤를 같이하는 것이 520년의 율령 공포이다. 520년의 고대국가는 왕경에 기와집이 있는 시기로[45] 제1차 고대국가 완성기이다. 신라에서 기와는 5세기4/4분기에 나타나기 시작해 7세기 전반이

---

42) 김창호,「고고 자료로 본 신라사의 시기 구분」,『인하사학』10, 2003. 적석목곽묘에서 횡혈식석실분으로의 전환인 데에도 불구하고 신라사에서 가장 단시일 내에 이루어졌다.
43) 제2차 고대국가 완성기는 기와가 지방에도 나오는 7세기 전반이다.
44) 경남 합천군 봉산면 저포리E지구4-1호분의 봉토속에서 발견된 단경호의 구연 內側에 5자의 명문이 음각되어 있다. 下部思利利가 그것이다. 지방에 下部란 부명이 있었으므로 上部란 부명이 상정되고, 중앙에도 부가 있었을 가능성이 있다. 경남 합천군 가야면 매안리의 마을 입구에서 1989년 5월 합천매안리대가야비가 발견되었다. 이 비의 높이는 260cm, 너비 15cm, 두께 30cm로 立石처럼 서 있었다. 지금까지 판독된 전문은 다음과 같다. 합천매안리대가야비명문은 辛亥年△月五日而△村四干支이다. 이는 辛亥年(471년) △月 五日에 而△村의 四干支가 (모였다.)로 해석할 수가 있다. 대가야의 중앙과 지방에 干支가 있었음을 알 수 있다. 이렇게 사회가 발전했음에도 불구하고 횡혈식석실분을 주묘제로 채택치 않아서 신라와의 전쟁에서 패배해서 나라를 잃어버렸다.
또 대가야의 왕릉이나 왕족 무덤에 순장제를 주장하고 있으나, 陪葬으로 보아야 할 것이다. 대가야가 만약에 순장제를 채택했다면 대가야는 나라 망하기 대회를 한 국가로 규정해야 될 것이다. 이에 대해 상세한 것은 김창호,「고령 지산동44·45호분의 순장제설에 대하여」『가야문화』9, 1996 참조.
45) 고신라에서 기와가 생산되는 것은 5세기4/4분기이다. 이에 대해서는 조성윤,「新羅 瓦의 始原 問題」『新羅文化』58, 2001 참조.

328

되면46) 지방에도 등장해 지방관아가 기와집을 채택해 권위의 상징이 된다. 7세기 후반이 되면 儀鳳/四年/皆土명으로47) 대표되는 기와가 나와서 신라는 명실상부한 기와 국가가 된다. 기와는 권위를 상징하는 유물이므로 기와도 없이 완벽한 고대국가를 부르기가 어려워서 520년을 제1차 고대국가 완성기로 부르고, 기와가 지방에도 나오는 7세기 전반을 제2차 고대국가 완성기로 부른다.48)

V. 맺음말

경주 서악동에는 무열왕릉의 뒤에 4왕릉이 있다. 이에 대해서는 8가지의 가설이 있다. 그 가운데 가장 먼저 해결해야 되는 것은 무열왕릉에서 최고로 멀리 떨어진 1호분이 법흥왕인지 여부이다. 가설 자체 내용이 불분명한 2설을 제외할 때, 6가지의 가설이 남는다. 이 6가지 가설에서 3가지 가설은 1호분을 법흥왕릉이라고 하고, 3가지 가설에서는 4호분이 법흥왕릉이라고 한다. 이 문제의 열쇠를 쥐고 있는 것은 태종무열왕릉의 위치이다. 왕릉의 참배자가 볼 때, 가장 위쪽의 1호분인 법흥왕릉을 참배하고 나서 墓道를 거쳐서 2호분, 3호분, 4호분, 무열왕릉을 참배하고 나서 幹道를 거쳐서 경주 대구간 도로를 거쳐서 왕

---

46) 이때를 제2차 고대국가 완성기로 부르기로 한다. 제2차 고대 국가를 완벽한 기와 시대로 볼 때에는 문무대왕기와인 儀鳳四年皆土명기와가 출연한 679년이다.

47) 儀鳳四年은 679년이다. 이 有銘기와는 내남면 망성리 기와 가마터, 사천왕사지, 인왕동절터, 국립경주박물관 부지, 월지, 월성 및 해자, 첨성대, 나원리절터, 칠불암, 성덕여고 부지, 동천동 택지 유적, 나정, 월성 발천 석교 등 경주 분지 전역에서 출토되고 있다. 5가지의 박자를 사용하고 있다고 한다. 이 많은 지역의 기와를 망성리 요지에서만 679년에 만들어서 소비지에 공급했다고는 볼 수가 없다. 아무래도 시간 폭을 고려해야 될 것 같다. 기와는 박자와 와범만 있으면 동일한 기와를 만들 수가 있다. 5개의 박자를 사용하는 방법이 있는 것을 보면 679년에 경주 분지에 기와를 공급했다고는 볼 수가 없다. 또 儀鳳四年皆土의 皆土는 인명으로 제와총감독을 의미하는 듯하다.

48) 고구려의 기와는 소수림왕릉인 천추총에 나오고, 광개토태왕릉인 태왕릉에도 나와서 늦어도 384년에는 사용되었고, 소수림왕 때를 기와로 보아도 고대국가 완성기로 볼 수 있다. 백제 기와는 한성 시대에도 있으나 집을 짓는 정도의 단계는 아니고, 백제 사비성 시대에 본격적인 기와 생산은 520년경에 시작되어 고대국가 완성기와는 큰 차이가 있다. 왜냐하면 백제의 고대국가 완성기는 근초고왕(346~375) 때이고, 백제 기와가 본격적으로 만든 때는 무령왕(462~523) 때로 150년 이상의 차이가 있다.

경으로 돌아가는 것이 올바른 순서이다. 그 반대는 倒葬이라는 문제가 생긴다.

따라서 1호분이 법흥왕 부부릉이다. 2호분은 좀 문제가 된다. 진흥왕은 『삼국유사』,기이, 진흥왕조의 15세설과 『삼국사기』,신라본기, 진흥왕즉위년(540년)조의 7세 즉위설이 있다. 545년이나 그 직전에 세워진 단양적성비에 王敎事라고 나와서 전자가 타당하다. 20세가 될 때까지 친어머니인 지소태후가 섭정을 했다. 진흥왕은 지소태후와 입종갈문왕 부부의 친아들이다. 지소태후가 섭정할 때, 이미 죽은 입종갈문왕묘를 2호분에 이장하고 나서 지소태후가 죽었을 때, 2호분에 합장했다. 3호분은 진흥왕 부부릉으로, 4호분은 진지왕 부부릉으로 각각 비정했다.

적석목곽묘에서 횡혈식석실분으로의 전환은 520년으로 율령 반포로 신라의 고대 국가가 완성된 때이다. 횡혈식석실분은 적석목곽묘에 비해 추가장이 가능하고, 빈장이라서 장사 비용이 적게 든다. 무덤을 만드는데 노동력이 적게 들어서 고비용의 수혈식석곽묘를 끝까지 고집했던 대가야와의 전쟁에서 562년에 승리할 수 있었다. 나아가서는 삼국 통일에도 일조를 했다고 판단된다.

제5절. 고신라 금석문 자료로 본 지방관제

Ⅰ. 머리말

고신라의 지방 제도는 州의 장이 軍主라는데에는 의견의 일치를 보고 있으나 郡이나 城村의 장이 누구인지는 잘 모르고 있다. 고신라 금석문에서 郡의 자료는 561년 창녕비의 于抽悉支河西阿郡使大等뿐이다. 이 구절도 군의 수를 1개로 보는 설과[1] 3개로 보는 설로 대립되어 있다. 그 밖에 군의 자료는 고신라 금석문에서는 없다. 많은 자료가 남아있는 목간에서 군의 자료가 나올 것으로 기대된다.

성촌의 자료도 많지만 정작 성촌을 직접 다스리는 관리는 누구인지는 알 지 못하고 있다. 고신라 금석문에 나오는 성촌명은 자연촌명이 아니라 행정촌명이란 가설이 있고, 자연촌이라는 가설도 있다. 정작 그 다음 단계인 촌주가 직접 성촌을 지배했다는 데에는 회의적인 가설이 강하다. 남산신성비를 비롯한 고신라의 성촌명이 많이 나오는 데에도 불구하고 행정촌의 장이 누구인지는 잘 모르고 있다.

여기에서는 먼저 창녕비에 나오는 지방관에 대해 살펴보겠다. 다음으로 軍主에 대해 살펴보겠다. 그 다음으로 (行)使大等에 대해 살펴보겠다. 그 다음으로 幢主에 대해 살펴보겠다. 그 다음으로 邏頭에 대해 살펴보겠다. 그 다음으로 道使에 대해 살펴보겠다. 그 다음으로 助人에 대해 살펴보겠다. 마지막으로 使人에 대해 살펴보겠다.

---

[1] 1개의 군이 될려고 하면 1개의 지명이 되어야 한다. 하지만 于抽는 울진·영해 지역, 悉支는 실직 지방, 河西阿는 강릉 지방을 각각 가리켜서 3개의 지명이 되어서 문제이다.

II. 창녕비의 지방관

고신라 지방관의 시발점은 창녕비이다. 창녕비 제⑤·⑥행에 大等与軍主幢主道使与外村主란 구절이 주목된다. 이는 고신라 지방관제 해결의 실마리를 쥐고 있다. 이 구절은 단독으로 해결이 어렵고, 창녕비의 인명 분석표와 대비해 해결해야 함으로 창녕비의 인명 분석표부터 제시하면 다음의 〈표 1〉과 같다.

〈표 1〉 창녕비의 인명 분석표

직명	부명	인명	관등명
(大等)	~	~智	葛文王
위와 같음	~	~	~
위와 같음	(沙喙)	屈珎智	大一伐干
위와 같음	沙喙	△△智	一伐干
위와 같음	(喙)	(居)折(夫智)	一尺干
위와 같음	(喙)	(內禮夫)智	一尺干
위와 같음	喙	(比次)夫智	迊干
위와 같음	沙喙	另力智	迊干
위와 같음	喙	△里夫智	(大阿)干
위와 같음	沙喙	都設智	(阿)尺干
위와 같음	沙喙	△△智	一吉干
위와 같음	沙喙	忽利智	一(吉)干
위와 같음	喙	珎利△次公	沙尺干
위와 같음	喙	△△智	沙　尺
위와 같음	喙	△述智	沙尺干
위와 같음	喙	△△△智	沙尺干
위와 같음	喙	比叶△△智	沙尺干
위와 같음	本彼	夫△智	及尺干
위와 같음	喙	△△智	(及尺)干
위와 같음	沙喙	刀下智	及尺干
위와 같음	沙喙	△尸智	及尺干
위와 같음	喙	鳳安智	(及尺)干
△大等	喙	居七夫智	一尺干
위와 같음	喙	△未智	一尺干
위와 같음	沙喙	吉力智	△△干
△大等	喙	未得智	(一)尺干
위와 같음	沙喙	乇聰智	及尺干

四方軍主	比子伐軍主	沙喙	登△△智	沙尺干
	漢城軍主	喙	竹夫智	沙尺干
	碑利城軍主	喙	福登智	沙尺干
	甘文軍主	沙喙	心麥夫智	及尺干
上州行使大等		沙喙	宿欣智	及尺干
위와 같음		喙	次叱智	奈末
下州行使大等		沙喙	春夫智	大奈末
위와 같음		喙	就舜智	大舍
于抽悉支河西阿郡使大等		喙	比尸智	大奈末
위와 같음		沙喙	湏兵夫智	奈末
旨爲人		喙	德文兄	奈末
比子伐停助人		喙	覓薩智	大奈末
書人		沙喙	導智	奈舍(大舍)
村主			奀聰智	述干
위와 같음			麻叱智	述干

大等은 22명의 大等 집단을 가리킴이 분명하다. 軍主는 4명의 四方軍主이 분명하다. 外村主는 2명의 村主임이 분명하다. 幢主·道使는 그 직명이 나오지 않아서 2명씩이 나오는 上州行使大等과 下州行使大等과 于抽悉支河西阿郡使大等을 주목하였다. 이를 범칭론 등으로[2] 해결하려는 노력 등이 있었으나 학계의 의견 일치는 아직 도래되지 않고 있다. 于抽悉支河西阿郡使大等도 1개의 군으로 보거나[3] 于抽(영해·울진), 悉支(삼척), 河西阿(강릉)인 3개의 군으로 보기도[4] 한다. 使大等의 경우 북한산비에 4명이나 같은 직명을 갖고 있어서 범칭론 등은 성립될 수가 없다. 또 大等与軍主幢主道使与外村主를 해석하면 '大等과 軍主·幢主·道使와 外村主'가 된다. 大等, 軍主, 外村主는 찾을 수 있으나 幢主와 道使는 찾을 수 없다. 이 당주와 도사는 지방관이 확실하며, 그 앞에는 지명이 온다고 생각된다. 지금까지 군주, 당주, 도사의 앞에는 지명이 올 뿐, 인명이 온 예는 없었다.

창녕비 제⑤·⑥행에 大等与軍主幢主道使与外村主에서 창녕비 인명표기에서 찾아지지 않는 幢主와 道使를 그 순서를 아주 중시하여 당주를

---

2) 주보돈, 「신라 중고의 지방 통치조직에 대하여」『한국사연구』23, 1979.
3) 이수훈, 「신라 중고기 군의 형태와 성(촌)」『고대연구』1, 1988.
4) 김창호, 『고신라 금석문의 연구』,2007, 178쪽.

郡의 장으로, 도사를 나중의 縣의 장으로 보고서 성촌명을 자연촌으로까지 보았다. 이 문제를 해결할 수 있는 자료로 『양서』, 신라전이 있다. 521년의 관계 부분을 인용하면 다음과 같다.

普通二年	普通 2년(521년)
王姓募名秦	姓이 募이고 이름이 秦인 임금이
始使使隨百濟奉獻方物	백제를 따라 처음으로 사신을 보내고 특산물을 바쳤다.
其俗呼城曰健牟羅	그 나라 풍습에 城은 健牟羅라고 부른다.
其邑在內曰啄評	안에 있는 마을은 啄評이라고 부른다.
在外曰邑勒	밖에 있는 마을은 邑勒이라고 부른다.
亦中國之言郡縣也	이 말도 中國 말로 郡縣이라는 뜻이다.
國有六啄評	나라 안에 여섯 啄評과
五十二邑勒	쉰 두 邑勒이 있다.
土地肥美	땅이 기름져
宜植五穀	다섯 곡식을 심기에 알맞다.
多桑麻	뽕과 삼이 많이 난다.
作縑布	비단을 짠다.
服牛乘馬	소를 부리고 말을 탄다.
男女有別	사내와 계집은 따르는 법도가 다르다.
其官名	벼슬 이름에는
有子賁旱支	자분한지
齊旱支	제한지
謁旱支	알한지
壹告支	일고지
奇貝旱支	기패한지가 있다.

王姓募名秦이라고 법흥왕의 이름은 另卽知太王이므로 서로 통해 동일인이다. 子賁旱支는 제1관등인 伊伐湌과 동일하고, 齊旱支는 제3관

334

등인 迊湌과 동일하고, 謁旱支는 제6관등인 阿湌과 동일하고, 壹告支
는 제7관등인 一吉湌과 동일하고, 奇貝旱支는 제9관등인 級伐湌과 각
각 동일하다. 6啄評은 6기정설이 있으나[5] 6부로 보아야 할 것이다.
52邑勒의 읍륵은 중국말로 郡縣이라고 했다. 521년 당시에 신라에 있
어서 읍륵(군현) 52개는 정확한 숫자인 듯하다. 이에 대해 통일신라의
군현수를 조사해 보자.

〈표 2〉 통일신라시대의 행정구역

州　　　名	州　　數	小京數	郡　　數	縣　　數	備　　考
尙　　州	1		10	31(30)	統一前 新羅 疆域
良　　州	1	1	12	34	統一前 新羅 疆域
康　　州	1		11	30(27)	統一前 新羅 疆域
漢　　州	1	1	28(27)	49(46)	統一前 高句麗 疆域
朔　　州	1	1	12(11)	26(27)	統一前 高句麗 疆域
溟　　州	1		9	25	統一前 高句麗 疆域
熊　　州	1	1	13	29	統一前 百濟 疆域
全　　州	1	1	10	31	統一前 百濟 疆域
武　　州	1		15(14)	43(44)	統一前 百濟 疆域
計	9	5	120(117)	288(293)	

『삼국사기』,지리지에 의해 작성했으나, ( )의 것은 『삼국사기』,경덕왕 16년조에 의거하였음.

521년 당시에는 경상도에는 고령의 대가야, 김해의 금관가야, 함안
의 아라가야, 고성의 소가야, 성주의 성산가야,[6] 진주의 고령가야 등
이 있었다. 이 당시의 郡의 수는 33개이고, 현의 수는 95(91)개가 되
었다. 상주, 양주, 강주의 영토를 신라와 가야가 1/2씩 가지고 있있다
고 본다. 그러면 신라의 군 수는 33개의 1/2인 16.5개, 신라의 현 수
는 95개의 1/2인 47.5개가 된다. 이를 합치면 64개가 되어, 신라의
邑勒수가 52와 비슷하게 된다. 이렇게 읍륵의 숫자와 고신라의 군현의
숫자가 비슷할 때, 521년에 분명히 군현제와[7] 비슷한 읍륵제가 시행

---

5) 末松保和의 학설이다.
6) 성산가야는 고고학적인 유물로 볼 때 신라이다.
7) 읍륵제가 큰 군으로 된 것과 작은 군으로 된 것이 있다는 뜻으로 이들은 모두 군이다. 결
　코 현은 없다는 뜻이다. 설명의 편의를 위해 군과 현으로 나누어서 설명했다. 그렇다고 작
　은 군이 행정촌과 같은 것도 아니다.

되었음을 알 수 있다.

52읍륵제가 군현제와 비슷하다면 창녕비 제⑤·⑥행에 大等与軍主幢主道使与外村主에서 幢主와 道使가 나와야 되는데, 大等, 軍主, 村主는 나와도 幢主와 道使가 창녕비에는 없다. 441년의 중성리비에 奈蘇毒只 道使 喙 念牟智, 443년의 냉수리비에 典事人 喙 心訾公 耽湏道使, 524년의 봉평비에 居伐牟羅道使 卒次 小舍帝智와 悉支道使 烏婁次 小舍帝智가 각각 道使가 나올 뿐이고, 幢主는 나오지 않고 있다. 더구나 중성리비와 냉수리비에서는 지방관이라고는 도사밖에 없다. 국왕의 隨駕에 군주나 당주도 없이 도사만이 있는 것은 격에 맞지 않는다. 군주는 주의 장관이고, 幢主는 군의 책임자일 때 더욱 그러하다. 중성리비와 냉수리비 단계에서는 군주와 당주가 아직까지 없었던 시기가 아닐까? 그러면 道使에 있어서 군의 장 역할을 한 道使도 있고, 동시에 현의 장 역할을 한 도사도 있는 것으로 보인다. 그래서 중성리비와 냉수리비의 隨駕는 군의 장인 道使가 참가한 것으로 보여 중성리비의 奈蘇毒只道使와 냉수리비의 耽湏道使는 군의 장으로 판단된다.

Ⅲ. 軍主

고신라 금석문에서 주의 장관인 군주는 5세기 금석문에서는 나오지 않고, 6세기 금석문에서는 1명이상이 나온다. 우선 자료부터 나열하면 다음과 같다.

悉支軍主 喙部 尒夫智 奈麻　　　　　(524년, 봉평비)

職名	出身部名	人名	官等名
高頭林城在軍主等	喙部	比次夫智	阿干支
위와 같음	沙喙部	武力智	阿干支

(545년이나 그 직전, 적성비)

四方軍	職名	出身部名	人名	官等名
	比子伐軍主	沙喙	登△△智	沙尺干
	漢城軍主	喙	竹夫智	沙尺干

主	碑利城軍主	喙	福登智	沙尺干
	甘文軍主	沙喙	心麥夫智	及尺干

(561년, 창녕비)

南川軍主 沙喙 △△△ △△   (561~568년, 북한산비)

△△(軍主) 喙部 悲智 沙干[8]   (568년, 마운령비)

△△(軍主) 喙部 非智 沙干   (568년, 황초령비)

봉평비의 군주가 奈麻로 관등이 가장 낮다. 悉支(三陟)은 신라의 고구려와 맞닿은 최전방지대이다. 그럼에도 불구하고 가장 낮은 경위의 군주를 파견한 것은 언 듯 납득이 되지 않는다. 적성비에서는 군주를 유일하게 복수로 파견하고 있다. 고신라 금석문에서 유일한 예이다. 고두림군주등의 고두림은 단양 온달성을 가리키는 것으로 당시 신라의 고구려와의 최전선 지역이다. 그래서 군주를 복수로 파견했다고 본다, 王畿를 제외한 전국을 4개의 方으로 나누어서 四方軍主라고[9] 창녕비에서는 불렀다.

Ⅳ. (行)使大等

먼저 창녕비에 나오는 上州行使大等·下州行使大等·于抽悉支河西阿郡使大等의 使大等에 대한 자료들부터 표로 제시하면 다음과 같다.

〈표 3〉 창녕비의 (行)使大等

(行)使大等	部名	人名	官等名
上州行使大等	沙喙	宿欣智	及尺干
위와 같음	喙	次叱智	奈末
下州行使大等[10]	沙喙	春夫智	大奈末
위와 같음	喙	就舜智	大舍

---

8) 마운령비와 황초령비의 △△(軍主)의 △△에는 高城으로 복원할 가능성이 있다. 이 고성은 고구려에서는 達忽이라고 불렀다.

9) 三川卄方명보상화문전이 나와서 四方軍主의 方자 의미 해결에 도움이 된다. 三川은 알천(동천), 서천, 남천을 가리키므로 결국 신라 6부와 동일한 의미이다. '3천(6부)에 20기의 와요지가 있었다.'라고 해석된다.

| 于抽悉支河西河使大等 | 喙 | 比尸智 | 大奈末 |
| 위와 같음 | 沙喙 | 盾兵夫智 | 奈末 |

〈표 4〉북한산비의 인명 분석표

職名	部名	人名	官等名
(大等)	(喙)	(居柒夫智)	一尺干
위와 같음	위와 같음	內夫智	一尺干
위와 같음	沙喙	另(力)智	迊干
南川軍主	沙喙	△△△	△△
△△(使大等)	(喙)	(比知)夫智	及干
위와 같음	위와 같음	未智	大奈
위와 같음	위와 같음	△△△	奈
위와 같음	沙喙	屈丁次	奈

첫째로 〈표 3〉에서 2명씩의 사대등 가운데 앞에 있는 宿欣智及干支·春夫智奈末·比尸智大奈末 등을 中代의 州助로, 뒤에 있는 次叱智奈末·就舜智大舍·湏兵夫智奈末 등을 長史로 비정한 견해가 있다.11) 둘째로 (行)使大等을 단순히 軍主의 輔佐官으로 본 견해가 있다.12) 셋째로 (行)使大等을 道使로 보고, 사방군주 앞에 나오는 두 개의 △大等을13) 당주일 가능성을 시사한 견해가 있다. 넷째로 중고 지방통치조직을 이원적으로 파악하고서 州行使大等을 주의 민정관으로, 郡使大等을 군의 민정관으로 파악한 견해가 있다.14) 다섯째로 (行)使大等을 〈표 1〉과 〈표 3〉에서 찾아야 한다는 전제아래 당주와 도사의 범칭으로 본 견해가 있다.15)

첫째 견해에서 사대등을 州助·長史로 파악한 것은 재고의 여지가 있

---

10) 이경섭,「성산산성 목간과 신라사 연구」『한국고대사연구』57, 2020, 下州行使大等인 미즉이지 대사라고 해서 미즉이지 대사를 하주행사대등으로 보고 있다. 여기에서는 창녕비와 북한산비에서 나오는 (行)使大等이 복수로 나오는 점에 의해 따르기 어렵다.

11) 今西 龍,『新羅史研究』,1933, 484~485쪽.

12) 藤田亮策,『朝鮮學論考』,1963, 344쪽.

13) 이기백,「대등고」『역사학보』17·18, 1962;『신라정치사회사연구』재수록, 75쪽. 三池賢一,「〈三國史記〉職官志外位條解釋」『北海道駒澤大學研究紀要』5, 103쪽에서도 (行)使大等을 道使에 비정하고 있다.

14) 木村 誠,「新羅郡縣制の確立過程と村主制」『朝鮮史研究會論文集』13, 1976, 18쪽.

15) 주보돈, 앞의 논문, 1979, 5쪽.

는 듯하다. 중고의 예속관은 창녕비와 마운령비·황초령비에 근거할 때, 助人이고,16) 당주의 예속관은 적성비의 勿思伐城幢主使人이란 직명에 근거하면 使人이다. 따라서 주조와 장사의 전신은 사대등이 아니라 助人과 使人일 가능성이 크기 때문이다. 둘째의 견해에서 (行)使大等을 군주의 보좌관으로 보고 있으나 창녕비의 上州行使大等의 직명을 가진 宿欣智及尺干은 감문군주의 관등과 꼭 같아서 얼른 납득이 되지 않는다. 세 번째의 견해에서 (行)使大等을 도사로 비정하면, 도사도 州에 파견된 모순을 안고 있다. 네 번째 가설과 다섯 번째 가설은 현재 학계에서 가장 널리 인정되고 있음으로 단락을 바꿔 검토하기로 하자.

먼저 于抽悉支河西阿郡使大等란 직명 가운데 于抽悉支河西阿郡을 한 개의 군으로 보았다. 于抽는 영해·울진, 悉支는 삼척, 河西阿는 강릉에 비정되고 있어서17) 3개의 군으로 보아야 된다. 왜냐하면 于抽悉支河西阿郡使大等·上州行使大等·下州行使大等에서 (行)使大等을 제거하면 于抽悉支河西阿郡·上州·下州가 남아서 于抽悉支河西阿郡을 한 개의 군으로 보기보다는 3개의 군으로 보아야 한다. 또 창녕비의 건립(561년) 이전인 441년의 중성리비에서는 奈蘇毒只道使, 443년의 냉수리비에서는 耽須道使, 524년의 봉평비에서는 居伐牟羅道使, 悉支道使, 536년을 상한으로 하는 월지 출토비에서는18) ~村道使 등이 나왔고, 幢主는 545년이나 그 직전인 적성비에서 勿思伐城幢主, 鄒文村幢主의 예가 있어서 범칭론은 성립될 수가 없다.

다시 앞으로 돌아가 이원론에서 말하는 사대등의 民政官說에 대해 조사해 보자. 이원론은 창녕비에 나오는 사대등의 통치 지역이 군주의 통치 지역이 판연히 구별된다는 전제아래 전자를 민정, 후자를 군정의 지방관으로 본 것에서 출발하였다.19) 이 견해에 따르면20) 사대등의

---

16) 山尾幸久,「朝鮮三國のエホリのミヤケ研究序說」『古代朝鮮と日本』,1975, 176쪽에서 이미 軍主의 官이고, 州助에 해당하는 것으로 밝히고 있다.

17) 末松保和,『新羅史の諸問題』,1954, 305쪽.

18) 외위로서 干支가 나오는 가장 늦은 예는 영천청제비 병진명의 건립 연대가 536년이기 때문이다.

19) 末松保和, 앞의 책, 1954, 339쪽.

20) 木村 誠, 앞의 논문, 1976, 18쪽.

통치 지역은 사대등의 통치 지역은 上州, 下州, 于抽悉支河西阿郡의 3 군이 되며, 군주의 통치 지역은 比子伐, 漢城, 甘文, 碑利城의 4지역이 된다는 것이다. 창녕비만으로 四方軍主와 (行)使大等의 통치 구역을 따로 구분하는 것은 확실한 근거가 없다. 또 『삼국사기』,지리지, 火王郡 條에 火王郡 本比自火郡一云比斯伐 眞興王十六年置州 名下州란 구절 등에 의해, 창녕비에 나오는 上州와 甘文을, 下州와 比子伐을 각각 동일한 것으로 본 견해가 있다.[21] 결국 上州=甘文, 下州=比子伐, 于抽悉支河西阿郡=碑利城으로 보아야 할 것이다.

중고의 통치조직을 이원적으로 보는 다른 견해에 대해서[22] 살펴보기로 하자. 이 견해에서는 州·郡·村에 대응되는 軍政·民政의 장을 각각 軍主와 州行使大等, 幢主와 郡使大等, 外村主와 道使로 파악하였다.[23] 이 견해에서 州·郡·村에 비정된 6명의 지방관은 조선 시대의 지방관의 수보다 많아서 따르기 어렵다. 또 大等与軍主幢主道使与外村主에서 군주·당주·도사·외촌주는 언급하고 있으나 行使大等이나 郡使大等은 언급이 없는 점도 문제이다.

行使大等이나 郡使大等은 모두 그 정체를 알 수가 없다. 州行使大等나 3군의 郡使大等은 명칭상으로는 州의 장이 되어야 한다. 실제로는 비자벌군주 등 4주의 장이 군주 이면서도, 上州行使大等처럼 비자벌 주군주식으로 된 군주는 524년 봉평비의 실지군주이래 없다. 우리는 주의 장은 당연히 군주로 문헌의 결론에 따라서 군주라 보았다. 그 어느 누구도 上州行使大等·下州行使大等에서 상주와 하주가 나와도 이를 주의 장관이라고 부르지 않았다.

이제 上州行使大等·下州行使大等·于抽悉支河西阿郡使大等·△△(使大等)의[24] 의미를 조사할 차례가 되었다. 上州行使大等는 上州에 가서 (관리를) 부리는 大等이란 뜻이고, 下州行使大等는 下州에 가서 (관리를) 부리는 大等이란 뜻이고, 于抽悉支河西阿郡使大等은 于抽·悉支·河西阿의

---

21) 今西 龍, 앞의 책, 1933, 290쪽,
22) 木村 誠, 앞의 논문, 1976.
23) 木村 誠, 앞의 논문, 1976, 18쪽.
24) 북한산비에 나오는 것이다.

3郡에서 (관리를) 부리는 大等이란 뜻이고, △△(使大等)은 (南川)에서 (관리를) 부리는 大等이란 뜻이다. 이들 大等은 지방에 부임하여 임무를 맡은 대등으로 보인다. 이들도 모두 임시 지방관으로 판단된다. 각 주에 2~4명인 (行)使大等은 6세기 금석문에 출현 가능성이 크다.

V. 幢主

당주는 고신라 금석문에서 545년이나 그 직전에 세워진 단양적성비에 鄒文村幢主와 勿思伐城幢主가 나온다. 남산신성비 제5비에 ……道使幢主란 직명이 나온다. 幢主와 外位 등이 나온 목간이 월성해자에서 출토되어서 이를 제시하면 다음과 같다.

> △△年正月十七日△△村在幢主再拜△淚廩典△岑△△ (제1면)
> 喙部佛德智小舍易稻蔘石粟壹石稗參石大豆捌石 (제2면)
> 金川一伐上內之 所白人 豆彼礼智一尺 文尺智里一尺 (제3면)

이 목간에서 연대 추정의 꼬투리는 △△村在幢主란 직명이다. 545년이나 그 직전에 세워진 적성비의 高頭林成在軍主等과 유사하고 보좌관으로서 使人이 없어서 6세기 중반으로 보인다. 전문을 해석하면 다음과 같다.

'△△年 正月 十七日에 △△村在幢主가 再排하고 △淚하며, 廩典에 △岑△△했다. 喙部 弗德智 小舍가 稻(벼) 參石과 粟(조) 壹石과 稗(피) 蔘石과 大豆(콩) 捌石을 바꾸었다. 金川 一伐이 위(△△村)에서 안으로 갔다(지방민으로서 중앙의 일을 하게 되었다는 뜻) 所白人 登彼礼智 一尺과 文尺 智里 一尺이다.'[25] 당주가 경위를 가진 6부인과 외위를 가진 지방민을 동시에 거느린 점은 중요한 사례이다.

---

25) 幢主가 경위를 가진 자와 외위를 가진 자를 모두 거느린다는 사실은 중요하다.

VI. 邏頭

라두는 남산신성비 제1비에서 阿良邏頭라고 한 것을 포함하여 두 번만 나오고 있다. 함께 나오는 奴含道使나 營坫道使보다 앞서서 기록되고 있어서 이들과 같은 역할을 했다고 짐작되나 상세한 것은 알 수가 없다.

또 명활산성비에 上人邏頭가 나온다. 上人은 지금까지 築城碑 이외에서는 나온 적이 없다.

VII. 道使

道使가 나오는 금석문 자료는 다음과 같다. 441년에 작성된 중성리비에서는 奈蘇毒只道使, 443년에 작성된 냉수리비에서는 耽須道使, 524년에 작성된 봉평비에서는 居伐牟羅道使와 悉支道使, 561년에 작성된 창녕비에서는 道使, 591년에 작성된 남산신성비에서는 제1비에 奴含道使와 營坫道使, 제2비에 阿且兮村道使, 仇利城道使, 荅大支村道使, 제5비에 ~道使幢主, 624년 칠곡 송림사의 道使,[26] 668년으로 추정되는[27] 이성산성 목간에서는 南漢山城道使, 湏城道使가 각각 나왔는데, 인명 표기가 아닌 창녕비의 예를 제외하면, 지명과 함께 나오고 있다. 남산신성비 제5비의 ~道使幢主는 도사가 군의 장도 되므로 타당한 판독으로 보인다.

이들 道使는 창녕비 제⑤·⑥행의 大等与軍主幢主道使与外村主란 구절에 의해 성촌의 장으로 보아 왔다. 그러나 441년 중성리비의 奈蘇毒只道使, 443년 냉수리비의 耽須道使가 각각의 隨駕 인명으로 지방관 가운데에서는 유일하여 郡의 장으로 판단된다. 〈표 2〉통일신라시대의 행정구역에서 앞에서 설명한 바와 같이 군현의 수가 『양서』, 신라전의 52읍륵이란 수와 모순되지 않는다. 따라서 道使는 군의 장도 있었고,

---

26) 김창호,「경북 칠곡 송림사의 창건 연대-위덕대학교 박물관 소장품의 소개와 함께-」『미술자료』66, 2001.
27) 김창호,「이성산성 출토 목간의 연대 문제」『한국상고사학보』10, 1992.

현의 장도 있었다. 고신라의 도사가 행정촌의 장은 아니다. 행정촌의 장은 촌주라고 단정하기는 어렵지만, 누군가가 있었던 것은 틀림없을 것이다.

VIII. 助人

助人은 561년 창녕비에 比子伐停助人과 568년 마운령비와 황초령비의 助人이 있을 뿐이다. 이는 군주의 보좌역할을 한 군사적인 임무를 띠고 있는 것으로 판단되며, 후대의 州助라고 판단된다.

IX. 使人

사인이란 직명은 중성리비, 봉평비, 영천청제비 병진명, 적성비에서만 나오고 있다. 중성리비와 영천청제비 병진명에서는 말단 중앙관으로, 봉평비와 적성비에서는 지방관으로 나오고 있다. 사인의 개요를 알아보기 위해 441년의 중성리비부터 살펴보기로 하자. 우선 중성리비의 인명 분석을 제시하면 다음의 〈표 5〉중성리비 인명 분석표와 같다.

〈표 5〉 중성리비의 인명 분석표

직 명	출신지명	인 명	관 등 명
	(喙部)	折盧(智)	王
	喙部	習智	阿干支
	沙喙	斯德智	阿干支
	沙喙	尒抽智	奈麻
	喙部	牟智	奈麻
本牟子	喙	沙利	
위와 같음	위와 같음	夷斯利	
白爭人	喙	評公斯弥	
위와 같음	沙喙	夷須	
위와 같음	위와 같음	牟旦伐	
위와 같음	喙	斯利	壹伐
위와 같음	위와 같음	皮末智	
위와 같음	本波	喙柴	干支

위와 같음	위와 같음	弗乃	壹伐
위와 같음	위와 같음	金評△	干支
使人		祭智	壹伐
奈蘇毒只道使	喙	念牟智	
	沙喙	鄒須智	
	위와 같음	世令	
	위와 같음	干居伐	
	위와 같음	壹斯利	
	蘇豆古利村	仇鄒列支	干支
	위와 같음	沸竹休	
	위와 같음	壹金知	
	那音支村	卜步	干支
	위와 같음	走斤壹金知	
	위와 같음	琭伐壹昔	
		豆智	沙干支
		日夫智	
	(沙喙)	牟旦伐	
	喙	作民	沙干支
使人		卑西牟利	
典書		與牟豆	
	沙喙	心刀哩	

祭智壹伐使人은 왕경인으로 볼 수가 있다. 여기까지 16명이 6세기 금석문에 나오는 대등 집단이다. 使人을 지방관으로 보는 것은 상황 판단이다. 문제는 뒤의 使人이 중앙인 곧 6부인인지 지방민인지가 문제이다. 이 부분은 끊으면 제4단락으로 다음과 같다.

喙作民沙干支 使人卑西牟利 白口 若後世更導人者 與重罪

喙作民沙干支가 한 사람의 인명 표기이다. 喙은 출신부명, 作民은28)

---

28) 이를 집안 우산하 3319호분 출토의 권운문와당 명문인 '太歲在丁巳五月卄日 爲中郞及夫人 造盖墓瓦 又作民四千 餕盦△用盈時興詣 得享萬歲'에 나오는(여호규,「1990년대 이후 고구려 문자자료의 출토 현황과 연구 동향」『신발견문자 자료와 한국고대사 연구』,한국고대사학회 하계 세미나 자료집) 作民 용례 등으로 이문기,「포항중성리신라비의 발견과 그 의의」『한국 고대사연구』56, 2009, 29~30쪽에서 作民을 백성으로 만들다로 해석하고 있다. 作民의 사람 수나 백성을 군대로 만든다든지 하는 구체적인 내용이 없어서 따르기 어렵다. 일반적으로 이 고분이 漢人 고관 무덤으로 추정되는 점도 주목된다. 중성리비의 작민은 인명 표

344

인명, 沙干支는 관등명이다. 使人卑西牟利가 한 사람의 인명 표기이다. 使人은 직명, 卑西牟利는 인명이다. 이 단락을 해석하면 '喙 作民 沙干支, 使人인 卑西牟利가 입으로 아뢰기를 만약에 후세에 다시 남에게 주는 자는 重罪를 부여한다.'가 된다. 使人인 卑西牟利를 喙 作民 沙干支와 함께 후세에 다시 남에게 주는 자는 중죄를 부여한다고 하므로 喙 作民 沙干와 함께 6부인으로 보인다.

이 중성리비의 使人을 지방인으로 보기보다 왕경인(6부인)으로 보이는 바 그 근거는 다음과 같다.

첫째로 사인은 후술할 영천청제비 병진명에서 6부인인 喙部 소속으로 나온다.

둘째로 중성리비에서 부명은 생략되나 성촌명이 생략된 예는 없다는 점이다.

셋째로 지방관으로 나오는 경우, 봉평비에서는 阿大兮村使人, 葛尸條村使人, 男弥只村使人, 적성비에서는 勿思伐城幢主使人으로 전부 지명을 수반하고 있다.

넷째로 중앙관이라면 영천청제비 병진명의 예처럼 임시적으로 볼 수가 있고, 임시 지방관으로 볼 수가 없다.

다섯째로 지방관은 임시직으로 보이는 확실한 使人의 예가 없는데 대해, 중앙의 6부인의 경우는 영천청제비 병진명의 확실한 예가 있는 점이다.

524년의 봉평비에 나오는 使人을 제시하면 다음과 같다. 우선 봉평비의 사인만을 따로 떼어서 인명을 제시하면 다음의 〈표 6〉봉평비의 使人과 같다.

〈표 6〉 봉평비의 使人

직명	출신지명	인명	관등명	비고
阿大兮村使人		奈尒利		杖六十의 杖刑
·葛尸條村使人		奈尒利	阿尺(외11)	
男弥只村使人		翼糸		杖百의 杖刑

기 방식으로 볼 때 인명이다.

345

위와 같음		於卽斤利		杖百의 杖刑

阿大兮村使人은 杖六十의 杖刑을 받고 있다. 외위도 없다. 葛尸條村 使人은 阿尺이란 외위를 가지고 있고, 장형도 면하고 있다. 男弥只村使 人이란 지방관 2명은 모두 관등이 없고, 杖百의 杖刑을 받고 있다. 장 형을 받은 3명은 관등이 없는 공통점을 가지고 있다. 그래도 직명은 그대로 갖고 있다. 이들은 모두 지방민 출신임을 쉽게 알 수가 있다. 이들 지방관 4인 가운데 3사람은 524년 正月 15일의 소금 축제에 시 범적인 예로 杖刑을 맞은 것으로 보인다. 그래서 직명은 유지하고, 관 등명은 삭탈된 형벌을 장형과 함께 받은 것으로 짐작된다.

다음으로 使人의 예로는 536년의 영천청제비 병진명이 있다. 이 병 진명의 인명 표기를 제시하면 다음의 〈표 7〉의 영천청제비 병진명의 인명 분석표와 같다.

〈표 7〉 영천청제비 병진명의 인명 분석표

職名	出身地名	人名	官等名
使人	喙	△尺利智	大舍第
위와 같음	위와 같음	尺次鄒	小舍第
위와 같음	위와 같음	逑利	大烏第
위와 같음	위와 같음	尺支	小烏
위와 같음	위와 같음	未第	小烏
一支△人		次弥尒利	
위와 같음		乃利	
위와 같음		內丁兮	
위와 같음		使伊尺	
위와 같음		只伊巴	
위와 같음		伊卽刀	
위와 같음		衆礼利	
위와 같음		只尸△利	干支
위와 같음		徙尒利	

이 영천청제비 병진명은 536년에 새워진 것이다. 이에는 길이를 나 타내는 하나치인 淂이 5번이나 나오고, 步·尺·寸은 나오지 않고 있다. 그래서 월지 출토비에서는 步가 나와서 그 상한이 536년이 되고, 외

위의 완성을 고려할 때, 그 하한은 540년경이 된다. 喙(部) 출신의 5명이 大舍第(1명), 小舍第(1명), 大烏第(1명), 小烏(2명)이 나오고 있다. 使人의 직명을 가진 5명의 탁부인의 인명이 나열되어 있다. 이들 5명은 영천 청제의 축조를 위해 파견된 임시직으로 보인다. 지금까지 금석문에 있어서 임시직이 나오는 예는 영천청제비 병진명밖에 없다. 중성리비의 사인이 6부인인지 지방민인지를 알 수 있는 잣대가 될 것이다.

마지막으로 545년이나 그 직전에 새워진 적성비의 勿思伐城幢主使人那利村△△△△△(△)에서 勿思伐城幢主의 관할 영역을 那利村으로 볼 수도 있으나 比子伐軍主의 출신지는 沙喙部이고, 比子伐停助人은 喙部이므로 比子伐軍主의 관할지를 喙部까지 볼 수가 없다. 따라서 勿思伐城幢主의 관할지를 那利村으로 단정할 수는 없다. 使人은 使人 또는 ~村使人으로 있다가 幢主가 개설되어 勿思伐城幢主使人식 곧 당주의 예속관으로 완성되었다. 곧 시기는 적성비가 중요하나 524년의 봉평비에는 ~村使人이 나와서 양자 사이에 차이가 있다. 勿思伐城幢主使人으로 使人이 幢主의 예속관으로 완성된 시기를 외위제가 완성된 540년경으로[29] 보고자 한다.

X. 맺음말

고신라 금석문에 나오는 軍主, (行)使大等, 幢主, 邏頭, 道使, 助人, 使人를 모두 검토하였다. 그 결과 邏頭와 같이 세 개의 예밖에 없는 경우도 있어서 접근하기가 어려웠다.

창녕비 제⑤·⑥행에 大等与軍主幢主道使与外村主이란 구절이 나온다. 이는 고신라 지방 제도 해결의 열쇠를 쥐고 있다. 大等, 軍主, 外村主는 그 뒤에 나오는 인명 표기와 연결이 되지만 幢主와 道使는 인명 표기와 연결되지 않는다. 그래서 범칭론 등으로 그 해결의 실마리를 찾으려고 노력했지만 실패하고 말았다.

---

29) 김창호, 『한국 고대 목간』, 2020, 90쪽.

주의 장관은 軍主이지만 군의 장이나 행정촌의 장이 누구인지는 알 수가 없다. 통일 신라의 군현의 수와 『양서』,신라전의 중국의 군현이 랄 수 있는 52읍륵을 비교해 본 결과 道使가 군의 장인 경우도 있고, 현의 장인 경우도 있음을 알았다. 幢主와 邏頭는 지방관이나 군사적인 성격이 강한 것으로 보인다.

使人은 441년 중성리비에서는 6부인으로, 524년 봉평비에서는 지방민으로, 536년 영천청제비 병진명에서는 6부인으로, 545년이나 그 직전에 세워진 적성비에서는 勿思伐城幢主使人으로 나와서 당주의 예속관인 지방민으로 완성된다.

제6절. 儀鳳四年皆土명기와의 皆土 해석

Ⅰ. 머리말

고고학에는 토기, 석기 등을 주로 하는 土石考古學과 冠, 環頭大刀, 신발[飾履]의 금속기 등을 위주로 하는 金屬器考古學이 있다. 전자는 지표 조사 등을 통한 분포, 편년 등 개인적인 연구가 가능하고, 후자는 박물관 등 국가기관에 있지 않으면 불가능하다. 기와는 전자에 속하면서 후자와 마찬가지로 왕권, 중앙 귀족, 중앙 관아, 지방 관아 등의 연구가 가능하다.

40년 전만 하드라도 기와는 와당 위주로[1] 미술사에서 다루었다.[2] 그래서 평기와는 발굴 현장 한쪽에 쌓아놓았다가 버리기가 일수였다.[3] 기와와[4] 방어가 중요한 줄은 고구려 수도였던 집안을 답사하고 나서였다. 광개토태왕비, 태왕릉, 장군총, 산성하고분군 등을 답사하고 느낀 점은 바로 방어가 중요하다는 것이다. 집안은 한마디로 해서 골짜기 가운데 골짜기라는 느낌이 들었고, 그 뒤에 어느 민족도 집안에 도읍하지 않았다.

세부적인 편년으로 들어가 보자. 한국 신라에서 평기와를 고식 단판 6세기 전반~7세기 전반, 신식 단판 7세기 후반(의봉사년개토명, 습부명, 한지명 암키와), 중판은 7세기후반~9·10세기로 판단하고 있다. 지방은 중판이 7세기 후반~8세기에, 경주를 제외한 지방에서는 장판이

---

1) 막새와를 가리킨다.
2) 지금은 한국기와학회가 설립되어 전문잡지까지 나오고 있다.
3) 직접 현장에서 목격한 자료는 창원 등에서 7세기 고신라 평기와였다.
4) 일본의 경우 노가미 죠스께선생님의 후의로 일본 고고학회의 추계 및 춘계학회를 몇 번 참가한 적이 있었다. 거기에서 본 것은 고고학자의 절반이 기와 전공자이었다는 사실이다.

9세기 전반부터 출토되고 있다고 한다. 이는 문자 자료인 연호나 연간 지에 의한 편년이다. 그런데 미륵사지에서 656년인 景辰年명기와가 장판타날기와가 나와서 문제가 된다. 또 부소산성 기와 명문으로 大△△午年末城이 있다.5) 이는 大曆庚午年末城(766년), 大曆戊午年末城(778년), 大中庚午年末城(850년) 등으로 복원된다. 어느 것으로 복원되던 末城의 의미가 문제이다. 아무래도 인명으로 보아야 될 것이다. 그러면 末城은 제와의 감독자나 기와를 만드는 기술자로 볼 수가 있다. 大曆庚午年末城(766년)에서 大中庚午年末城(850년)까지인 약100년간을 기와로는 일본인 학자들도 구별하지 못하고 있다. 이는 기와 편년의 어려움을 이야기해주고 있다.

여기에서는 먼저 儀鳳四年皆土명기와의 지금까지 연구 성과를 일별해 보겠다. 다음으로 儀鳳四年皆土의 皆土를 백제, 통일 신라, 고려 초의 기와 명문과 비교해 살펴보겠다. 마지막으로 儀鳳四年皆土명기와의 皆土에 관등이 없는 이유를 골품제 아래에서 검토해 보고자 한다.

II. 지금까지의 연구

儀鳳四年皆土명기와는 1960년 최초로 일본인에 의해 주목되었다.6) 여기에서는 일본침략기에 일본의 한국학을 전공하는 학자가7) 1919년 6월에 월지 동남쪽 밭에서 습득한 것으로 기와의 탁본을 인수 받아서 공포하였다. 儀鳳四年皆土의 皆土를 佛典에 보이는 全土 혹은 國土와 같은 말에 해당된다고 전제하고 나서 率土皆我國家의 의미로 해석할 수 있다고 주장하였다.8)

이를 경주에 사는 향토사학자들은 적극적으로 지지를 하면서 皆土를 삼국 통일 그 자체로 보았다.9) 이러한 가설은 확실한 증거가 있는 것

---

5) 이 기와를 포함하여 부소산성의 會昌七年명기와, 광주 선리 기와 등을 일본인이 처음으로 연구해서 논문을 썼다.
6) 大坂金太郎,「儀鳳四年皆土在銘新羅古瓦」『朝鮮學報』53, 1969.
7) 今西 龍이다.
8) 大坂金太郎, 앞의 논문, 1969.
9) 권오찬,『신라의 빛』,1980.

은 아니지만 문무왕대에 삼국 통일이 이루어졌다는 역사적 사실이 크게 작용한 것 같다.

원로 한국사학자도 皆土를 卒土皆我國家의 약어로 본 견해를 수용하여10) 儀鳳四年을 전후한 시기에 한반도의 모든 토지는 신라의 것이라는 통일 의식의 소산으로 보았다.11) 이러한 시각은 이보다 앞서서 나온 가설도 있다.12) 곧 皆土를 백제와 고구려의 토지를 합친 삼국 통일의 의미로 추정된다고 보았다. 나아가서 皆土는 광개토태왕비에 나오는 시호 중에 開土와13) 비교된다고 하였다.

儀鳳四年皆土만을 다룬 논문이 나왔다.14) 여기에서는 一統三韓의 해가 676년이 아니라 儀鳳四年인 679년이라고 보았다. 이 679년이야말로 삼국을 통일한 해이자 통일기년이라는 것이다. 나아가서 皆土의 의미를 만족 통일의 의미인 삼국 통일이 아니라 一統三韓, 영토적으로 삼한을 통합한 것으로 보았다.

儀鳳四年皆土를 삼국 통일과 관련지우는 동안에 納音 五行으로 이를 풀려는 전혀 다른 각도에서의 가설이 나왔다.15) 여기에서는 儀鳳四年 皆土를 대규모 토목 공사와 관련지어서 풀었다. 그래서 중국 도교의 銅鐘인 景雲鍾과(711년 주조) 연관이 있다고 보았다. 경운종에서는 太歲辛亥今/九月癸酉金朔/一十五日丁亥土로 표현하고 있다. 그래서 儀鳳四年皆土의 皆土를 연간지, 월간지, 일간지가 다 土인 때를 가리키는 것으로 해석하고, 그 구체적인 날짜를 3월 7·20·29일과 4월 8·21·30일로 보았다. 대토목공사의 예로는 동궁 건설과 사천왕사 낙성을 들었다.

경운종에서 신해년은 금, 계유삭도 금, 15일 정해는 토로 모두가

윤경렬,『경주고적이야기』,1984.
10) 大坂金太郎, 앞의 논문, 1969.
11) 이기동,「신라 중대 서설-槿花鄕의 진실과 허망-」『신라문화』25, 2005.
12) 고경희,「신라 월지 출토 재명유물에 대한 명문 연구」동아대학교 석사논문, 1993.
13) 이는 착각으로 開土와 皆土는 그 의미가 다르다.
14) 최민희,「儀鳳四年皆土글씨 기와를 통해 본 신라의 통일의식과 통일기년」『경주사학』21, 2002.
15) 이동주,「신라 儀鳳四年皆土명기와와 납음 오행」『역사학보』220, 2013.

금이 아니라는 사실을 지적하면서 신라에서는 의봉사년 연간지 己卯가 土이므로, 3월 戊申이나 4월 己酉가 역시 토이고, 날짜 역시 토가 되는 날로 택하였다고 보았다.16) 하지만 제시된 3월 무신과 4월 기유라는 간지는 삭간지도 아니고 월건도 아니어서 문제라고 힘주어 말하고 나서 개토를 백제 땅을 완전히 정복한 해를 기념하여 皆土로 하였다고 주장하였다. 儀鳳四年皆土의 어디에도 백제나 보덕국과 탐라국에 관한 이야기는 나오지 않는다. 皆土에는 어려운 이야기는 나오지 않고 다만 皆土일 뿐이다. 따라서 개토의 백제 등의 고토를 차지하는 의미로는 사용하지 않았다.

會昌七年(847년)末印명기와도 末과 未가 혼용된다17)는 전제아래 이를 847년 6월로 해석하고 있다. 그래서 거듭해서 儀鳳四年皆土의 皆土는 구체적인 대토목 공사의 구체적인 제작 시점을 가리키는 것으로 보아서 정확하게 679년 5월 7·8·29일로 보았다.18) 679년 5월 7·8·29일 가운데 어느 날짜인지도 모르는 대토목 공사의 시점이 문제가 되고, 儀鳳四年皆土명기와가 크게는 2가지 종류의 타날 방법이 있고, 작게는 5종류의 타날 방법이 있다. 이는 획일적으로 679년 5월 7일 등으로 결론지을 수 없음을 나타내준다. 바꾸어 말하면 5종류의 타날 기법은 같은 해, 같은 달, 같은 날에 시작한 것이기보다는 제와 과정에서 나온 것으로 해석된다는 것이다. 그래서 나정(左書)이나 월성 발천 석교 등의 右書로 된 타날도 나오는 것이고, 5종류의 타날 기와는 제작 과정에서 편의성 때문에 타날 방법을 바꾸는 것으로 해석할 수가 있다.

또 망성리요지에서 나오는 기와 명문으로는 儀鳳四年皆土, 井井䚐部, 井井䚐府, 井井, 井 등이 있다는 전제 아래 井마크가 도교의 벽사 마크라는 가설에 힘입어서 皆土를 道人, 道士 등의 초월적인 능력을 가진 의미의 보통명사로 보았다.19)

---

16) 최민희,「儀鳳四年皆土 글씨기와와 皆土 재론-납음 오행론 비판-」,「한국고대사탐구」30, 2018.
17) 한국 고대 금석문에서 未와 末이 혼용된 예는 없다.
18) 이동주,「신라 왕경 형성과정 연구」,2019.

III. 儀鳳四年皆土의 皆土

儀鳳四年皆土의 皆土는 최초의 보고자가 率土皆我國家로 풀이하고 나서,[20] 큰 의미가 있는 것으로 착각해 왔다. 그래서 삼국 통일이 676년이 아니고 679년이라고까지 주장해 왔다.[21] 또 納音 五行으로 年月日이 모두 土인 해로 추정한 견해가 나오기도 하였다.[22] 그러나 학계에서 의견의 일치는 보지 못하고 있다.

여기에서는 儀鳳四年皆土의 皆土가 어떤 의미가 있는지를 살펴보고 자 한다. 보통 연호나 연간지 다음에 오는 말은 인명이 포함되는 경우 가 많았다. 이들에 대해 하나씩 조사해 보기로 하자.

백제 기와 가운데 원통 기와로 景辰年五月廿日法得書란 암키와가 있 다. 이는 景辰은 丙辰으로 피휘에 의해 656년에 만들어졌다는 절대 연대가 된다. 이는 삼국 시대에 있어서 유일한 피휘제의 예이고, 평기 와의 장판 타날이 656년에도 있었다는 자료이고, 백제가 656년에 당 과 적대 관계가 아니라는 증거로 보인다. 年月日다음의 法得은 누가 보아도 인명이다.

儀鳳四年皆土명기와도 679년의 皆土란 뜻을 푸는데 많은 가설이 나 와 있다. 이 기와의 皆土를 率土皆我國家나 납음 오행 등으로 푸는 것 은 문제가 있는 듯하다. 儀鳳四年皆土를 해석하는 다른 방법은 儀鳳四 年(679년)에 皆土를 제와총감독으로 보아서 皆土를 인명으로 보는 방 법이다.[23] 이렇게 인명으로 보는 해석 방법이 보다 타당성이 있는 듯 하다. 왜냐하면 삼국시대나 통일신라시대에 있어서 연간지나 연호 뒤 에 오는 단어에 인명이 포함되지 않는 예가 없기 때문이다. 곧 儀鳳四

---

19) 조성윤,「新羅 儀鳳四年皆土명 瓦의 皆土 의미」,『한국기와학보』,2020.
20) 大坂金太郎, 앞의 논문, 1969.
21) 최민희, 앞의 논문, 2002.
22) 이동주, 앞의 논문, 2013.
23) 금산 백령산성 출토 기와 명문에서 栗峴△ 丙辰瓦명기와는 栗峴△이 丙辰年(596년)에 만든 기와란 뜻이다. 耳淳辛 丁巳瓦명기와는 耳淳辛이 丁巳年(597년)에 만든 기와란 뜻이다. 戊 午瓦 耳淳辛명기와는 戊午年(598년)에 기와를 耳淳辛이 만들었다로 해석된다. 연간지+인명 또는 인명+연간지의 예로 중요하다. 이에 대해서는 작성 연대를 포함해서 김창호,「금산 백 령산성의 문자 자료」,『신라 금석문』, 2020 참조.

353

年皆土의 皆土가 어떤 방법으로 해도 해석이 되지 않아서 인명으로 보면 완벽하게 해석이 가능하다. 儀鳳四年皆土은 제와총감독의 인명을[24] 기록하여 제와의 책임을 지게[25] 한 기와이다. 망성리기와요에서 井井 智部명·井井智府명[26]·智명·井마크[27] 등의 기와와 儀鳳四年皆土명기와가

24) 고대 기와에서 파실된 것을 제외하고, 거듭 이야기하지만 연호나 연간지 뒤에 무엇을 기록했다고 하면 인명을 기록하지 않는 기와는 없다. 儀鳳/四年/皆土(이하 동일)는 그 발견 초부터 儀鳳四年皆土의 皆土란 의미 추정에 너무 매달려 왔다. 그래서 누구나 皆土의 의미를 찾는데 온힘을 다했다. 모두 皆土의 의미 추정에 다양한 견해가 있어 왔으나 그 어느 가설도 정곡을 찌르지 못했다. 儀鳳四年皆土의 皆土는 인명으로 679년에 획을 그은 신라 기와의 제와총감독자로 보인다. 儀鳳四年皆土명기와를 혹자는 문무대왕 기와로도 부르는 점에서 기와 가운데 그 출토지의 수가 많고, 기와의 기술 수준에서 최고의 것이다. 삼국 통일의 영주인 문무대왕이 마음을 먹고 만든 기와로 어떤 기와보다도 완벽한 기와로 삼국 통일의 웅지가 기와에 나타나 있다. 儀鳳四年皆土의 기와편으로 남산 칠불암의 연대 설정과 나원리 5층석탑의 연대 설정은 유명하다(박홍국,「경주 나원리5층석탑과 남산 칠불암마애불상의 조성 시기-최근 수습한 명문와편을 중심으로-」『과기고고연구』4, 1988, 88쪽.). 앞으로 儀鳳四年皆土는 679년이란 절대연대를 가지는 기와이므로 유적지의 편년이나 불상의 연대 설정 등에 활용될 수가 있다. 또 儀鳳四年皆土명기와는 내남면 망성리 기와 가마터, 사천왕사지, 인왕동절터, 국립경주박물관 부지, 월지, 월성 및 해자, 첨성대, 나원리 절터, 칠불암, 성덕여고 부지, 동천동 택지 유적, 나정 등 경주 분지 전역에서 출토되고 있어서 679년에만 儀鳳四年皆土명기와를 만들었다고 볼 수가 없다. 다소 연대의 폭이 있을 것이고, 기와도 망성리기와요지만이 아닌 다른 요지에서도 儀鳳四年皆土명기와를 만들었을 가능성도 있다. 이 儀鳳四年皆土명기와의 제와에는 왕족인 탁부를 비롯하여 왕비족인 사탁부도 참가했을 것으로 추측된다. 왜냐하면 기와가 중요하고, 그 중요성을 왕족인 탁부와 왕비족인 사탁부는 알고 있었을 것임이기 때문이다. 방곽의 곽안에 사선문, 직선문, 사격자문의 문양이 儀鳳四年皆土명기와와 井井智部, 井井智府, 井마크 등의 기와와 유사한 점으로 儀鳳四年皆土명기와를 智比部의 기와로 보기도 하나, 이 시기의 기와가 관수관급제의 관요이므로 얼마든지 비슷한 문양을 儀鳳四年皆土명기와에 사용할 수가 있다. 문양의 디자인 권한은 官에 있지 습비부에 있는 것이 아니다. 또 智部와 智府가 동일한지 여부는 알 수가 없다. 6부명을 府로 표기한 예가 전무하기 때문이다.

25) 신라 기와에서 기와 공정에 책임을 지게 한 것과 함께 유명한 것으로 남산신성비에서 쌓은 성이 3년 안에 무너지면 책임을 지겠다는 맹서를 하고 있어서 유명하다. 儀鳳/四年/皆土명기와도 제와의 책임을 모두 皆土가 졌다는 것을 의미하고 있다. 景辰年五月廿日法得書(656년)의 法得, 調露二年漢只伐部君若小舍~三月三日作康(?)~(개행:680년)의 君若와 作康(?), 大曆更午年末城(766년)·大曆戊午年末城(778년)·大中更午年末城(850년)의 末城, 會昌七年丁卯年末印(847년)의 末印, 백제의 戊午瓦 耳淂辛명기와는 戊午年(598년)의 耳淂辛, 栗峴△ 丙辰瓦명기와는 栗峴△이 丙辰年(596년)에 만들었다는 뜻의 栗峴△, 耳淂辛 丁巳瓦명기와는 耳淂辛이 丁巳年(597년)에 만들었다는 뜻에 나오는 耳淂辛 등도 모두 제와장 또는 감독자가 책임을 지는 뜻으로 인명을 年干支나 年號 뒤에나 앞에 인명을 적은 것으로 보인다. 고신라나 통일신라시대에 있어서 年干支나 年號 앞에 인명이 온 예는 없다. 백제에서는 戊午瓦 耳淂辛명기와와 耳淂辛 丁巳瓦명기와가 있어서 耳淂辛이 인명임은 분명하다.

26) 智府가 과연 智部인지는 현재까지 자료로는 알 수가 없다. 신라에서 부명은 반드시 部로 표기하고, 府로 표기한 예가 없기 때문이다. 智府라 해도 官廳名이 되어서 말이 통하기에

함께 나오는 것으로 알려졌는데 그 기와의 생산량이 너무 많아서 망성리기와요 이외에 儀鳳四年皆土명기와를 생산하는 다른 窯가 있었지 않나 추측하는 바이다. 그래서 左書를 포함하여 5가지의 拍子가 있는 것으로28) 보인다. 기와의 중요성을 알고 있을 왕족인 탁부나 왕비족인 사탁부의 기와 요지가 없다는 점은 납득이 안 된다. 儀鳳四年皆土명기와에는 習명, 井井習部명, 井井習府명, 井마크 등이 없어서 습비부의 기와로 볼 수가 없다. 아마도 儀鳳四年皆土명기와는 왕족인 탁부나 왕비족인 사탁부의 기와로 보인다. 왜냐하면 기와의 중요성을 알고 있는 탁부와 사탁부에서 기와를 만들지 않았다는 것은 이해가 되지 않고, 탁부와 사탁부에서도 기와의 중요성을 어느 부보다도 잘 알고 있었기 때문이다.

月池에서 나온 雙鹿寶相華文塼片에 다음과 같은 銘文이 있다. 調露二年/漢只伐部君若小舍~/三月三日作康(?)~이를 해석하면 다음과 같다. 調露2年(680년)에 漢只伐部의 君若 小舍가 (監督)했고, 3月 3日에 作康(?)이 (만들었다)가 된다. 君若 小舍는 監督者이고, 作(康?)~는 製瓦匠의 人名이 된다.29) 이는 전 명문이지만 연호 다음에 인명이 나오는 예로 중요하다. 儀鳳四年皆土(680년)과는 1년밖에 차이가 없어서 儀鳳四年皆土가 연호+인명일 수가 있음을 말해주고 있다.

부소산성 기와 명문으로 大△△午年末城이 있다. 이는 大曆庚午年末城(766년), 大曆戊午年末城(778년), 大中庚午年末城(850년) 등으로 복원된다.30) 어느 것으로 복원되던31) 末城의 의미이다. 아무래도 인명으로

충분하다.

27) 도교 벽사 마크라는 것은 일본의 지방 목간 전문연구자 平川 南의 가설이 유명하다.

28) 儀鳳四年皆土명기와는 I 유형과 II유형으로 크게 나누어진다. I 유형은 월지를 바롯한 대부분의 유적에서 확인되고 있고, II유형은 나정과 월성 발천 석교지에서만 확인되고 있다. I 유형은 단판타날방식이며, II유형은 중판타날방식이다. I 유형은 다시 4가지의 타날방식으로 작게 나누어진다.

29) 이를 종래에는 調露二年漢只伐部君若小舍~三月三日作康(?)~(개행)를 調露二年(680년)에 한 지벌부의 군약소사가 三月三日에 지었다로 해석하고 있으나 이는 잘못된 해석이나 年號+인명표기로 구성됨은 분명한 해석 방법이다.

30) 吉井秀夫,「扶蘇山城出土會昌七年銘文字瓦をめぐって」『古代文化』56-11, 2004, 606쪽.
   高正龍,「軒瓦に現れた文字-朝鮮時代銘文瓦の系譜-」『古代文化』56-11, 2004, 617쪽.

31) 大曆庚午年末城(766년)과 大中庚午年末城(850년) 사이에 84년의 연대 차이가 있어도 어느

보아야 될 것이다. 그러면 末城은32) 제와의 감독자나 기와를 만드는 기술자로 볼 수가 있다.

會昌七/年丁卯/年末印(이하 동일:847년, 부여 扶蘇山城 출토)명기와 는33) 새김판의 흔적이 없이 명문을 새긴 것으로 유명하다. 이는 會昌 七年丁卯年(개행:847년)에 末印이 만들었다. 또는 감독했다로34) 해석 된다. 末印을 상황판단이 아닐 경우 인명으로 보아야지 다른 방법은

시기인지 구분할 수가 없다. 이는 기와의 제작 기법이나 문양 곧 타날 방법으로 100년의 차이가 있어도 기와의 구분이 어렵다는 이야기가 된다. 그래서 평기와의 편년을 경주에서 는 고식 단판 6세기전반~7세기전반, 신식 단판 7세기후반(의봉사년개토명, 습부명, 한지 명 암기와), 중판은 7세기후반~9·10세기로 판단하고 있다. 지방은 중판이 7세기 후반~8세 기에, 경주를 제외한 지방에서는 장판이 9세기 전반부터 출토되고 있다. 이것도 金科玉條 는 아니다. 왜냐하면 656년의 景辰年五月卅日法得書에 장판 타날 기와가 있기 때문이다. 하루빨리 평기와 편년이 나오기를 희망한다. 물론 평기와 편년에 절대적으로 중요한 자료 는 문자 기와에 대한 연구이다. 會昌七/年丁卯/年末印라고 하면 누구도 847년임을 의심할 수가 없고, 평기와 편년 설정에 한 기준이 된다.

32) 세트를 이루는 수막새의 城은 末城이란 인명에서 뒷자인 城을 따온 것이다. 이렇게 뒷자 를 따온 예로는 458년경에 작성된 충주고구려비의 麻錦忌가 있다. 이는 訥祗麻立干의 祗 (祇)를 따온 것이다.

33) 이에 대해서는 吉井秀夫, 앞의 논문, 2004라는 전론이 있다. 吉井秀夫, 앞의 논문, 2004, 609~610쪽에서는 會昌七年丁卯年末印을 會昌七年(年號)+丁卯年(干支)+末印으로 나누고 나 서 그 해석은 유보하였다.

34) 최민희, 앞의 논문, 2018, 339쪽에서는 會昌七年丁卯年末印에서 會昌七年丁卯의 年末에라 고 해석하고, 印은 해석치 않았다. 최민희, 앞의 논문, 2018, 339쪽의 〈그림 3〉에서 會昌 七年丁未年末印으로 판독문을 제시하고 있으나 未는 卯가 잘못된 것이다. 또 (保寧)元年己 巳年(969년)의 예나 太平興國七年壬午年(982년)三月三日의 예와 같이 연호와 연간지 모두에 年字가 오는 예도 있어서 年末로 끊어 읽는 것은 문제가 있다. 삼국시대~통일신라 금석문 까지 年干支나 年號뒤에 인명은 나왔으나 다른 것은 오지 않는다. 통일신라 말기가 되면, 甲辰城年末村主敏亮이라고 해서 甲辰(年干支: 884년으로 추정)+城年(지명)+末村主(관직명)+ 敏亮(인명)의 순서로도 적힌다. 540년경의 016-W150번 목간에서 眞乃滅村主憹怖白가 나오 는데, 憹怖白가 인명표기일 가능성도 있다. 촌주는 냉수리비(443년)에 村主 臾支 干支로 처음 등장하고, 창녕비(561년)에 村主 奕聰智 述干과 村主 麻叱智 述干으로 나온다. 그 다 음에 남산신성비(591년) 제1비에 村上村主 阿良村 今知 撰干과 郡上村主 柒吐村 △知尒利 上干이 나오고, 파실되어 일부가 없어진 제5비에 向村主 2명이 나올 뿐이다. 이들 6세기 村主에서는 인명이 공반하고 있다. 따라서 2016-W150. 목간에서 촌주도 眞乃滅村主憹怖 白까지 끊어서 眞乃滅(지명)+村主(직명)+憹怖白(인명)으로 보아야 할 것이다. 왜냐하면 2016-W150.목간에서 眞乃滅村主憹怖白의 연대는 540년경을 하한으로 하고, 고신라 금석 문에서 (지명)+촌주+(출신촌명)+인명+외위명이 나오기 때문이다. 眞乃滅村主를 지명+촌주 로 보면 그러한 예는 고신라 금석문에서는 없다. 9세기의 자료로는 淸州 雙淸里 출토 명문 와의 易吾加苒村主가 있다. 이 자료도 易吾加苒(지명)+村主로 되어 있다. 또 황룡사 남쪽 담장 밖의 우물에서 나온 9세기로 보이는 청동접시의 達溫心村主이란 명문도 인명+관직명 이 아닌 지명+관직명이다.

356

없다. 末印을 儀鳳四年皆土(개행)의 皆土와 함께 인명으로 보게 된 바, 금석문을 인명표기에서 시작해 인명표기로 끝내는 것으로 보아야 한다.[35] 會昌七年丁卯年末印(개행)기와는 내부에 구획선을 넣어서 만들었을 뿐, 9세기에 반드시 장판으로 타날하지 않음을[36] 알려주는 중요한 자료이다. 바꾸어 말하면 會昌七年丁卯年末印(개행)기와의 會昌七年丁卯年末印(개행)만은[37] 3자씩 3줄로 되어 있어서 중판 기와일 가능성이 크다. 물론 기와 전체는 장판 타날로 만들어졌다.

發令/戊午年瓦草作伯士必山毛의 戊午年은 958년으로 추정된다.[38] 이 명문은 發令을 내린다. 戊午年(958년)에 瓦草를 伯士인 必山毛이 만들었다로 해석된다. 伯士인 必山毛도 제와장일 가능성이 크다.

太平興國七年壬午年三月日/竹州瓦草近水△水(吳)(矣)(安城 奉業寺) 太平興國七年壬午年는 982년이다.[39] 이는 해석이 대단히 어려우나 대체로 太平興國七年壬午年三月日에 竹州의 瓦草를 近水△水(吳)가 만들었다로 해석된다.

辛卯四月九日造安興寺瓦草(利川 安興寺址)는 931年이나 991年으로 추정된다. 그 연대는 전자인 931년은 후삼국시대라 성립되기 어렵고, 후자인 991년으로 판단된다. 이는 辛卯四月九日에 安興寺瓦草를 만들었다로 해석된다.

---

35) 평기와에 있어서 연호나 연간지 다음에 글자가 몇 자가 올 때 인명이 아닌 예는 없다.
36) 會昌七年丁卯年末印의 명문 기와는 3자씩 3줄로 쓰지 않고, 한 줄로 내려 쓴 종류도 있다고 하는 바, 이는 장판으로 짐작된다. 吉井秀夫, 앞의 논문, 2004, 15쪽에서 3자씩 3줄로 쓴 것이 먼저이고, 한 줄로 내려 쓴 것을 나중에 제작된 것으로 보았다. 3자씩 3줄로 쓴 명문만은 적어도 중판이다. 곧 무수한 장판 속에서도 중판이 있다는 이야기가 된다.
37) 황수영, 「고려 청동은입사 향완의 연구」『불교학보』1, 1963, 431쪽에 나오는 大定17年(1177년)명표충사향완의 印자를 종결을 뜻하는 이두로 보고 있으나 고대에는 없는 이두이다.
   大定十七年銘香垸의 전체 명문은 大定十七年丁酉六月八日 法界生亡共增菩提之願以鑄成靑銅含銀香垸一劃重八斤印 棟梁道人孝 初通康柱等謹發至誠特造隨喜者敊之이다. 여기에서 印자가 重八斤印으로 끊어서 종결 이두로 사용되게 되어있지만 會昌七年丁卯年末印의 印자는 그렇지 않다. 印자를 종결의 이두로 보면 末자만 남아서 말이 되지 않는다. 가령 삼국 시대의 卩자가 部자의 약체이지만 고려 시대에는 주격 조사 隱자의 약체이다. 그리고 한국 고대의 이두는 그 글자수가 많지 않고, 고려 시대 후기에 와서 비약적으로 발전한다.
38) 金昌鎬, 「나말여초의 기와 명문」『신라 금석문』, 2020.
39) 金昌鎬, 앞의 논문, 2020.

357

永興寺送造瓦草重創(保寧 千防寺址)은40) 永興寺의 위치를 알기 어렵지만,41) 이를 慶州 地域의 寺院으로 본다면 成典寺院이었던 永興寺의 활동을 살필 수 있는 좋은 자료라고 하면서 永興寺에서 보낸 기와로 寺院을 重創했으므로, 이로써 永興寺의 경제력을 짐작할 수 있다고 하였다. 文聖王(839~856년)이 朗慧和尙 無染이 머물던 이곳 인근(保寧)의 절을 聖住寺로 바꾸고, 大興輪寺에42) 編錄시켰다는43) 사실을 감안하면, 銘文 기와의 연대는 9世紀 中葉으로 추정할 수 있겠다라고 했으나,44) 瓦草에서 絶代 年代가 나오는 10世紀 中葉(정확히는 958년)이 上限이므로 永興寺送造瓦草重創명 기와를 10世紀 중엽이후로 보아야 한다. 그렇다면 永興寺는 保寧에 있던 永興寺로 보아야 할 것이다. 이는 永興寺가 만들어 보낸 瓦草로 (保寧 千防寺를) 重創을 했다로 해석이 된다.

~元年己巳年北舍瓦草(月南寺) 969年으로 ~부분은 遼 景宗의 연호인 保寧으로 復元할 수 있다. 이는 (保寧)元年己巳年에 덮은 北舍의 瓦草이다가 된다.

太平興國五年庚辰六月日彌勒藪龍泉房瓦草(益山 彌勒寺) 太平興國五年庚申으로 되어 있으나 976~984년의 太平興國 범위 밖에 있어서 庚辰(980년)이45) 타당하다. 太平興國五年庚辰六月 日에 彌勒藪의 龍泉房의

40) 韓國水資源公社·公州大學校博物館,『千防遺蹟』,1996, 146쪽.
41) 『東國輿地勝覽』券20, 忠淸道 藍浦縣 佛宇條에 崇巖寺, 聖住寺, 永興寺, 玉溪寺가 登場한다. 永興寺를 이 지역의 통일신라시대의 사찰로 비정하기도 하지만(韓國水資源公社·公州大學校博物館, 앞의 책, 1996, 453쪽) 경주 지역의 永興寺와 같은 이름을 지방에서 사용하기 어려웠다고 판단하고 있다(李泳鎬,「新羅의 新發見 文字資料와 研究動向」,『한국고대사연구』57, 2010, 199쪽).
42) 흥륜사는 실재로는 영묘사이고 영묘사가 흥륜사로 서로 바뀌어 있고, 9~10세기 기와 명문인 令妙寺명기와를 국사편찬위원회 한국사데이터베이스에서는 삼국시대로 보고 있다. 기와를 모르는 문헌사학자의 잘못으로 보인다. 고신라시대에 있어서 사명 등 문자기와가 출토된 예는 전무하다. 경주에서는 기와에 사찰명이 나오는 예가 많은데 대개 9~10세기의 나말여초로 보인다. 岬(甲)山寺명와편, 昌林寺명와편, 味呑寺명와편 등은 9~10세기의 것이다. 因井之寺명수막새, 正万之寺명수막새(高正龍, 앞의 논문, 2004, 618쪽에서는 万正之寺로 잘못 읽고 있다.)도 고려 초로 보이나 잠정적으로 9~10세기로 보아 둔다. 四祭寺명암막새와 四祭寺명수막새는 확실히 통일 신라 말의 것이다.
43) 韓國古代社會研究所編,『譯註 韓國古代金石文』Ⅲ, 1992,〈聖住寺朗慧和尙碑〉'文聖大王 聆其運 爲 莫非神王化 甚之 飛手敎優勞 且多大師啻山相之四言 易寺牓爲聖住 仍編錄大興輪寺'
44) 李泳鎬, 앞의 논문, 2010, 199쪽.

瓦草이다가 된다. 日에 구체적인 날짜가 없는 것도 고려적인 요소이다.

三年乙酉八月日竹凡草伯士能達毛은[46] 乙酉란 연간지는 985년이다. 年月日에서 日의 날짜를 정확히 밝히지 않는 것도 고려적인 요소이다. (通和)三年[47]乙酉八月日에 竹의[48] 凡草를 伯士인 能達毛가 만들었다로 해석된다. 伯士인 能達毛은 제와장일 가능성이 크다.

太平八年戊辰定林寺大藏堂草(扶餘 定林寺)은 1028년이다. 이 명문은 堂草·瓦草·官草·凡草가 나오는 명문 가운데 가장 늦은 11세기 전반의 명문이다. 이는 太平八年戊辰에 定林寺의 大藏(堂)의 堂草이다로 해석된다.

이상에서 儀鳳四年皆土명기와와 관련되는 자료를 검토하였다. 많은 기와에서 연호나 연간지 다음에 몇 자의 글자가 올 때에는 모두가 인명이었다. 특히 大△△午年末城명암막새와 수막새의 城자는 末城이란 인명에서 뒷글자인 城을 따 온 것이다. 따라서 會昌七/年丁卯/年末印명기와에서 末을 未의 잘못으로 보아서 6월로 보거나[49] 年末로 끊어서 그 시기를 年末로 보는 것은[50] 무리가 있다. 거듭 이야기하지만 末印으로 끊어서 인명이다. 따라서 儀鳳四年皆土명기와에서 皆土도 인명이다.

Ⅳ. 骨品制 속에서의 皆土

골품제는 骨品, 즉 개인의 血統의 높고 낮음에 따라 정치적인 출세는 물론, 혼인, 가옥의 규모, 의복의 빛깔, 우마차의 장식에 이르기까지 사회생활 전반에 걸쳐 여러 가지 특권과 제약이 가해졌다. 세습적

---

45) 이렇게 금석문에서 연간지가 틀리는 예는 드물다.
46) 경기문화재단부설 기전문화재연구원·하남시,『하남교산동건물지 발굴조사 종합보고서』,2004, 185쪽. 凡草의 예는 1점뿐이다. 凡자가 瓦자일 가능성도 있다. 이 시기 瓦자는 凡와와 구별이 어렵다. 伯士能達毛의 伯士는 寺匠의 뜻으로 能達毛이 寺匠 가운데 하나인 製瓦匠일 가능성이 있다.
47) 三年은 遼聖宗의 通和三年(985년)이다.
48) 竹은 지명이나 건물명으로 보인다. 후자일 가능성이 크다.
49) 이동주, 앞의 책, 2019, 148~149쪽.
50) 최민희, 앞의 논문, 2018, 339쪽.

인 성격이나 제도 자체의 엄격성으로 보아, 흔히 인도의 Caste制와 비교되고 있다.

신라 골품제는 성골, 진골, 6두품(득난), 5두품, 4두품이 있다. 낭혜화상비에 다음과 같은 구절이 나온다. 이에 대한 다양한 해석 방법이 제기되고 있으나51) 다음과 같이 해석한다.

父範淸, 族降眞骨一等 曰得難. 國有五品 曰聖而 曰眞骨, 曰得難, 言貴姓之難得. 文賦云 或求易而得難從言, 六頭品數多, 爲貴 猶一命至九 其四五品不足言.

'낭혜화상의 아버지인 범청이 진골에서 족강 1등하여 득난이 되었다.52) 나라에 5품이53) 있었다. 성이(성골)라고 하고, 진골이라고 하고, 득난이라고 한다. (聖而·眞骨·得難의) 귀성은 어렵게 얻음을 말한다. 『文賦』에54) 이르기를 혹 쉬운 것을 찾되 어려운 것은 얻는다. 종래 말하기를 6두품의 數가 많아서 貴하게 되는 것은 一命(伊伐干)에서 九命(級伐干)까지이고,55) 그 4·5두품은 足히 말할 바가 못 된다.'

골품제가 성골, 진골, 6두품, 5두품, 4두품까지만 있고, 1~3두품은 없다. 그래서 골품제의 형성 초기에는 3두품, 2두품, 1두품도 있다고 보았다. 그런데 중성리비(441년)와 냉수리비(443년)에서는 진골과 4두품에 해당되는 관등도 없어서 문제가 된다.56) 바꾸어 말하면 5세기 중엽까지는 3두품, 2두품, 1두품이 없었다는 이야기가 된다. 더구나 낭혜화상비 득난조에는 國有五品이라고 해서 五品을 성이, 진골, 득난(6두품), 5두품, 4두품만 언급하고 있을 뿐, 3두품·2두품·1두품에 대해

---

51) 김창호, 「신라 무염화상비의 득난조 해석과 건비 연대」 『신라문화』 22, 2003 참조.
52) 학계에서는 김헌창 난에 연루되어 득난으로 족강한 것으로 해석하고 있다.
53) 聖而, 眞骨, 六頭品(得難), 五頭品, 四頭品을 가리킨다.
54) 중국 西晉때 陸機가 글짓기에 대해 읊은 賦. 文은 古文을 가리킨다.
55) 이에 대해서는 김창호, 앞의 논문, 2003 참조.
56) 중성리비(441년), 냉수리비(443년)에는 軍主가 등장하지 않고, 봉평비(524년), 적성비(545년)이나 그 직전, 창녕비(561년), 북한산비(561~568년), 마운령비(568년), 황초령비(568년)의 6세기 비에는 반드시 군주가 등장하고 있다. 그래서 냉수리비를 503년으로 보면, 군주의 유무가 21년밖에 차이가 없어서 문제가 된다.

서는 언급이 없다. 따라서 1두품·2두품·3두품은 본래부터 있다가 없어진 것이 아니고 본래부터 없었다고 사료된다.

골품제와 관등제와의 관계는 성골은 왕족으로 17관등을 초월하여 어느 관등에도 오르는 것이 가능하지만 아직까지 성골이 관등에 진출했다는 증거는 없다. 진골만이 할 수 있는 관등은 이벌찬(1관등), 이찬(2관등), 잡찬(3관등), 파진찬(4관등), 대아찬(5관등)까지이고, 진골과 6두품이 할 수 있는 관등은 아찬(6관등), 일길찬(7관등), 사찬(8관등), 급벌찬(9관등)까지이고, 진골과 6두품과 5두품이 할 수 있는 관등은 대나마(10관등), 나마(11관등)이고, 진골과 6두품과 5두품과 4두품이 할 수 있는 관등은 대사(12관등), 사지(13관등),[57] 길사(14관등), 대오(15관등), 소오(16관등), 조위(17관등)이다.

聖骨에 대해서는 실재설 보다는 추존설이 유력하였다.[58] 聖骨은 성골이라고 표기하지 않고, 聖而라고 표기하고 있다. 그 뒤에 알려진 535년에 작성된 울주 천전리서석 을묘명에 乙卯年八月四日聖法興太王節이란 구절이 나온다. 이 聖을 聖而와 같은 것으로 본 가설이 있다.[59] 그렇다면 성골의 실존설을 무시할 수 없게 되었다. 이러한 聖자는 7세기 전반에[60] 조성된 선도산아미타삼존불상의 관세음보살상의[61] 등에도 있다.[62] 따라서 聖=聖而일 가능성이 있어서 성골이 실재했던 것으로 보아야 할 것이다. 성골은[63] 『삼국유사』, 왕력에 따르면, 법흥왕, 진흥왕, 진지왕, 진평왕, 선덕여왕, 진덕여왕의 6왕이다.

중성리비(441년)와 냉수리비(443년)에서는 一伐干(1), 伊干(2), 迊干

---

57) 小舍와 동일한 관등명이다. 경위 17관등명 가운데 13관등명이다.
58) 武田幸男, 「新羅の骨品體制社會」『歷史學硏究』299, 1965.
59) 이종욱, 「신라 중고 시대의 성골」『진단학보』59, 1980.
60) 국립경주박물관, 『신라와전』, 2000, 117쪽의 연화문수막새 참조. 연판의 가운데에 줄을 넣어서 2분한 연화문수막새의 편년은 7세기 전반이다.
61) 관세음보살상의 聖자가 성골을 가리킨다면 신라에서 성골 왕이 끝나는 654년이 선도산마애 아미타삼존불상의 하한이다. 따라서 선도산삼존불상의 편년은 聖자에 의해 7세기 전반으로 볼 수가 있다.
62) 김창호, 「경주 불상 2예에 대한 이설」『한국 고대 불교고고학의 연구』, 2007, 333쪽.
63) 성골에는 탁부와 사탁부의 지배자가 모두 성골이었는데, 사탁부인 왕비족 쪽에서 먼저 대가 끊어져 성골이 없어진 것으로 본다.

(3), 波珍干(3), 大阿干(4)에 해당되는 진골 관등과 大舍(12), 舍知(13), 吉士(14), 大鳥(15), 小鳥(16), 造位(17)에 해당되는 4두품 관등이 나오지 않고 있다. 진골과 4두품에 해당되는 관등명이 없어서인지 아니면 관등명은 있었는데 임용할만한 사람이 없어서인지 잘 알 수가 없다. 6두품과 5두품에 해당되는 관등명이 중성리비와 냉수리비에서는 모두 나오고 있는 것으로 보아서 전자를 취해 중성리비와 냉수리비 단계에서는 아직까지 진골이나 4두품에 해당되는 관등은 없었다고 본다.

신라 6부에는 왕족인 탁부, 왕비족인 사탁부,64) 제3세력인 본피부가65) 있고, 그 보다 세력이 약한 부로 모탁부, 한지부,66) 습비부가67)

---

64) 고신라 금석문 자료인 인명 표기에 나오는 부명과 울주 천전리서석 추명(539년)에 근거할 때 모량부 박씨가 왕비족이 아니라 사탁부가 왕비족이다. 이 점을 문헌사가들은 놓치고 있는 듯하다.

65) 본피부의 위치는 새로 설정해야 된다. 고신라 금석문에서 인명표기가 10여명이 나와서 탁부와 사탁부의 다음을 차지하고 있다. 그래서 탁부와 사탁부의 무덤이 있던 곳은 황오리, 황남동, 로서리, 로동리 등의 읍남고분군이고, 본피부의 무덤은 건천 모량리에 있는 적석목곽묘라고 생각된다. 종래에는 모량리라는 지명과 모량부가 왕비족으로 보아서 모량부의 무덤으로 보아 왔다. 모량부는 왕비족도 아니라서 모량리의 무덤의 주인공이 될 수가 없고 본피부의 무덤으로 판단된다.

66) 다경기와요에서는 漢只명 또는 漢명 기와가 나온 것으로 추정되고 있다. 망성리기와요지에서 나온 習部명 등의 기와 명문과 함께 월지와 동궁의 기와로 사용되었는데 그 숫자는 각 부의 전체 기와가 1/100 정도밖에 되지 못한다. 그래서 그 사용처가 100장 또는 200장의 기와를 나타내는데 사용했을 것이다.

67) 습비부는 망성리 가와 요지에서 680년경에 습부명 등 기와를 생산했고, 679년에는 儀鳳四年皆土란 기와를 생산했다. 儀鳳四年皆土명기와는 儀鳳四年皆土(679년)명기와의 皆土의 土를 全土나 國土의 의미로 보아서 率土皆我國家로 의미로 해석하거나, 679년을 실질적인 신라의 통일 연대로 보거나, 年月日이 모두 음양오행의 土인 때를 가리키는 것으로 보거나, 儀鳳四年皆土를 納音五行(年土·月土·日土인 때)으로 보거나, 모두 아울렸으니 우리 땅이 되었다고 皆土를 해석하고 나서 儀鳳四年皆土는 백제를 포함하는 땅을 모두 아울렸다는 의식의 표현이라고 보고 있으나, 儀鳳四年皆土는 679년에는 다 (기와의) 흙이 다로도 해석된다. 그래서 다경 와요지 등에서 출토된 기와의 중요성을 통일신라에서는 부각시키고 있다. 다경 와요지(한지부)와 망성리 요지(습부)야말로 신라의 대규모 본격적인 기와 생산에 획을 그었다. 그러한 자신감을 儀鳳四年皆土라고 기와에 박자로 찍어서 생산한 것으로 판단된다. 儀鳳四年皆土은 기와에 있어서 신라인의 자긍심을 나타내는 것이다. 이를 率土皆我國家 등의 정치적으로나 納音五行 등으로 풀이하는 것은 문제가 있는 듯하다. 기와 명문은 기와 내에서 풀어야 되기 때문이다. 이 기와는 신식단판으로 된 확실한 기와로 유명하다. 儀鳳四年皆土를 해석하는 다른 방법은 儀鳳四年(679년)에 皆土를 제와총감독으로 보아서 皆土을 인명으로 보는 방법이다. 이렇게 인명으로 보는 해석 방법이 보다 타당성이 있는 듯하다. 왜냐하면 삼국시대나 통일신라시대에 있어서 연간지나 연호 뒤에 오는 기와 명문에서 단어에 인명이 포함되지 않는 예가 없기 때문이다.

있었다. 종래 학계에서는 중고 왕실하면 탁부를 왕족, 모탁부를 왕비족으로 보아 왔다. 이는 잘못된 것으로 고신라 국가 차원의 금석문에 나오는 인명표기의 숫자에 모탁부는 단 1명도 없다. 따라서 고신라의 중고 시대 왕비족은 모탁부가 아닌 사탁부이다. 최근에는 왕족을 탁부와 사탁부로 보기도 하나 이는 잘못된 것으로 왕족은 탁부밖에 없고, 왕비족도 사탁부밖에 없다.

　신라의 신분 제도 때문에 더 이상 올라갈 수 없는 예인 重官等制가

곧 儀鳳四年皆土의 皆土가 어떤 방법으로 해도 해석이 되지 않아서 인명으로 보면 완벽하게 해석이 가능하다. 儀鳳四年皆土은 제와총감독의 인명을 기록하여 제와의 책임을 지게 한 기와이다. 망성리기와요에서 習部명기와와 儀鳳四年皆土명기와가 나오는 것으로 알려졌는데 그 기와의 생산량이 너무 많아서 망성리기와요 이외에 儀鳳四年皆土명기와를 생산하는 다른 窯가 있었지 않나 추측하는 바이다. 그래서 나정에서 나온 左書를 포함하여 5가지의 拍子가 있는 것으로 보아 더욱 그러하다.

또 습비부의 기와 요지는 망성리이므로 전 신라에서 가장 유명한 와요지이다. 월지와 동궁에 납부한 습부 기와도 있다. 탁부, 사탁부, 본피부, 모탁부의 기와 요지가 없는 것은 이상하다. 이들 4부의 기와 요지도 발견될 것이다. 망성리와요지에서 習, 習部명, 習府명, 井마크가 儀鳳四年皆土명기와는 공반하지 않았다. 곧 儀鳳四年皆土명기와에는 習명, 習部명, 習府명, 井마크가 함께 새기지 않고 있다. 儀鳳四年皆土명기와는 탁부나 사탁부가 감당할 수 있고, 습비부만으로는 감당할 수도 없을 것이다. 儀鳳四年皆土명기와는 왕족인 탁부나 왕비족인 사탁부가 생산한 것으로 해석해야 될 것이다. 신라 기와는 도입 초에 암막새처럼 생긴 기와가 瓦形寶器나 瓦形儀器로 나온다. 이는 기와의 중요성을 탁부나 사탁부에서도 충분히 감지하고 있었다. 그렇게 중요하고 통치의 수단으로 지방이나 중앙 귀족 등에 기와의 분여를 할 수 있는 탁부와 사탁부가 기와를 만들지 않았다는 것은 이해할 수가 없다. 기와집은 왕궁, 궁궐, 사원, 귀족집, 지방 관아 등 권위를 나타내는 건물에 사용된다. 이러한 권위를 나타내는 건물의 축조야말로 왕족과 왕비족의 전유물이다. 따라서 탁부와 사탁부도 기와를 만들었다고 판단된다. 특히 儀鳳四年皆土명기와는 습비부의 전유물이 아니라고 판단된다. 습비부를 儀鳳四年皆土명기와를 생산한 것으로 본 것은 잘못이고, 탁부와 사탁부에서 만들었을 것이다. 儀鳳四年皆土명기와에는 습비부를 나타내주는 習部명이나 習府명이나 井의 마크가 없다. 문무대왕이 죽기 2년전에 만들어진 儀鳳四年皆土명기와은 당대 최고의 기와로 내남면 망성리 기와 가마터, 사천왕사지, 인왕동절터, 국립경주박물관 부지, 월지, 월성 및 해자, 첨성대, 나원리 절터, 칠불암, 선덕여고 부지, 동천동 택지 유적, 나정 등 경주 분지 전역에서 출토되고 있어서 679년에만 儀鳳四年皆土명기와를 만들었다고 볼 수가 없다. 기와는 와범만 있으면 후대에도 얼마든지 조와가 가능하다. 景辰年五月卄日法得書에서 연월일 다음에 인명(法得)이 옴을 밝혀주는 자료이다. 法得은 製瓦 제작자나 감독자로 판단된다. 이 기와는 신라 기와의 원통 기와의 원향이 백제임을 밝혀주는 자료이다. 이 자료에 따르면 656년(景辰年=丙辰年)에 확실한 장판 기와가 있어서 문제가 된다. 신라에서 고식 단판은 6세기 전반에서 7세기 전반, 신식 단판은 7세기 후반, 중판은 7세기 후반~8세기, 9~10세기 장판이고, 경주에서 중판은 7세기 후반에서 9·10세기까지이기 때문에 문제가 생긴다. 왜냐하면 656년은 경주에서 완벽한 고식단판 기와의 시대이고, 656년은 경주 이외의 지역에서는 단판 기와의 시기이기 때문이다.

금석문에 나오는 예로는 重阿飡金志誠(719년, 감산사미륵보살조상기)과 重阿飡金志全(720년, 감산사아미타여래조상기)가 유명하다. 重阿飡金志誠과 重阿飡金志全은 동일인이다. 6두품으로 6관등인 阿飡에서 더이상 올라가지 못하고 重阿飡이 되어 중관등에 머물렀다.[68] 또 창녕비의 大等沙喙屈珍智大一伐干이 있다. 제1관등인 一伐干에서 중관등인 大一伐干이 받았다. 창녕비에 나오는 大等沙喙屈珍智大一伐干에 대해서는 더 이상 아는 것이 없다. 그가 沙喙部 출신이라서 그런지 喙部 출신인 異斯夫와 喙部 출신인 居柒夫와는 달리 문헌에 등장하지도 않고, 열전에도 없다. 또 竅興寺鐘銘(856년)에 上村主三重沙干堯王이란 인명표기가 있으나 사간에도 중관등제가 실시되었으나 그 상세한 것은 알 수 없다.

신라에 있어서 골품제와 6부와의 관계는 다음과 같다. 왕족인 탁부와 왕비족인 사탁부에는 성골이 있고, 탁부와 사탁부에는 진골도 있다. 탁부, 사탁부, 본피부에는 6두품이 있고, 탁부, 사탁부, 본피부, 모탁부, 한지부, 습비부에는 5두품이 있고, 탁부, 사탁부, 본피부, 모탁부, 한지부, 습비부에는 4두품이 있고, 탁부, 사탁부, 본피부, 모탁부, 한지부, 습비부에는 평민이 있고, 탁부, 사탁부, 본피부, 모탁부, 한지부, 습비부에는 노예가 각각 있었다. 금석문에 나오는 관등명과 낭혜화상비 득난조에 의거할 때 탁부와 사탁부는 부족장이 성골이나 진골, 본피부는 그 부족장이 6두품, 모탁부, 습비부, 한지부는 그 부족장은 5두품으로 6두품도 아니라고 판단된다. 혹자는 망성리요지를 습비부의 근거지로, 다경요지를 한지부의 근거지로[69] 각각 보고 있으나 어디까지나 작업장으로서 요지일 뿐이지 습비부와 한지부의 위치와는 관계가 없다. 습비부와 한지부도 경주 분지에서 활약했다고 판단된다. 경주 분지의 북천, 남천, 서천보다 살기 좋은 곳은 없을 것이고, 월성이란

---

68) 六頭品이란 용어는 754~755년 사이에 만들어진 신라화엄경사경 六頭品 父吉得阿飡이라고 나온다. 經題筆師同京同智大舍가 그의 아들로 보이는데 그도 바로 6두품이다. 신라화엄경사경에서는 만드는 데에는 직접 참여하지 않고 6두품이라고만 명기하고 있어서, 6두품은 吉得阿飡의 부자뿐으로 판단된다. 그래서 6두품이라고 별도로 써서 아버지임을 밝히고 있다.
69) 다경요는 한지벌부의 가마로 추정하고 있다.

토성도 방어에 중요한 몫을 하여서 6부인들이 살기에70) 안성맞춤이었다.71)

신라사에서 가장 큰 변화의 선을 긋는 시기는 520년경이다. 이때에는 太王制가 채택되어 사용되기 시작했고, 고비용의 적석목곽묘 대신에 저비용의 횡혈식석실분을 사용했다.72) 그래서 이때를 제1차 고대국가 완성기라 부른다. 제2차 고대국가 완성기는 영남 지방에 기와가 보급되는 7세기 전반이다. 520년경을 기점으로 제의 중심의 제정일치 사회가 정치는 太王이, 제사는 제사장이 맡은 제정분리의 사회가 되었다.73) 이렇게 태왕제의 채택과 횡혈식석실분을 사용한 최초의 임금인 법흥왕 때부터를 성골 시대라 부르는 것은 우연의 일치가 아닐 것이다. 법흥왕릉에 대해 알아보자. 태종무열왕릉의 뒤에 4왕릉이 있는데, 위에서부터 아래로 각각 제1호에서 제4호까지로 부르고 있다. 1호묘가 법흥왕 부부무덤, 2호묘가 立宗葛文王과 只召太后의 무덤,74) 3호묘가 진흥왕 부부무덤, 4호묘가 진지왕 부부무덤으로 판단된다.

월지 출토 목간에는 인명은 나오고 있지만 관등명이 없듯이 延嘉七

---

70) 辛亥명보상화문전(711년)으로 알려진 辛亥란 명문은 三川卅方이었다. 3천은 북천, 서천, 남천으로 신라 6부의 삶터와 밀접한 관련이 있다. 3천인 신라 6부에 기와 가마가 20기가 있었다는 뜻으로 보인다. 그렇다면 신라 6부의 영역은 441년 포항중성리신라비에 나오는 사탁부처럼 보다 넓게 보아야 할 것이다.

71) 신라의 수도였던 경주에는 남천, 서천, 북천이 있어서 물에서부터 농사를 짓거나 식수로부터 자유롭고, 반월성이 있어서 수비에 용이하고, 황남동·황오리·노동동·노서동·인왕동 등에 걸쳐서 소재한 읍남고분군이 있어서 3박자를 두루 갖추고 있었다. 이를 두루 갖춘 곳으로는 대구의 달성 공원, 신천 지류, 내당·비산동 고분군이 있다.

72) 대가야 등 가야 세력이 금석문 자료로 보면 고대국가의 문턱에 들어섰으나 고비용의 수혈식석곽묘를 계속 사용했기 때문에 완벽한 고대국가가 되는데 실패하고, 신라와의 경쟁에서 실패해 점령을 당했다.

73) 김창호, 「한국 신석기시대 토착 신앙 문제」, 『한국신석기연구』 12, 2006.

74) 이 두 사람의 왕릉설은 지금까지 한 번도 제기된 바 없이 지금까지 나온 4왕릉에 관한 중요한 학설은 다음과 같다. 1호분은 진흥왕릉(김정희), 법흥왕릉(강인구), 진지왕릉(이근직), 진흥왕비릉(김용성), 법흥왕릉(최민희), 2호분은 진지왕릉설(김정희), 진흥왕릉설(강인구), 진흥왕릉설(이근직), 진지왕릉설(김용성), 진흥왕릉설(최민희) 등이 제기되었다. 3호분은 문성왕릉(김정희), 진지왕릉(강인구), 법흥왕비인 보도부인(이근직), 진흥왕릉설(김용성), 진흥왕비인 사도부인설(최민희), 4호분은 헌안왕릉(김정희), 문흥왕릉(강인구), 법흥왕릉(이근직), 법흥왕릉(김용성), 진지왕릉(최민희) 등이 나와 있다. 입종갈문왕의 비가 문헌에서는 只召太后이므로 立宗葛文王은 왕으로 추존되었을 가능성도 있으나 문헌에는 그러한 사실이 나오지 않고 있다.

年金銅如來立像(479년) 등 고구려 7기의 불상조상기에는 인명은 나오나 관등명이 없다. 이를 해석하면 관등명을 가진 사람이 없어서 기록할 수 없을 것이다. 이 점은 월지 출토 목간에서 관등명이 없는 것과 꼭 같다. 7기의 불상 조상기에서 인명표기에 관등명이 없이 인명표기만 기재되는 이유가 궁금하다. 불교를 도입한 계층이 모두 평민일 수는 없다. 연가7년명금동여래입상에 僧演徒卅人共造75) 곧 승연의 무리인 40인이 함께 만들었다라고 되어 있기 때문이다.

인명 표기에 있어서 관등명이 없으면 거기에 나오는 인명이 적어도 4두품도 아닌 평민이나 노예로 보아야 한다. 당시 진골, 6두품, 5두품, 4두품은 실재하고 있던 시기였으므로 이들이 목간에 등장했다면 신분을 나타내는 관등명도 등장했을 것이다. 기와양이 많아서76) 문무대왕기와라고 불리는 儀鳳四年皆土명기와에는 그러한 예가 없다. 그저 인명의 등장이 고작이다. 이렇게 관등명이 없는 인명을 평민이나 노예로 보면 월지 목간에서와 마찬가지로 儀鳳四年皆土명기와에도 인명만 있어서 평민이나 노예만이 등장한 것으로 해석된다. 평민이나 노예만이 등장하는 이유가 궁금하다. 기와를 만드는 것은 그렇게 고도의 기술을 요하는 것도 아니다. 연호+皆土란 인명만이 나오는 것은 皆土를 평민이나 노예의 인명으로 보는 것 이외에 다른 방법이 없다. 이들은 신라 화랑도처럼77) 골품제의 완충제 역할을 한 것으로 볼 수가 있을

---

75) 승려인 僧演의 무리 40인이면, 전부를 평민으로 보기가 어렵지만 어떻게 된 연유인지 관등명을 가진 인명은 나오지 않고 있다. 또 四十을 卅으로 쓰는 것은 광개토태왕비(414년) 1예, 백제 쌍북리 구구단 목간에서 5예, 695년의 신라 둔전문서에서 卅의 예가 두번 있고, 영천청제비 정원14년비(798년) 1예과 함께 10예가 있다. 卅를 四十으로 표기한 예는 없다. 그래서 합천대가야비의 辛亥年△月五日而△村四十干支의 四十干支를 471년 또는 531년의 대가야 왕경과 지방의 干支(족장)으로 해석하는 것은 문제가 있다. 대가야비는 四十을 卅으로 쓰지 않는 유일한 예가 되기 때문이다. 따라서 辛亥年△月五日而△村四干支로 판독해 4명의 왕경의 干支가 모인 것으로 풀이하고, 국왕도 干支로 불리었다고 해석해야 될 것이다.

76) 儀鳳四年皆土명기와 나오는 곳으로 궁궐·국가 시설로는 월성, 월성해자, 월지, 동궁, 경주박물관 부지, 인왕동 왕경유적II, 계림로 건물지, 나정, 월성 발천 석교가 있고, 사찰 유적으로는 나원리사지, 인왕동사지, 사천왕사지. 황룡사남편, 미탄사지, 칠불암이 있고, 생산유적으로는 망성와요지가 있고, 왕경유적으로는 첨성대부근, 인왕동566, S1E1이 있다. 이 儀鳳四年皆土명기와는 그 수나 양에 있어서 신라 최고의 기와이기 때문에 문무대왕기와라고도 부른다.

것이다. 왜냐하면 儀鳳四年皆土명기와에서는 문무대왕기와라고 불리는
기와에 평민 아니면 노비인 皆土의 인명이 기록되어 있기 때문이다.

V. 맺음말

儀鳳四年皆土의 皆土는 최초의 보고자가 率土皆我國家로 풀이하고
나서, 큰 의미가 있는 것으로 착각해 왔다. 그래서 실질적인 삼국 통
일은 676년이 아니고 679년이라고까지 주장해 왔다. 또 納音 五行으
로 年月日이 모두 土인 해로 추정한 견해가 나오기도 하였다. 이렇게
다양한 가설 때문에 皆土를 해석하는데 학계에서 의견의 일치는 보지
못하고 있다.

여기에서는 통일 신라와 고려 초의 기와 금석문에서 연호나 연간지
뒤에 인명과 건물명이 옴을 근거로 儀鳳四年皆土의 皆土를 인명으로
보았다. 경주 시내 전체에서 궁궐, 국가시설, 사찰, 생산 유적, 왕경
유적 등에서 출토되는 儀鳳四年皆土명기와는 그 수나 양에서 기와 중
에서 가장 많고 기술상으로 발달된 기와이라서 문무대왕 기와라고도
불린다.

骨品制 속에서의 皆土를 살펴보았다. 신라 월지의 목간이나 고구려
금동불 명문에서 관등이 보이지 않아서, 儀鳳四年皆土의 皆土도 그렇게
큰 대공사를 하는데 製瓦에 공헌하면서도 관등도 없이 인명만 나오고
있어서 노예나 평민으로 보았고, 그 이름을 기와에 쓰는 것을 국기가
허락한 점은 앞의 월지 목간이나 금동불처럼 모두 신라 화랑도와 마찬
가지로 골품제의 완충제 역할을 한 것으로 보았다.

---

77) 이기동, 『신라 골품제사회와 화랑도』, 일조각, 1984.

제7절. 경주 신라 횡혈식석실분 기와 출토 묘주의 골품

I. 머리말

횡혈식석실분에서는 가끔 기와가 나온다. 그 기와는 물을 밖으로 내는 배수로 역할을 할 때도 있고, 머리 밑에 까는 비개의 역할을 할 때도 있고, 그냥 부장품과 함께 매장되었을 때도 있다. 이러한 다양한 역할을 하지만 기와가 중요할 때라 寶器의 역할을 하는 것은 분명한 것이다. 그렇다고 기와가 모든 횡혈식석실분에서 출토되는 것도 아니고, 극히 일부에서 출토되고 있어서 기와와 함께 묻힌 피장자의 신분이 궁금하다.

횡혈식석실분에서 기와가 나오는 고분은 경주가 가장 많다. 경주 이외의 지방에서 나오지 않는 것도 아니다. 그러나 지방에서 출토되는 기와의 양은 무시해도 좋을 만큼 적다. 기와가 횡혈식석실분에서 출토되는 것은 골품제 가운데 진골, 6두품, 5두품, 4두품, 평민, 노예 가운데 어느 계층까지를 가리키는 법이 있었을 것이다. 그렇지 않고서는 아무나 기와를 무덤에 넣는 것은 골품체제 아래서는 상상도 못할 일이다.

같은 횡혈식석실분이면서 어떤 고분에는 기와가 나오고, 어떤 고분에서는 나오지 않는다. 그것도 기와가 나오는 고분을 따로 구획해서 기와 출토 고분 지역으로 나누어놓은 것도 아니다. 곧 기와가 나오는 고분은 불규칙하게 분포하고 있다. 그래서 그 신분 계층을 찾는데 어려움이 있다. 이렇게 불규칙한 분포를 지닌 기와 출토 횡혈식석실분을 연구하는 것은 대단히 어렵다.

횡혈식석실분의 주인공 신분을 규명하는 것은 고고학적인 검토만으로는 불가능하고, 문헌이나 금석문의 연구 결과를 원용하지 않으면 안된다. 특히 최근에 들어와 발견예가 늘고 있는 금석문의 연구 성과는 대단히 중요하다. 금석문에서는 왕비족으로 모량부 대신에 사탁부를 주목하는 등으로 새로운 학설을 내고 있다. 금석문에서의 새로운 결론은 횡혈식석실분의 주인공 신분을 규명하는데 중요하다.

여기에서는 먼저 기와가 출토하는 경주의 횡혈식석실분의 유적 개요를 소개하겠다. 다음으로 횡혈식석실분 출토의 기와를 검토하겠다. 마지막으로 기와가 출토되는 횡혈식석실분의 신분을 검토해보기로 하겠다.[1)]

II. 유적 개요

1) 서악리고분군

서악리고분군은 현재 경주시내 서쪽, 선도산 기슭에 크고 작은 고분 군들이 조성되어 있으며, 네 개의 그룹으로 나누어진다. 그 가운데에서 가장 중심이 되는 고분군은 태종무열왕릉이 위치한 서악동고분군이라 할 수 있다. 이 고분군은 태종무열왕릉을 필두로 해서 모두 5기가 나란히 일정한 거리를 두고 위치하고 있다.[2)] 이 중심 고분군을 중심으로 기준으로 해서 남쪽에 위치하는 고분군을 1군, 북쪽 고분군을 2군, 나머지 서라벌대학 뒤편에 위치한 3군으로 구분해 볼 수 있다.

1군의 고분군은 경주에서 건천으로 가는 국도에 의해 선도산 자락이 절토되어 있는 곳의 주변 전체이다. 이곳에는 잘 알려진 獐山 土俑塚이 있고,[3)] 그 주변에 산의 지형을 변화시킨 대형 횡혈식석실분으로 추정되는 신라 시대 고분군이 위치한다. 2군의 고분군은 무열왕릉 북쪽에 위치하고 있으나 정식으로 학술 조사를 한 적이 없다. 3군의 고

---

1) 이 논문은 조성윤,「경주 신라 횡혈식석실분 출토 기와의 주인공 문제」『경주문화』19, 2013에 힘입은 바 크다.
2) 태종무열왕릉의 뒤에 4왕릉이 있는데, 위에서부터 아래로 각각 제1호에서 제4호까지로 부르고 있다. 1호묘가 법흥왕 부부무덤, 2호묘가 立宗葛文王과 只召太后의 부부무덤, 3호묘가 진흥왕 부부무덤, 4호묘가 진지왕 부부무덤으로 판단된다.
3) 장산 토우총이란 명칭은 잘못된 이름이다.

분군은 선도산의 북쪽 산기슭인 현 서라벌대학의 뒤쪽에 있다. 여기에는 크고 작은 봉분의 신라 시대 횡혈식석실분이 있다.

2) 충효리 고분군

충효리 고분군은 선도산 맞은편, 경주시내 서쪽에 있는 옥녀봉 동쪽 기슭으로 대형 고분들이 줄을 지어 분포하고 있다. 그 중에서 김유신 장군묘로 알려진 12지신상 호석이 돌아가는 고분은 입지적으로 우월하다. 대체로 이 고분의 아래쪽인 동남쪽에 고분들이 밀집하여 분포하고 있다. 여기에서 소개하는 자료는 1932년에 발굴 조사된 경주 충효리 횡혈식석실분 10기 가운데 기와가 출토되는 2·3·7호만을[4] 간단히 소개하기로 한다.

2호분은 시상대 위에 암키와와 수키와가 어지럽게 깔려서 노출되어 있다. 이 평기와들은 뼈와 함께 출토되는 것을 참조하면 주검의 바닥에 깔아서 석침과 족좌 등의 기능을 했을 것으로 추정된다.

3호분은 현실 동쪽에는 6매의 전이 확인되었고, 연도 남쪽 부분에 수키와가 노출되었다.

7호분은 현실에서는 수키와가 석침과 함께 어지럽게 깔려서 노출되었다.

3) 용강동 고분군

현 경주 시내 북쪽, 남북으로 길게 뻗은 소금강산 기슭에는 주로 신라 시대 고분들이 위치하고 있다. 대개 5개의 군으로 나눌 수가 있다. 남쪽으로부터 차례로 설명하면 다음과 같다.

1군은 석탈해왕릉이라고 불리는 곳 주변으로 1987년 국립경주박물관에 의해 횡혈식석실분 1기와 화장묘가 수습 발굴된 바 있다.[5] 2010년에 계림문화재연구원에 의해 도로 확장으로 인한 구제 발굴 조사가 이루어졌는데, 횡혈식석실분을 조사했다.

---

4) 조선총독부,『1932년도고적조사보고』제2책, 1932.
5) 국립경주박물관,「경주동천동 수습조사 보고」『1994년도 국립경주박물관연보』,1994.

2군은 백율사의 북쪽으로 2006년 신라문화유산조사단에 의해 석실묘 5기가 조사되어 보고되었다.[6]

3군은 2군과 아래에서 소개할 4군의 가운데쯤에 위치한다. 1968년 문화재관리국에 의해 수습 발굴되었고, 최근 국립경주문화재연구소에 의해 보고되었다.[7]

4군은 대구가톨릭대학교 박물관에 의해 1994년 근화여자고등학교를 건립하기 위해서 구제 발굴된 유적이다.[8] 이들 유적은 지형을 중심으로 1구간과 2구간으로 나누어 총 105기의 분묘가 발굴 조사되었으며, 봉분의 유무와 크기에 따라 대형분 3기, 중형분 15기, 소형분 87기로 구분하여 보고했다. 이 가운데에서 기와가 출토되는 것으로는 대형분 3기(1구간 1·4·6호분), 중형분 2기(1구간 2·9호), 소형분 4기(1구간 5·7호와 2구간 29·31호)이다.[9] 이 기와들은 대부분 평기와이고, 수막새도 포함되어 있다. 수막새는 드림부는 없고, 와당 부분만 남아 있는 것으로 못 구멍이 있는 것이다. 평기와 대부분은 단판타날기와이다.

5군은 최근 (재)성림문화재연구원에 의해 2010~2011년에 걸쳐서 용강동 승삼마을 진입로 확·포장 공사에 따른 구제 발굴 유적이다.[10] 이 유적에서는 석실묘 21기, 석곽묘 22기, 옹관묘 3기, 적석목곽묘 1기, 토광묘 1기 등이 조사되었다. 이 가운데 기와가 나온 고분은 7기로 평기와가 나왔으며, 모두 단판타날이다.

4) 방내리 고분군
경주 시내를 중심으로 그 서쪽에 건천읍이 자리 잡고 있으며, 이 건천읍의 동남쪽에 방내리 고분군이 위치하고 있다. 방내리 고분군은 단

---

6) (재)신라문화유산조사단,『경주 용강동 고분군-229·225·224번지 유적-』,2008.
7) 국립경주문화재연구소,『경주시 용강동 82번지 석실분 발굴조사보고』,2009.
8) 대구가톨릭대학교 박물관,『경주 근화여중고 신축부지내 경주 용강동 고분군 I(제1구간)·II(제2구간)』,2009.
9) 이들 기와는 강유신선생의 후의로 실견하였다. 대개 7세기의 기와였다.
10) (재)성림문화재연구원,『동주 동천동 산13-2번지 유적-승삼마을 진입로 확·포장공사구간-』,2013.

석산(해발 827m) 북사면 자락에서부터 말암산으로 이어지는 구릉에서 평지에 이르기까지 분포하며, 현재까지 5차례에 걸쳐서 발굴 조사가 실시되었다.

첫 번째는 1968년 경부고속도로 건설과정에서 도로에 포함되는 발굴이다.11) 이 발굴에서는 적석목곽묘 19기, 횡혈식석실분 30기, 석곽묘 18기가 조사되었다. 이 가운데에서 횡혈식석실분 36호, 40호, 42호에서는 기와가 출토되었다.

두 번째는 1994년 경부고속도로 건천간이휴게소 건설 부지에 대한 발굴 조사이다.12) 이 발굴 조사에서는 횡혈식석실분 37기, 횡구식석실분 7기, 수혈식석곽묘 11기 총 55기와 6기의 지석묘가 조사되었다. 이 가운데에서 횡혈식석실분 36호와 소형석곽묘 55호에서 기와가 나왔다.

세 번째는 1966년 모량-신평간 농어촌도로 확·포장 공사로 인한 수습 발굴이었다.13) 여기에서는 횡혈식석실분 8기, 횡구식석실분 3기가 조사되었다.

네 번째는 경부고속철도 건설공사구간 부지내의 발굴조사이다.14) 여기에서는 청동기시대 주거지 8동, 신라시대 석곽묘 34기, 석실분 23기, 고려시대 석곽묘 1기, 조선시대 토광묘 1기, 수혈 등이 조사되었다. 횡혈식석실분 8호에서 기와가 나왔다. 기와들은 선문중판타날이었다.

다섯 번째로 신라문화유산연구원에서 발굴한 것이다.15) 이 유적에서는 기와는 나오지 않았다.

5) 월산리 고분군

11) 국립경주문화재연구소, 『경주 방내리고분군(출토유물)』, 1996.
    국립경주문화재연구소, 『경주 방내리고분군(본문)』, 1997.
12) 국립경주문화재연구소, 『건천휴게소신축부지』, 1995.
13) 국립경주문화재연구소, 『문화유적발굴조사보고(긴급발굴조사보고서)』, 2009.
14) 영남문화재연구원, 『경부고속철도 건설공사내 경주 방내리 고분군』, 2009.
15) 신라문화유산연구원, 『경주의 문화유적 XIII-경주 방내리 174-2번지 단독주택 건립부지내 유적-』, 2011.

경주 시내를 중심으로 남쪽에 내남면이 자리 잡고 있으며, 그 곳에 월산리가 있다. 월산리 고분군은 그 곳의 남북으로 연결되어 있는 峻珠峰(해발 354m)의 동쪽 사면에 위치한다. 여기에서는 청동기시대 주거지 48동, 신라 시대 분묘 유적 186기, 고려시대의 기와 가마 등이 발굴되었다.16)

Ⅲ. 기와의 편년

신라의 기와는 지금까지 많은 연구 성과가 있어 왔다.17) 그 가운데 주연부에 연주문이 있으면 통일 신라의 기와이고, 연주문이 없으면 고신라의 기와라고 보았다. 그러나 5세기 3/4분기로 편년되는 飾履塚에서 출토된 신발의 바닥면에서 연화문과 연주문이 나온다.18) 연주문을 근거로 하는 고신라와 통일 신라의 구별은 그 근거가 없다.

경주에서는 儀鳳四年皆土명기와와 세트를 이루는 기와로 중판연화문수막새, 무악인동문암막새, 귀면와 등에 의해 신식단판기와와 중판기와를 구분하는 기준으로 보고 있으나 나정, 월성 발천 석교(우서)에서 나온 Ⅱ유형의 儀鳳四年皆土명기와는 左書이고 동시에 중판이다. 월지·동궁 등의 유적에서 나온 Ⅰ유형의19) 儀鳳四年皆土명기와는 단판으로 신식단판이라고도 한다. 679년의 기와인 儀鳳四年皆土명기와는 중판과 신식단판의 이중인 기와 곧 중판과 신식단판의 과도기로 보인다.

신라에서 고식 단판 6세기 전반~7세기 전반, 신식 단판 7세기 후반(의봉사년개토명, 습부명, 한지명 암키와), 중판은 7세기후반~9·10세기로 판단하고 있다. 지방은 중판이 7세기 후반~8세기에, 경주를 제외한 지방에서는 장판이 9세기 전반부터 출토되고 있다고 한다. 그런데 익산 미륵사지에서 출토된 기와중에는 景辰年명기와가 나오는데20) 이는 피휘 때문에 656년이라는 절대 연대를 가지게 되고, 656

---

16) 국립경주문화재연구소, 『경주월산리유적』, 2003.
17) 김성구의 와당을 중심으로 한 일연의 연구이다.
18) 馬目順一, 「慶州飾履塚古新羅墓の硏究-非新羅系の系統と年代-」『古代探叢』Ⅰ, 1980.
19) 이 기와는 그 수나 양이 많아서 문무대왕기와라고도 부른다.

년에도 장판타날기와가 있었음을 웅변해 주고 있다. 바꾸어 말하면 장판타날기와를 9세기로 보는 것은 문제가 있다는 이야기이다.

경주 지역 횡혈식석실분에서 출토되고 있는 기와는 대개 6세기 전반에서[21] 7세기 후반까지 나온다는 점이 주목된다. 8세기에는 경주 지역에서 횡혈식석실분이 없고, 화장묘인 골장기가 유행한다.[22] 경주 지역에서 적석목곽묘와 횡혈식석실분의 교체는 520년이다. 520년 이전의 기와도 출토될 수가 없다. 경주 지역에서 가장 빠른 기와는 5세기 4/4분기이다.[23] 신라의 횡혈식석실분에서는 500~520년 사이의 기와는 없다. 왜냐하면 횡혈식석실분은 520년경에 등장하기 때문이다.

Ⅳ. 횡혈식석실분 묘주의 골품

경주에 있어서 횡혈식석실분 묘주의 신분 문제는 금석문에 나오는 부명과 직결된다. 문헌으로 하면 모량부가 왕비족으로 보는 식이 되어 버린다. 신라 중고의 왕비족은 사탁부이다. 신라의 금석문 자료는 그 수가 많아서 연구하기에 좋다. 신라 6부가 신라 중고 금석문에서 어떤 양태로 나오는지를 조사하기 위해 먼저 신라 중고 금석문 자료를 통해 검토해 보기로 하자. 우선 중고 금석문에 나타난 각 부명별 인명의 수를 제시하면 다음의 〈표 1〉과[24] 같다.

---

20) 김창호,「益山 彌勒寺 景辰銘 기와로 본 고신라 기와의 원향」『韓國學硏究』1, 1988.
21) 520년경에 처음으로 횡혈식석실분이 축조되어서 500~520년 사이의 기와는 매장될 수가 없다.
22) 경주에서는 300~520년 적석목곽묘시대, 520~700년 횡혈식석실분시대, 700~800년 골장기시대, 800~935년 무고분시대이다.
23) 조성윤,「新羅 瓦의 始原 問題」『신라문화』58, 2021.
24) 중성리비의 건립 연대는 441년이고, 냉수리비의 건립 연대는 443년이다. 이들은 중고 시대를 벗어나고 있다. 일설에 따라서 중성리비의 건립 연대를 501년으로, 냉수리비의 건립 연대를 503년으로 각각 보드라도 〈표 1〉의 결론에는 변함이 없다. 중성리비의 경우 탁부 9명, 사탁부 9명, 본피부 3명, 불명 5명이고, 냉수리비의 경우 탁부 7명, 사탁부 7명, 본피부 2명이다.

<表 1> 중고 금석문에 나타난 각 부명별 인명의 수

비 명	탁부	사탁부	본피부	불명	계
봉평비	11	10	1	3	25
적성비	7	3		2	12
창녕비	25	14	1	3	39
북한산비	5	3			8
마운령비	11	6	2	1	20
황초령비	11	4		5	20
계	66	40	4	14	124

〈표 1〉에 있어서 524년에 건립된 봉평비에서는 탁부 11명, 사탁부 10명, 본피부 1명, 불명 3명으로 총 25명이다. 545년이나 그 직전에 세워진 적성비에서는 탁부 7명, 사탁부 3명, 불명 2명으로 총 12명이다. 561년에 세워진 창녕비에서는 탁부 25명, 사탁부 14명, 본피부 1명, 불명 3명으로 총 39명이다. 561~568년에 세워진 북한산비에서는 탁부 5명, 사탁부 3명으로 총 8명이다. 568년에 세워진 마운령비에서는 탁부 11명, 사탁부 6명, 본피부 2명, 불명 1명으로 총 20명이다. 568년에 세워진 황초령비에서는 탁부 11명, 사탁부 4명, 불명 5명으로 총 20명이다. 각 부별 인원수는 탁부 66명, 사탁부 40명, 본피부 4명, 불명 14명으로 총 124명이다.

탁부와 사탁부는 관등이 진골에 해당되는 것이 있어서 이들 부에는 성골, 진골, 6두품(득난), 5두품, 4두품, 평민, 노예가 있었음을 알 수 있다. 본피부는 창녕비에 大等의 관직을 가진 자가 있고, 그의 관등이 及尺干(9관등)으로 6두품에 해당된다. 따라서 본피부에는 6두품, 5두품, 4두품, 평민, 노예가 있었다. 모탁부, 습비부, 한지부는 중고 시대에는 모탁부가 남산신성비 제2비에 모탁으로 나오는데 그의 관등은 大鳥로 추정된다. 월성 해자 목간에 모탁이 나오는데 그 정확한 시기는 알 수가 없다. 가장 확실한 예는 월지에서 나온 塼 명문이 있다. 그 명문을 제시하면 다음과 같다.

①調露二年
②　漢只伐部君若小舍……

③   三月三日作康(?)……

　이는 '조로2년(680년)에 한지벌부의 군약 소사(14관등)가 (감독했고), 3월 3일에 作康(?)이 만들었다.'로 해석된다. 이 자료는 금석문에서 부명이 통일 신라에서 나오는 드문 예이고, 小舍(=舍知, 17관등중 13관등)가 4두품이다. 5두품인 大奈麻(10관등)와 奈麻(11관등)는 출신부와 함께는 나오지 않는다. 그래서 모탁부, 한지부, 습비부를 다스리는 부족장의 관등을 알 수가 없다. 그러면 신라 골품제의 기본적인 자료인 낭혜화상비의 관련 구절을 조사해 보기 위해 관계 구절을 제시하면 다음과 같다.

　　父範淸, 族降眞骨一等 曰得難. 國有五品 曰聖而 曰眞骨, 曰得難, 言貴姓之難得. 文賦云 或求易而得難從言, 六頭品數多, 爲貴 猶一命至九 其四五品不足言.

　낭혜화상의 아버지인 범청이 진골에서 족강 1등하여 득난(6두품)이 되었다.[25] 나라에 5품이[26] 있었다. 성이(성골)라고 하고, 진골이라고 하고, 득난이라고 한다. (聖而·眞骨·得難의) 귀성은 어렵게 얻음을 말한다. 『文賦』에[27] 이르기를 혹 쉬운 것을 찾되 어려운 것은 얻는다. 종래 말하기를 6두품의 數가 많아서 貴하게 되는 것은 一命(伊伐干)에서 九命(級伐干)까지이고,[28] 그 4·5두품은 足히 말할 바가 못 된다.
　골품제가 성골, 진골, 6두품, 5두품, 4두품까지만 있고, 1~3두품은 없다. 그래서 골품제의 형성 초기에는 3두품, 2두품, 1두품도 있다고 보았다. 그런데 중성리비(441년)와 냉수리비(443년)에서는 진골과 4두품에 해당되는 관등도 없어서 문제가 된다.[29] 바꾸어 말하면 5세기

---

25) 김두진,「낭혜와 그의 선사상」,『역사학보』57, 1973에서는 김범청이 김헌창의 난에 연루되어 족강 1등했다고 보고 있다.
26) 聖而, 眞骨, 六頭品(得難), 五頭品, 四頭品을 가리킨다.
27) 중국 西晉때 陸機가 글짓기에 대해 옳은 賦. 文은 古文을 가리킨다.
28) 이에 대해서는 김창호,「신라 무염화상비의 득난조 해석과 건비 연대」『신라문화』22, 2003 참조.

중엽까지는 3두품, 2두품, 1두품이 없었다는 이야기가 된다. 더구나 낭혜화상비 득난조에는 國有五品이라고 해서 五品을 성이, 진골, 득난 (6두품), 5두품, 4두품만 언급하고 있을 뿐, 3두품·2두품·1두품에 대해 서는 언급이 없다. 따라서 1두품·2두품·3두품은 본래부터 있다가 없어 진 것이 아니고 본래부터 없었다고 사료된다.

골품제와 관등제와의 관계는 성골은 왕족으로 17관등을 초월하여 어느 관등에도 오르는 것이 가능하지만 아직까지 성골이 관등에 진출 했다는 증거는 없다. 진골만이 할 수 있는 관등은 이벌찬(1관등), 이찬 (2관등), 잡찬(3관등), 파진찬(4관등), 대아찬(5관등)까지이고, 진골과 6 두품이 할 수 있는 관등은 아찬(6관등), 일길찬(7관등), 사찬(8관등), 급벌찬(9관등)까지이고, 진골과 6두품과 5두품이 할 수 있는 관등은 대나마(10관등), 나마(11관등)이고, 진골과 6두품과 5두품과 4두품이 할 수 있는 관등은 대사(12관등), 사지(13관등), 길사(14관등), 대오 (15관등), 소오(16관등), 조위(17관등)이다.

聖骨에 대해서는 실재설 보다는 추존설이 유력하였다.[30] 聖骨은 성 골이라고 표기하지 않고, 聖而라고 표기하고 있다. 그 뒤에 알려진 535년에 작성된 울주 천전리서석 을묘명에 乙卯年八月四日聖法興太王 節이란 구절이 나온다. 이 聖을 聖而와 같은 것으로 본 가설이 있 다.[31] 그렇다면 성골의 실존설을 무시할 수 없게 되었다. 이러한 聖자 는 7세기 전반에[32] 조성된 선도산아미타삼존불상의 관세음보살상의[33] 등에도 있다.[34] 따라서 聖=聖而일 가능성이 있어서 성골이 실재했던

29) 중성리비(441년), 냉수리비(443년)에는 軍主가 등장하지 않고, 봉평비(524년), 적성비(545 년이나 그 직전), 창녕비(561년), 북한산비(561~568년), 마운령비(568년), 황초령비(568 년)의 6세기 비에는 반드시 군주가 등장하고 있다. 그래서 냉수리비를 503년으로 보면, 군주의 유무가 21년밖에 차이가 없어서 문제가 된다.
30) 武田幸男, 「新羅の骨品體制社會」『歷史學硏究』 299, 1965.
31) 이종욱, 「신라 중고 시대의 성골」『진단학보』 59, 1980.
32) 국립경주박물관, 『신라와전』, 2000, 117쪽의 연화문수막새 참조. 연판의 가운데에 줄을 넣어서 2분한 연화문수막새의 편년은 7세기 전반이다.
33) 관세음보살상의 聖자가 성골을 가리킨다면 신라에서 성골 왕이 끝나는 654년이 선도산마애 아미타삼존불상의 하한이다. 따라서 선도산삼존불상의 편년은 聖자에 의해 7세기 전반으 로 볼 수가 있다.
34) 김창호, 「경주 불상 2예에 대한 이설」『한국 고대 불교고고학의 연구』, 2007, 333쪽.

것으로 보아야 할 것이다. 성골은35) 『삼국유사』, 왕력에 따르면, 법흥왕, 진흥왕, 진지왕, 진평왕, 선덕여왕, 진덕여왕의 6왕이다.

중성리비(441년)와 냉수리비(443년)에서는 一伐干(1), 伊干(2), 迊干(3), 波珍干(3), 大阿干(4)에 해당되는 진골 관등과 大舍(12), 舍知(=소사, 13), 吉士(14), 大鳥(15), 小鳥(16), 造位(17)에 해당되는 4두품 관등이 나오지 않고 있다. 진골과 4두품에 해당되는 관등명이 없어서인지 아니면 관등명은 있었는데 임용할만한 사람이 없어서인지 잘 알 수가 없다. 6두품과 5두품에 해당되는 관등명이 중성리비와 냉수리비에서는 모두 나오고 있는 것으로 보아서 전자를 취해 중성리비와 냉수리비 단계에서는 아직까지 진골이나 4두품에 해당되는 관등은 없었다고 본다.

신라 6부에는 왕족인 탁부, 왕비족인 사탁부, 제3세력인 본피부가36) 있고, 그 보다 세력이 약한 부로 모탁부, 한지부,37) 습비부가38)

---

35) 성골에는 탁부와 사탁부의 지배자가 모두 성골이었는데, 사탁부인 왕비족 쪽에서 먼저 대가 끊어져 성골이 없어진 것으로 본다.

36) 본피부의 위치는 새로 설정해야 된다. 고신라 금석문에서 인명표기가 10여명이 나와서 탁부와 사탁부의 다음을 차지하고 있다. 그래서 탁부와 사탁부의 무덤이 있던 곳은 황오리, 황남동, 로서리, 로동리 등의 읍남고분군이고, 본피부의 무덤은 건천 모량리에 있는 적석목곽묘라고 생각된다. 종래에는 모량리라는 지명과 모량부가 왕비족으로 보아서 모량부의 무덤으로 보아 왔다. 모량부는 왕비족도 아니라서 모량리 무덤의 주인공이 될 수가 없고 본피부의 무덤으로 판단된다.

37) 다경기와요에서는 漢只명 또는 漢명 기와가 나온 것으로 추정되고 있다. 망성리기와요지에서 나온 習部명 등의 기와 명문과 함께 월지와 동궁의 기와로 사용되었는데 그 숫자는 각 부의 전체 기와가 1/100 정도밖에 되지 못한다. 그래서 그 사용처가 100장 또는 200장의 기와를 나타내는데 사용했을 것이다.

38) 습비부는 망성리 가와 요지에서 680년경에 습부명 등 기와를 생산했고, 679년에는 儀鳳四年皆土란 기와를 생산했다. 儀鳳四年皆土명기와는 儀鳳四年皆土(679년)명기와의 皆土의 土를 全土나 國土의 의미로 보아서 率土皆我國家로 의미로 해석하거나, 679년을 실질적인 신라의 통일 연대로 보거나, 年月日이 모두 음양오행의 土인 때를 가리키는 것으로 보거나, 儀鳳四年皆土를 納音五行(年土·月土·日土인 때)으로 보거나, 모두 아울렀으니 우리 땅이 되었다로 皆土를 해석하고 나서 儀鳳四年皆土는 백제를 포함하는 땅을 모두 아울렀다는 의식의 표현이라고 보고 있으나, 儀鳳四年皆土는 679년에는 다 (기와의) 흙이다로도 해석된다. 그래서 다경 와요지 등에서 출토된 기와의 중요성을 통일신라에서는 부각시키고 있다. 다경 와요지(한지부)와 망성리 요지(습부)야말로 신라의 대규모 본격적인 기와 생산에 획을 그었다. 그러한 자신감을 儀鳳四年皆土라고 기와에 박자로 찍어서 생산한 것으로 판단된다. 儀鳳四年皆土은 기와에 있어서 신라인의 자긍심을 나타내는 것이다. 이를 率土皆我國家 등의 정치적으로나 納音五行 등으로 풀이하는 것은 문제가 있

있었다. 종래 학계에서는 중고 왕실하면 탁부를 왕족, 모탁부를 왕비
족으로 보아 왔다. 이는 잘못된 것으로 고신라 국가 차원의 금석문에
나오는 인명표기의 숫자에 모탁부는 단 1명도 없다. 따라서 고신라의

는 듯하다. 기와 명문은 기와 내에서 풀어야 되기 때문이다. 이 기와는 신식단판으로 된
확실한 기와로 유명하다. 儀鳳四年皆土를 해석하는 다른 방법은 儀鳳四年(679년)에 皆土
를 제와총감독으로 보아서 皆土를 인명으로 보는 방법이다. 이렇게 인명으로 보는 해석
방법이 보다 타당성이 있는 듯하다. 왜냐하면 삼국시대나 통일신라시대에 있어서 연간지
나 연호 뒤에 오는 기와 명문에서 단어에 인명이 포함되지 않는 예가 없기 때문이다.
곧 儀鳳四年皆土의 皆土가 어떤 방법으로 해도 해석이 되지 않아서 인명으로 보면 완벽
하게 해석이 가능하다. 儀鳳四年皆土는 제와총감독의 인명을 기록하여 제와의 책임을 지
게 한 기와이다. 망성리기와요에서 習部명기와와 儀鳳四年皆土명기와가 나오는 것으로
알려졌는데 그 기와의 생산량이 너무 많아서 망성리기와요 이외에 儀鳳四年皆土명기와를
생산하는 다른 窯가 있었지 않나 추측하는 바이다. 그래서 나정에서 나온 左書를 포함하
여 5가지의 拍子가 있는 것으로 보아 더욱 그러하다.
또 습비부의 기와 요지는 망성리이므로 전 신라에서 가장 유명한 와요지이다. 월지와
동궁에 납부한 습부 기와도 있다. 탁부, 사탁부, 본피부, 모탁부의 기와 요지가 없는 것
은 이상하다. 이들 4부의 기와 요지도 발견될 것이다. 망성리와요지에서 習명, 習部명,
習府명, 井마크가 儀鳳四年皆土명기와와는 공반하지 않았다. 곧 儀鳳四年皆土명기와에는
習명, 習部명, 習府명, 井마크가 함께 새기지 않고 있다. 儀鳳四年皆土명기와는 탁부나
사탁부가 감당할 수 있고, 습비부만으로는 감당할 수도 없을 것이다. 儀鳳四年皆土명기
와는 왕족인 탁부나 왕비족인 사탁부가 생산한 것으로 해석해야 될 것이다. 신라 기와
는 도입 초에 암막새처럼 생긴 기와가 瓦形寶器나 瓦形儀器로 나온다. 이는 기와의 중
요성을 탁부나 사탁부에서도 충분히 감지하고 있었다. 그렇게 중요하고 통치의 수단으
로 지방이나 중앙 귀족 등에 기와의 분여를 할 수 있는 탁부와 사탁부가 기와를 만들
지 않았다는 것은 이해할 수가 없다. 기와집은 왕궁, 궁궐, 사원, 귀족집, 지방 관아 등
권위를 나타내는 건물에 사용된다. 이러한 권위를 나타내는 건물의 축조야말로 왕족과
왕비족의 전유물이다. 따라서 탁부와 사탁부도 기와를 만들었다고 판단된다. 특히 儀鳳
四年皆土명기와는 습비부의 전유물이 아니라고 판단된다. 습비부를 儀鳳四年皆土명기와
를 생산한 것으로 본 것은 잘못이고, 탁부와 사탁부에서 만들었을 것이다. 儀鳳四年皆土
명기와에는 습비부를 나타내주는 習部명이나 習府명이나 井의 마크가 없다. 문무대왕이
죽기 2년전에 만들어진 儀鳳四年皆土명기와은 당대 최고의 기와로 내남면 망성리 기와
가마터, 사천왕사지, 인왕동절터, 국립경주박물관 부지, 월지, 월성 및 해자, 첨성대, 나원
리 절터, 칠불암, 선덕여고 부지, 동천동 택지 유적, 나정 등 경주 분지 전역에서 출토되
고 있어서 679년에만 儀鳳四年皆土명기와를 만들었다고 볼 수가 없다. 기와는 와범만
있으면 후대에도 얼마든지 조와가 가능하다. 景辰年五月卄日法得書에서 연월일 다음에
인명(法得)이 옴을 밝혀주는 자료이다. 法得은 製瓦 제작자나 감독자로 판단된다. 이 기
와는 신라 기와의 원통 기와의 원향이 백제임을 밝혀주는 자료이다. 이 자료에 따르면
656년(景辰年=丙辰年)에 확실한 장판 기와가 있어서 신라에서 고식 단판은 6세기 전반에
서 7세기 전반, 신식 단판은 7세기 후반, 중판은 7세기 후반~8세기, 9~10세기 장판이
고, 경주에서 중판은 7세기 후반에서 9·10세기까지이기 때문에 문제가 생긴다. 왜냐하
면 656년은 경주에서 완벽한 고식단판 기와의 시대이고, 656년은 경주 이외의 지역에
서는 중판 기와의 시기이기 때문이다.

중고 시대 왕비족은 모탁부가 아닌 사탁부이다. 최근에는 왕족을 탁부와 사탁부로 보기도 하나 이는 잘못된 것으로 왕족은 탁부밖에 없고, 왕비족도 사탁부밖에 없다.

골품제에서 보아도 모탁부, 한지부, 습비부의 부족장이 어느 골품인지 알 수가 없다. 그렇다고 조로2년명보상화문전에 의해 부족장을 4두품으로 보기도 어렵다. 왜냐하면 잔골과 6두품(득난)은 신분의 차이가 하나밖에 없다. 4두품으로 보면 6두품과 신분이 2개의 신분적인 간격이 생긴다. 그래서 모탁부, 한지부, 습비부의 부족의 최고지배자는 5두품으로 본다. 지금까지 신라 6부에서 공통적인 지배자는 5두품이다.

횡혈식석실분의 기와를 부장할 수 있는 6부의 공통 지배자는 5두품이다. 이 5두품이 횡혈식석실분에서 기와를 부장할 수 있는 최저의 신분으로 판단된다. 진골이나 6두품이 그들의 무덤인 횡혈식석실분에 반드시 기와를 묻는 것은 아니다. 왜냐하면 진골이나 6두품 무덤에서는 금동관이 출토해야하지만 그러한 출토 예는 없기 때문이다. 기와는 520년에서부터 7세기 후반에 걸쳐서 횡혈식석실분의 5두품을 주축으로 매장되었고, 진골과 6두품은 매장이 가능했지만 매장하지 않는 사람이 많았다고 판단된다. 왜냐하면 도굴로 인해서 인지는 몰라도 횡혈식석실분에서 기와가 나오면서 동시에 금동관이나 금관이 출토한 예는 전무하기 때문이다.

V. 맺음말

먼저 신라 시대에 있어서 기와가 출토된 횡혈식석실분을 서악리 고분군, 충효리 고분군, 용강동 고분군, 방내리 고분군, 월산리 고분군으로 나누어서 그 개요를 소개하였다.

다음으로 신라에서 고식 단판 6세기 전반~7세기 전반, 신식 단판 7세기 후반(의봉사년개토명, 습부명, 한지명 암키와), 중판은 7세기후반~9·10세기로 판단하고 있다. 지방은 중판이 7세기 후반~8세기에, 경주를 제외한 지방에서는 장판이 9세기 전반부터 출토되고 있다고

한다. 그런데 익산 미륵사지에서 출토된 기와중에는 景辰年명기와가
나오는데, 이는 피휘 때문에 656년이라는 절대 연대를 가지게 되고,
656년에도 장판타날기와가 있었음을 웅변해 주고 있다. 바꾸어 말하
면 장판타날기와를 9세기로 보는 것은 문제가 있다는 이야기이다.

마지막으로 횡혈식석실분에서 기와가 출토되는 골품을 5두품으로
보았다. 기와의 매장에는 진골과 6두품(득난)은 매납이 가능하지만 실
제로 매납에는 참가하지 않는 사람이 많았다고 보았다. 이 진골과 6두
품의 무덤에서는 금동관이 출토되어야하기 때문이다. 경주 횡혈식석실
분에서는 도굴 때문인지는 몰라도 기와와 함께 금동관이나 금관이 발
견된 예는 전무하다.

제8절. 경주 성건동 677-156번지 출토 토기 명문

Ⅰ. 머리말

신라 시대의 금석문 가운데 하나로 토기 명문을 들 수가 있다. 토기 명문은 印刻土器銘文과 외자나 두자 등으로 된 각서를 제외하면 5예를 넘지 않는다. 그래서 토기 명문을 공부하는 것은 어려운 일이다. 서울 사당동 토기 요지 출토 ……△縣器村何支爲……, ……舍知作[1] 등과 大中 十二年 彌力寺銘 토기편과[2] 월지 출토 十石入瓮[3] 정도가 있을 뿐이 다.[4] 여기에서 소개하고자 하는 토기 명문은 지금까지 나온 토기 명

---

1) 이 명문은 ……△縣器村何支爲……舍知作으로 연결되어 ……△縣 器村출신의 何支爲…… 舍知(17관등 중 13관등)가 만들었다가 되고, 器村은 행정촌으로 보인다.
2) 익산 미륵사 東院에서 나온 것으로 신라 헌안왕 2년(858년)에 비정되며, 미륵사지에서 출 토된 절대 연대가 있는 명문 중 가장 빠르다.
3) '10석이 들어가는 옹'이란 뜻이다.
4) 국사편찬위원회 한국사데이터베이스에서는 황룡사 출토의 ……月三十日造倡林家入納을 고 신라의 토기로 보고 있으나 고려 시대의 것이므로 제외한다. 곧 성덕대왕신종명 등에서 三 十, 四十으로 각각 쓴 예가 있으나, 신라 시대에는 대개 二十을 卄으로, 三十을 卅으로, 四 十을 卌으로 각각 쓴다. 고려 시대에는 혼용을 하고 있다. 따라서 황룡사 출토 토기의 구 연부에 있는 명문은 '……년 ……월 30일에 만들어서 창림가에서 入納한 것이다.'로 해석되 며, 고려 시대의 것일 가능성이 크고, 굳이 그 시대를 논한다면 통일 신라의 것일 가능성 이 없고, 고신라 시대의 것도 아니다.
박홍국,「창원 월영대 각석명의 선대 명문」,『신라사학보』50, 2020에서 모두의 연간지 일부 를 二十年으로 읽고, 이를 성덕대왕신종의 卅이 아닌 三十으로 卌이 아닌 四十으로 각각 쓴 점을 근거로 이를 통일 신라 시대의 명문으로 보고 있다. 단 1회의 예외를 가지고 일 반적인 가설을 뒤집을 수가 있을까? 고려 시대의 것으로 보아야 한다. 김창호,「신라 무염 화상의 득난조 해석과 건비 연대」,『신라문화』22, 2003에 따르면, 성주사대낭혜화상백월보 광탑비(890~897년 사이에 비문 찬술하고, 890~944년 사이에 비문 글씨가 쓰여 지고. 1010~1031년 사이에 비가 건립되었다. 비문의 찬술과 글씨 쓰기와 비의 건립에 있어서 차이가 있을 때도 있다는 것이다. 월영대란 명문은 통일 신라 말기에 최치원이 썼으나 고려 시대에 각자된 선대 명문 위에 고려 시대에 월영대란 명문을 각자를 한 것으로 본 다.
이 밖에 월지 출토 토제 角筒에 금석문이 있으나 그 내용은 잘 모르고 있다. 그 명문은

문 가운데에서 가장 긴 것이다. 이 토기 명문은 이미 금석문 전공자에 의해 검토된 바가 있다.[5]

고신라 시대 화곡리 토기 가마에서는 많은 양의 토기 명문이 나와서 이에 대한 전론이 나와 있다.[6] 문자가 외자로 된 단편적인 자료이어서 그 연구에 한계가 있다. 극단적으로 이야기하면 문자 자료가 많이 나왔으나 비집고 들어갈 틈이 별로 없다고 판단된다. #자는 20이고, #자는 30이고, #마크는[7] 道教 辟邪 마크이다. 더 이상 진전은 할 수가 없다. 명문 토기의 생산과 유통을 검토할 수 있는 꼬투리가 없다.

부산에서 발굴품을 보고 하면서 토기의 입에 쓴 명문인 #勿을[8] 우물물로 해석한 예가 있으나 이는 #마크가 도교 벽사 마크인 줄 모르고 해석한 것이다. 이는 토기 명문 연구의 어려움의 한 단면이라고 판단된다. 그 만큼 토기 명문 연구가 어렵다는 것을 나타내주기도 한다. 고구려,[9] 백제, 신라에서는 토기 명문이 거의 없다. 이 점은 통일 신라에서도 마찬가지이다. 왜 토기 명문이 없을까? 토기에 글씨를 쓰기가 종이는 말할 것도 없고, 나무에 보다도 어렵기 때문으로 짐작된다. 토기를 성형하고 나서 토기를 요에 넣어서 굽기 전에 토기에 그늘

다음과 같다. 主娘同/上苐同/土娘同/六胡奺/雙銅이다. 同이 전부 다 小舍의 합자를 가리킨다면 主娘, 上苐, 土娘, 六胡, 雙銅은 모두 인명이고, 雙銅을 제외하고, 모두 소사란 관등을 가지고 있는 것으로 보인다.

5) 박방룡,「慶州 城乾洞677番地 出土 銘文土器」『東垣學術論文集』14, 2013.
   김재홍,「新羅 王京 출토 銘文土器의 생산과 유통」『한국고대사연구』73, 2014.
   이동주,『신라 왕경 형성과정 연구』,2019.
6) 이동주,「경주 화곡 출토 在銘土器의 성격」『목간과 문자』10, 2013.
7) 이 마크가 처음 나왔을 때, 이를 습비부의 상징으로 보았다. 지금도 망성리 요지를 습비부의 가마로 보고서 그 곳에 습비부가 있었다고 보고 있다. 가마는 관수관급제이므로 습비부에서 잠시 기와를 만들 뿐이고, 儀鳳四年皆土명기와는 습비부가 만들지 않았다. 왜냐하면 儀鳳四年皆土명기와는 월지, 동궁, 사천왕사지 등 출토예로 볼 때, 그 수나 양이 엄청나기 때문이다. 그래서 儀鳳四年皆土명기와를 문무대왕 기와로 부르기도 한다.
8) #勿에 있어서 勿은 # 도교 벽사 마크를 거듭 하지 말라고 강조한 것이다.
9) 평양 力浦區域 戌辰里 王陵洞 소재 寺址에서 출토된 토기에 새겨진 것들인데, 이들 문자를 토대로 이 사찰의 이름이 定陵寺였던 것으로 추측되고 있다. 정릉사에 나온 토기 명문으로 다음과 같은 것이 있다.
   定/定陵/陵寺/卍/飛/衆僧/小玉/惠堪/弱元/歸末/林木이 그 명문이다. '定陵寺의 卍, 飛(또는 卍飛), 衆僧, 小玉, 惠堪, 歸末, 林木이다.'로 해석된다.

에서 말릴 때에 글씨를 써야 하기 때문일 것이다.

통일 신라에서 가장 명문이 가장 긴 성건동 자료는 관계전문가들의 연구를10) 거쳐서 거의 완성된 단계이다. 명문이 있는 大瓮이 발견된 곳은 1호 집수시설로11) 알려진 直四角形 石槨 構造物에서 출토되었다. 대옹은 여러 조각으로 깨어진 채 포개어져 있었다. 토기 銘文은 중요하기 때문에 사족을 다는 정도에서 이 논문을 쓸려고 한다.

여기에서는 성건동 677-516번지 출토 大瓮의 각서 명문에 대해12) 살펴보기 위해 먼저 명문의 판독에 대해 살펴보겠다. 다음으로 명문의 내용에 대해 살펴보겠다. 그 다음으로 명문의 書者에 대해 살펴보겠다. 그 다음으로 명문의 작성 연대에 대해 살펴보겠다. 그 다음으로 토기 사용 주체에 대해 살펴보겠다. 그 다음으로 명문을 쓴 위치에 대해 살펴보겠다. 마지막으로 대옹이 관수관급제인지 아니면 사적인 매매인지를 살펴보고자 한다.

II. 명문의 판독

제①행은 모두 3자이다. 1번째 글자는 買자로 읽는 견해와13) 置자로 읽는 견해가 있다.14) 여기에서는 자형에 따라 置자로 읽는다. 3번째 글자는 瓮자로 읽는 견해와15) 舍자로 읽는 견해가 있다.16) 여기에서는 자형에 따라 舍자로 읽는다.

제②행은 모두 12자이다. 2번째 글자는 모르는 글자로 본 견해와17)

---

10) 박방룡, 앞의 논문, 2013.
   김재홍, 앞의 논문, 2014.
   이동주, 앞의 책, 2019.
11) 이 집수시설을 저장시설로 해석하고 있으나 이는 발굴담당자가 저장시설에 대한 검토도 없이 집수시설이라고 결론을 내렸을까하는 의문이 생겨서 여기에서는 집수시설로 본다. 대옹을 간장이나 곡식 등을 저장하는 것으로 보고 있다. 대옹은 경질토기이기 때문에 물이 스며들지 않아서 집수시설 안에 두고 쓴 다목적용 집기이다.
12) 신라문화유산조사단,「慶州 城乾洞 677-156番地 遺蹟」『王京遺蹟Ⅶ』, 2008.
13) 박방룡, 앞의 논문. 2013.
14) 김재홍, 앞의 논문, 2014.
15) 박방룡, 앞의 논문, 2013.
16) 김재홍, 앞의 논문, 2014.

夫자로 읽는 견해가 있어 왔다.18) 여기에서는 夫자로 읽는 견해에19) 따른다. 4·5번째 글자를 乃末의 합자로20) 보기도 하나21) 여기에서는 합자가 아닌 것으로 본다. 8번째 글자는 모르는 글자로 보거나,22) 知 자로 보는 가설이 있다.23) 여기에서는 知자로 읽는 가설에24) 따른다. 이상의 판독 결과를 제시하면 다음과 같다.

	김 창 호		김 재 홍		박 방 룡			
	②	①	②	①	③	②	①	
1	冬	置	冬	置	買	文	冬	1
2	夫	入	夫	入	入	△	夫	2
3	知	舍	知	舍	瓮	吉	知	3
4	乃		朶			舍	乃	4
5	末						末	5
6			文					6
7	文		知					7
8	知		吉					8
9	吉		舍					9
10	舍							10
11			リ					11
12		リ						12

Ⅲ. 명문의 내용

명문의 내용은 제①행을 買入瓮으로 읽느냐25) 아니면 置入舍로 읽

---

17) 박방룡, 앞의 논문, 2013.
18) 김재홍, 앞의 논문, 2014.
19) 김재홍, 앞의 논문, 2014.
20) 乃末만의 합자는 당장에 찾을 수가 없고, 통일 신라 금석문에 大乃末의 乃末부분이 합자된 예로는 804년 양양 선림원지종명, 833년 청주 연지사종명 등이 있다. 乃末이 합자된 예로 는 670년대의 正倉院 佐波理加盤 문서의 예가 있다.
21) 박방룡, 앞의 논문, 2013.
   김재홍, 앞의 논문, 2014.
22) 박방룡, 앞의 논문, 2013.
23) 김재홍, 앞의 논문, 2014.
24) 김재홍, 앞의 논문, 2014.
25) 박방룡, 앞의 논문, 2013에서는 '冬夫知 乃末의 주문으로 문지길사가 제작하고, 동부지 내

으냐에26) 따라 크게 달라진다. 買入瓮으로 읽으면 사들인 옹으로 해석되고,27) 置入舍로 읽으면 두고 들인 창고가28) 된다.29) 舍자를 집으로 보지 않고, 창고로 보는 것은 문제가 있다. 고구려,30) 백제,31) 신라에서32) 모두 창고를 椋이라고 표기했다.33) 통일 신라 시대에는 官城椋,34) 椋司,35) 椋食,36) 下椋, 仲椋 등의 용어가 나온다. 따라서 舍자는 집으로 보아야 한다. '置入舍는 置入한(두고 들인) 舍'로 해석된다.

제②행에서 문제가 되는 것은 吉舍의 해석이다. 이를 吉士(17관등 중 14관등)와37) 같은 것으로 보고 있다.38) 吉士가39) 吉舍로 되는 다

말이 매입한다.'로 해석하였다. 買入 瓮으로 해석하면, 기와, 토기 등의 수공업 제품이 관수관급제로 공급되었다는 일반적인 결론과 서로 위배되는 점에서 문제가 된다.

26) 김재홍, 앞의 논문, 2014에서는 '(이 옹을) 창고(舍)에 납입한다. (창고관리인)동부지 내말·문지길사가 확인한다. リ(사인)'으로 해석하였다. 여기에서도 吉舍로 끊어서 관등명으로 보고 있다.

27) 박방룡, 앞의 논문, 2013.

28) 9세기경 신라에서는 창고를 椋이라고 표기했다. 따라서 舍자는 집을 나타내고, 창고는 아니다.

29) 김재홍, 앞의 논문, 2014.

30) 덕흥리 벽화 고분 묵서명에 旦食鹽豉食一椋이라고 나온다.

31) 백제 자료로는 중앙 관서에 內·外椋部가 있었다.

32) 신라에서는 토기에 있어서 고상식 가옥이 발견되고 있다. 이를 椋이라는 창고로 볼 수가 있다.

33) 김창호,『한국 고대 목간』,2020, 289쪽.

34) 광주 무진고성에서 나온 평기와명문으로 9세기의 것이다.

35) 월지에서 출토된 토기저부에 적힌 것으로 8세기3/4분기가 그 연대이다. 이는 『삼국사기』, 직관지에도 나오지 않는 관청명이다.

36) 이 용어는 뒤의 下椋, 仲椋과 함께 경주 황남동 376번지 1호 수혈에 나온 것으로 그 시기는 출토 유물로 볼 때 8세기 전후로 보인다.

37) 이를 阿湌을 阿粲으로 표기하는 것과 같다고 하였다. 또 大阿湌을 韓粲으로 표기한 예를 들었다. 그 구체적인 예로 성주사대낭혜화상백월보광탑비(890~897년 사이에 비문 찬술하고, 890~944년 사이에 비문 글씨가 쓰여 지고. 1010~1031년 사이에 비가 건립됨)의 韓粲과 봉암사지증대사능공적조탑비(924년)의 韓粲을 들었다. 754~755년에 작성된 경덕왕대 신라 화엄사경(〈표 1〉경덕왕대 화엄경사경의 인명 표기 참조)에 나오는 大자를 韓자로 쓰는 예는 大奈麻를 韓奈麻로, 大舍를 韓舍로 적는 경우도 있다. 이것이 吉舍를 吉士와 동일한 것으로 보는 것과는 관계가 없다.

38) 박방룡, 앞의 논문, 2013.

39) 吉士가 금석문에 나오는 예는 남산신성비 제3비 등에 나온다. 고신라와 통일 신라 금석문에서 吉舍가 관등명으로서 적힌 예는 보지 못 했다.

른 예는 없다. 따라서 이 문제를 해결할 수 있는 꼭 같은 예로 754~755년에 작성된 경덕왕대 화엄경사경의 인명 표기를 들 수가 있다. 이를 제시하면 다음의 〈표 1〉과 같다.

〈 표 1 〉 경덕왕대 화엄경사경의 인명 표기

職 名	出 身 地 名	人 名	官 等 名
紙作人	仇叱珍兮縣	黃珍知	奈麻
經筆師	武珍伊州	阿干	奈麻
위와 같음	위와 같음	異純	韓舍
위와 같음	위와 같음	今毛	大舍
위와 같음	위와 같음	義七	大舍
위와 같음	위와 같음	孝赤	沙弥
위와 같음	南原京	文英	沙弥
위와 같음	위와 같음	卽曉	奞
위와 같음	高沙夫里郡	陽純	奈麻
위와 같음	위와 같음	仁年	大舍
위와 같음	위와 같음	屎烏	大舍
위와 같음	위와 같음	仁節	奞
經心匠	大京	能吉	奈麻
위와 같음	위와 같음	亏古	奈
佛菩薩像筆師	同京	義本	韓奈麻
위와 같음	위와 같음	丁得	奈麻
위와 같음	위와 같음	夫得	舍知
위와 같음	위와 같음	豆烏	舍
經題筆師	同京	同智	大舍

이 화엄사경에서는 大舍의 합자가 두 번 나오고, 奈(奈麻)자로 된 외자 관등이 나오고, 舍자로 된 관등명도 나온다. 곧 佛菩薩像筆師 大京 豆烏 舍란 인명 표기가 그것이다. 舍는 舍知의 줄인 관등이다. 이는 小舍와 같으며, 신라 17관등 중에서 13관등이다. 그러면 文知吉舍에서 文知吉이 인명, 舍가 관등명이다.

그러면 이 대옹에서 인명 표기는 2명이 된다. 제②행에서 冬夫知가 인명, 乃末이 관등명(17관등 중 11관등)이고, 文知吉이 인명, 舍가 관등명이다. 이를 표로서 제시하면 다음의 〈표 2〉대옹에 나오는 인명 분석표와 같다.

〈표 2〉 대옹에 나오는 인명 분석표

인　　　　　명		관　등　명
冬　夫　知		乃　末
文　知　吉		吉

이 대옹 명문의 해석하기 위해서 전문을 끊어서 제시하면 다음과 같다.

置入舍 冬夫知 乃末 文知吉 舍 リ

이를 해석하면 '置入한(두고 들인) 집은 동부지 내말과 문지길 사의 것이다. 手決'이[40] 된다.[41] 동부지 내말과 문지길 사의 관계가 문제이다. 집을 置入한 사람은 동부지 내말과 문지길 舍이다. 어떤 관계일까? 아무런 혈연적인 관계가 없이 집을 置入하고 手決하는데까지[42] 舍(=舍知, 小舍)란 관등명을 가진 사람과 동부지 내말이 함께하는지가 궁금하다. 아마도 부자관계로 보인다. 아버지는 나이가 들어서 내말이란 관등을 소유하고 있으나 아들은 아직 나이가 아직 적어서 舍(사지)란 관등명을 가진 것으로 보인다. 아버지의 골품은 최소한 5두품이다.

---

40) 手決을 토기 제작자로 보려고 하면 토기 제작자의 인명 표기가 필요하다. 대옹에는 토기 제작자의 인명은 없어서 동부지 내말의 수결로 보아야 한다.
　　手決은 '보통 예전에, 주로 관직에 있는 사람들이 증명이나 확인을 위하여 문서의 자기 이름이나 직함 밑에 도장 대신 붓으로 글자를 직접 쓰는 일이나 그 글자를 이르던 말'이라고 한다. 영어로 이야기하면 사인(sign)이다.
41) 이를 김창호, 『신라 금석문』, 2020, 422쪽에서는 박방룡, 앞의 논문, 2013의 판독에 따라 '買入한 독은 동부지(인명) 내말(관등명)의 것이고, 문△길(인명) 사(관등명)이 行한(만든) 것이다.'로 해석했으나 이는 잘못된 것이다. 특히 대옹의 リ를 수결로 보지 않고, 行의 뜻으로 본 것도 잘못이다.
42) リ란 手決을 토기 제작자 수결로 박방룡, 앞의 논문, 2013에서 보고 있으나 여기에서는 토기 소유주인 동부지 내말의 것으로 보았다.

아마도 6두품일 가능성이 더 클 것이다. 왜냐하면 대웅에 글씨를 쓰려 토기 가마가 있는 곳까지 왔다가 갔다가 함으로 보아서 아직 젊은 나이이기 때문이다. 또 아들이 경위를 받았으나 17관등 중에서 13관등이라서 더욱 그러하다.

Ⅳ. 명문의 書者

토기의 명문 작성자를 도공으로 본 가설이 있다.[43] 이 정도의 토기 명문은 대단히 잘 썼다. 초서체에 가까운 글씨체이다. 토기 명문에 대한 書者는 그 자료가 없다. 그래도 비슷한 기와의 와공 서자를 살펴보기로 하자. 먼저 익산 미륵사지에서 나온 한국 고대 최초의 피휘인 경진명기와부터 조사해 보기 위해 기와의 전문을[44] 제시하면 다음과 같다.

景辰年五月卄(日)法得書

법득을 와공으로 보기에 주저된다. 왜냐하면 丙자를 피휘해 景자로 쓰고 있기 때문이다. 피휘를 알려고 하면 현재 대학 사학과를 졸업해도[45] 모르는 내용이다. 이 피휘 때문에 그 연대를 656년임이 알게 되어 656년에 원통기와가 백제에 있었고, 이것이 신라로 전래되었고, 장판타날기와가 656년에도 있음을 주목하게 되었다. 따라서 법득은 기와 제작한 사람으로 백제 官人層과 마찬가지로 피휘까지도 아는 아주 한문이나 국제 정세에 대해[46] 지식이 풍부한 사람이다. 다음으로 유

---

43) 박방룡, 앞의 논문, 2013, 577쪽.
44) 이에 대해 상세한 것은 김창호,「익산 미륵사지 景辰명 기와로 본 고신라 기와의 원향」『한국학연구』10, 1999 참조.
45) 고고학자들은 피휘를 잘 알지 못한다. 고려 시대 전공자는 피휘나 결획을 잘 안다. 모두 금석문이나 문헌의 연대를 아는데 중요한 근거가 되기 때문이다. 가까운 예로 『삼국유사』에는 피휘가 고려 시대의 왕이름에서 나온다. 피휘의 구체적인 예로 文武王을 文虎王이라고 한 것은 고려 제2대 왕인 惠宗의 이름인 외자 武를 피하여 虎라고 쓴 것이다.
46) 丙자는 『史諱擧例』에 唐高祖의 父名이 昞인 까닭으로 인해 丙자까지도 景자로 바꾸었다고 하므로 중국의 정세에도 밝아야 한다.

명한 월지 출토 조로2년명전의 전문을 소개하면 다음과 같다.

調露二年
漢只伐部君若小舍⋯⋯⋯
三月三日作康(?)⋯⋯⋯

이는 '680년에 한지벌부 군약 소사(신라 17관등 중 13관등)가 (감
독하고), 3월3일에 작강(?)이 (보상화문전을) 만들었다.'가 된다. 여기
에서의 書者는 한지벌부 군약 소사이다. 군약 소사는 4두품일 가능성
이 크다.

이제 성건동 677-156번지 출토 토기 명문을 쓴 사람인 書者를 조
사할 차례가 되었다. 신라 토기 명문에서 서자의 인명이 나오는 예는
전무하다. 서자로 가장 가까운 사람은 동부지 내말이다. 그는 5두품이
상의 골품을 가지고 있고, 왕경에 집도 가지고 있는 귀족이다. 그렇다
면 종이가 거의 없는 상황에서 어떻게 적어서 도공에게 줄 수가 있을
까? 大甕에 手決까지 있어서 동부지 내말이 서자라고 볼 수가 있을 것
이다. 더구나 手決은47) 다른 사람이 할 수가 없고, 명문의 글씨체와
크기나 굵기에 있어서 전혀 차이가 없다. 따라서 대옹의 글씨를 쓴 사
람은 手決을 한 동부지 내말로 볼 수가 있다.

V. 명문의 작성 연대

관등명에서 乃末이 大乃末을 포함하여, 나오는 예로는 673년 癸酉銘
阿彌陀三尊佛碑像(673년),48) 癸酉銘三尊三千佛碑像(673년), 正倉院 佐加
波盤理附屬文書(7세기 후반), 영천청제비 정원14년명(798년), 사천 출
토 천운대왕명비(8세기 중후반), 선림원종명(804년), 청주연지사종명

---

47) 手決을 토기 제작자가 한 것으로 본 가설이 있으나 동부지 내말이 했을 것이다.
48) 이를 癸酉銘全氏阿彌陀三尊像으로도 부르고 있으나 잘못된 용어이다. 조각사에서 佛碑像이
   라는 독특한 불상 형식이 있다. 여기에는 문자 자료인 비문이 반드시 나오고 있다. 계유명
   아미타삼존불비상, 계유명삼존삼천불비상 등이 그 예이다.

(833년), 서울 호암산성 한우물 출토 숟가락 명문(9세기 후반 추정) 등이 있으나 성건동 677-156번지 출토 토기 명문과의 비교는 어렵다.

이름에 知자로 끝나는 예로는 673년 癸酉銘阿彌陀三尊佛碑像(673년)에서는 三久知 乃末이라고 나오고, 754~755년에 작성된 경덕왕대 신라 화엄사경의 인명에 黃珎知 奈麻라고 나온다. 계유명아미타3존불비상은 성건동 677-156번지 출토 토기 명문에 가장 접근한다. 그러나 계유명아미타삼존불비상과 계유명삼존삼천불바상은 모두 673년 백제 출신으로 신라인이 된 사람들이 불비상을 만든 것이라 특수한 정황이다. 성건동 677-156번지의 출토 유물의 상태는 대옹의[49] 연구 성과로는 통일신라시대의 것이라는 정도이고, 반출한 질그릇 동이[50] 또한 통일신라시대의 것이라는 정도이고, 반출한 평기와는 중판 타날문양이기 때문에 7세기후반에서 935년(통일신라말)까지이다. 그래서 이 유적의 유물은 9세기를 중심 연대로 하고 있어서[51] 대옹의 편년을 9세기 경으로 보아 두고자 한다. 따라서 대옹에 쓴 글씨도 9세기에 작성된 것으로 볼 수가 있다.[52]

VI. 토기 사용 주체

集水施設에서[53] 대옹이 나온 것이다. 집수시설을 貯藏施設이라고[54] 부르고 있다. 대옹이 출토된 성건동 677-156번지 출토 토기에서는 그 주인 이름이 大瓮의 밑바닥에 새겨져 있다. 동부지 내말과 문지길 사가[55] 그 주인공이다. 이들이야말로 그의 아내 또는 어머니와 함께

---

49) 대옹의 현재 높이는 80cm이고, 구연부가 파실 되어 원래 높이는 알 수 없으나, 박방룡, 앞의 논문, 2013, 572쪽에서는 추정된 원래의 높이는 100cm 가량 되는 것으로 보고 있다.

50) 동이를 대옹의 뚜껑으로 박방룡, 앞의 논문, 2013, 570쪽에서는 보고 있다. 그 크기는 구연부 지름 37.2cm, 높이 12.3cm이다.

51) 신라문화유산연구원, 앞의 논문, 2008.

52) 小舍(舍知)의 관등명을 줄이는 것이 舍라는 사실을 중시할 때 754~755년에 작성된 화엄경사경과 같은 연대로 볼 수도 있다.

53) 신라문화유산연구원, 앞의 논문, 2008.

54) 박방룡, 앞의 논문, 2013.
김재홍, 앞의 논문, 2014.

할아버지, 할머니, 종들과 더불어 살던 집의 집수시설인 것이다. 애써 발굴한 발굴자가 저장시설을 염두에 두지 않고 집수시설이라고 불렀을 까? 그 곳에 집터가 있었다면 동부지 내말의 집으로 6두품이 아니면 5두품의 집터가56) 신라 최초로 발견되는 것이다.

대옹은 통일 신라의 도공이 만들어서 동부지 내말에게 관수관급으로 준 것이다. 그래서 그들의 이름이 대옹의 밑 부분에 새기고 있다. 이렇게 토기에 이름을 새기고, 手決하는 예는57) 신라에서는 없다. 그렇다고 고구려의 예도 없다. 백제의 예도 없다. 통일 신라에도 그 예가 없다. 수결을 대옹에 한 고대 최초의 예가 된다. 왜 대옹을 사면서 동부지 내말은 직접 토기 만드는 곳인 공방을 찾고 거기서 대옹이 만들어졌을 때 수결까지 했을까? 동부지 내말이 개인적인 취향으로서 적극적인 사람이고, 평소 수결하는 방식에 익숙해서 자기 자신이 직접 대옹에까지 수결을 한 것이 아닌가 싶다.

Ⅶ. 명문을 쓴 위치

보통 그릇에서 명문을 쓸 때에는 잘 보이는 口脣部나 頸部에58) 기록하는데 대해 대옹에서는 잘 보이지 않는 底部에 기록하고 있다. 冬

---

55) 박방룡, 앞의 논문, 2013, 578쪽에서는 이를 토기 제작자인 도공으로 보고 있다. 대옹을 소유할 주인의 아들 이름으로 보인다.
56) 기와나 토기를 만들었던 기와나 토기 도공의 신분이 乃末로 5두품의 골품이었던 예는 없는 듯하다. 5두품은 모탁부, 한지부, 습비부의 부족장으로 가장 높은 관등을 갖는 신분이고, 횡혈식석실분에서 기와가 매장할 수 있는 신분이다. 따라서 문부지 내말은 소속부에서 가장 높은 골품을 지닌 사람이다. 6두품이라면 탁부나 사탁부 소속으로 520~700년이라면 금동관을 매장할 수 있는 신분이고, 8세기라면 골장기의 시대이고, 9세기는 무고분 시대이므로 부장품이 잘 알려져 있지 않다. 기와나 토기를 만들었던 도공의 골품이 가장 높은 예는 서울 사당동 토기 요지에서 舍知(=小舍)가 나왔으나 4두품이다. 또 월지 출토 전명에 調露二年 漢只伐部君若小舍~ 三月三日作康(?)(개행)에서 小舍는 17관등 가운데 13관등으로 4두품이다.
57) 제천 점말동굴의 화랑 석각에는 많다. 이는 전부 行의 초서체로 보고 있다. 이에 대한 상세한 것은 이도학,「제천 점말동굴 화랑 각자에 대한 고찰」『충북문화재연구』2, 2009와 김창호,「제천 점말동굴의 화랑 석각」『문화사학』50, 2018 참조. 여기에서 점말동굴 화랑 석각에서는 ㅣ자가 많이 있으나 동일인의 것이 아니고, 여러 사람의 것이라서 行자의 초서가 맞고, 성건동 677-156번지 대옹에서는 단독으로 나와서 ㅣ자는 수결이 맞다.
58) 十石入瓮명옹도 구순부에 글자를 새기고 있다.

夫知 乃末은 추정 6두품의 신분이고, 5두품이라도 내말이 올라갈 수 있는 최고의 관등이 아니고, 17관등 중 10관등인 대내말이 올라갈 수 있는 최고의 관등이다. 동부지 내말이라고 잘 보이는 곳에 떳떳하게 기록하지 왜 잘 보이지 않는 대옹의 저부에 기록했는지 그 이유가 궁금하다.

대옹을 사서, 토기를 제작하는 가마터를 찾아서 직접 대옹의 저부에 대옹을 구하게 된 경과를 추측해서 알 수 있고, 또 동부지 내말이 대옹의 주인임을 밝히고 있음에도 불구하고 더구나 자기 자신의 手決까지 했다. 그래도 대옹에 이름을 쓰면서 대옹을 사람들이 잘 모르는 곳인 토기 저부에 썼다. 이는 그늘에서 대옹을 말릴 때, 거꾸로(倒置)해서 말렸기 때문에 口脣部가 아닌 丸底인 底部가 위로 가게 되어서 그렇게 된 것으로 판단된다.

Ⅷ. 대옹의 官需官給制 여부

기와의 경우에는 관수관급제를 시행했고, 먼 곳은 漕運과 驛을 통해 수송했다.[59] 토기의 경우도 뚜렷한 근거는 없지만 관수관급제라고[60] 판단된다. 구연부와 경부에 명문이 있는 신라의 토기를 관수관급제로 보인다.[61] 수요자가 쓴 명문으로 보인다. 토기를 만들려면 가마를 만들어야 되는데 몇 가지 조건이 필요하다. 먼저 물이 있어야 한다. 다음으로 흙이 토기를 만드는데 알맞아야 한다. 그 다음으로 바람의 방

---

59) 김창호,『신라 금석문』,2020, 469~481쪽.
60) 신라 시대에서는 509년(지증마립간 10년)에 東市와 이를 감독하는 東市典을 설치했고, 695년(효소왕4년)에 西市와 이를 감독하는 西市典을 설치했고, 695년(효소왕4년)에 南市와 이를 감독하는 南市典을 설치했다. 그래서 대옹을 官需官給이 아닌 매매로 볼 수가 있다. 토기 공인과 유사한 기와 공인은 김창호,「광주 선리유적에서 출토된 해구기와의 생산과 유통」『문화사학』52, 2019, 8~9쪽에 생산지의 지명과 소비지의 지명이 38개나 나와 있다. 그 시기는 918~935년의 어느 5년간이다. 이는 기와에서 관수관급임을 말하는 것이다. 수익이 좋으면, 토기 공인도 쉽게 기와 공인으로 바뀔 수가 있다. 초기의 기와요는 토기와의 겸업기마가 종종 있었다. 결론적으로 말하면 토기도 기와처럼 관수관급제로 보아야할 것이다.
61) 『三國史記』, 雜志, 職官志 중에「瓦器典 景德王改爲陶登局」이란 구절이 나와서 기와와 토기를 같은 곳에서 관장했음을 알 수 있다.

향이 중요하다. 그 다음으로 가마에 불을 땔 때 연료가 되는 나무가 많아야 한다. 마지막으로 교통이 편리한 곳이어야 한다. 이러한 조건을 갖춘 요지는 토기 가마의 경우는 관수관급제로 보인다. 왜냐하면 토기 가마를 운용하는데 더는 비용이 엄청나기 때문이다.

여기에서 대옹의 토기 명문을 다시 한 번 소개하면 다음과 같다.

置入舍 冬夫知 乃末 文知吉 舍 リ

이를 해석하면 '置入한(두고 들인) 집은 동부지 내말과 문지길 사의 것이다. 手決'이 된다. 이렇게 주인이 누구인지를 명기한 대옹을 동부지 내말이외의 사람이 사용했다고는 보기 어렵고, 동부지 내말이 사용한 것으로 보여 대옹을 관수관급제에 의해 미리 토기 공방을 알아서 대옹에 명문을 새기고, 수결까지 하였다.

서울 사당동 토기 요지 출토 ……△縣器村何支爲……, ……舍知作이란 명문은[62] 器村이란 토기 가마가 있던 행정촌이 ……△縣에 소속되고 있다. 이것이 단순히 행정 구역의 나열로 보기에는 어려움이 있다. 舍知란 관등은 17관등 가운데 13관등으로 4두품으로 보인다. 作자로 보면 직접 토기 가마에서 토기를 만들었던 도공이다. 토기 도공이 관등을 갖는 유일한 예가 된다. 舍知가 만든 토기를 매매를 통해 팔기보다는 관수관급으로 기와처럼 조운과 역을 이용해 수요자에게 공급했을 것이다. 이러한 제도야말로 재고를 줄일 수 있는 가장 좋은 방법인 관수관급이다.

IX. 맺음말

먼저 대옹 명문 15자(2자은 띄어 쓴 것임)를 판독하였다. 선학들의 판독을 중심으로 하여 판독하였다.

다음으로 명문의 내용에 대해 조사하였다. 명문 13자를 전부 끊어

---

62) 송기호, 「사당동 요지 출토 명문 자료와 통일신라 지방사회」 『한국사연구』 99·100, 1997.

서 제시하면 다음과 같다.

置入舍 冬夫知 乃末 文知吉 舍 り

이를 해석하면 '置入한(두고 들인) 집은 동부지 내말과 문지길 사의 것이다. 手決'이 된다. 대옹을 두고 들인(置入한) 사람은 동부지 내말과 문지길 사란 말이다.

그 다음으로 명문의 書者를 도공으로 본 가설에 대해 대옹의 글씨가 초서체에 가까운 글씨이고, 대옹 명문의 글씨와 수결의 글씨가 같은 점을 근거로 대옹 주인인 동부지 내말이 썼다고 보았다.

그 다음으로 명문의 작성 연대에 대해 살펴보았다. 17관등 중 11관등인 乃末이 나오는 금석문은 673년 계유명아미타삼존불비상 이래로 8~9세기 금석문에 모두 8예가 있다. 성건동 677-156번지의 출토 유물의 상태는 9세기를 중심 연대로 하고 있어서 대옹의 편년을 9세기경으로 보아 두고자 한다.

그 다음으로 토기 사용 주체에 대해 조사하였다. 대옹이 나온 곳이 集水施設인데도 불구하고, 집수시설을 貯藏施設이라고 부르고 있다. 대옹이 출토된 성건동 677-156번지 출토 토기에서는 그 주인 이름이 大瓮의 밑바닥에 새겨져 있다. 동부지 내말과 문지길 사가 그 주인공이다. 이들이야말로 그의 아내 또는 어머니와 함께 할아버지, 할머니, 종들과 더불어 살던 집의 집수시설인 것이다.

그 다음으로 명문을 쓴 위치에 대해 조사할 차례가 되었다. 보통 토기 명문은 잘 보이는 口脣部나 頸部에 기록한다. 이 대옹에서는 잘 보이지 않는 저부에 썼다. 그 이유가 궁금하다. 옹을 가마에서 굽기 전에 그늘에서 말릴 때에 丸底인 옹을 倒置(거꾸로)해서 말릴 때에 底部에 쓰는 것이 당연한 순리이기 때문이다.

마지막으로 대옹의 조달은 관수관급제로 보았다. 기와는 전부 관수관급제로 조운과 역을 통한 공급을 했다. 대옹과 같이 모든 토기도 기와와 마찬가지로 관수관급제로 소비자에게 공급되었다고 보았다.

책을 마무리하며

　『고구려와 백제의 금석문』을 내면서 『한국고대금석문개론』·『신라 고분』·『한국고대와전명문』을 마음속으로는 준비하지만 가장 마지막의 책만을 내기로 마음을 먹게 되었다. 아직 준비가 덜 되었지만 자료 출현을 기다리고 있다. 『신라 고분』은 원고 분량은 되지만 금관총의 환두대도 검초 단금구에 나오는 尒斯智王이 발견되어 신라의 적석목곽묘, 횡혈식석실분, 신라토기, 인화문토기 등의 편년을 30년 정도 소급시켜야 되므로 고분의 공부에 자신이 없다. 『한국고대금석문개론』은 꿈속에서나 가능할 것으로 판단되어서 포기했다.

　삼국시대 문자 자료로는 고구려에서는 357년의 안악3호분 묵서명, 408년의 덕흥리 벽화 고분의 묵서명, 414년의 광개토왕릉 전명, 5세기 중엽의 모두루총 묘지명 등이 있고, 백제에서는 525년의 무령왕릉 묘지명, 567년의 백제창왕명석조사리감 명문, 577년의 왕흥사 목탑지 청동합 명문, 579년의 미륵사지 서탑 사리봉안기의 명문 등이 있다. 이에 비해 신라에서는 451년의 서봉총 은합 명문, 458년의 금관총 환두대도 검초 단금구 명문, 475년의 호우총 호우 명문, 595년의 순흥 어숙지술간묘 石扉 명문, 599년의 순흥 벽화 고분 묵서명 등이 있다. 이들 가운데에서 금관총의 尒斯智王은 정말로 세기의 발견으로 4~8세기 신라 고분을 30년 정도 소급시켜야 한다. 왜냐하면 尒斯智王은 훈독과 반절로 넛지왕이 되고, 이는 마립간 시대 왕들 가운데 訥祇麻立干과 음상사이다. 그래서 고신라 시대의 왕릉이 확실한 태종무열왕을 제외하고, 왕릉이 확실한 두 번째 왕릉이 된다. 적석목곽묘·횡혈식석실분·신라토기·단각고배·인화문토기·鐎斗 등 고고학의 편년을 30년 가량 소급해야 된다. 이러한 자료가 고구려나 백제에는 없다. 앞으로 고구려나 백제에서도 토기를 공반하는 절대 연대를 나타내주는 문자 자료가 금속기·비석·목간·고문서·묵서명 등에서 출토되기를 간절히 바란다.

고구려나 백제 금석문에서는 中자가 처격조사 ~에의 뜻을 가지고 있다. 다른 글자가 이두로 사용되는 예는 없다. 고구려에서 충주고구려비의 古鄒加共과『삼국사기』의 古雛大加助多는 동일인이다. 그런데 어떻게 언어학적으로 연결되는지는 알 수가 없다. 고구려나 백제 금석문에서도 이두가 사용되었을 가능성은 충분히 있다. 451년의 서봉총 은합 명문이나 475년의 호우총 호우 명문에 따르면, 451년에 처격조사인 中자가 고구려를 통해 신라에 전해졌다. 신라 적석목곽묘에서는 귀걸이, 은합, 호우 등 많은 고구려 제품이 나온다. 이때를 전후하여 한자도 전래되었다고 생각된다.

고구려나 백제 금석문이 나오면 논문을 쓰고 싶다. 현직에 있지 않아서 직접 탁본을 하고, 비석이나 금속기나 묵서명이나 목간 등을 조사하지 못하겠지만 기회가 되면 논문을 쓸 생각이다. 금석문 전공자로서 이에 대한 논문을 자부심을 가지도록 애를 썼으나 아직도 그 질에서는 문제가 많다. 지금 마지막으로「안악3호분의 묘주」가 거의 완성되어 간다. 묘주를 고추가로 보고, 동수가 배장된 것으로 풀려고 한다.

고구려나 백제 금석문은 한문에 밝아야 된다. 한문은 대단히 어렵다. 특히 사택지적비는 4·6변려체로 되어 있어서 풀이하기가 힘들다. 고구려나 백제 금석문에서 인명 표기는 한문이 아닌 우리의 이두로 되어 있다. 이 이두를 잘 몰라서 인명 표기 해석에 실수를 하는 것이 오늘날 목간 연구의 현실이다. 아버지가 방에 들어가시지 아버지가 가방에 들어가시는 것은 아니다.

앞으로 비석, 금속기 명문, 고문서, 묵서명, 목간 등이 나오면 공부를 해야 된다고 생각한다. 이들 자료를 푸는 원리는 대략 비슷하므로 열심히 노력해야 된다. 특히 대가야와 신라의 관계에 있어서 531년(또는 471년)의 합천매안리대가야비에서 四干支란 구절이 나와서 대가야에도 관등이 있었음을 말해 주고 있고, 합천저포리E지구 4-1호분에서

下部思利^x란 명문이 나와서 합천 근처가 下部이고, 다시 그 위에 上部가 지방에 있고, 중앙에도 部가 있었음을 암시하고 있다. 이렇게 관등과 부를 가진 대가야는 고비용의 수혈식석곽묘에서 저비용·薄葬의 횡혈식석실분으로의 전환에 실패했다. 곧 고대 국가의 문턱에서 그 완성을 보지 못했고, 나라가 망할 때까지 수혈식석곽묘를 채용했다. 이에 비해 신라는 520년에 비용을 1/10~1/100로 줄이는 적석목곽묘(중앙)·수혈식석곽묘(지방)에 횡혈식석실분으로의 전환에 성공했다. 그래서 신라가 대가야에 승리한 것은 당연한 결과였다. 이러한 종류의 해석을 고구려와 백제에서도 할 수 있었으면 좋겠다.